t.

TRAUNER VERLAG

BILDUNG

Bildung, die begeistert!

System-gastronomie 1

Küche ■ Service ■ Magazin

WOLF-DIETER BLOCK

CLAUDIA LETZNER

GERHARD PANZENBÖCK

Dieses Buch wurde auf umweltfreundlichem Papier gedruckt: 100 % chlorfrei gebleicht

Das Zeichen für verantwortungsvolle Waldwirtschaft

Dieses Buch wurde auf FSC-zertifizierten Papier gedruckt.

Lektorat/Produktmanagement:
Mag. Flora Stickler
Korrektor: Johann Schlapschi
Titelgestaltung: Heidi Hinterkörner
Grafik und Gestaltung: Elisabeth Stöttner
Cover- und Layoutentwurf: Kiska GmbH, 5081 Anif-Salzburg, www.kiska.com
Schulbuchvergütung/Bildrechte:
© Bildrecht GmbH/Wien
Gesamtherstellung:
TRAUNER DRUCK GmbH & Co KG, Linz

ISBN 978-3-99033-047-0
www.trauner.at

Impressum

Block u. a., Systemgastronomie 1
Küche ■ Service ■ Magazin
1. Auflage 2013
TRAUNER Verlag, Linz

Das Autorenteam

WOLF-DIETER BLOCK
München

CLAUDIA LETZNER
Berufliche Schule Elmshorn, Europaschule

GERHARD PANZENBÖCK
Landesberufsschule für Tourismus in Waldegg

Dieses Schulbuch wurde auf der Grundlage eines Rahmenlehrplanes erstellt. Die Auswahl und Gewichtung der Inhalte erfolgt durch den Lehrer bzw. die Lehrerin.

Vielen Dank möchten wir jenen Firmen und Personen sagen, die uns in großzügiger Weise Fotos und Unterlagen zur Verfügung gestellt haben bzw. uns die Möglichkeit gaben zu fotografieren:

aran Rosenheim, DGE, Eipro, Fülscher Fleisch, Gerlicher Fette & Öle, Hoons KG, Junge Die Bäckerei, kartoffel.ch, KFC, lsgskychefs, Maché Restaurants, McDonald´s Deutschland Inc., Oliver Bayer, ovobest, Walter Rau, Sönke Stammer (Klinikum Itzehoe), Starbucks

Einleitung

In der Systemgastronomie erwartet die Auszubildenden im 1. Lehrjahr ein komplexes Aufgabengebiet.
Um Speisen und Getränke sicher zuzubereiten und die Gäste fachkompetent zu beraten, müssen die Schülerinnen und Schüler am Anfang ihrer Ausbildung umfassende Kenntnisse zu den Themen Unfallschutz, Hygiene, Lebensmittelkunde, Ernährungslehre und Grundzubereitungsarten erwerben. Dabei war es uns besonders wichtig, dass die Auszubildenden möglichst viele Lebensmittel kennenlernen sowie über alle Zubereitungsarten und hygienischen Aspekte Bescheid wissen. Die Schülerinnen und Schüler werden in naher Zukunft Führungsverantwortung übernehmen und Mitarbeiterinnen und Mitarbeiter in deren Ausbildung unterstützen. Dafür ist viel Hintergrundwissen notwendig, um die anstehenden Entscheidungen auch begründen zu können.
Da sich die Servicekonzepte der systemgastronomischen Betriebe sehr stark voneinander unterscheiden, erschien es uns im Sinne einer allgemeingültigen Ausbildung notwendig, sich mit allen möglichen Serviceformen auseinanderzusetzen. In der fachgerechten Lagerhaltung und Lagerpflege müssen die Aspekte der Lebensmittelsicherheit in Einklang mit betriebswirtschaftlichen Aspekten gebracht werden. Das Kennenlernen der umfassenden Arbeiten im Magazin war uns daher auch sehr wichtig.
Unser Ziel: Die Schülerinnen und Schüler sollen sich nach dem Durcharbeiten unseres Buches und nach erfolgreich abgelegter Ausbildung zu Recht als **Fachkraft im Gastgewerbe** oder als **Fachmann** bzw. **Fachfrau für Systemgastronomie** bezeichnen können.
Eine fundierte methodisch-didaktische Aufbereitung sowie eine präzise Gestaltung werden durch zahlreiche Aufgaben und Abbildungen zu den einzelnen Themen ergänzt. Das Interesse an vertieften Informationen und weiteren Übungen wird durch Downloads auf www.trauner.at/systemgastronomie.aspx. gestärkt. In der Randspalte finden Sie neben wertvollen Hintergrundinformationen und Querverweisen auch Erklärungen von Fremd- und Fachwörtern, teilweise auch in englischer Sprache. Somit eignet sich unser Buch zum Einsatz in der Berufsschule, als Nachschlagewerk, zur Prüfungsvorbereitung und als Arbeitsbuch.

TRAUNER KOMPETENZPORTAL
Ihre Online-Ergänzungen zum Lehrbuch

Zusätzlich zu den freien Downloads finden Sie im TRAUNER Kompetenzportal weitere Aufgabensammlungen, Lösungen und Power-Point-Präsentationen. Um sich registrieren zu können, benötigen Sie einen Lizenz-Key, den Sie unter folgender Adresse anfordern können:
kompetenzportal@trauner.at

Vorwort

Liebe Auszubildende,

es geht los – jetzt starten Sie in den nächsten Lebensabschnitt, in Ihre Ausbildung! Sie haben sich eine spannende und innovative Branche ausgesucht, die auf ihre Mitarbeiterinnen und Mitarbeiter setzt.

Das sind viele gute Nachrichten. Eine Nachricht wird Ihnen kurz nach dem Verlassen der Schule vielleicht erstmals weniger verlockend erscheinen: Sie müssen weiterhin lernen und zwar jeden Tag – ob in Ihrem Ausbildungsbetrieb oder in der Berufsschule. Und das nicht nur in den nächsten zwei oder drei Jahren, die Ihre Ausbildung dauern wird.

Wieso? Zum einen ist viel Wissen nötig, um Verantwortungsbereiche in einem systemgastronomischen Restaurant eigenverantwortlich übernehmen zu können: Wie wird permanent eine optimale Hygiene sichergestellt? Aus welchen Inhaltsstoffen bestehen Speisen und Getränke? Oder: Wie biete ich perfekten Service? Zum anderen entwickelt sich die Systemgastronomie jeden Tag weiter – neue Produkte, neue Herstellungstechnik, neues Restaurantdesign...

Liebe Schülerin, lieber Schüler, das Erlernte ist die Basis für die Vorbereitung auf Ihre Abschlussprüfung.

Wir wünschen Ihnen ein erfolgreiches Arbeiten mit diesem Buch!

Das Autorenteam

Es wird garantiert nie langweilig und Sie gestalten ab jetzt mit.

Das gilt im Übrigen auch für Ihre Kollegen. Nur, wenn das komplette Team in einem Restaurant „up to date“ ist und Hand in Hand zusammenarbeitet, können hochwertige und leckere Produkte angeboten werden. Und nur so entsteht ein Umfeld, in dem sich Gäste wohlfühlen und in das sie gerne wiederkommen. Systemgastronomie ist Mannschaftssport. Motivierte und gut ausgebildete Mitarbeiter sind eines unserer Erfolgsgeheimnisse!

Ein treuer Begleiter bei der Aneignung des Wissens zur Systemgastronomie wird Ihnen das Buch sein, das Sie gerade in den Händen halten. Es wurde von Experten geschrieben, die seit Jahren junge Menschen auf ihrem beruflichen Weg in der Systemgastronomie begleiten und die Praxis bestens kennen. Besonders wurde auf eine ansprechende und lebendige Gestaltung der Lerninhalte geachtet. Es soll Ihnen Freude machen, sich in die unterschiedlichen Bereiche einzuarbeiten. Sie können Ihr Wissen in abwechslungsreichen Übungen testen und finden spannende Zusatzangebote online zum Download.

Ich wünsche Ihnen eine spannende und erfolgreiche Ausbildung und viel Spaß beim Lernen!

Ihre
Valerie Holsboer
Hauptgeschäftsführerin des Bundesverbandes der Systemgastronomie

Folgende Piktogramme haben wir zur leichteren Orientierung verwendet:

Die **Zielformulierungen** geben an, was die Schülerinnen und Schüler nach Durcharbeiten des Kapitels können werden.

Aufgabenstellungen erfordern die praktische Umsetzung des Wissens und verlangen zum Teil eigene kreative Lösungsansätze. Sie helfen den Lernenden, die Kenntnisse und Fertigkeiten zu festigen.

Die **Zielaufgaben** am Ende des Kapitels ermöglichen es den Lernenden, selbst festzustellen, inwieweit sie in ihrem Lernprozess erfolgreich waren.

Going international
Ohne Englischkenntnisse in der Hotellerie bzw. Gastronomie zu arbeiten, ist undenkbar. Die Schülerinnen und Schüler erlernen die wesentlichen Fachbegriffe in englischer Sprache.

für Downloads (unter www.trauner.at/systemgastronomie.aspx)

für Diskussionsaufgaben

für Wissenswertes und Tipps

„Beachten Sie!“

Für Verknüpfungen zu anderen Kapiteln bzw. Themen

Inhaltsverzeichnis

Einführung in die Systemgastronomie

Die Systemgastronomie ist ein sehr facettenreicher Zweig der Gastronomie. Die Bandbreite reicht von Fast-Food-Restaurants, Coffeeshops, Cafés, Sandwichketten, Steakhäusern und Cateringunternehmen bis hin zu exklusiven Full-Service-Restaurants und Szenebars.

Das sind also Unternehmen wie zum Beispiel McDonald's, Burger King, Kentucky Fried Chicken, Marché, Kamps, LSG Sky Chefs, SSP Deutschland GmbH., Arena One, Starbucks, San Francisco Coffee Company, Balzac, Block House, Maredo, Bayer Gastronomie, Vapiano, Sausalitos, Maxi Autohöfe, Stockheim, Käfer, Nordsee, Gosch Sylt, Mongo's, Wienerwald, Pizza Hut, Joey's Pizzaservice und Hallo Pizza.

Was haben diese Unternehmen gemeinsam?

- Sie verkaufen Speisen und Getränke.
- Sie haben einen Markennamen und ein einheitliches Design.
- Die Unternehmenszentrale gibt die Zielrichtung vor.
- Produktpalette und Arbeitsabläufe sind standardisiert. Das Konzept ist multiplizierbar.

Im Mittelpunkt aller Tätigkeiten steht die Zufriedenheit der Gäste. Eine hochwertige, gleichbleibende Qualität wird durch den Markennamen garantiert. Die Systemgastronomie lebt von einem starken Wiedererkennungswert und von Stammgästen.

1 Was ist Systemgastronomie?

Sie sind also in einem systemgastronomischen Betrieb gelandet und nun auch noch in der Schule. Was erwarten Sie sich von Ihrem Beruf? Was macht eine Fachfrau bzw. ein Fachmann für Systemgastronomie eigentlich genau? Welche Aufstiegschancen gibt es?

Wussten Sie, dass Hard Rock Cafe ein weltweit agierendes Unternehmen der Systemgastronomie ist?

Als Fachmann bzw. Fachfrau für Systemgastronomie hat man dafür zu sorgen, dass die von der Unternehmenszentrale festgelegten Standards umgesetzt werden. Speisen und Getränke sind den Standards entsprechend zuzubereiten und zu servieren.

Diese Übung finden Sie auch unter www.trauner.at/systemgastronomie.aspx.

Aufgabenstellung

- Checken Sie Ihr Qualitätsdenken!

	Stimmt	Stimmt nicht	Weiß ich nicht
Der Gast ist König!			
Wenn mich ein Gast anschreit, schreie ich zurück.			
Ich nähere mich dem Gast in einer unterwürfigen Haltung.			
Zuerst höre ich dem Gast zu, bevor ich losrede.			
Eine zusätzliche Auskunft zu geben, ist mir lästig.			
Ich darf den Gast nicht belehren, wenn er etwas nicht weiß.			

Schon während der Ausbildung können viele Azubis Erfahrungen als Schichtführer/in sammeln und ein Team von Mitarbeiterinnen und Mitarbeitern führen. Nach Ihrer Ausbildung arbeiten Sie als Assistent/in des Restaurantleiters bzw. der Restaurantleiterin, um später selbst einmal die Leitung einer Filiale einer Kette zu übernehmen.

Neben der Produktion und dem Service der Speisen und Getränke müssen Sie als Fachmann/Fachfrau die hygienischen Vorschriften einhalten und die Qualitätsstandards überprüfen. Entsprechend den Handbüchern führen Sie Reinigungsarbeiten durch. Sie verbuchen Rechnungen und bestellen bei den gelisteten Lieferanten.

Merkmale systemgastronomischer Unternehmen

Systemgastronomische Unternehmen haben ein klar definiertes Konzept.

- Zentrale Steuerung: Alle wesentlichen Prozesse werden von einer Stelle koordiniert. Dabei geht es hauptsächlich um die Prozessabläufe.
- Standardisierung: Die Prozesse sind (inhaltlich) vereinheitlicht und festgelegt.
- Multiplikation: Das Konzept ist vervielfachbar. Es kann und soll mit Synergien angewendet und vervielfältigt werden.

Synergie bzw. Synergieeffekt = positive Wirkung, die sich aus der Zusammenarbeit ergibt.

Gemeinsame Merkmale sind:

Verkauf von Speisen und Getränken

- Konsumation direkt vor Ort, also im Restaurant, Take-away sowie Lieferdienst.
- Bei den meisten Fast-Food-Ketten hat der Außer-Haus-Verkauf genauso wie der Verzehr im Lokal seinen Anteil am Umsatz. Es gibt aber auch Systeme, die nahezu ausschließlich den einen oder anderen Zweig forcieren. Pizzadienste arbeiten außer Haus, Steakketten servieren in erster Linie in einem Restaurant.

Markenname, einheitliches Design

- Systemgastronomische Unternehmen sind ohne einen einprägsamen Markennamen nicht vorstellbar. Das sichtbare Zeichen ist das Logo.
- Durch gezielte PR-Aktionen und ständige Qualitätsverbesserungen wird konsequent am Ausbau der Marke gearbeitet.
- Das einheitliche Designkonzept wird z. B. durch die Berufskleidung, die Restauranteinrichtung oder die Verpackungen sichtbar. Einige Konzerne nutzen die Berufskleidung, um die Position einer Mitarbeiters bzw. einer Mitarbeiterin zu verdeutlichen. Andere setzen aus Gründen der Teambildung ganz bewusst auf gleiche Kleidung.

Standardisierung der Produktpalette und der Arbeitsabläufe

- Wenn ein Gast ein Restaurant der Systemgastronomie betritt, erwartet er, dass zumindest das Kernsortiment an jedem Ort gleich ist.
- Die Standardisierung betrifft nicht nur den Gastbereich, sondern bezieht auch Arbeitsabläufe mit ein, z. B. das Bestell- und Lagerwesen, die Lieferantenauswahl, das Personalwesen und die Produktsicherheit.

Kernsortiment	Regionalität	Gästewünsche

Ein McDonald's-Restaurant ohne Big Mac oder ein Burger-King-Restaurant ohne Whopper ist nicht vorstellbar	Marché setzt auf Regionalität und Frische, angepasst an die Saison	In den offenen Küchen der L'Osteria kann man bei der Zubereitung der eigenen Bestellung zusehen

Die Ziele eines systemgastronomischen Betriebes sind so definiert, dass sein Konzept an jedem anderen Ort auch durchführbar ist. Die Expansion erfolgt entweder in Form von eigenen Filialen, durch den Verkauf von Franchiselizenzen oder im Lizenzsystem. Die Unterschiede erfahren Sie im Lernfeld Systemorganisation.

In den Anfangsjahren der großen Ketten war das Design an jedem Standort nahezu gleich. Heute geht der Trend bei der Restauranteinrichtung eher zum Einzigartigen, häufig angepasst an den Standort.

Eine Definition von Systemgastronomie sowie ihre Kriterien, zusammengestellt vom Bundesverband der Systemgastronomie, finden Sie unter www.trauner.at/systemgastronomie.aspx.

Multiplizierbarkeit des Konzepts

- Eine Kette kann sich auf einige wenige Restaurants, z. B. in einer bestimmten Region, beschränken, oder sie hat Hunderte oder gar Tausende Standorte weltweit.
- In der Vergangenheit wurde von Systemgastronomie erst bei Vorhandensein von mindestens drei Betrieben mit dem gleichen Konzept gesprochen. Dies ist unserer Meinung nach unrichtig: Ein neues Konzept wird immer zunächst an einem Standort getestet, mit dem Ziel, früher oder später zu expandieren. Sobald ein Konzept auf Multiplizierbarkeit ausgerichtet ist, versteht es sich als Systemgastronomie.
- Es gibt sogenannte Global Player, die mehrere verschiedene Gastronomiekonzepte vertreiben. Hierbei sind alle Abläufe, wie z. B. Einkauf und Logistik, standardisiert.

Lesen Sie das Interview von Nico Heinzelmann, der auch einmal, genau wie Sie jetzt, mit einer Lehre begonnen hat! Sie finden es unter www.trauner.at/systemgastronomie.aspx.

Hochwertige und gleichbleibende Qualität – Gästezufriedenheit

- Die Produkte müssen die Erwartungshaltung des Gastes erfüllen. Ein Produkt, das dem Gast beim letzten Mal in Köln gut geschmeckt hat, muss in München genauso schmecken. Daher ist eine standardisierte Qualität erforderlich.
- Aber auch ein freundlicher, außergewöhnlich guter Service, ein gut organisiertes Beschwerdemanagement und ein schönes Ambiente sind wichtig. Alle Erwartungen des Kunden müssen erfüllt werden.

Ausblick

Das Berufsbild des Fachmanns bzw. der Fachfrau für Systemgastronomie beinhaltet zum einen verschiedenste gastronomische Tätigkeiten, wie z. B. die Zubereitung und den Verkauf von Speisen und Getränken, die Beratung der Gäste sowie die Organisation der Betriebsabläufe im Magazin, in der Küche und im Service. Andererseits ist das Berufsbild aber auch durch eine kaufmännische Ausrichtung geprägt, die u. a. Personalführung und Controlling einschließt.

Da die Gedanken von standardisierten Abläufen, Multiplizierbarkeit und zentraler Steuerung aber auch in anderen Gastronomiebereichen, wie in der Hotellerie oder in der Eventgastronomie, Einzug halten, erweitert sich das Tätigkeitsfeld der Fachmänner und Fachfrauen für Systemgastronomie stetig.

2 Arbeitssicherheit und Unfallschutz

Ein Unfall ist schnell passiert – eine kleine Unachtsamkeit und schon hat man sich verbrannt, geschnitten oder ist gestürzt und hat sich Arm oder Bein verstaucht. Wussten Sie, dass Sie bei der Berufsgenossenschaft Nahrungsmittel und Gastgewerbe gegen Arbeitsunfälle versichert sind?

Bevor wir die Grundregeln zur Unfallverhütung besprechen, ein kurzer Check!

Aufgabenstellung

- Häufigste Unfallursachen am Arbeitsplatz

Beispiele	Ist mir passiert	Ist mir beinahe passiert	Ist mir noch nie passiert
Bin gestürzt			
Habe mich geschnitten			
Habe mich verbrannt			

Diese Übung finden Sie auch unter www.trauner.at/systemgastronomie.aspx.

Was ist wichtig, damit nichts passiert?

- Sicherheitsvorschriften einhalten!
- Für Ordnung am Arbeitsplatz sorgen!
- Sauber und aufmerksam arbeiten!
- Den Arbeitsvorgang vorher planen!
- Konzentriert arbeiten, vor allem im Umgang mit scharfen Messern, großen Maschinen, heißen Speisen, heißem Fett, Gargeräten (entweichender Dampf!) und erhitzten Gegenständen.

„Nur kurz" abgestellte Töpfe sind Stolperfallen

Arbeitskleidung

Die richtige Arbeitskleidung ist ein wesentlicher Faktor zur Unfallvermeidung.

Arbeitskleidung	
Küche 	■ Rutschfeste Schuhe ■ Kleidung aus schwer entflammbarem Material, z. B. Baumwolle ■ Kopfbedeckung tragen ■ Kein Schmuck (keine Ketten, Armbänder und Ringe), keine Uhr ■ Haare zusammenbinden ■ Bindebänder der Vorbinder und Schürzen einschlagen, damit man nicht hängen bleibt
Restaurant 	■ Rutschfeste Schuhe ■ Keine zu langen Bistroschürzen (Stolpergefahr) ■ Das Band der Schürze verstecken, sodass man nicht hängen bleibt ■ Latzschürzen hinten binden ■ Keine Ketten und Armbänder ■ Haare zusammenbinden ■ Beim Tragen von heißen Tellern langärmelige Kleidung; oder Handserviette verwenden

Die Betriebsleitung muss Sie zu Tätigkeitsbeginn nachweislich auf Gefahrenquellen und Sicherheitsmaßnahmen hinweisen. Es muss Schulungen geben.

Außerdem wichtig:

- Tragen Sie Isolierhandschuhe bei der Entnahme von Speisen aus dem Ofen sowie bei der Reinigung von Ofen, Grill und Fritteuse.
- Beim Auslösen von Fleisch und beim Öffnen von Austern verwenden Sie Stechschutzschürze und -handschuhe.

Sicherheit am Arbeitsplatz

Neben Sauberkeit und Ordnung – z. B. dem sofortigen Entfernen von nicht mehr gebrauchten Gegenständen, dem Aufwischen von Flüssigkeiten vom Boden – ist vor allem auf Folgendes zu achten:

- Lassen Sie Pfannenstiele und Werkzeuge nicht über die Arbeitsplatte bzw. den Herd ragen!
- Schützen Sie Ihren Körper beim Umgang mit heißen Geräten, z. B. beim Steamer: Bleiben Sie beim Öffnen hinter der Tür stehen!
- Tragen Sie schwere heiße Töpfe zu zweit!
- Lassen Sie Messer nicht unachtsam liegen, schon gar nicht unter Tüchern oder Lebensmitteln bzw. im Waschbecken!
- Achten Sie darauf, dass die Hände bei der Arbeit möglichst fettfrei sind!
- Stellen Sie nichts auf dem Boden ab!
- Halten Sie jegliche Flüssigkeit von der Fritteuse fern!

Böse Falle: Pfannenstiel, der über den Herdrand ragt

Diese Übung finden Sie auch unter www.trauner.at/systemgastronomie.aspx.

Aufgabenstellung

- Die häufigsten Unfallursachen
  Was meinen Sie? Was sind die häufigsten Ursachen für Arbeitsunfälle? Bewerten Sie mit Prozenten (insgesamt 100 %)!

Ursachen	%
Fußböden, Verkehrswege	
Heben, Tragen	
Stiegen, Stufen, Leitern	
Werkzeuge, Messer, Geschirr	
Maschinen und Geräte	
Konserven, Scherben, Chemieverbrennungen	
Menschen	
Sonstiges	

Die Lösung finden Sie unter www.trauner.at/systemgastronomie.aspx.

Die Betriebsleitung ist unter Mithilfe des Arbeitssicherheitsbeauftragten für die Einhaltung der Arbeitsschutzbestimmungen verantwortlich

Arbeitnehmer- und Arbeitnehmerinnenschutz

Die Schutzbestimmungen dienen der Gewährleistung von Sicherheit und Gesundheit der Arbeitnehmerinnen und Arbeitnehmer. Es sind z. B. die Arbeitszeiten, die Pausen und der Mutterschutz geregelt. Weiters gibt es Vorschriften für den Umgang mit gesundheitsgefährdenden Arbeitsstoffen.

Das Ordnungsamt überprüft, ob die Gesetze tatsächlich eingehalten werden. Zusätzlich kontrolliert die Berufsgenossenschaft (BGN) als Träger der Unfallversicherung die Arbeitssicherheit im Betrieb.

Gefahren sind durch Sicherheitszeichen gekennzeichnet:
- Warnzeichen (gelb/schwarz, Dreieck) sollen vor Gefahren warnen.
- Verbotszeichen (roter Kreis, durchgestrichen) stellen Verbote dar.
- Gebotszeichen (blau) schreiben ein bestimmtes Verhalten vor.
- Brandschutzzeichen (rot) weisen auf Einrichtungen und Geräte hin, die für den Brandschutz wichtig sind.
- Rettungszeichen (grün) weisen auf Einrichtungen, Geräte oder Rettungswege hin, die für die Rettung von Personen von Wichtigkeit sind.

Arbeitssicherheit hat verschiedene Farben

Verbote sind rot

Rauchen verboten

Feuer, offenes Licht und Rauchen verboten

Nicht mit Wasser löschen

Kein Trinkwasser!

Warnungen sind gelb

Warnung vor feuergefährlichen Stoffen

Warnung vor ätzenden Stoffen

Warnung vor gefährlicher elektrischer Spannung

Warnung vor einer Gefahrenstelle

Gebote sind blau

Augenschutz tragen

Fußschutz benutzen

Schutzhandschuhe benutzen

Weitere wichtige Warnzeichen warnen vor:

gesundheitsgefährlichen oder reizenden Stoffen

giftigen Stoffen

elektromagnetischem Feld

Brandschutz – was ist vom Betrieb vorauszusetzen?

Die Grundvoraussetzung für einen erfolgreichen Brandschutz ist die regelmäßige Schulung der Mitarbeiterinnen und Mitarbeiter über die Verhinderung von Bränden und das Verhalten im Brandfall.

- Wichtig ist, dass die elektrischen Geräte und Gasgeräte regelmäßig überprüft werden. Schadhafte Geräte sind eine häufige Brandursache. Sie müssen sofort repariert werden.
- Maßnahmen für das Verhalten im Brandfall sind laut Gesetz sichtbar anzubringen.
- Verwendete Feuerlöscher sind neu zu füllen und zu warten.
- Es müssen fahrbare Feuerlöscher mit größerem Fassungsvermögen vorhanden sein.
- Ein ausgebildeter Brandschutzbeauftragter muss beschäftigt sein, der Brandschutzplan und -ordnung ausarbeitet, Übungen durchführt und die Feuerlöschgeräte überprüft und im Bedarfsfall erneuert.

Ihr persönlicher Beitrag zur Brandvermeidung

Es wäre zu einfach zu sagen, Brandschutz geht mich nichts an, das ist Sache des Betriebes. Auch Sie als Arbeitnehmerin bzw. Arbeitnehmer müssen Ihren Beitrag leisten, und zwar durch

- regelmäßiges Reinigen aller Kochgeräte, Dunstabzüge, Fritteusen etc., damit keine (brennbaren!) Fettreste zurückbleiben,
- achtsamen Umgang mit offenem Feuer in der Küche,
- achtsamen Umgang mit überhitztem Fett. Gießen Sie niemals Flüssigkeiten in überhitztes Fett! Brennendes Fett in Pfannen ersticken! Dafür eignet sich ein Kochtopfdeckel oder ein Feuerlöscher (für Fettbrände gekennzeichnet mit der Brandklasse F). Evtl. darf auch eine Löschdecke verwendet werden.
- Einhalten des strikten Rauchverbotes.

Achten Sie auf heiße Brühe von oben! – Das neue Warnzeichen für Heißluftdämpfer muss in 1,60 m Höhe angebracht werden. Behälter mit Flüssigkeit bzw. flüssigkeitsbildendem Gargut dürfen nur unterhalb dieser Markierung eingeschoben werden.

Die wichtigsten Gesetze und Verordnungen zum Arbeitsschutz:

- Unfallverhütungsvorschriften
- Arbeitsstättenverordnung
- Arbeitsschutzgesetz
- Jugendarbeitsschutzgesetz
- Arbeitszeitgesetz
- Mutterschutzgesetz

Halten Sie brennbare Materialien von Gasflammen fern! Achten Sie auf Ihre Arbeitskleidung!

Brandschutzunterweisungen sind regelmäßig durchzuführen!

Eine PowerPoint-Präsentation über Brandschutz finden Sie unter www.trauner.at/systemgastronomie.aspx.

Die Berufsgenossenschaften und der Gesetzgeber schreiben dem Unternehmer/der Unternehmerin vor, die Mitarbeiterinnen und Mitarbeiter in der Handhabung der Löschmittel zu unterweisen.

Informationen über die Brandklassen finden Sie unter www.trauner.at/systemgastronomie.aspx.

Was tun für den Brandfall?	
Ruhe bewahren 	Unruhe und hektische Betriebsamkeit stecken an und können sehr schnell zu Panik führen, was unbedingt vermieden werden muss. Fehlverhalten und Panik sind die gefährlichsten Begleiterscheinungen eines Feuers.
Brand melden 	Wichtig ist es, den Brand zu melden, d. h., die örtliche Feuerwehr über die bundesweite Alarmnummer 112 anzurufen. Der- bzw. diejenige, der/die den Brand meldet, muss seinen/ihren Namen, die Adresse und das Anliegen angeben. Auf keinen Fall auflegen, sondern die Fragen der Feuerwehr abwarten!
Personen helfen 	Anschließend sollten Sie an den Brandort zurückkehren und – nach Möglichkeit – hilflosen und verletzten Personen helfen. Wichtig ist, dass sich der/die Rettende dabei nicht selbst gefährdet.
Löschversuche unternehmen 	Brände sind in der Entstehungsphase in der Regel durch richtiges und schnelles Handeln von jedermann zu löschen. Voraussetzungen: ■ Die richtigen Löschmittel stehen zur Verfügung und sind leicht zu finden ■ Sie als Mitarbeiter bzw. Mitarbeiterin wissen, wie man mit ihnen umgeht

Die Art des Löschmittels hängt vom brennenden Material ab:

- Holz, Textilien, Papier: Wasser, Pulverlöscher mit Glutbrandpulver oder Spezialpulver, Wasserlöscher, Schaumlöscher
- Öl, Fette: Pulverlöscher mit Glutbrandpulver oder Spezialpulver, Schaumlöscher, Kohlendioxidlöscher
- Erdgas, Acetylen, Propan, Wasserstoff: Pulverlöscher mit Glutbrandpulver
- Metalle: Pulverlöscher mit Metallbrandpulver, Sand, Zement, **kein Wasser!**

Brandschutzzeichen

Feuerlöscher

Löschschlauch

Brandmeldetelefon

Brandmelder(manuell)

Rettungszeichen

Rettungsweg

Notausgang

Richtungsangabe für Erste Hilfe

Erste-Hilfe-Zeichen

Erste Hilfe

Als Erste Hilfe bezeichnet man jene Maßnahmen, die ein Ersthelfer bzw. eine Ersthelferin durchzuführen hat, bis die Rettung eintrifft. Besonders wichtig ist es, Ruhe zu bewahren und möglichst zielstrebig zu handeln. In Betrieben sollte immer ein Ersthelfer bzw. eine Ersthelferin vorhanden sein, also eine Person, die in Erster Hilfe ausgebildet ist.

Jede/jeder hat die Verpflichtung zu helfen. Jedoch darf man keine Maßnahmen ergreifen, die nur ausgebildeten Fachkräften vorbehalten sind, wie z. B. die Verabreichung von Medikamenten.
Lebensrettende Sofortmaßnahmen sind:

- Absichern
- Bergen
- Erste-Hilfe-Maßnahmen durchführen
- Rettung bzw. Arzt/Ärztin verständigen

Sollte kein Arzt bzw. keine Ärztin gerufen werden, so ist der verletzten Person der Rat zu geben, anschließend eine ärztliche Kontrolle in Anspruch zu nehmen.

Das Rote Kreuz ist ein gemeinnütziger Verein und bietet einen flächendeckenden Rettungsdienst an.

Rettungsweg für Behinderte

Lesen Sie die Kurzbiografie des Gründers des Roten Kreuzes!

Der Schweizer Henry Dunant, geboren 1828, erlebte als 31-jähriger Mann die Kriegswirren der Schlacht von Solferino, Italien. Er beteiligte sich an der Rettung bzw. Versorgung der unzähligen verletztenSoldaten. Hier entstand auch die Grundidee für die spätere Rotkreuzbewegung, gegründet 1862 in Genf. Heute ist die internationale Rotkreuz- und Rothalbmondbewegung mit 186 nationalen Gesellschaften die größte humanitäre Organisation der Welt. Das Deutsche Rote Kreuz ist Teil dieser weltweiten Gemeinschaft.

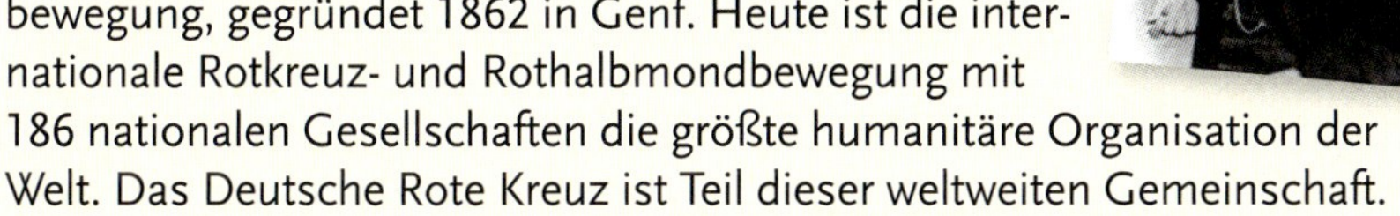

Ein mit diesem Zeichen versehener Verbandkasten muss in der Küche vorhanden sein

Aufgabenstellung

- Recherchieren Sie die Aufgabengebiete des Roten Kreuzes!

Katastrophenhilfe	Verteilung von Hilfsgütern	Gesundheitsdienst im Stadion

Diese Übung finden Sie auch unter www.trauner.at/systemgastronomie.aspx.

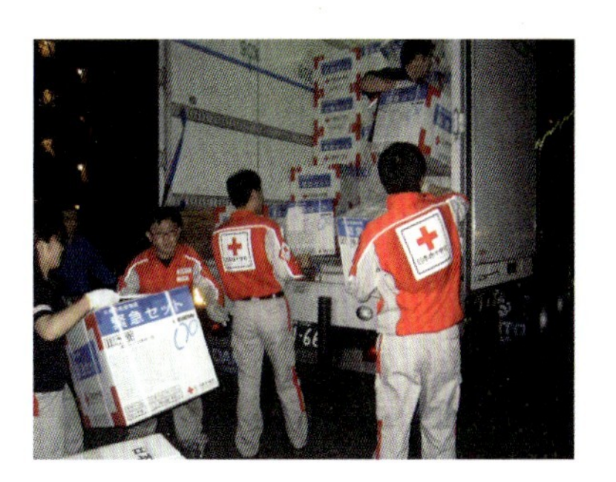

Ergonomie

Unter Ergonomie versteht man die Lehre von der Anpassung der Arbeitsbedingungen und der Betriebsmittel an den Menschen. Die Lehre von den Maßen des Menschen liefert die Grundlage für die Ergonomie. Aufgrund von Durchschnittswerten können Arbeitsräume und Arbeitsplätze eingerichtet, Geräte und Einrichtungsgegenstände angefertigt und Maschinen hergestellt werden, die dem arbeitenden Menschen entsprechen.

Ziele ergonomischer Überlegungen	
Humane Ziele	■ Beanspruchung wird vermindert ■ Unfälle werden verhindert ■ Mitarbeiterinnen und Mitarbeiter haben Freude an der Arbeit
Wirtschaftliche Ziele	■ Arbeitszeit wird optimiert ■ Betriebsmitteleinsatz wird optimiert ■ Qualität wird gesteigert

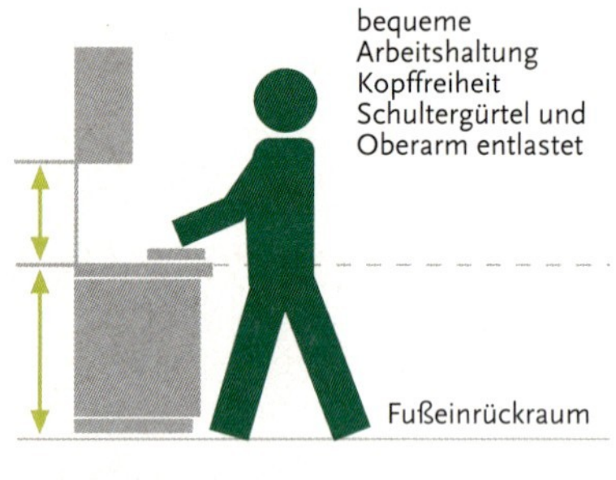

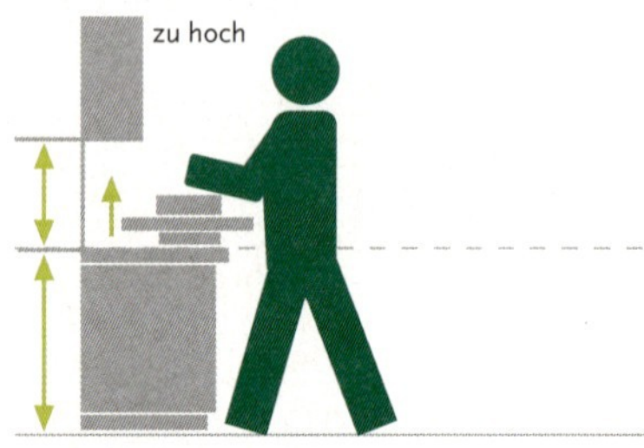

Die Ergonomie nimmt demnach Einfluss auf eine optimale Arbeitsgestaltung. Vier Punkte spielen aus ergonomischer Sicht eine wesentliche Rolle, um Aufgaben optimal erfüllen zu können:

- Angemessene Arbeitsumgebung
- Geeignete Betriebsmittel
- Körperhaltung
- Arbeitsfluss

Bücken entzückt keinen Rücken
Nicht zu unterschätzen sind die ergonomischen Vorteile höher gesetzter Elektrogeräte, wie Mikrowelle, Backofen oder auch Geschirrspüler. Sind Sie einmal das Be- und Entladen diverser Geräte in rückenschonender Haltung gewöhnt, wollen Sie dieses Plus nicht mehr missen.

Aufgabenstellung

- Je mehr Fragen Sie mit Nein beantworten können, desto besser ist es um die Ergonomie an Ihrem Arbeitsplatz bestellt.

	Ja	Nein
Haben Sie Kopfschmerzen oder Migräne?		
Haben Sie Nackenschmerzen?		
Haben Sie Rückenschmerzen?		
Haben Sie Schmerzen im Arm und in der Schulter?		

Diese Übung finden Sie auch unter www.trauner.at/systemgastronomie.aspx.

I Arbeiten in der Küche

Ziel eines gastronomischen Betriebes ist ein zufriedener, gesunder und glücklicher Gast.

Mit der konsequenten Einhaltung der persönlichen Hygiene tragen Sie dazu bei. Sauberkeit im Umgang mit Speisen und Getränken sowie die Anwendung der Hygieneregeln auf sämtliche Betriebsanlagen müssen für Sie selbstverständlich sein.

Nach einem theoretischen Input werden Sie in der Lage sein, einfache Speisen vor- und zuzubereiten sowie anzurichten. Sie gehen nach sensorischen und ernährungsphysiologischen Kriterien vor und planen sowohl ökonomisch als auch ökologisch.

Die Sicherung der Werterhaltung von Lebensmitteln ist für Sie ein Anliegen. Sie verstehen lebensmittelrechtliche Forderungen und handeln danach.

Hygiene

Hygiene umfasst Personal-, Lebensmittel- und Betriebshygiene.

Mit der konsequenten Einhaltung der persönlichen Hygiene trägt jeder Mitarbeiter bzw. jede Mitarbeiterin der Gastronomie dazu bei, dass die Gäste zufrieden sind. Ein gepflegtes Äußeres lässt die Gäste auch Rückschlüsse auf die Führung des Betriebes ziehen. Sauberkeit im Umgang mit den Speisen und Getränken ist ein absolutes Muss. Die Lebensmittelhygiene umfasst also alle Maßnahmen, die bei der Herstellung und beim Verkauf von Lebensmitteln notwendig sind. Um hygienisches Arbeiten in einem gastronomischen Betrieb sicherzustellen, müssen schließlich sämtliche Betriebsanlagen (Räume, Maschinen, Serviergegenstände) in tadellosem Zustand sein.

Die Zufriedenheit der Gäste ist uns wichtig

Meine Ziele

Nach Bearbeitung dieses Kapitels kann ich

- die Wichtigkeit der Personalhygiene erkennen;
- die Gefahren nennen, die durch den unsachgemäßen Umgang mit Lebensmitteln entstehen;
- die Bestimmungen der Betriebshygiene wiedergeben;
- den Begriff HACCP erklären;
- die Wachstumsbedingungen von Mikroorganismen erkennen und ihr Wachstum im Betrieb vermeiden;
- einen Überblick über die verschiedenen Mikroorganismen, Viren/Prionen und Parasiten geben und Hygienemaßnahmen einleiten;
- den Befall mit Vorratsschädlingen erkennen und Maßnahmen einleiten;
- Lebensmittelhygiene in der Praxis umsetzen;
- ein HACCP-Konzept (inklusive Reinigungsplänen) für einen Betrieb erstellen, durchführen und kontrollieren.

1 Personalhygiene

War das vielleicht ein Theater, als ich das letzte Mal in der Küche vergessen habe, meine Ringe abzunehmen. Mein Chef hat mich total angemeckert. Ach, ich hasse diese kleinlichen Vorschriften!

Mikroorganismen, die vom Menschen ausgehen, können die Quelle von verschiedensten Lebensmittelkontaminationen sein. Auch der gesunde Mensch ist von einer Vielzahl von Mikroorganismen „besiedelt", z. B. im Darm, auf den Haaren oder auf den Schleimhäuten.

Gelangen die Bakterien in die Lebensmittel, dann wandern sie über die Speisen zu den Gästen. Lebensmittelvergiftungen können die Folge sein.

Einen Schutz vor Verunreinigungen der Lebensmittel bietet nur konsequente persönliche Hygiene

Sichtbare Piercings bitte nur in der Freizeit!

Lebensmittelkontamination = Lebensmittelverunreinigung.

Persönliche Sauberkeit

Ganz besonders in der Systemgastronomie, wo der Gast meist jeden Mitarbeiter und jede Mitarbeiterin bei der Zubereitung der Speisen sehen kann, muss auf ein gepflegtes Äußeres geachtet werden. Neben der Hygiene fördert ein gepflegtes Äußeres auch das Image der Marke.

Hierzu zählen vor allem:
- regelmäßiges Waschen oder Duschen,
- regelmäßige Haarwäsche,
- Mundhygiene und Bartstutzen sowie
- Zusammenbinden bzw. Aufstecken langer Haare.

Notieren Sie den Reinigungsvorgang, der bei der Händehygiene beachtet werden muss!

Diese Übung finden Sie auch unter www.trauner.at/systemgastronomie.aspx.

Händehygiene

Das Waschen der Hände ist besonders wichtig. Über die Hände können Mikroorganismen aus dem Stuhl (z. B. nach dem Toilettengang) oder dem Nasen-Rachen-Raum (z. B. durch Taschentücher) verbreitet werden.

Händereinigung mit anschließender Desinfektion
- vor Arbeitsbeginn,
- nach jedem Toilettengang,
- nach dem Naseputzen,
- nach dem Rauchen,
- nach jedem Produktwechsel (besonders bei der Verarbeitung von Fleisch, Eiern, Fisch und Gemüse),
- grundsätzlich nach jeder Pause.

Achten Sie auf die Anwendungshinweise und Einwirkzeiten der Desinfektionsmittel!

Fingernägel müssen möglichst kurz sein und ohne Nagellack, da sich unter langen Nägeln Mikroorganismen ansiedeln können. Nagellack ist unhygienisch, er kann abblättern.

Das Tragen von Schmuck an Armen und Unterarmen ist verboten.

Wunden müssen mit wasserdichten Pflastern bzw. Fingerlingen und/oder Handschuhen abgedeckt werden, damit keine Bakterien in die Lebensmittel gelangen können.

Vermeiden Sie unbedingt Husten und Niesen auf Produkte oder auf Serviergegenstände, die direkten Kontakt mit Lebensmitteln haben, z. B. Teller, Gläser, Besteck.

Mitarbeiter und Mitarbeiterinnen mit Durchfallerkrankungen oder anderen ansteckenden Krankheiten dürfen nicht in gastronomischen Betrieben arbeiten. Neue Mitarbeiter bzw. Mitarbeiterinnen dürfen nur beschäftigt werden, wenn sie einen gültigen Nachweis nach § 43 Infektionsschutzgesetz vorlegen können. Er wird vom Gesundheitsamt ausgestellt.

Diese Übung finden Sie auch unter www.trauner.at/systemgastronomie.aspx.

Mitarbeiter bzw. Mitarbeiterinnen, die an

- Typhus,
- Paratyphus,
- Cholera,
- Shigellenruhr,
- Salmonellose,
- anderen infektiösen Durchfallerkrankungen oder an
- Hepatitis A oder E

leiden, dürfen keine Lebensmittel herstellen oder behandeln, siehe Infektionsschutzgesetz (IfSG), www.gesetze-im-internet.de/bundesrecht/ifsg/gesamt.pdf

Aufgabenstellung

- Versetzen Sie sich in die Lage der/des Hygienebeauftragten einer Großküche und beantworten Sie folgende Fragen!

	Ja	Nein
Darf man in der Küche einen Kaugummi kauen?		
Darf man mit dem Kochlöffel kosten?		
Darf man verpackte Lebensmittel, die auf den Boden gefallen sind, noch verwenden?		
Darf man das Astmamedikament in die Küche mitnehmen?		
Darf mich meine Freundin in der Küche besuchen?		
Darf man den Hund mitbringen?		

Berufskleidung

Vor dem Betreten der Arbeitsräume müssen geeignete Berufskleidung und Schuhe angelegt werden. In der Systemgastronomie werden i. d. R. Uniformen getragen, die vom Betrieb vorgeschrieben sind.

Im Küchenbereich sollte eine Kopfbedeckung getragen werden, die einen Großteil der Haare bedeckt.

Berufs- und Freizeitkleidung müssen zur Vermeidung von Kreuzkontamination getrennt aufbewahrt werden.

Regelmäßige Schulungen

Die Mitarbeiter und Mitarbeiterinnen müssen vor Beginn ihrer Tätigkeit eine einmalige Belehrung nach § 43 IfSG von der zuständigen Behörde erhalten. Darüber hinaus muss alle zwei Jahre vom Betrieb belehrt werden. Dies ist zu dokumentieren, z. B. in der Personalakte.

Hygiene ist ein Maßstab für Qualität und somit äußerst wichtig. Jeder angehende Mitarbeiter bzw. jede Mitarbeiterin in der Systemgastronomie muss sich ausführlich damit auseinandersetzen. Denn in der Systemgastronomie gerät nicht nur ein Betrieb, sondern schnell eine weltweit agierende Gastronomiekette in Verruf, wenn ein Gast durch mangelnde Hygiene erkrankt ist.

2 Lebensmittelhygiene

War das gleich nochmals ein Theater, als ich mein Pausenbrot neulich in den Betrieb mitgebracht habe. Mein Chef hat mich sofort angewiesen, es zu verpacken und zu kennzeichnen. Es muss getrennt von den Lebensmitteln, die für die Gäste bestimmt sind, aufbewahrt werden.

Hygiene ist kein Zufall! Sie funktioniert nur nach Plan.

Durch unsachgemäßen Umgang mit Lebensmitteln kann der Gast vielfältigen Gefahren ausgesetzt werden.

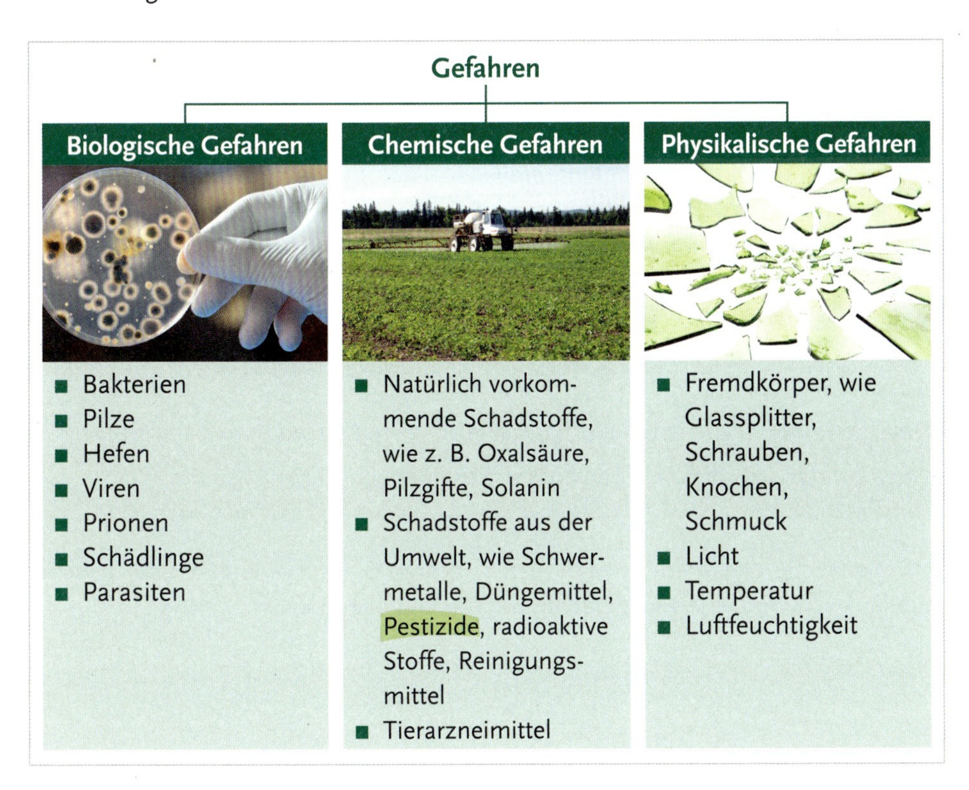

Alle hygienischen Maßnahmen müssen das Ziel haben, diese Gefahren weitestgehend auszuschließen, damit der Gast gesund und zufrieden ist und gerne wiederkommt.

Pestizide = chemische Schädlingsbekämpfungsmittel.

Wie erkennt man verdorbene Lebensmittel?

Ob ein Lebensmittel verdorben ist, kann man durch eine Sinnesprobe feststellen.

Sinnesprobe = sensorische Prüfung; man testet Aussehen, Farbe, Geruch und Geschmack.

Grundvoraussetzung für eine einwandfreie Speisenzubereitung ist eine gründliche Warenkontrolle vor der Verarbeitung.

Merkmale verdorbener Lebensmittel

1. Fisch fault schneller als Fleisch, da er reicher an leicht abbaubarem Protein ist. Je stärker ein Fisch nach Fisch riecht, desto älter ist er.
2. Bei vielen Wurstprodukten kündigt sich ein Verderb durch eine Schleimschicht auf der Oberfläche an. Diesen Schleimfilm können wir mit dem bloßen Auge erst sehen, wenn mehr als 10 Millionen Keime pro Quadratzentimeter vorhanden sind. Erhöht sich diese Keimzahl noch geringfügig, ist die Wurst verdorben.
3. Weitere Merkmale finden Sie unter www.trauner.at/systemgastronomie.aspx.

Wareneingangskontrolle siehe Lernfeld „Arbeiten im Magazin“.

2.1 Chemische Gefahren

Chemische Gefahren werden durch Schadstoffe in Lebensmitteln hervorgerufen.

Rhabarber

Fliegenpilze sind giftig

Schadstoff	Vorkommen	Vermeidung
Oxalsäure	Spinat, Mangold, Rhabarber	Blanchieren, nicht roh essen
Solanin	grüne Schalen der Kartoffel, ausgewachsene Triebe der Kartoffel, Strünke der Tomaten	grüne Teile wegschneiden
Pilzgifte	Wildpilze	von sachkundigen Personen begutachten lassen
Schwermetalle (Blei, Quecksilber, Cadmium)	Obst und Gemüse, das neben stark befahrenen Straßen wächst	Äußere Blätter entfernen; schälen; gründlich waschen
Düngemittel (Nitrate gelangen in das Grundwasser)	grüne Salate, Spinat, Kohl, Radieschen, Rettich	Äußere Blätter entfernen; Blanchierwasser abgießen
Radioaktive Stoffe (nach Unfällen in Kernkraftwerken)	v. a. Wildpilze	nur in geringen Mengen essen
Tierarzneimittel (Antibiotika, Beruhigungsmittel)	Fleisch und Fleischwaren, Fische, Meerestiere	Fleisch aus artgerechter Haltung, Fische und Meerestiere aus Wildfang

Um chemische Gefahren zu minimieren, achten Sie auf eine bewusste Lebensmittelauswahl und eine sachgerechte Zubereitung der Speisen.

2.2 Physikalische Gefahren

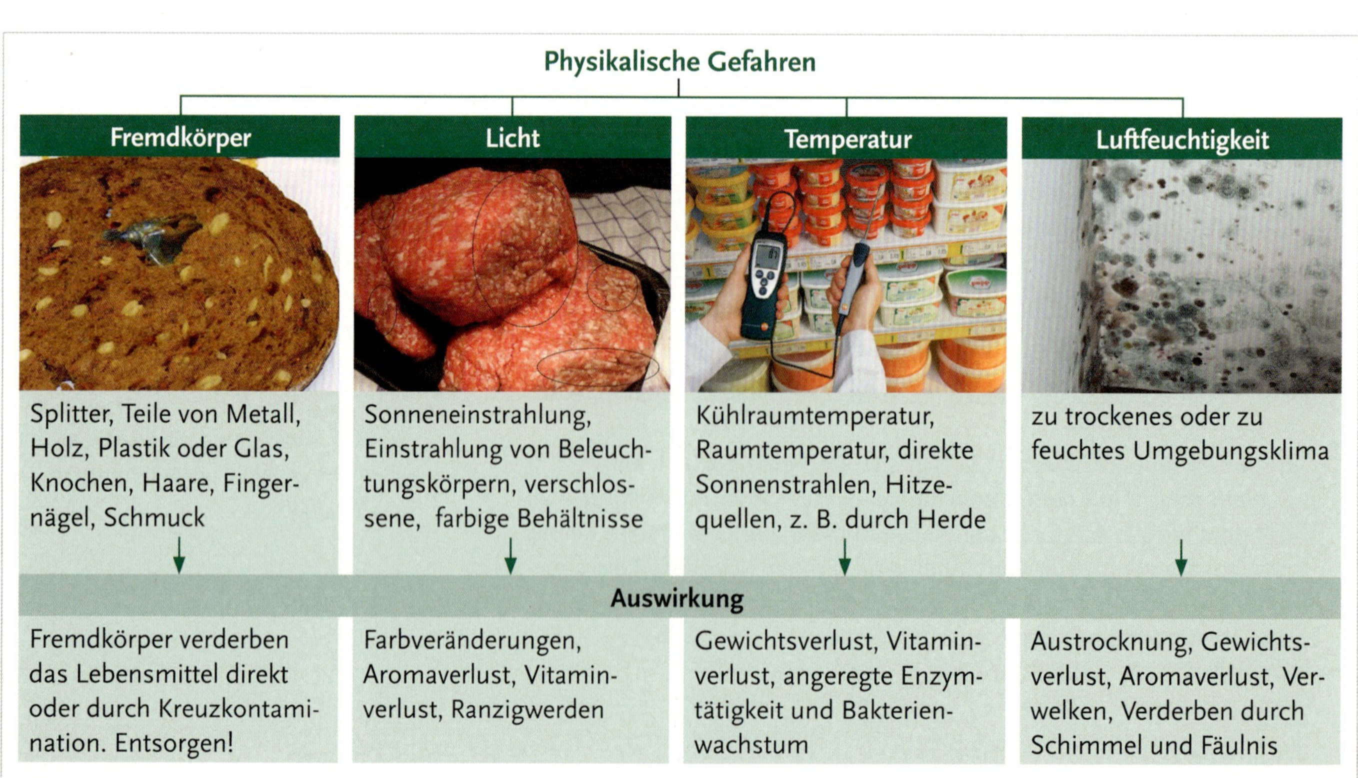

Was kann man gegen physikalische Gefahren tun?			
Verantwortungsvolles Handeln und Arbeiten unter Einhaltung der Vorschriften der Hygiene und Schädlingsbekämpfung	Lebensmittel vor Licht geschützt lagern. Verschlossen, färbige (lichtundurchlässige) Behältnisse	Lebensmittel vor Frost und Wärme schützen	Lebensmittel bei richtiger Luftfeuchtigkeit lagern
↓	↓	↓	↓
Offene Lebensmittel abdecken, Tragen einer Kopfbedeckung (gegen Haarverlust), elektronische Fliegenfallen	Speisen nicht in der Nähe des Fensters vor- oder zubereiten, gekühlt, lichtgeschützt zwischenlagern, Öl in Originalgebinden lichtgeschützt lagern	Kühlzonenlagerung der einzelnen Lebensmittel einhalten, Kühltemperaturen regelmäßig kontrollieren	Abdecken der Lebensmittel und Speisen mit Frischhaltefolien oder Verschließen in Behältnissen

2.3 Biologische Gefahren

Lebensmittel verderben in den meisten Fällen durch Bakterien, Hefen und Schimmelpilze. Durch Verunreinigungen können unerwünschte Mikroorganismen in Lebensmittel gelangen und bei deren Verzehr schwere Erkrankungen auslösen.

Viele Mikroorganismen sind so klein, dass man sie mit dem freien Auge nicht sehen kann – sie werden meist erst unter einem Mikroskop sichtbar. Das macht sie so gefährlich, da wir sie bei unserer täglichen Arbeit nicht wahrnehmen können.

2.3.1 Was sind Mikroorganismen?

Mikroorganismen sind Lebewesen. Sie entwickeln sich von der Geburt bis zum Tod, können sich vermehren und fortpflanzen, können sich bewegen und haben einen Stoffwechsel. Ihre Größe und Zellstruktur unterscheiden sie sehr stark voneinander.

Die Wirkung von Mikroorganismen in Lebensmitteln kann also positiv oder negativ sein.

Aufgabenstellung

- Bevor Sie auf die nächste Seite blättern, überlegen Sie, wie Mikroorganismen den Geschmack von Lebensmitteln positiv beeinflussen können?

Positive Wirkung von Mikroorganismen in Lebensmitteln

- Zur Herstellung von vielen Milchprodukten, Sauergemüse, Sauerteig und Fleischerzeugnissen benötigt man Milchsäurebakterien.
- Hefen setzt man für die alkoholische Gärung, z. B. bei Bier und Wein, ein.
- Schimmelpilze erzeugen den Geschmack in vielen Käsesorten.
- In Asien werden viele Produkte aus der Sojabohne mit Schimmelpilzen geimpft, z. B. Sojasoße oder Miso.

Unerwünschte, also negative Wirkungen von Mikroorganismen werden von Bakterien (siehe Seite 26ff.), Pilzen und Hefen (siehe Seite 30ff.) ausgelöst.

Die Mikroorganismen beeinflussen nicht nur den Geschmack des Lebensmittels, oft wird auch die Verdaulichkeit verbessert.

- Durch Milchsäure und Alkohol wird die Haltbarkeit erhöht, da andere Mikroorganismen zurückgedrängt werden.
- Es reichern sich zusätzlich Vitamine und Aminosäuren an.
- Pflanzeneigene Gifte werden zum Teil abgebaut, z. B. Mykotoxine aus dem Getreide beim Bierbrauen oder der Obstweinherstellung.
- Auch Blausäure abspaltende Verbindungen, z. B. in der Sojabohne, können durch Mikroorganismen abgebaut werden.

2.3.2 Wie kommen Mikroorganismen in Lebensmittel?

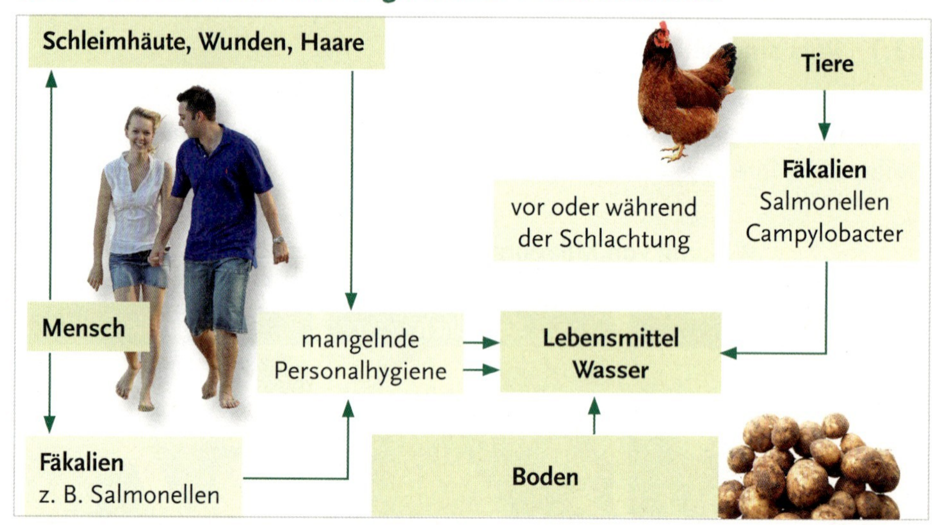

2.3.3 Fachbegriffe, die Sie kennen müssen

- **Kontamination:** Verunreinigung von Lebensmitteln oder Gegenständen mit unerwünschten Fremdorganismen (z. B. Mikroorganismen) oder Substanzen (z. B. Schadstoffen). **Primäre Kontamination** bedeutet, dass tierische Lebensmittel bereits vor oder während der Schlachtung verunreinigt worden sind, pflanzliche Rohstoffe bereits vor oder während der Ernte. **Sekundäre Kontamination** der Lebensmittel erfolgt häufig über Fäkalien, Schleimhäute, Haare und Wunden des Menschen sowie durch Erde und Staub.
- Als **Kreuzkontamination** bezeichnet man die Übertragung von Mikroorganismen von einem kontaminierten zu einem nicht kontaminierten Lebensmittel, wenn z. B. Geflügelfleisch neben einem Salat liegt. Häufiger erfolgt sie aber indirekt über die Hände oder über Gegenstände, beispielsweise wenn zunächst mit Erde behaftete Möhren angefasst werden und dann der bereits gewaschene Salat. Oder wenn gebratenes Fleisch auf den Teller gelegt wird, auf dem es vorher in rohem Zustand lag.

Infektion versus Vergiftung	
Lebensmittel-infektion	Entsteht, wenn Lebensmittel genossen werden, die Krankheitserreger enthalten. Lebende Keime dringen in den menschlichen Körper ein, gelangen in den Darm, vermehren sich dort oder bilden Toxine. Der Körper reagiert, indem er sein Abwehrsystem aktiviert. Dies äußert sich dann z. B. in Fieber oder Durchfall. **Bakterien** und **Viren** sind die Hauptverursacher von Lebensmittelinfektionen.
Lebensmittel-vergiftung	Entsteht, wenn lediglich die von den Mikroorganismen gebildeten Giftstoffe mit der Nahrung aufgenommen werden, nicht die Mikroorganismen selbst. Toxine, die von Bakterien oder Pilzen gebildet werden, können Auslöser schwerer Vergiftungen sein.

Der Begriff Lebensmittelvergiftung wird im allgemeinen Sprachgebrauch häufig auch für die Lebensmittelinfektion verwendet.

Toxin = organischer Giftstoff; die Toxine der Staphylokokken sind sehr hitzestabil; nach dem Erhitzen werden sie erst nach Stunden inaktiv.

2.3.4 Was begünstigt den Verderb von Lebensmitteln?

Wer kennt nicht graues Fleisch, schmierige Wurst, geruchsintensiven Fisch? Das Mitwirken von Mikroorganismen hat einen entscheidenden Einfluss auf die Lebensmittelqualität.

Der Verderb von Lebensmitteln hängt ab von:
- den im Lebensmittel vorhandenen Mikroorganismen (Standortkeimen, Kontaminationskeimen),
- den Eigenschaften eines Lebensmittels, z. B. Wassergehalt, pH-Wert,
- der Dauer und den Bedingungen der Lagerung, z. B. Sauerstoffgehalt, Temperatur, Feuchtigkeit.

Das Verderben von Lebensmitteln kann man verhindern:
- Durch die Vermeidung von Kontaminationen
- Durch optimale Lagerbedingungen
- Durch Haltbarmachen; dabei verändert man allerdings auch die Konsistenz, die Struktur und den Geschmack der Lebensmittel; Haltbarmachungsverfahren siehe Seite 36.

Aufgabenstellung

- Führen Sie eine sensorische Prüfung einer Salatgurke durch! Wiederholen Sie die Prüfung nach einer Woche Lagerung und schreiben Sie die Ergebnisse auf.

Gefühl: fest

Geruch: frisch

Aussehen: dunkelgrün, prall, knackig

Geschmack: saftig, erfrischend

Diese Übung finden Sie auch unter www.trauner.at/systemgastronomie.aspx.

Wie wird Milch sauer?

Die Lösung finden Sie unter www.trauner.at/systemgastronomie.aspx.

Zu ihrem Bau- und Energiestoffwechsel benötigen Mikroorganismen
- Wasser,
- Energie- und Stickstoffquellen,
- Vitamine und Mineralstoffe.

Nicht alle Mikroorganismen sind in der Lage, die für ihren Stoffwechsel benötigten Vitamine selbst herzustellen. Die notwendigen Mineralstoffe beziehen sie fast immer aus den Lebensmitteln.

Die geringsten Ansprüche haben Pilze, gefolgt von den Hefen und Bakterien. Als Energiequelle dienen Kohlenhydrate, insbesondere Zucker, Alkohole, Peptide, Aminosäuren und organische Säuren. Mikroorganismen können Fette und komplexe Kohlenhydrate verwerten.

Sie unterscheiden sich in der Fähigkeit, verschiedene stickstoffhaltige Substanzen als Stickstoffquelle zu nutzen.

Wie Temperatur, Feuchtigkeit, Sauerstoff und der pH-Wert das Wachstum von Mikroorganismen beeinflussen, lesen Sie auf Seite 33.

2.3.5 Bakterien

Bakterien sind Einzeller und kommen überall auf der Erde vor, beim Menschen, bei Tieren, auf Gegenständen, im Erdboden und auf Pflanzen. Es gibt eine Reihe von Bakterien, die Infektionen verursachen. Sie sind jedoch durch den Einsatz von Desinfektionsmitteln abzutöten, deshalb sollte der Arbeitsplatz nach dem Verarbeiten von Fleisch, Fisch, Eiern etc. desinfiziert werden. Die meisten Erkrankungen erfolgen durch den Befall von Salmonellen und Campylobacter.

Bakterien sind mit dem bloßen Auge nicht zu erkennen. Man muss überall mit ihnen rechnen.

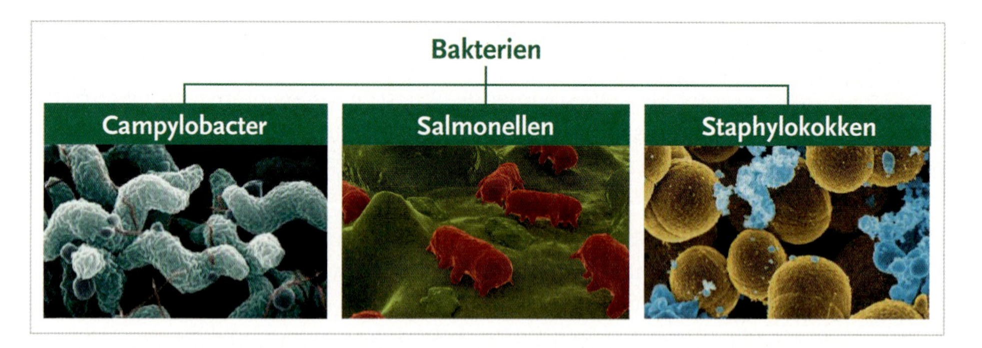

Salmonellen

Salmonellen kommen im Darmtrakt von Tieren vor, die sich während der Aufzucht durch verunreinigtes Futter (z. B. Fischmehl) oder den Kot ihrer Artgenossen infiziert haben. Auch beim Schlachten kann das Fleisch mit dem Kot in Berührung kommen. Weitere Salmonellenträger können Ratten, Mäuse und Insekten sein, die sich z. B. im Hühnerstall aufhalten.

Going international
Salmonella is a bacterium. The genus salmonella is named after Daniel Elmer Salmon, an American veterinary pathologist. While Theobald Smith was the actual discoverer in 1885, Dr Salmon was the administrator of the research programme, and so they took Salmon and not Smith to name the bacterium. Now we are happy, salmonella is easier to pronounce than "smithella" – or however the bacterium would have been called.

Je mehr Tiere auf engstem Raum leben, wie das in der Massentierhaltung üblich ist, desto größer wird die Gefahr der Übertragung von Salmonellen, vor allem durch den Kot der Tiere. Auch Fische und Muscheln in küstennahen Gewässern können mit Salmonellen infiziert werden, einerseits durch Abwässer und andererseits durch Möwen beim Fang.

Lebensmittel und Speisen, die häufig durch Salmonellen kontaminiert sind:

- Geflügelfleisch sowie Schweinefleisch
- Eier und Eierspeisen
- Milch und Milchprodukte
- Rohes Fleisch (Hackfleisch)
- Geschnittener Salat: Durch die Zerkleinerung wird der natürliche Schutz der Pflanze zerstört
- Sojasprossen

Es gibt ca. 2 500 verschiedene Salmonellenarten. Die meisten Infektionen werden durch die Enteritis-Salmonellen ausgelöst. Noch vor wenigen Jahren gehörte die Salmonellose in der Europäischen Union zu den häufigsten lebensmittelbedingten Erkrankungen. Durch konsequente Einhaltung von Hygienemaßnahmen, vor allem in der Geflügelzucht, erkranken glücklicherweise immer weniger Menschen.

Enteritis ist eine Darmentzündung und äußert sich in Form von Durchfall, Bauchschmerzen und Erbrechen.

Hygienemaßnahmen im gastronomischen Betrieb

Salmonellen vermehren sich bei Temperaturen von 7–50 °C besonders gut. Deshalb müssen zubereitete Speisen, Milchprodukte, Fleisch etc. gekühlt gelagert werden. Durch eine Erhitzung von Lebensmitteln über 70 °C werden Salmonellen sicher abgetötet.

Lagerung von Fleisch im Vakuum ist keine sinnvolle Maßnahme gegen Campylobacter-Erreger

Campylobacter

Campylobacter-Erreger gehören zu den am häufigsten gemeldeten Auslösern lebensmittelbedingter Erkrankungen in der Europäischen Union. Es reichen einige hundert Erreger, um eine Erkrankung auszulösen.

Campylobacter-Erreger vermehren sich im Lebensmittel nicht.
Sie überleben aber bei:

- Lagerung im Kühlschrank.
- Lagerung im Vakuum; sie benötigen nur wenig Sauerstoff.

Außerdem bevorzugen sie Feuchtigkeit. Sie sind sehr hitzeempfindlich und überleben selbst bei Zimmertemperatur nur kurz.

Lebensmittel und Speisen, die häufig durch Campylobacter kontaminiert sind:

- Unvollständig erhitztes Geflügelfleisch (vor allem Ente, Huhn und Pute)
- Nicht erhitzte Rohmilch
- In geringem Maße auch Rohfleischerzeugnisse (Mettwurst, Hackepeter, Tatar)

Auch Infektionen durch Nutzpflanzen, die auf organisch gedüngten Feldern heranwachsen, und Infektionen durch Oberflächenwasser sind möglich.

Hygienemaßnahmen im gastronomischen Betrieb

- Durchgaren bei 74 °C Kerntemperatur mindestens zehn Minuten.
- Gefrieren senkt die Belastung, eliminiert sie aber nicht vollständig.
- Besonders gute Arbeitsplatzhygiene beim Umgang mit Geflügel. Vor der Verwendung Geflügelfleisch gründlich abspülen und anschließend sofort die Hände waschen und desinfizieren.
- Vermeidung von Kreuzkontaminationen bei der Kühlhauslagerung. Häufig sind auch Umverpackungen von Geflügel kontaminiert.

Vorsicht bei rosa gebratener Entenbrust – beim Garen wird eine Kerntemperatur von 74 °C nicht erreicht! Enten sind generell häufig mit Campylobactererregern belastet.

Escherichia coli (E-coli-Bakterien)

Es ist dies ein Stamm von Bakterien, der im Darm u. a. von Vögeln, Rindern, Schafen, aber auch von Menschen vorkommt. Über den Kot der Tiere gelangen die Keime in die Umwelt, ins Trinkwasser oder auf pflanzliche Lebensmittel. Bei der Lebensmittelproduktion sind vor allem Fleisch und Milchprodukte gefährdet. Aber auch die Übertragung von Mensch zu Mensch spielt eine Rolle. Bestimmte Stämme von E-coli-Bakterien können schwerste Erkrankungen beim Menschen hervorrufen, häufig im Magen-Darm-Trakt.

Im Jahre 2011 gab es eine der schwersten Erkrankungswellen durch den Stamm EHEC (enterohämorrhagische Escherichia coli). Sie wurde durch verunreinigte Bockshornkleesamen, die in der Sprossenproduktion eingesetzt werden, verursacht. Es erkrankten ca. 4 000 Menschen, 53 starben.

Das Bundesinstitut für Risikobewertung empfiehlt daher Personen mit geschwächter Immunabwehr (Säuglingen, Kleinkindern, Schwangeren, alten und kranken Personen), Sprossen vorsichtshalber nur vollständig durcherhitzt zu verzehren.

Die Anzuchtbedingungen von Sprossen (Wärme und Feuchtigkeit) begünstigen das Wachstum vieler Mikroorganismen – siehe www.bfr.bund.de.

Shigellen und Yeresinia enterocolitica sind weitere Lebensmittel verunreinigende Bakterien. Ihre Beschreibung finden Sie unter www.trauner.at/systemgastronomie.aspx.

Hygienemaßnahmen im gastronomischen Betrieb

- Konsequente Personalhygiene
- Durcherhitzen von Fleisch bei mindestens 70 °C
- Kühlung von rohen Lebensmitteln
- Gründliche Reinigung von Rohkost

Viele importierte Gewürze sind durch mangelnde Hygiene in den Anbauländern (z. B. durch Fäkaldüngung) sehr stark mit Salmonellen oder Schimmelpilzen verunreinigt. Besonders belastet sind:

- Paprika
- Kümmel
- Zimt
- Schwarzer Pfeffer

Sie müssen einer Keimreduzierung unterzogen werden. Hierzu gibt es verschiedene Verfahren, die EU erlaubt die Bestrahlung mit Gammastrahlen. In Deutschland wird dies bis jetzt aber noch von den meisten Erzeugern abgelehnt. Lesen Sie dazu die Erklärung eines Gewürzherstellers, zu finden unter www.trauner.at/systemgastronomie.aspx!

Für die Verwendung in der Küche gilt:

- Möglichst die Gewürze vor dem Kochen der Speise beigeben, damit Keime abgetötet werden.
- Gewürze in geschlossenen Behältern lagern.
- Keine verunreinigten Löffel hineingeben.

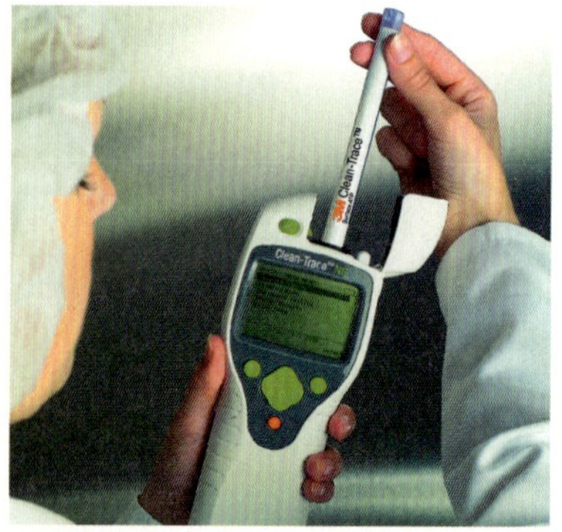

Elektrisches Gerät zur Keimzahlbestimmung (Schnelltest)

Listerien

Eine Infektion mit Listerien ist nicht nur durch rohe Produkte, sondern auch durch erhitzte möglich. Zum Beispiel kann pasteurisierte Milch Listerien enthalten, die durch verunreinigte Milchleitungen in das schon keimarm gemachte Produkt gelangen.

Hygienemaßnahmen im gastronomischen Betrieb

- Konsequente Personal- und Lebensmittelhygiene
- Regelmäßige Abklatschproben von Arbeitsgeräten nehmen, z. B. an der Aufschnittmaschine
- Lebensmittel zwei Minuten über 70 °C erhitzen
- Nur kurze Kühllagerung
- Vakuumverpackte Lebensmittel möglichst zügig verbrauchen (kurzes MHD festlegen)

Abklatschprobe

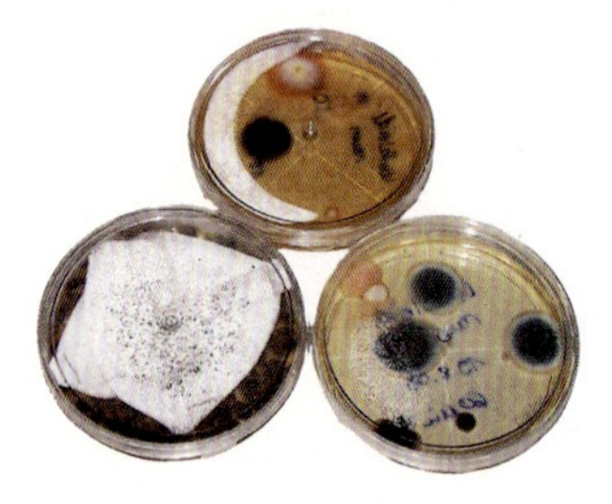

Staphylokokken

Staphylokokken sind toxinbildende Bakterien, die Übertragung erfolgt durch Tröpfcheninfektion oder den Kontakt mit Wunden. Etwa die Hälfte aller gesunden Menschen beherbergt im Nasen-Rachen-Raum Staphylokokken.

Hygienemaßnahmen im gastronomischen Betrieb

- Desinfektion der Hände, Haarschutz, saubere Arbeitskleidung
- Eitrige Wunden wasserfest abdichten (Einweghandschuhe tragen)
- Nicht auf Lebensmittel niesen
- Erhitzung der Speisen
- Vermeidung längerer Standzeiten unter 65 °C
- Kühlung der Speisen

Clostridium botulinum

Das Botulinumtoxin ist lebensgefährlich. Infektionsquellen sind z. B. ungenügend erhitzte Konservendosen, deren Inhalt kontaminiert ist, zu erkennen an Bombagen – aufgeblähten Deckeln von Konservendosen.

Wussten Sie, dass Botox verdünntes Botulinumtoxin ist?

Hygienemaßnahmen im gastronomischen Betrieb

- Gründliche Reinigung von Gemüse etc.
- Vermeidung eines pH-Wertes von über 4,5, z. B. durch Ansäuern
- Rauchwaren, die nur wenig gesalzen und noch sehr wenig abgetrocknet sind, sollten unter 3 °C gekühlt werden
- Clostridium botulinum bildet hitzebeständige Sporen, die oft erst bei einer 30-minütigen Erhitzung über 100 °C abgetötet werden

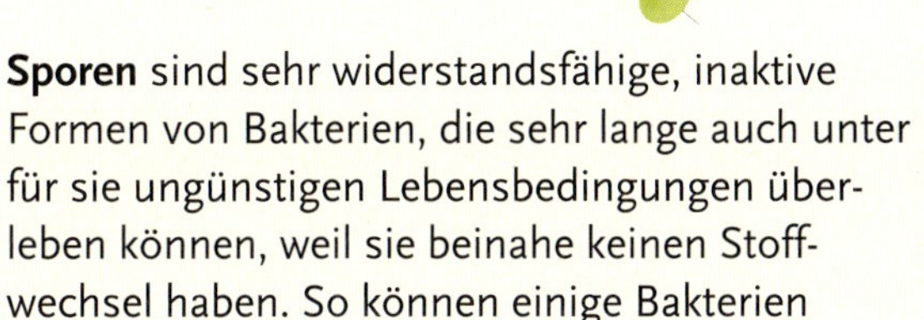

Sporen sind sehr widerstandsfähige, inaktive Formen von Bakterien, die sehr lange auch unter für sie ungünstigen Lebensbedingungen überleben können, weil sie beinahe keinen Stoffwechsel haben. So können einige Bakterien z. B. große Trockenheit oder Hitze überstehen.

Bacillus cereus

Das Toxin ist sehr hitzelabil und wird bereits bei Temperaturen um 60 °C in wenigen Minuten inaktiviert. Da dies den üblichen küchentechnischen Temperaturen entspricht, sind keine besonderen Maßnahmen nötig.

Gefährdete Produkte sind Milch, Fleisch und Fleischwaren sowie Süßspeisen, Suppen und Gemüsegerichte.

Weitere Infektionsquellen und eine detaillierte Beschreibung der von Bakterien verursachten Krankheiten finden Sie unter www.trauner.at/systemgastronomie.aspx.

Aufgabenstellungen

1. Blättern Sie zurück zum Kapitel „Physikalische Gefahren“. Überlegen Sie fünf weitere physikalische Gefahren, die bei der Vor- und Zubereitung in die Speisen gelangen können.
2. Welche Umweltgifte und chemischen Gefahren kennen Sie?
3. Welche Lebensmittel sind besonders häufig mit Salmonellen kontaminiert?
4. Welche Bakterien vermehren sich auch bei Kühlschranktemperaturen?
5. Welche Bakterien vermehren sich in Lebensmitteln nicht?

Laut neuesten Forschungen sollen Salmonellen auch in Pflanzenzellen eindringen und sich dort vermehren! Dann wäre das Abwaschen von Salat kein ausreichender Schutz vor einer Salmonellenvergiftung. Recherchieren Sie die aktuellen Erkenntnisse!

Mutterkorn ist ein Pilz, der Getreideähren befällt. Das Mutterkorn enthält Alkaloide, die schwere Vergiftungserscheinungen auslösen können. Fünf bis zehn Gramm frisches Mutterkorn können zum Tod führen. Die EU lässt strenge Kontrollen durchführen. Das Getreide wird so gereinigt, dass eine Verunreinigung von Mehl äußerst unwahrscheinlich ist.

2.3.6 Pilze und Hefen

Pilze sind weit verbreitet. Sie bestehen aus einem Geflecht aus sehr dünnen, langen Zellfäden (Zellhyphen). Die Gesamtheit der Hyphen nennt man **Myzel**. Die Zellen der Pilze sind wesentlich größer als die der Bakterien, aus diesem Grund kann man die Schimmelpilze häufig mit bloßem Auge erkennen.

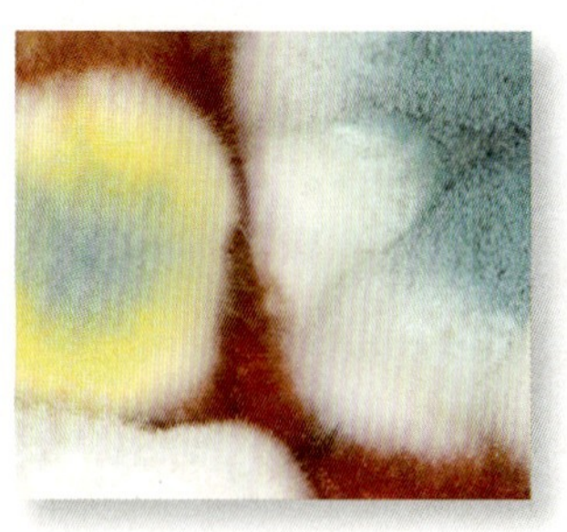

Es genügt nicht, nur die Schimmelschicht zu entfernen. Der gesamte Inhalt des Glases bzw. das ganze Lebensmittel ist verdorben.

Pilze benötigen für ihr Wachstum Sauerstoff, deshalb wachsen sie bevorzugt auf der Oberfläche von Lebensmitteln. Einige von ihnen können sich auch noch bei Kühlschranktemperaturen vermehren. Es verderben deshalb auch gekühlte Lebensmittel! Zu den Pilzen gehören Speisepilze (siehe Seite 141), Schimmelpilze und Hefen. Schimmelpilze, weißlich, gelblich oder bunt gefärbt, sind häufig die Ursache des Verderbs von Lebensmitteln.

Schimmelpilze können Allergien auslösen

Schimmelpilze	
Brotschimmel, Köpfchenschimmel auf Obst und Gemüse 	■ Verderben gelagertes Getreide, Früchte, Gemüse ■ Bei günstigen Umweltbedingungen können Pilzkolonien von mehreren Zentimetern wachsen; gräulich-bräunliche Färbung, watteartig ■ Überleben bei 0–5 °C und besiedeln gerne gekühlte, zuckerreiche Lebensmittel wie Torten und Obst-kuchen; überdauern eine längere Kühlung und überwachsen dann bei Raumtemperatur innerhalb von 1–2 Tagen den gesamten Kuchen
Pinselschimmel, Grün- oder Blaufäule 	■ Penicilliumarten befallen vor allem Äpfel und Zitrusfrüchte ■ Sichtbar zunächst durch hellbraune Veränderungen der Schale, später durch weißgraue oder blaugrüne Schimmelpolster
Sclerotinia-Fäule 	■ Vor allem Steinobst (Pflaumen, Kirschen, Pfirsiche) ist befallen ■ Sichtbar durch kleine, graue Myzelpolster, die ringförmig angeordnet sind
Schwarzfäule, Alternaria 	■ Zahlreiche Gemüsesorten, z. B. Möhren, Blumenkohl, Paprika, Tomaten, befallen ■ Können noch bis 2 °C wachsen ■ Erkennbar am grauen Myzel und an den schwarzen Konidien (Sporen)

Kraut- und Knollen-Fäule 	■ Bei Kartoffeln; auch das Kraut der Kartoffelpflanze verfault ■ Mitte des 19. Jahrhunderts verhungerten in Europa viele Menschen, weil das Hauptnahrungsmittel, die Kartoffel, verfault war; heute tritt die Kraut- und Knollen-Fäule in feuchten Sommern wieder auf
Schwarzrost	■ Bei Getreide
Falscher Mehltau	■ Bei Weinreben
Botrytis cinerea, Graufäule 	■ Befällt die Früchte bereits am Baum; die Infektion beginnt meistens schon zur Blütezeit und geht auf die Frucht über ■ Bei Erdbeeren, Kern- und Steinobst, Weißkohl, Blumenkohl, Paprika, Weintrauben ■ Pilzmyzel watteartig, schließt meist mehrere Früchte ein; es entstehen die typischen Pilznester, z. B. bei Erdbeeren ■ Wächst auch noch bei –1 °C ■ Im Kühllager wird die Graufäule leicht durch Fruchtkontakt übertragen, deshalb faule Früchte aussortieren
Aspergillus	■ Gießkannenschimmel; sieht unter dem Mikroskop so aus, wie Wasser, das aus einer Gießkanne rinnt ■ Sorgt für Verderb und die Bildung von Aflatoxinen ■ Bei Menschen können Infektionen ausgelöst werden

In vielen Weinbaugebieten ist der Befall der Trauben am Stock mit Botrytis erwünscht. Diese überreifen, edelfaulen Beeren werden zur Herstellung von Prädikatsweinen, z. B. Beerenauslesen, verwendet, die ein Qualitätsprodukt sind.

Viele Schimmelpilze scheiden **Mykotoxine** (Giftstoffe) aus. Sie können krebserregend sein und zu schweren Lebensmittelvergiftungen führen. Das bekannteste Mykotoxin ist das Aflatoxin, das häufig in Getreide, Erdnüssen und Pistazien auftritt. Um eine Verunreinigung der Lebensmittel zu vermeiden, ist vor allem die Landwirtschaft gefragt, die möglichst gering belastete Rohstoffe erzeugen sollte. Auch in der industriellen Produktion gibt es Möglichkeiten, den Mykotoxinbefall zu hemmen, z. B. durch verschiedene Konservierungsmethoden, wie das Trocknen, den Einsatz von chemischen Konservierungsmitteln oder die Bestrahlung. Auf allen Stufen der Lebensmittelverarbeitung spielt die fachgerechte Lagerung eine entscheidende Rolle.

Maßnahmen zur Bekämpfung von Schimmelpilzen

Was kann man tun, um die Schimmelbildung und somit die Bildung von Mykotoxinen zu vermeiden?

- Lebensmittel trocken und kühl lagern
- Vermeidung sekundärer Kontamination durch geeignete Verpackungen und getrennte Lagerung

Schimmelpilze der Aspergillus- und Penicilliumarten werden auch zur Lebensmittelherstellung eingesetzt:

- Aspergillus verwendet man, um Zitronensäure oder Enzyme zu produzieren.
- Fermentierte Würzmittel, wie Sojasoße und Miso, werden mithilfe von Aspergillus hergestellt.
- Verschiedene Penicilliumarten bilden den Edelschimmel, z. B. bei Käse und Rohwurst.

Weitere Erklärungen zu den Mykotoxinen finden unter www.trauner.at/systemgastro-nomie.aspx.

- Industrielle Hemmung des Pilzwachstums durch übliche, gesundheitlich unbedenkliche Konservierungsmethoden
- Regelmäßiges Entfernen von verschimmelten Lebensmitteln
- Kontrollieren der Lebensmittel, ob die zugelassenen Grenzwerte eingehalten werden
- Integration in ein HACCP-Konzept

Zur Gruppe der Pilze gehören neben den Schimmelpilzen auch die Hefen.

Hefen

Hefen sind einzellige Pilze, die sich durch Sprossung vermehren. Sie entwickeln sich besonders gut auf sauren und kohlenhydrathaltigen Lebensmitteln, vor allem auf Obst und Obstprodukten.

Grundsätzlich benötigen Hefen wie alle Pilze Sauerstoff zum Leben. Hefen können aber auch unter Luftabschluss wachsen. Sie rufen dann Gärungen hervor. So ist es z. B. möglich, dass ein verschlossener Fruchtsaft verdirbt.

Diese Übung finden Sie auch unter www.trauner.at/systemgastronomie.aspx.

Aufgabenstellung

- **Erwünschte und unerwünschte Wirkungen von Hefen**
  Kreuzen Sie an, ob eine Veränderung dieses Lebensmittels durch Hefen erwünscht oder unerwünscht ist!

	Erwünscht	Unerwünscht
Pizzateig		
Fruchtsaft		
Marmelade		
Buchteln/Rohrnudeln		
Pflaumenkompott		
Krapfen/Berliner/Pfannkuchen		

Schema der Sprossenvermehrung

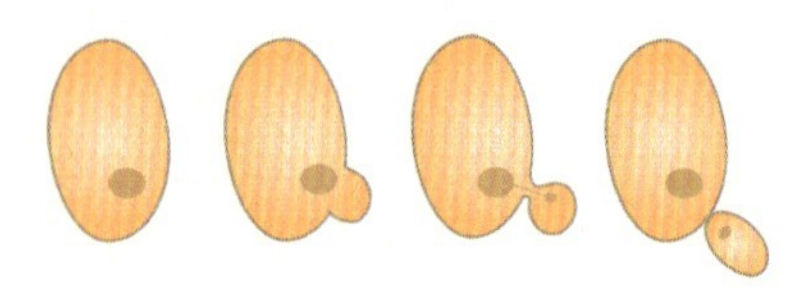

Hefezelle – Ausstülpung – Zellkernteilung – Abschnürung

Hefen können selbst bei Wasserentzug weiterleben, sie bilden dann Sporen als Überlebensform. Diese Fähigkeit nutzt die Industrie bei der Produktion von Trockenhefe. Durch die Trocknung ist die Hefe ein Jahr und länger haltbar, und durch Wasserzugabe entwickeln sich aus dem trockenen Pulver wieder Hefezellen, die sich durch Sprossung vermehren können.

Positive Eigenschaften von Hefen

- Bäckerhefe sorgt für die Triebkraft, das Aufgehen des Teiges
- Bierhefe bewirkt die Gärung des Bieres
- Weinhefe setzt die Gärung des Traubensaftes in Gang; durch die Umwandlung des Zuckers in Alkohol und Kohlendioxid entsteht Wein

Wie entsteht Alkohol?

Hefe gibt vielen Lebensmitteln ihren typischen Geschmack und das Aroma

Negative Eigenschaften von Hefen

- Verderb durch Gärung, z. B. von Fruchtsäften oder Kompotten
- Einige Hefen wachsen auf stark zuckerhaltigen Lebensmitteln, z. B. auf Konfitüre
- Auch stark salzhaltige Produkte können von Hefen befallen werden (Kahmhefe auf der Oberfläche der Salzlake, z. B. bei Salzgurken)
- Einige Hefearten (z. B. Candida albicans) wirken als Krankheitserreger beim Menschen; sie lösen Mykosen aus, z. B. nach einer Antibiotikabehandlung, wenn die körpereigene Abwehr stark geschwächt ist; befallen wird zunächst häufig die Haut oder die Schleimhäute; Mundsoor ist ein weißer Belag in der Mundhöhle, der bei Säuglingen auftritt

Going international

Hefe = yeast

Brewing is the production of beer through steeping cereal grain in water and then fermenting with yeast.

The role of yeast in winemaking is very important. In the absence of oxygen yeast converts the sugars of wine grapes into alcohol and carbon dioxide. This is called the process of fermentation.

2.3.7 Wachstumsbedingungen von Mikroorganismen

Die verschiedenen Mikroorganismen haben verschiedene Wachstumsbedingungen. Diese sind vor allem von folgenden Faktoren abhängig:

- Temperatur
- Feuchtigkeit
- pH-Wert
- Sauerstoff

Die meisten Lebensmittelvergifter, inklusive der Schimmelpilze, wachsen bei Temperaturen zwischen 35 und 37 °C am besten. Hierzu gehören die Salmonellen und die Staphylokokken. Schimmelpilze können auch eine höhere Temperatur akzeptieren.

Temperatur

- Für kühl gelagerte Produkte sind jene Mikroorganismen gefährlich, die auch noch unter 5 °C bestehen können, z. B. Milchsäurebakterienarten.
- Nur wenige Mikroorganismen können bei Temperaturen unter 5 °C wachsen, z. B. Listerien.
- Hefen und Schimmelpilze vermehren sich häufig noch bis zu –10 °C. Sie stellen ihr Wachstum erst ein, wenn auch das letzte verfügbare Wasser eingefroren ist.
- Nur wenige Mikroorganismen haben ihr Wachstumsminimum bei über 40 °C, z. B. Clostridium botulinum oder Streptokokkus thermophilus (zur Herstellung von Joghurt verwendet).

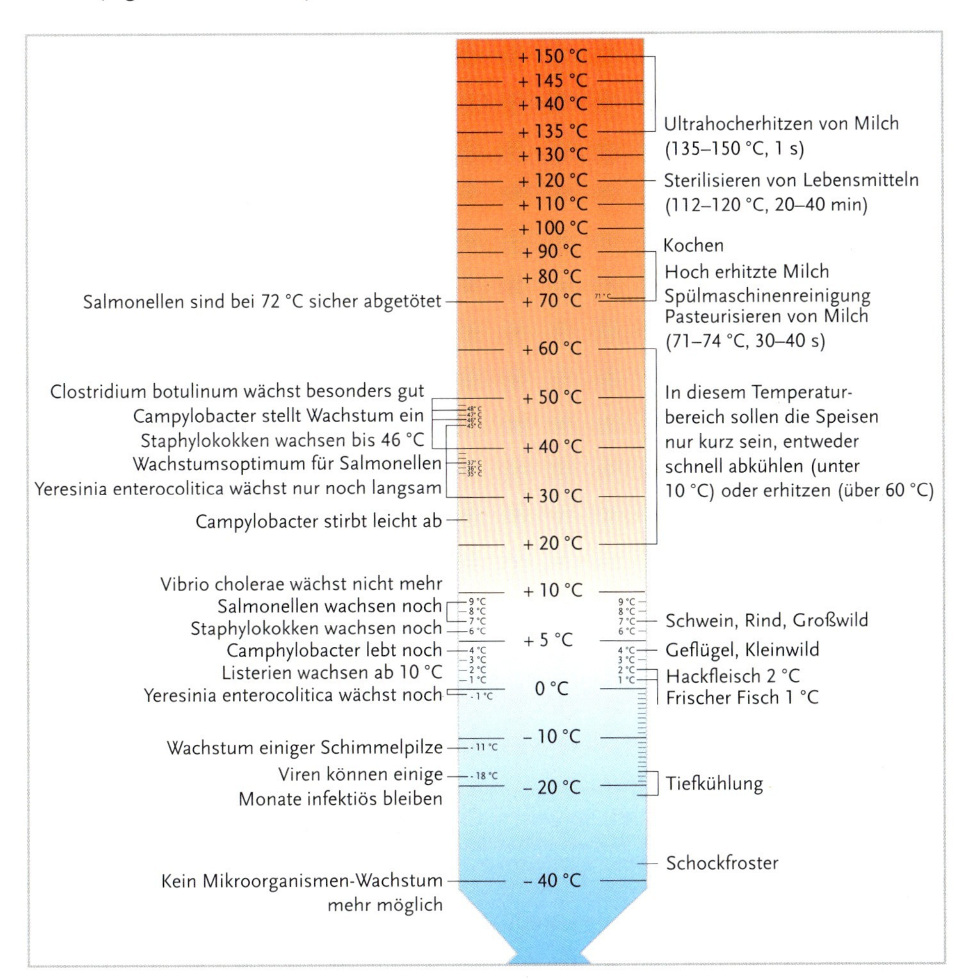

Feuchtigkeit (Wasseraktivität)

Mikroorganismen brauchen für ihren Stoffwechsel Wasser. Ist nicht genügend Wasser vorhanden, findet kein Stoffwechsel statt. Einige Inhaltsstoffe in Lebensmitteln, wie Salz und Zucker, binden das Wasser. Dies steht dann für die Mikroorganismen nicht mehr zur Verfügung. Die Maßeinheit für das verfügbare Wasser ist der aw-Wert.

Je mehr Wasser bindende Substanzen in einem Lebensmittel vorhanden sind, desto mehr sinkt der Wasserdampfdruck. So kann durch den Wasserdampfdruck die tatsächliche Wassermenge, die den Mikroorganismen zur Verfügung steht, ermittelt werden.

aw-Wert
Für das Wachstum der meisten Mikroorganismen ist ein aw-Wert von 0,98 optimal. Jeder Zusatz einer Wasser bindenden Substanz (z. B. von Zucker) bewirkt, dass der aw-Wert kleiner als 1 wird. Reines Wasser hat einen aw-Wert von 0. Der aw-Wert eines Lebensmittels bewegt sich folglich immer zwischen 0 und 1. Je weiter der aw-Wert in einem Lebensmittel abgesenkt wird, desto stärker werden die Mikroorganismen in ihrem Wachstum gehemmt und desto länger hält das Lebensmittel.

Folgende Haltbarmachungsverfahren eignen sich zur Senkung des aw-Wertes:
- Trocknen, z. B. Dörrobst
- Pökeln, z. B. Fleisch, Wurst
- Zuckern, z. B. Konfitüren
- Salzen, z. B. Salzhering, Salzgurke

Sinkt der aw-Wert unter 0,6, ist kein Wachstum von Mikroorganismen mehr möglich.

⚠ Die meisten Bakterien wachsen bei einem aw-Wert von 0,91 bis 0,95!

Bei welchen aw-Werten wachsen welche Mikroorganismen?

aw-Wert	Mikroorganismen
0,97–0,96	Colibakterien, Shigellen, Clostridium botulinum
0,95–0,91	Salmonellen, Milchsäurebakterien, Listerien
0,94–0,87	Hefen
0,90–0,86	Staphylococcus aureus, Mikrokokken
0,93–0,60	Schimmelpilze, Hefen, salztolerante Bakterien

pH-Wert

Unbehandelte Lebensmittel, wie Fisch und Fleisch, sind schwach sauer. Aus diesem Grund dominieren beim Verderb Mikroorganismen, die nahe einem neutralen pH-Wert gut wachsen können. Die meisten Bakterien gehören dazu.

Eine pH-Werte-Liste finden Sie unter www.trauner.at/systemgastronomie.aspx.

- Salmonellen haben ihr Wachstumsminimum bei einem pH-Wert von 4,0–4,5 und ihr Wachstumsoptimum bei 8,0–9,6.
- Campylobacter wächst bei einem pH-Wert zwischen 4,9 und 8,0.
- Milchsäurebakterien haben ihr Wachstumsoptimum bei einem pH-Wert von 5,5 bis 6,0, wachsen aber auch noch bei rund 4.
- Pilze und Hefen wachsen auch in stark saurem Milieu. Die Bierhefe kann z. B. bei einem pH-Wert von 2,3 noch wachsen. Einige Hefen (Penicillium- und Aspergillusarten) wachsen sogar noch bei einem pH-Wert von 1,6–1,9. Das kann man z. B. bei Zitronen beobachten. Sie haben einen pH-Wert von 2,2–2,4, und auf ihnen wachsen einige Penicilliumarten gut.

pH-Werte	Konzentration
0–7	Säuren
7	neutrale Lösungen (z. B. reines Wasser)
7–14	Laugen

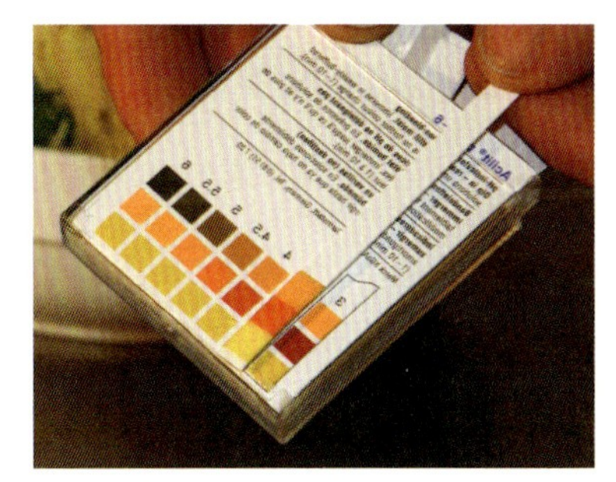
pH-Indikationstreifen

Saure Lebensmittel mit einem pH-Wert unter 4,5 sind weniger anfällig für Verderb als neutrale Lebensmittel. Einige Bakterien können aber auch zum Verderb dieser Lebensmittel führen, z. B. Essigsäurebakterien im Wein oder Apfelwein. Säurebakterien verderben Fruchtsäfte.

Sauerstoff

Sauerstoffentzug hemmt das Wachstum vieler Mikroorganismen. Diese Eigenschaft macht man sich bei der Haltbarmachung von Lebensmitteln zunutze, z. B. bei Vakuumverpackungen oder beim Verpacken unter Schutzatmosphäre (ein Schutzgas wird hineingeblasen).

Bei Fleisch besteht die **Schutzatmosphäre** aus Sauerstoff und Kohlendioxid, bei Wurst aus Stickstoff und Kohlendioxid. Bei Fleisch verwendet man deswegen Sauerstoff, weil der Muskelfarbstoff (Myoglobin) mit dem Sauerstoff reagiert und dies zu einer schönen roten Farbe führt. Bei Wurst ist es wichtig, dass möglichst wenig Sauerstoff in der Verpackung enthalten ist. Er würde die Wurst leichter verderben lassen. Kohlendioxid wirkt auch keimhemmend. Alle Gase kommen in der Luft vor und sind völlig unbedenklich.

Es gibt aber auch Mikroorganismen, die in sauerstofffreier Umgebung wachsen können. Nach dem Sauerstoffbedarf teilt man die Mikroorganismen folgendermaßen ein:

Mikroorganismen

Aerobier	Anaerobier	Fakultative Anaerobier
Benötigen Sauerstoff	**Können ohne Sauerstoff leben**	**Mit und ohne Sauerstoff**
Oberfläche, z. B. von Fleisch, wird schmierig und schleimig; unangenehmer Geruch	Verderben Lebensmittel von innen heraus; Tiefenfäulnis bei Wurst; große Fleischstücke müssen ausreichend durchgekühlt werden; Fäulnisgeruch, Gasbildung, Konsistenzveränderung	Verderben Lebensmittel in Vakuumverpackungen; verursachen Spätblähungen im Käse; daher sind E. coli, Salmonellen, Listerien und Staphylokokken so gefürchtet

Spätblähung durch Clostridien; überdauern die Pasteurisation; die Sporen sind häufig in der Silage zu finden und gelangen durch unzureichende Melkhygiene in die Milch; in vielen Hartkäsegebieten ist deshalb eine Silagefütterung untersagt.

Druck, pH-Wert und Temperatur beeinflussen maßgeblich das sogenannte Redoxpotenzial (den Eh-Wert).

Redoxpotenzial
In einem Elementegemisch gibt ein Element ein Elektron ab (Reduktion) und ein anderes Element nimmt ein Elektron auf (Oxidation). Das Redoxpotenzial gibt das Maß für die Bereitschaft an, Elektronen aufzunehmen.

Die bei diesem Vorgang frei werdende Energie wird nach Durchlaufen weiterer komplizierter chemischer Vorgänge von den Mikroorganismen für verschiedene Stoffwechselvorgänge benötigt. Da Sauerstoff sehr reaktionsfreudig ist (Elektronenfänger), regt er den Stoffwechsel an.

Was kann man tun, um das Redoxpotenzial in Lebensmitteln zu senken und dadurch den mikrobiellen Verderbnisprozess zu verzögern?
- Zugabe von Ascorbinsäure
- Spezielle Verpackungen (Vakuum, Schutzatmosphäre)
- Zugabe von chemischen Konservierungsmitteln, z. B. Sorbinsäure
- Zugabe von Mikroorganismen (Verbrauch von Sauerstoff, Entwicklung von Wasserstoff, Bildung von reduzierten Gärprodukten)

2.3.8 Haltbarmachungsarten

Das Haltbarmachen von Lebensmitteln, auch **Konservieren** genannt, kann physikalisch oder chemisch erfolgen.

Durch eine Konservierung kann das Wachstum von Mikroorganismen gehemmt, jedoch nicht auf Dauer verhindert werden.

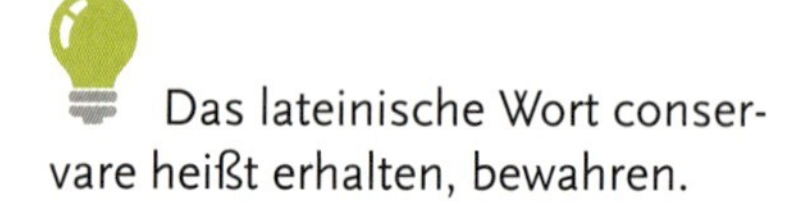

Das lateinische Wort conservare heißt erhalten, bewahren.

Die wichtigsten Grundregeln beim Konservieren von Lebensmitteln sind:
- Hygienisch arbeiten.
- Die Arbeitsgeräte und Aufbewahrungsgefäße möglichst keimarm halten.
- Nur Produkte verwenden, die in einem erstklassigen Zustand sind.

Die Ausgangsqualität kann nicht verbessert werden. Das Ziel muss es sein, dass sie erhalten bleibt.

In einigen Fällen kann das Konservieren zu einer geschmacklichen Qualitätsverbesserung beitragen, z. B. werden rohe Preiselbeeren durch den Zusatz von 70 % Zucker zur schmackhaften Beigabe von Wildgerichten.

Methoden zur Haltbarmachung

Physikalische Verfahren	Chemische Verfahren

■ Kühlen ■ Tiefgefrieren ■ Schockgefrieren ■ Sterilisieren ■ Pasteurisieren ■ Trocknen – Dörren – Darren ■ Vakuumverpacken ■ Lichtpulsverfahren ■ Hochspannungspulsverfahren	■ Salzen, Pökeln ■ Zuckern ■ Säuern ■ Einlegen in Alkohol ■ Zugabe industrieller Zusatzstoffe ■ Kaltentkeimen ■ Räuchern

Going international

What's a chutney?
A chutney is a relish of Indian origin. It is made of fruit, spices and herbs, often with sugar and vinegar – to ensure a suitable shelf life. Mango chutney is very popular and accompanies poultry and game dishes.

Erst durch moderne Konservierungsverfahren konnte die Lebensmittelindustrie entstehen, die die Produktion von Convenience-Produkten in großem Stil betreibt.

Aufgabenstellung

- Geben Sie zu jeder Konservierungsmethode fünf verschiedene Lebensmittel an, die typischerweise so haltbar gemacht werden!

Diese Übung finden Sie auch unter www.trauner.at/systemgastronomie.aspx.

Kühlen

Durch Temperaturen unter 10 °C wird die Vermehrung von Mikroorganismen gehemmt, z. B. im Kühlhaus oder Kühlschrank, jedoch ist die Aufbewahrung nur kurze Zeit möglich.

Jedes Lebensmittel verändert sich bei einer anderen Temperatur. Deswegen gibt es in einem Betrieb verschiedene Kühlhäuser und im Kühlschrank verschiedene Kühlzonen.

Je nach Produktgruppe ist eine getrennte Lagerung zu beachten, um eine Kontamination und die Übertragung von Fremdgerüchen zu verhindern. Kartonagen müssen durch hygienische und feuchtigkeitsunempfindliche Behälter ersetzt werden.

Die Lebensmittel sind so zu verpacken, dass sie vor Fremdgerüchen geschützt sind und nicht an der Oberfläche abtrocknen

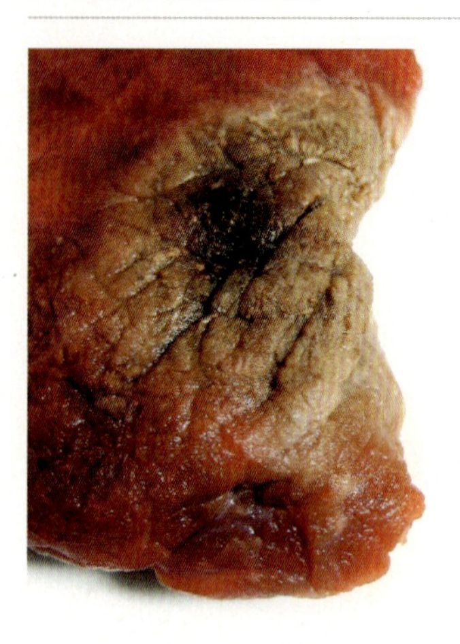

Gefrierbrand entsteht, wenn zu viel Luft an das Fleisch gelangt, d. h., wenn die Verpackung beschädigt ist. Er entsteht auch, wenn das Fleisch an der TK-Wand festfriert. Die weißlichen Stellen im Fleisch sind zwar nicht schädlich, das Fleisch ist dort aber zäh und trocken. Ware mit Schneebildung oder ausgetretenem und eingefrorenem Fleischsaft soll nicht gekauft werden, da sie bereits angetaut war.

Tiefgefrieren

Das Tiefgefrieren eignet sich für fast alle Lebensmittel. Es ist die häufigste Art der Konservierung in der Systemgastronomie. Die Temperatur muss mindestens –18 °C betragen. Ein lockeres Lagern auf den Metallregalen wird empfohlen, der Froster durchbläst die Tiefkühlzellen mit kalter Luft, die Luftzirkulation ist zu gewährleisten.

Grundregeln des Tiefkühlens

- Lagertemperatur von mindestens –18 °C; in diesem Temperaturbereich verändert sich das Lebensmittel am wenigsten.
- Lebensmittel luftdicht verschließen.
- Ware beim Einfrieren flach auflegen; die Kälte dringt dann schneller ein.

Sind die Lebensmittel nicht luftdicht verschlossen, droht der sogenannte Gefrierbrand, der sich genau dort bildet, wo das Lebensmittel der Frischluft ausgesetzt war. Hierbei verdunstet die Flüssigkeit aus dem Gefrorenen.

Produkte mit hohem Flüssigkeitsanteil sind besonders gefährdet, daher müssen sie stets gut verpackt werden.

Lagerzeiten für Tiefkühlkost

Brotwaren	ca. 12 Monate
Fisch	4–8 Monate
Obst	12 Monate
Schweinefleisch	6–7 Monate
Rindfleisch	10–12 Monate

Tiefgefrieren	
Obst	■ Beerenobst und Steinobst sind geeignet. ■ Am besten auf einem Blech ausgebreitet und mit Folie bedeckt einfrieren (frei rollend); erst in gefrorenem Zustand in Tüten verpacken; so ist auch die Entnahme von Portionen möglich.
Gemüse	■ Vor dem Einfrieren blanchieren (überkochen), mit Eiswasser abschrecken; so behält es die Farbe und die Enzyme werden zerstört. ■ Kartoffeln, Zwiebelgemüse und Blattsalate sind zum Tiefgefrieren nicht geeignet.
Fleisch, Geflügel, Fisch	■ Eignen sich gut zum Einfrieren. ■ Portionsstücke nicht zusammenfrieren lassen; sie können sonst nicht einzeln entnommen werden.

Schockgefrieren

Um eine hochwertige Tiefkühlung zu gewährleisten, muss eine Schockfrostung mit mindestens –35 °C durchgeführt werden. Sie gilt als die schonendste Art der Konservierung. Die tiefen Temperaturen erreicht man in der Lebensmittelindustrie mit Stickstoff. Wird dem Produkt zu wenig oder zu langsam Kälte beim Tiefkühlprozess zugeführt, kann durch die unregelmäßigen bzw. zu großen Eiskristalle beim Auftauen ein Qualitätsverlust entstehen.

Sterilisieren

Industrielles Sterilisieren ist ein Erhitzen auf ca. 120 °C über einen Zeitraum von 20 bis 40 Minuten. Besonders gut eignen sich Gemüse, Obst und Pilze dafür.

Einwecken = in Weckgläsern steril einkochen.

In den Haushalten wurde früher das sogenannte Einwecken praktiziert. Vereinzelt ist dieses traditionelle Verfahren heute noch zu finden. Dabei werden die verschlossenen Gläser im Backrohr, im Schnellkochtopf oder in der Mikrowelle mindestens zehn Minuten auf 85–100 °C erhitzt. Die Haltbarkeit wird durch die Hitze und den Luftabschluss erreicht. Es entsteht jedoch ein Geschmacksverlust.

Pasteurisieren

Beim Pasteurisieren wird das Produkt nur kurze Zeit bis ca. 70 °C erhitzt und danach wieder schnell abgekühlt. Pasteurisiert werden vor allem Milchprodukte und Vollei, aber auch Bier für den Export.

Der Geschmack der Lebensmittel verändert sich durch zu lange und zu starke Erhitzung, daher sollte das Produkt nur kurze Zeit bis ca. 70 °C erhitzt und nachher wieder schnell abgekühlt werden.

Ein Mittelweg zwischen Sterilisieren und Pasteurisieren ist das **Ultrahocherhitzen**, das z. B. bei H-Milch angewendet wird. Dabei wird die Milch bei sehr hohen Temperaturen (über 135 °C) für 2 bis 8 Sekunden erhitzt. Beim Ultrahocherhitzen wird der Geschmack nicht zu stark beeinträchtigt und trotzdem ist das Produkt keimfrei.

Durch Pasteurisieren wird ein Lebensmittel nur für kurze Zeit lagerfähig.

Louis Pasteur
1822 bis
1895

Der französische Wissenschaftler Louis Pasteur entdeckte, dass durch kurzzeitige Erhitzung von Lebensmitteln auf 60–70 °C ein Großteil der darin befindlichen Bakterien abgetötet wird. Dieses Verfahren – die Pasteurisierung – wurde nach ihm benannt.

Aufgabenstellung

- Recherchieren Sie!
  Welche Produkte werden pasteurisiert?

Diese Übung finden Sie auch unter www.trauner.at/systemgastronomie.aspx.

Durch thermische Behandlung wird bei der Herstellung von ESL-Milch (Extended Shelf Life) die Milch länger haltbar gemacht. Eine Erklärung finden Sie unter www.trauner.at/systemgastronomie.aspx.

Entzug von Wasser

Trocknen

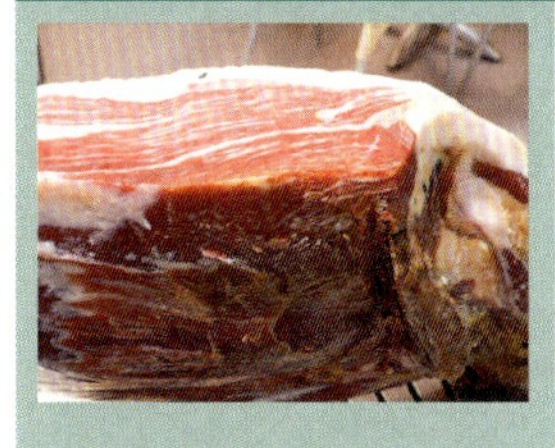

- Das Trocknen gehört zu den ältesten Konservierungsmethoden der Welt. Durch den Entzug von Wasser entzieht man den Mikroorganismen ihre Lebensgrundlage.
- Zum Trocknen eignen sich Kräuter, Pilze und Obst besonders gut.
- Das Trocknen kann an der Luft erfolgen (Fleisch und Fisch müssen vorher gepökelt oder gesalzen werden) oder in Öfen.

Dörren und Darren

- Das Dörren und Darren erfolgt durch Einwirken von höherer Hitze.
- Zum Dörren eignen sich z. B. Äpfel besonders gut.
- Das Darren kennt man vom Darrmalz bei der Bierherstellung.

Gefriertrocknen

- Beim Gefriertrocknen bleibt die Qualität besser erhalten als beim herkömmlichen Trocknen.
- Dabei wird auf –70 °C tiefgekühlt und im Vakuum werden 95–98 % Wasser entzogen.
- Gefriergetrocknet werden Kaffee und Tee sowie Kräuter angeboten.

Vakuumierte Lachsseiten

Salz ist für viele Körperfunktionen wichtig
Genauso wie die Vitamine kann unser Körper Salz nicht selbst bilden Es muss daher zugeführt werden. Der durchschnittliche tägliche Salzbedarf beträgt rund sechs Gramm. Das entspricht etwa einem Esslöffel. Aber Vorsicht – das meiste Salz ist schon in Lebensmitteln enthalten! So steckt fast die Hälfte der täglichen Salzration in Brot- und Backwaren, auch Fleisch- und Wurstwaren enthalten viel Salz.

Vakuumverpacken

Durch Luftentzug wird die Bildung von Mikroorganismen eingeschränkt und die Haltbarkeit wird kurze Zeit verlängert. Der Vorteil ist die hygienische Lagerung, z. B. für Frischfleisch, Käse oder Wurst. Beachten Sie jedoch, dass Anaerobier (Mikroorganismen, die sich ohne Sauerstoff vermehren können) nicht gehemmt werden. Daher muss hygienisch (ohne Kontaminationen) verpackt werden.

Neue Technologien	
Lichtpulsverfahren	■ Die Oberflächen der Lebensmittel und das Verpackungsmaterial werden mit Licht, das 20 000-mal stärker als Sonnenlicht ist, keimfrei gemacht. ■ Keine Vollkonservierung.
Hochspannungspulsverfahren	■ Durch das Hindurchpumpen zwischen zwei Elektroden werden die Enzyme in den Flüssigkeiten inaktiviert. ■ Die hohen Feldstärken zersetzen in Mikrosekunden die Zellmembranen von Mikroorganismen.

Salzen, Pökeln

Salz wandert durch die Osmose (Druckausgleich) in die Zellen und verdrängt das darin befindliche Wasser, das für die Mikroorganismen lebenswichtig ist.

Herstellung von Gravad Lachs

In Salzlake eingelegter Schafkäse

Pökeln wird auf drei Arten vorgenommen:
- Trockenpökeln (mit Salz einreiben)
- Nasspökeln (in Salzlake einlegen)
- Injektionspökeln (mit einer Spritze Salzlake in das Lebensmittel spritzen)

Beim Salzen wird reines Salz (z. B. Meersalz) verwendet. Beim Pökeln ist sogenanntes Nitritpökelsalz (mit ca. 0,4 % Nitrit vermengtes Salz) üblich. Dadurch bleibt die rote Fleischfarbe besser erhalten.

Zuckern

Auch Zucker bindet das Wasser in Lebensmitteln, daher entsteht ein niedriger aw-Wert. Dadurch wird die Wirksamkeit von Mikroben gehemmt.

Bei der Herstellung von Marmelade und Konfitüre wird durch den hohen Zuckeranteil die Haltbarkeit verlängert. Bei Obst wird überhaupt gerne auf die Konservierung mit Zucker zurückgegriffen.

Säuern

Durch Einlegen in Essig oder durch Bildung von Säure im Lebensmittel wird die Vermehrung der Mikroorganismen gehemmt.

- Säuern mit Bakterien, z. B. Milchsäuregärung. Die Bakterien wandeln Kohlehydrate in Milchsäure um und diese senkt den pH-Wert.
- Säuern mit sauren Flüssigkeiten (z. B. Essig). Sie denaturieren die Eiweißstrukturen, und die Osmose sorgt für die Bildung von Geschmack. Weiters werden die Kollagene (Bindegewebe) mürbe.

Weißkohl wird durch Milchsäuregärung zu Sauerkraut

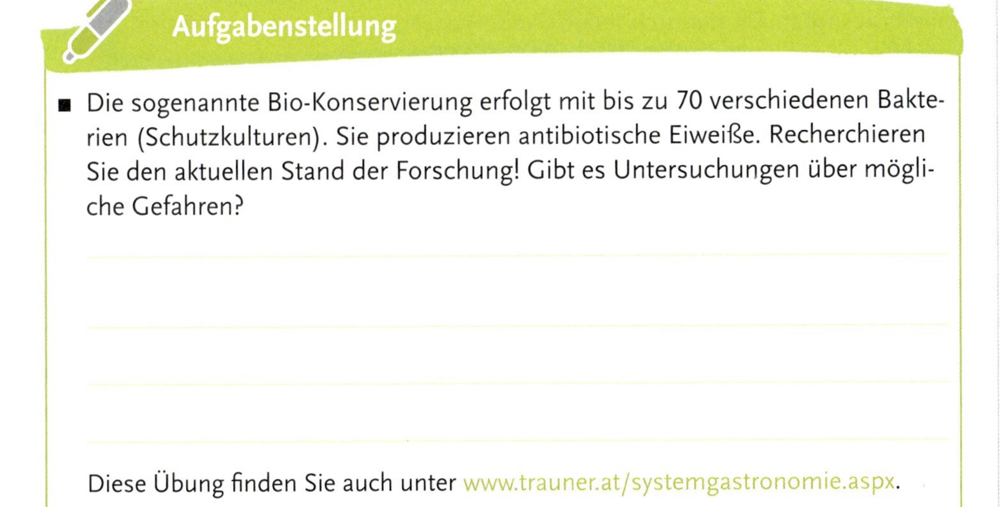

Aufgabenstellung

- Die sogenannte Bio-Konservierung erfolgt mit bis zu 70 verschiedenen Bakterien (Schutzkulturen). Sie produzieren antibiotische Eiweiße. Recherchieren Sie den aktuellen Stand der Forschung! Gibt es Untersuchungen über mögliche Gefahren?

Diese Übung finden Sie auch unter www.trauner.at/systemgastronomie.aspx.

Einlegen in Alkohol

Der Alkohol wirkt desinfizierend. Er tötet die Mikroorganismen ab, aber nicht die Sporen. Diese Methode wird u. a. bei Obst angewendet, indem man Obst in Zucker und hochprozentigen Alkohol einlegt (z. B. Rumtopf).

Zugabe von Zusatzstoffen

Es sind dies z. B. Antioxidanzien, Schutzkolloide und Stabilisatoren. Ihre Beigabe ist im Lebensmitttelrecht der EU einheitlich geregelt, sie müssen deklariert werden. Die Konservierungsstoffe zerstören die Mikroorganismen bzw. behindern sie erheblich. Lebensmittel mit chemischen Zusatzstoffen sind z. B. Schnittbrot, kalt gerührter Fruchtaufstrich, mayonnaisehaltige Salate oder Garnelen.

Kolloide = kleinste Teilchen, die reaktionsfreudig sind.

Neue Technologien	
Kaltentkeimen	■ Zugabe von Dimethyldicarbonat (E 242, sogenanntem Velcorin). Es ist giftig, zersetzt sich aber in Methanol und Kohlensäure; muss nicht angegeben werden. Die Keime werden abgetötet. ■ Wird beim Abfüllen von Getränken in PET-Flaschen verwendet, da sie nicht heiß gefüllt werden können.
Polyvinylpolypyrrolidon (PVPP)	■ Bindet Trübteile und verhindert so eine Kältetrübung. ■ Als technischer Hilfsstoff muss es nicht angegeben werden, z. B. beim Bier.
Hydrokolloide	■ Es sind dies z. B. Alginate; sie stabilisieren gefrorene Flüssigkeiten und bewirken ein sämiges Gaumengefühl, z. B. beim Speiseeis. ■ Anwendung in der Molekularküche.

Räuchern von Fischen

Räuchern

Rauch wirkt antibakteriell und hemmt die Oxidation, also die Verbindung mit Sauerstoff.

Man unterscheidet:

- Heißräuchern bei 70–90 °C ca. ein bis vier Stunden, es setzen Garprozesse ein.
- Kalträuchern bei 18–26 °C, es setzen keine Garprozesse ein, daher ist oft ein vorheriges Pökeln notwendig.

In der Industrie wird häufig wegen des Zeitgewinns Flüssigrauch verwendet. Entweder wird das Rauchgut in die Flüssigkeit getaucht oder die Flüssigkeit wird ins Innere gespritzt. Da dadurch jedoch kein Wasserverlust (wie beim Kalträuchern) entsteht, ist die Haltbarkeit nicht im selben Maße gegeben.

Flüssigrauch: Dieses Raucharoma fällt bei der Holzkohleherstellung an. Da die Teerbestandteile abgetrennt wurden, ist die Flüssigkeit schadstoffarm.

Aufgabenstellungen

1. Suchen Sie in der Zusatzstoff-Zulassungsverordnung nach den Zusatzstoffen, die in der Gastronomie angegeben werden müssen. Prüfen Sie auch die Voraussetzungen.
2. Prüfen Sie, welche Produkte von der Kennzeichnungspflicht ausgenommen sind.

Es gibt eine kostenfreie E-Nummern-App vom aid infodienst.

Bei einigen Haltbarmachungsarten, besonders den industriellen, gibt es Bedenken. Obwohl sie erlaubt sind, ist nicht immer sichergestellt, ob nicht Gesundheitsschäden entstehen.

Es gibt weder entsprechende Langzeitstudien noch genaue Erkenntnisse über Wechselwirkungen. Eine Angabe auf dem Etikett fehlt oft, da es sich um sogenannte technische Hilfsstoffe handelt oder sie nach Zugabe nicht mehr technologisch wirksam sind. Manchmal ist ihr Anteil so gering, dass keine Angabe erfolgen muss.

Aufgabenstellung – Projektvorschlag

- Nach der Ausbildung wollen Sie sich selbstständig machen. Sie möchten einen eigenen Burgerladen eröffnen und haben eine Idee für ein Konzept entwickelt.

  Die Produkte haben Sie selbst entwickelt und jetzt überlegen Sie, welche Qualität Ihre Rohwaren haben sollen. Beziehen Sie auch Hygieneaspekte mit ein.

  Zunächst überlegen Sie, welche Patties Sie verwenden möchten.
  Folgendes haben die Lieferanten im Sortiment:
  - frisches rohes Hackfleisch,
  - fertig gewürzte und geformte Patties aus rohem Hackfleisch,
  - fertig gewürzte und geformte Patties aus rohem Hackfleisch, unter Schutzatmosphäre abgepackt, und
  - TK-Patties.

  Finden Sie Vor- und Nachteile in Bezug auf die Praktikabilität und die Wünsche Ihrer Gäste heraus. Für welches Produkt würden Sie sich entscheiden? Begründen Sie Ihre Entscheidung!

2.3.9 Viren und Prionen

Viren sind keine Lebewesen, da sie keinen Stoffwechsel haben und nicht aus Zellen bestehen. Somit gehören sie nicht zu den Mikroorganismen. Sie sind noch kleiner als Bakterien und haben als Krankheitserreger große Bedeutung. Viren sind Parasiten, die in Lebewesen, in Menschen oder Tiere, aber auch in Mikroorganismen, eindringen können.

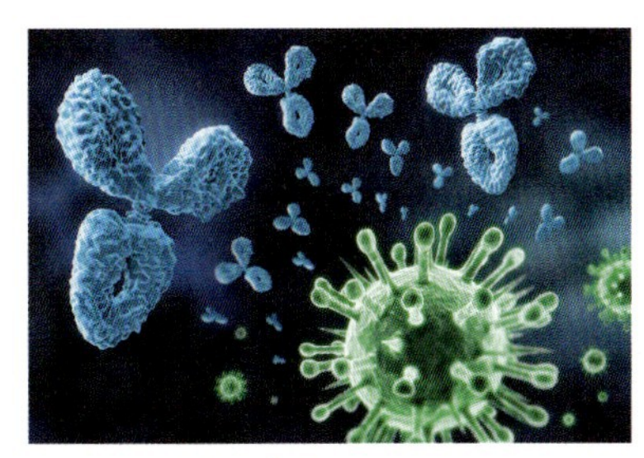

Virus mit Antikörpern

Ein Virus überlebt auf Gegenständen und auf Lebensmitteln. Ausgangspunkt ist aber immer ein Lebewesen. Erkrankte sollten folglich nicht in gastronomischen Betrieben arbeiten. Sie gefährden sowohl die Gäste als auch die Kollegen und Kolleginnen.

- Viren sind nicht in der Lage, sich selbstständig zu vermehren.
- Sie gelangen in erster Linie über sekundäre Kontaminationen (z. B. fäkale Verunreinigungen) in unsere Lebensmittel.
- Die meisten Viren können einige Wochen bei bis 4 °C und einige Monate bei –18 °C in Lebensmitteln infektiös bleiben. Sie werden folglich nicht durch Einfrieren abgetötet wie die meisten Parasiten.
- Viren sind aber sehr empfindlich gegenüber höheren Temperaturen, niedrigen pH-Werten und Trockenheit.
- Viren werden nicht durch Desinfektionsmittel abgetötet.

Der beste Schutz vor Virusinfektionen, wie Hepatitis A, ist eine Schutzimpfung.

In den letzten Jahren treten immer wieder neue Viren in besonders kurzen Abständen auf, wie z. B. die Vogelgrippe und die Schweinegrippeviren.

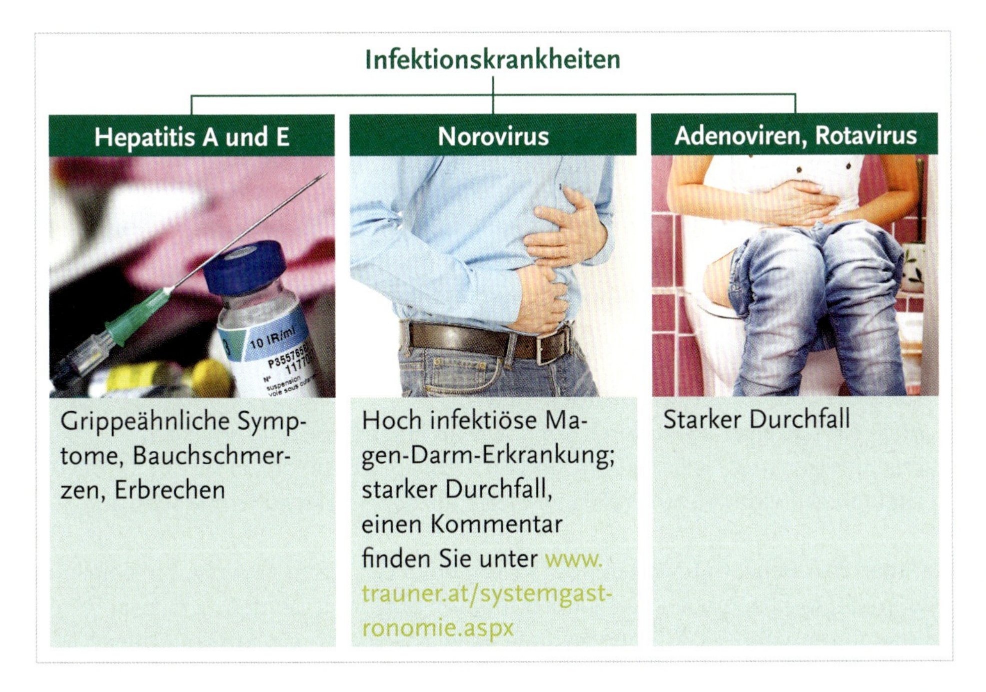

In Lebensmitteln vorhandene Viren können durch folgende Maßnahmen in der Gastronomie inaktiviert werden:

- Gute Personalhygiene zur Vermeidung von fäkalen Verunreinigungen
- Ausreichende Erhitzung der Lebensmittel, z. B. fünfminutiges Kochen, um Hepatitis-A-Viren abzutöten

Seit den 1980er-Jahren haben **Prionenkrankheiten**, wie BSE, Scrapie und die Creutzfeldt-Jakob-Krankheit, deutlich zugenommen. BSE-Erkrankungen wurden seit 1986 vor allem in Großbritannien beobachtet. Bis 2000 erkrankten 179 000 Rinder an BSE und mussten getötet werden. Seit dem Winter 1992/93 gehen die Erkrankungszahlen in Großbritannien stetig zurück. Zurzeit gibt es keine Neuerkrankungen.

Stanley Prusiner formulierte 1982 die Theorie, dass BSE von einem reinen Protein ohne Nukleinsäure ausgelöst wird, dem Prion. Er bekam für diese Forschungsergebnisse 1998 den Nobelpreis für Medizin.

Weitere Erklärungen über BSE finden Sie unter www.trauner.at/systemgastronomie.aspx.

2.3.10 Schädlinge

Wir unterscheiden Vorrats- und Hygieneschädlinge.

- Vorratsschädlinge, wie Motten und Käfer, sind ekelerregend und richten großen wirtschaftlichen Schaden an.
- Hygieneschädlinge, wie Schaben, Fliegen, Ratten und Mäuse, können Lebensmittel verderbende bzw. krank machende Keime auf Lebensmittel übertragen. Schaben sind weltweit das am häufigsten vorkommende Ungeziefer.

Es gibt zwei Wege, wie Schädlinge in einen gastronomischen Betrieb gelangen können

- Aktiv, indem sie durch geöffnete Türen, Fenster, Ritzen etc. krabbeln oder fliegen.
- Passiv durch Einschleppung mit Warenlieferungen; das trifft auf sämtliche Getreidekäfer, aber auch auf Motten, Milben u. Ä. zu.

Das Einschleppen von Schädlingen kann durch eine sorgfältige Wareneingangskontrolle verhindert werden.

Woran erkennt man den Befall mit Schädlingen?

- Käfer, wie Kornkäfer oder Mehlkäfer, erkennt man an den Tieren selbst. Sie sitzen häufig unten im Getreidesack und verstecken sich dort, daher Getreideprodukte, z. B. Müslimischungen, regelmäßig kontrollieren.
- Einen Befall mit Mehl- oder Dörrobstmotten erkennt man an Gespinsten in den Packungen mit Getreideprodukten, Früchtetee etc. sowie an Larven (Maden) oder an im Betrieb herumfliegenden Motten.
- Mäusebefall erkennt man an dem Kot und an Fraßschäden (angenagten Gegenständen) oder an herumlaufenden Tieren.
- Auch ein Rattenbefall ist durch Kot sowie an Haarresten auszumachen.
- Fruchtfliegen und Fleischfliegen sind oft nicht zu übersehen, da sie um die bevorzugten Lebensmittel herumfliegen. Fleischfliegen setzen zudem Maden ab.

Hat man den Befall mit Motten oder Käfern entdeckt, reicht es nicht, die befallene Tüte in den Müll zu geben. Die Larven müssen abgetötet werden, und zwar durch Temperaturen von –18 °C über mehrere Tage oder durch ein Erhitzen über 55 °C über eine Stunde.

Ist das ganze Lager infiziert, muss ein Schädlingsbekämpfer zurate gezogen werden. Zur Vorbeugung kann man Fallen einsetzen, z. B. Trichterfallen gegen Motten.

Der **Kammerjäger** bzw. **Schädlingsbekämpfer** ist ein Dienstleister, der professionell alle Schädlinge in geschlossenen Räumen bekämpft. Er erstellt Vorsorgepläne nach HACCP, legt kritische Punkte fest und greift bei Schädlingsbefall gezielt ein.

Eine Übersichtstabelle mit Vorrats- und Hygieneschädlingen finden Sie unter www.trauner.at/systemgastronomie.aspx.

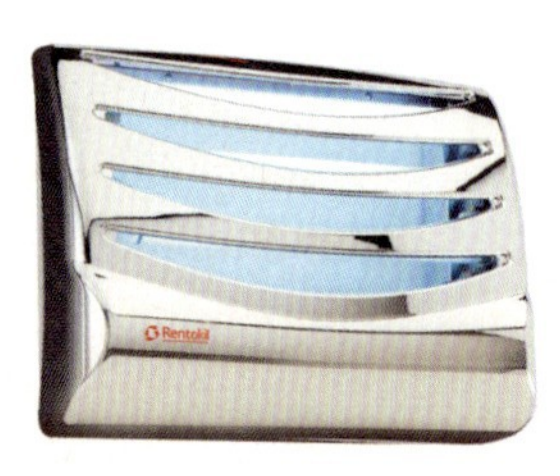

Elektronische Fliegenfalle für den Gästebereich

Die Trichterfalle gegen Motten enthält den Sexuallockstoff Pheromon, der die männlichen Motten anlockt

Wie beugt man dem Schädlingsbefall im Betrieb vor?
- Ständige Kontrollen aller Betriebsräume und eingelagerten Lebensmittel auf Spuren von Schädlingsbefall (Kot, Tiere, Gespinste, Fraßschäden etc.).
- Gewissenhafte Wareneingangskontrolle.
- Lagerung von Getreideprodukten, Früchte- und Kräutertee, Trockenfrüchten etc. in verschlossenen Behältnissen.
- Intakte Fliegengitter vor den Fenstern.
- Regelmäßige Beseitigung von baulichen Mängeln, wie kaputten Fliesen, Ritzen, Fugen.
- Müll fachgerecht lagern! Besonders im Sommer zieht das Mülldepot Ratten und Fliegen an.
- Anwendung des FIFO-Prinzips.
- Konsequente Schädlingsbekämpfung durch einen professionellen Schädlingsbekämpfer.

FIFO = first in, first out.

2.3.11 Parasiten

Parasiten sind Lebewesen, die sich zum Zweck ihrer Nahrungsaufnahme und Fortpflanzung dauernd oder vorübergehend in oder auf einem anderen Organismus aufhalten. Sie leben auf Kosten dieses Organismus und schädigen ihn massiv.

Türen zu Vorratsräumen und Küchen nicht ständig offen halten!

Über Lebensmittel können verschiedene Parasiten auch auf den Menschen übertragen werden. Durch den Verzehr von rohem oder halb rohem Fleisch und Fisch sowie von durch Abwasser kontaminiertem Obst und Gemüse können Menschen mit Parasiten befallen werden.

Durch konsequentes Durcherhitzen oder längeres Tiefgefrieren bei –20 °C sterben Parasiten ab.

Parasiten	
Schweinefleisch 	■ Trichinen: In der EU werden Schweine grundsätzlich auf Trichinen untersucht; trichinöses Fleisch wird nicht für den menschlichen Verzehr zugelassen. ■ Weitere Parasiten sind Schweinebandwurm, Sarcocystis und Toxoplasma gondii.
Fische 	■ Anisakis simplex (Fadenwurm): In der EU müssen gesalzene, marinierte oder kalt geräucherte Fische, z. B. Matjes, auf Fadenwürmer kontrolliert werden; zusätzlich sind sie mindestens 24 Stunden bei –20 °C einzufrieren. ■ Fischbandwurm in Binnenseeregionen und subtropischen Küstengebieten.

Weitere Informationen zu den Anisakislarven finden Sie unter www.trauner.at/systemgastronomie.aspx.

In der Matjesproduktion ist das Einfrieren der gesäuerten Heringsfilets (Sauerlappen, siehe Seite 169), bevor sie eingesalzen werden, grundsätzlich üblich. Matjes wird im Frühjahr gefangen, eingefroren und ganzjährig verarbeitet, um immer frisch zur Verfügung zu stehen.

Matjes

2.4 Lebensmittelhygiene in der Praxis

Diese Vorschriften (Standards) der Hygiene beim Umgang mit Lebensmitteln, Speisen und Getränken werden nach Prozessschritten eingeteilt. Durch ihre Einhaltung wird nicht nur der Hygiene Genüge getan, sondern es wird auch ein guter Qualitätsstandard erreicht.

Das **Mindesthaltbarkeitsdatum (MHD)** gibt den Zeitpunkt an, bis zu dem ein Lebensmittel unter angemessenen Lagerbedingungen seine spezifischen Eigenschaften, wie Konsistenz, Farbe, Geschmack und Geruch, behält.

Erkennbar ist es an dem Hinweis „mindestens haltbar bis …". Oft ist auch angegeben, unter welchen Lagerbedingungen dieses Mindesthaltbarkeitsdatum gilt, d. h., ob ein Lebensmittel z. B. gekühlt werden muss.

Das MHD ist kein Verfallsdatum, auch nach Ablauf der Frist ist das Lebensmittel nicht automatisch verdorben oder wertgemindert. Es darf auch weiterhin verwendet werden. Das Lebensmittel muss jedoch einwandfrei sein, eine Sinnesprobe darf keine Abweichung vom ursprünglichen Zustand ergeben. Eine Verlängerung des MHD um jeweils einen Tag ist möglich.

Im Englischen:
„best before end MM. JJ."

Einkauf – Anlieferung

Wareneingangskontrolle durch geschultes Personal durchführen.	✓
Verdorbene Lebensmittel ausscheiden (Retourware).	✓
MHD (Mindesthaltbarkeitsdatum) sowie Verfalls-/Verbrauchsdatum beachten.	✓
Verpackungsbeschädigungen beachten (Schädlingsbefall).	✓
Kühlkette nicht unterbrechen – Temperaturkontrolle bei folgenden Warengruppen: ■ TK –18 °C (–16 °C Toleranzgrenze) ■ Fisch 0–1 °C auf Eis (nicht direkt – Folienzwischenlage wird empfohlen) ■ Milchprodukte 4–6 °C ■ Eier 5–8 °C (ab dem 18. Tag ist Kühlung Pflicht) ■ Fleisch 2–7 °C	✓

Lagerung

Temperaturen täglich kontrollieren und dokumentieren. Eine kurzfristige Veränderung der Temperatur um ca. 2 °C ist zu tolerieren. (Toleranzgrenzen können auch festgelegt werden, zum Beispiel TK –16 ° für drei Stunden.) ■ Kühl = Trockenlager, 18–20 °C, trocken, dunkel ■ Gekühlt = in der Kühlzelle mit folgenden Klimazonen: ▸ Fisch 0 bis –1 °C auf Eis (nicht direkt – Folienzwischenlage wird empfohlen) ▸ Milchprodukte nicht mehr als 6 °C ▸ Fleisch 2–7 °C (Hackfleisch 2 °C, Geflügel und Kleinwild 4 °C, Schlachtfleisch und Großwild 7 °C) ▸ Eier 5–8 °C (ab dem 18. Tag ist Kühlung Pflicht) ▸ Gemüse 6–8 °C (Ausnahme Tomaten 12 °C), geschnittene Blattsalate, verpackt, 4 °C ▸ Obst 6–8 °C (Ausnahme Bananen 12 °C) ■ Tiefkühlung(TK) = –18 bis –24 °C	✓
Täglich Lagerwaren- und Speisenkontrolle (sinnvoll vor Arbeitsbeginn).	✓
Richtige Lagerordnung – Warenzuordnung festlegen; Getränke, Speisen und Lebensmittel in eigenen Kühlzellen oder mit Abtrennung lagern. Lebensmittelgruppen auf verschiedene Regale aufteilen.	✓
Verdorbene Lebensmittel ausscheiden – Kontrolle durch Sinnesprobe.	✓
Keine Lagerung von Lebensmitteln und Speisen auf dem Fußboden.	✓
MHD beachten. Evtl. Verbrauchsdatum einhalten.	✓
Speisen abgedeckt lagern – verschlossenes Lagergefäß, Folienabdeckung oder Vakuumverpackung.	✓
MHD bei Speisen festlegen, allgemeingültige Haltbarkeitsrichtlinien durch Tests erstellen.	✓
Geflügel und rohe Eier getrennt von anderen Lebensmitteln lagern – Mindestabstand 20 cm bei entsprechender Verpackung (Plastik) – Ausnahme vakuumierte Lebensmittel.	✓

Kein Holz, Karton oder Papier in der Kühlzelle als Verpackung oder Aufbewahrungsbehältnis. ✓

Hart gekochte Eier gekühlt in der Schale aufbewahren oder geschält und vakuumiert. ✓

Keine Lagerung von Hackfleisch sowie gekochten Kartoffeln (nur Zwischenkühlen erlaubt). ✓

Schädlingsbekämpfung durch Monitoringsystem (Fallen und Köderboxenkontrolle – Dokumentation). ✓

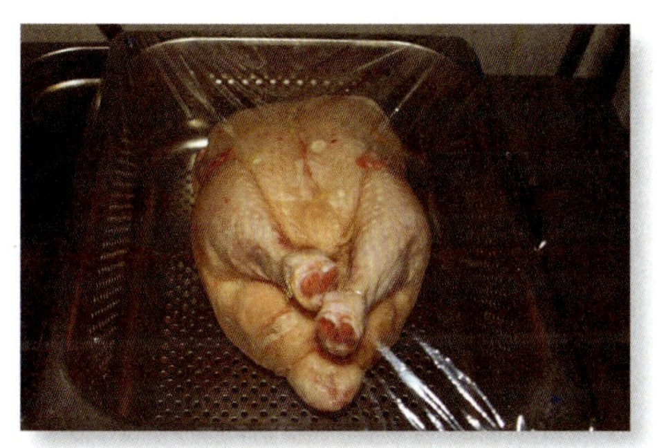

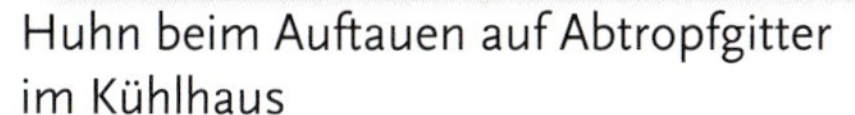

Huhn beim Auftauen auf Abtropfgitter im Kühlhaus

Beim Frittieren von TK-Pommes frites werden sie gleichzeitig aufgetaut und essfertig gemacht

Vorbereitung der Speisen

Alle Lebensmittel vor der Verarbeitung einer Sinnesprobe unterziehen, Hygiene und Qualität prüfen. ✓

Auf- und angetaute Lebensmittel möglichst rasch verarbeiten und nicht nochmals tiefkühlen. ✓

Richtiges Auftauen:

- Langsames Auftauen
  In der Kühlzelle bei nicht mehr als 4 °C auf einem Abtropfgitter abgedeckt auftauen, Auftauflüssigkeit entsorgen.
  - Anwendung: große Fleischstücke, ganzes Geflügel und ganze Fische.
  - Dauer ca. 12–14 Stunden je nach Größe.
- Auftauen in kaltem Wasser
  Die Stücke in dicht verpacktem Zustand (foliiert) in kaltes Wasser legen, Wasser öfter erneuern.
  - Anwendung: große Fleischstücke, ganzes Geflügel und ganze Fische.
  - Dauer ca. 6–8 Stunden je nach Größe.
  - Nachteile: Platzbedarf (Wasserwanne mit Fließwasser – nicht Abwaschbecken), evtl. Auslaugen der Stücke bei Wassereintritt.
- Auftauen in der Mikrowelle
  mit Auftaustufe; abgedeckt durch Folie oder speziellen Deckel.
  - Anwendung: portionierte Speisen, am besten in Saft oder Sauce, rohe Fleischportionsstücke.
  - Dauer ca. 15–20 Minuten je nach Portionsgröße.
- Direktes Durcherhitzen
  Das TK-Lebensmittel wird gar nicht aufgetaut, sondern in einem Garverfahren, z. B. beim Frittieren gleichzeitig aufgetaut und essfertig zubereitet.
  - Beispiel: Pommes frites.
  - Dauer ca. 10–15 Minuten je nach Portionsgröße. ✓

Geflügel getrennt von den übrigen Speisen auftauen. Gefäße anschließend desinfizieren. ✓

Geschälte, ungekochte Kartoffeln maximal eine Stunde in Wasser aufbewahren. ✓

Die Qualitätsrichtlinien eines Betriebes können strenger als die Hygienerichtlinien festgelegt werden, z. B. dass mit Ablauf des MHD das Lebensmittel zu entsorgen ist.

Beispiel eines Farbsystems:

- Rohes Fleisch darf nur mit Messern mit **roten** Griffen auf **roten** Schneideunterlagen auf einem eigenen Platz (Arbeitstisch) bearbeitet werden.
- Fisch darf nur mit Messern mit **blauen** Griffen auf **blau** gekennzeichneten Schneideunterlagen auf einem eigenen Platz (Arbeitstisch) bearbeitet werden.
- Gemüse darf nur mit Messern mit **grünen** Griffen ...

Lebensmittel, die roh verarbeitet werden (Gemüse, Obst als kalte Vorspeise, Salat oder Fruchtspeise) gut waschen und/oder schälen. ✓

Kreuzkontaminationen von Rohprodukten und fertig zubereiteten Speisen vermeiden.

- Maßnahme 1: räumliche Trennung.
  Die Lebensmittel und die Speisen werden getrennt auf eigenen Arbeitsflächen mit eigens gekennzeichneten Geräten bearbeitet (Farbsystem).
- Maßnahme 2: zeitliche Trennung.
  Wenn eine räumliche Trennung aus Platzmangel nicht möglich ist, werden die einzelnen Arbeitsvorgänge so geplant, dass vor der nachfolgenden Arbeit immer eine Zwischenreinigung des gesamten Inventars erfolgen kann. Beispiel: Nach der Vorbereitung von rohem Fleisch wird der Arbeitsplatz mitsamt den Geräten (Schneideunterlagen) gereinigt, evtl. auch desinfiziert. Erst dann wird der Fisch filetiert. ✓

Zubereitung

Bereits verwendete, mit Frischeiern zubereitete Panierflüssigkeit darf nur am selben Tag (direkt gekühlt oder zwischengekühlt) verwendet werden. ✓

Geschälte, gekochte Kartoffeln sofort weiterverarbeiten, ansonsten kühlen, möglichst nicht lagern (verarbeiten am Tag des Kochens). ✓

Kartoffelsalat noch warm säuern (pH-Wert 4,5), am Tag der Herstellung verbrauchen. ✓

Für Mayonnaise sowie Fleischsalate, Gemüsesalate mit Mayonnaise sind bevorzugt industriell erzeugte Mayonnaisen zu verwenden. ✓

Kalte Speisen säuern, pH-Wert 4,5 oder darunter. ✓

Bei der Speiseeisherstellung spezielle Hygienevorschriften beachten, da sich die Keime wegen des guten Nährbodens und der Temperaturvorgaben bei der Zubereitung sehr schnell vermehren. ✓

TK-Patties = geformtes Hackfleisch, tiefgekühlt.

Ausreichende Durcherhitzung von Fleisch, hauptsächlich Geflügel und Hackfleisch: Kerntemperatur 72 °C (in manchen Betrieben der Systemgastronomie werden vorgefertigte TK-Patties. direkt aus der Tiefkühlung nur auf 68 °C durcherhitzt und dann rasch abgegeben). Nicht durchgegartes Fleisch, wie z. B. Filetsteaks oder Roastbeef, muss schnell serviert werden. ✓

Fettkontrolle bei Frittiergeräten: Durch Sinnesprobe wird die Fettqualität vor Inbetriebnahme festgestellt. Das Fett muss hell, frei von Verunreinigungen und geruchsneutral sein und darf nicht schäumen. Sollte das Ergebnis nicht einwandfrei sein, so kann es mit einem Testgerät oder Teststreifen überprüft werden und das Fett entweder weiterverwendet oder erneuert werden. ✓

Bei Convenience-Produkten die Verarbeitungsrichtlinien auf der Verpackung beachten. ✓

Ausgabe, Anrichten – Warmhalten – Speisenpräsentation

Speisen dürfen bei über 75 °C maximal drei Stunden heiß gehalten werden (empfohlen werden maximal zwei Stunden). ✓

Speisen sind innerhalb einer Stunde von 75 °C auf 10 °C abzukühlen und danach bei 4 °C zu lagern. ✓

Kalte Speisen, Salate und kalte Vorspeisen bei 9 °C präsentieren, und zwar maximal sechs Stunden. Dann ist eine Zwischenreinigung der Behältnisse, d. h. ein Umfüllen der Speisen, notwendig. Die Behälter dürfen nicht ohne diese Reinigung nachgefüllt werden. ✓

Zeit- und Temperaturkontrolle sowie Dokumentation durchführen (laut Checkliste). ✓

Speiseeis bei –9 °C portionieren (Lagertemperatur –18 °C). ✓

Verkostungen nur mit frisch gereinigten Geräten (Löffeln). ✓

Regenerieren (Wiedererwärmen): Der Regenerationskreislauf besteht aus vier Stufen, wobei nach Ablauf eines Kreislaufes wieder ein neuer beginnen kann, wenn die Speise einer Qualitätsprüfung standhält und den Anforderungen der Qualität entspricht.

Nach jeder Stufe ist eine Sinnesprobe durchzuführen. Bei einem Ergebnis, das nicht den Hygiene- und Qualitätsanforderungen entspricht (Veränderung des Aussehens, Geruchs oder Geschmacks der Speise), gilt die Speise als qualitätsbeeinträchtigt oder verdorben. ✓

Kühlen von Speisen

- Wasserkühlung: Die Speise wird mit dem Kochbehältnis in fließendes kaltes Wasser gestellt und unter öfterem Umrühren auf ca. 10–15 °C gekühlt. Anwendung bei Suppen, Saucen sowie Saucengerichten (Ragouts), Gemüsegerichten in Sauce. Achtung: Es entsteht ein Qualitätsverlust!
- Auskühlen von Stücken: Die Speisen werden flach auf Bleche gelegt, um abdampfen zu können. Danach werden sie abgedeckt in die Kühlung eingebracht.
  Anwendung bei gegarten Fleischstücken ohne Sauce – Schnitzel, Koteletts, Gemüse, Teigwaren usw.
- Durcherhitzte Speisen, die evtl. auch bei 75 °C warm gehalten wurden, werden innerhalb von 90 Minuten auf 4 °C abgekühlt. Ein Chiller kühlt die Speisen nach einer bestimmten Norm selbstständig auf die gewünschte Temperatur. ✓

Lagerung von Speisen

Umfüllen in ein Lagerbehältnis aus Plastik oder Nirosta mit Deckel. Kennzeichnung mit folgenden Daten: MHD, Inhalt und Menge der Speise. In einer eigenen Abteilung (Regal) oder in der Kühlzelle (bei entsprechender Lagertemperatur) versorgen. ✓

Durcherhitzen von Speisen

Zum Durcherhitzen von fertigen Speisen eignen sich Dampfgarer, Kombidämpfer und Mikrowellenherde, natürlich auch das Aufkochen auf dem Herd. Immer ein Kochgeschirr verwenden.

Den Erhitzungsvorgang so rasch wie möglich durchführen. Saucen und Saucengerichte sowie Suppen ca. 10 Min. durchkochen (wallend kochen).

Ganze Stücke auf Kerntemperatur von 72 °C bringen. ✓

Going international

Cook & Chill is a cooking method where the cooked meals are rapidly chilled and stored until they are needed. The food is cooled to a temperature under 3 degrees Celsius within 90 minutes of cooking and stored at a maintained temperature of 0 to 3 degrees Celsius. The meals can be transported in refrigerated transport to where the food is to be reheated.

Chiller

Bain-Marie

Chafingdish

Achtung: Im Salamander werden die Speisen vor dem Servieren gratiniert aber nicht durcherhitzt!

Heißhalten von Speisen

Zum Heißhalten von Speisen wird das sogenannte Heißwasserbad (Bain-Marie) verwendet. Im Servicebereich (z. B. bei Buffets) stehen Chafingdishes (meist dekorativere Form). Für manche Speisen, wie Gebratenes, Gebackenes oder ganze Stücke, werden Wärmelampen, Wärmeladen oder auch Wärmeschränke verwendet.

- Standards des Warmhaltens sind:
- Speisentemperatur mind. 68 °C,
- Wasserthermostate, Wärmeschränke usw. mind. 85 °C,
- Maximal zwei Stunden (ein kürzeres Warmhalten ist wegen der Qualität der Speisen vorzuziehen). ✓

Catering – Partyservice – Außerhauslieferung

Kühl- und/oder Warmhaltevorschriften (Temperatur und Zeit) beachten. ✓

Für lebensmittelechte Transportbehälter sorgen (entsprechende Systeme werden im Fachhandel angeboten). ✓

Spezielle Hygiene beachten; nur absolut frische Produkte und Speisen verwenden. Besondere Hygienemaßnahmen für Speisen aus Geflügel, rohen Eimassen, Hackfleisch sowie Speiseeis (Verpackung, Temperatur). ✓

Thermoboxen sind ideale Speisentransportbehälter

Auslieferungsvorgang mithilfe einer Checkliste dokumentieren:

- Temperaturen der Ausgangsmaterialen vor der Zubereitung – Hygiene – Frischezustand.
- Vor- und Zubereitungszeiten.
- Beschriftung der Transportbehälter – Inhalt, Menge, Uhrzeit der Verpackung, Temperatur, evtl. pH-Wert.
- Zeit der Ankunft am Verzehrsort.
- Zeit der Verabreichung.
- Temperatur der Speisen beim Verabreichen.
- Allgemeiner Zustand der Speise: Sinnesprobe – Qualitätsergebnis.
- Entsorgung der Reste – fachgerechte Entsorgung, evtl. durch Entsorgungsfirma mit Entsorgungsbestätigung. ✓

Chafingdishes auf einem Buffet

Pizzaauslieferung

3 Betriebshygiene

Unser Betrieb ist komplett neu umgebaut worden, trotzdem spricht unser Chef immer vom reinen und vom unreinen Bereich – was ist damit gemeint?

Um Hygiene und Qualität der Speisen zu gewährleisten, werden vom Gesetzgeber bestimmte Auflagen zur baulichen Ausstattung im Gastgewerbe vorgeschrieben und vom Ordnungsamt kontrolliert. Diese Überprüfungen werden bei Betriebseröffnung oder Betriebsübernahme sowie bei bestehenden Betrieben periodisch durchgeführt.

Durch langjähriges Arbeiten werden die Betriebsmittel (Einrichtungen, Maschinen, Geräte) abgenutzt, und man muss entscheiden, ob die Lebensmittelsicherheit noch gewährleistet ist.

Zum reinen Bereich zählen alle Räume, in denen zubereitet wird, sowie die Speisen- und Getränkeausgabe. Ebenso Lagerräume von verzehrfertigen Speisen.

Zum unreinen Bereich zählen neben der Warenannahme auch die Lebensmittelvorbereitung (z.B. Gemüsevorbereitung) und die Abfallentsorgung

3.1 Betriebsanlagenhygiene

Die Bestimmungen für Betriebsräume sind strenger als die für Gästeräume.

Hygienebestimmungen

Betriebsräume	Gästeräume	Kombinierte Räume 

Dürfen nicht von Gästen betreten werden. ■ Küchen ■ Küchennebenräume ■ Lager ■ Serviceoffice ■ Betriebstoiletten und Sozialräume	Räume, in denen Speisen und Getränke verabreicht werden, wie ■ Gaststube, Restaurant, Speisesaal, aber auch ■ Gästetoiletten und Waschräume inkl. Behindertentoiletten, Wickelräume für Säuglinge	Räume, in denen sowohl Bestimmungen der Betriebsanlagenhygiene wie auch die abgeschwächten Hygienerichtlinien für Gästeräume gelten: ■ Bars ■ Schauküchen im Gästebereich, Free flow, Frontcooking

Free-flow-System: Selbstbedienungsrestaurants mit Verkaufsinseln. Der Gast kann wählen, er geht z. B. nur zum Getränkestand und muss sich nicht an einem langen Tresen vorarbeiten; siehe auch Seite 213.

Frontcooking = der Koch bzw. die Köchin bereitet die Speisen außerhalb der Küche unmittelbar vor dem Gast zu. Beim Zubereitungs- und Kochvorgang kann zugeschaut werden.

Küchen

Haupt- und Nebenküchen (Satellitenküchen), wie z. B. Produktionsküche, Fast-Food-Küche, Fertigungsküche, Frühstücksküche, Patisserie (Süßspeisenküche), kalte Küche.

Küchennebenräume

Abwasch, Küchengang.

Lager

Haupt- und Tageslager, Trockenlager, verschiedene Kühlräume, Tiefkühllager, Gefahrenstofflager, Mülllager, Non-Food-Lager.

Serviceoffice

Restaurant-, Bankett-, Etagen-, Speisesaaloffice zum Bereitstellen der Servierutensilien (Besteck, Gläser, Servietten) und als Zwischenstation der Getränke- und Speisenausgabe.

Betriebstoiletten und Sozialräume

Toiletten und Waschräume, Umkleideräume, Essensräume und Aufenthaltsräume für Personal.

Nicht rostender Stahl = rostfreier Edelstahl; der Markenname von Thyssen Krupp ist Nirosta, von WMF Cromargan.

Der Hackstock ist mit einer eigenen Bürste trocken zu reinigen. Außerdem wird er sprühdesinfiziert und bei Bedarf maschinell abgehobelt.

Gastronorm: die Größenverhältnisse von Blechen, Einsätzen usw. sind vereinheitlicht; siehe www.trauner.at/systemgastronomie.aspx.

Bestimmungen für die Ausstattung von Betriebsräumen	
Fußböden	■ Glatt, rutschfest, fugenfrei, leicht zu reinigen. ■ Idealerweise Fliesen. ■ Vorteilhaft sind gerundete Eckfliesen, da Ecken schwer zu reinigen sind. ■ Wasserabflüsse (Gullys) am Boden mit Bodengitter abgedeckt.
Wände 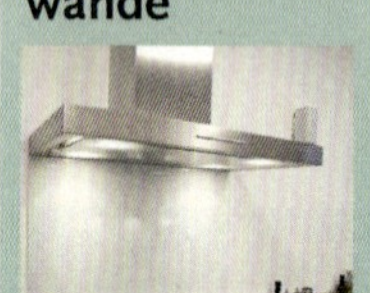	■ Glatt, fugenfrei, leicht zu reinigen. ■ Durchgehende (verflieste) Oberfläche wird empfohlen. Als Materialien Fliesen, Kunststoff oder Edelmetall. ■ Fenster und Türen idealerweise aus Kunststoff oder Edelmetall, keinesfalls unbehandeltes Holz.
Decken 	■ Decken mit aufgesetzten oder integrierten Dunstabzügen oder Ventilatoren aus nicht rostendem Stahl. ■ Dunstabzüge leistungsstark, leise und leicht zu reinigen; keine toten Winkel. ■ Filter der Anlagen spülmaschinentauglich und leicht zu wechseln.
Beleuchtung 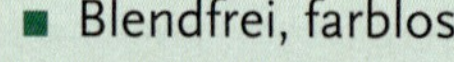	■ Ca. 20 Watt pro Quadratmeter oder über 500 Lux. ■ Blendfrei, farblos. ■ Kontrolllampen in den Lager- und Kühlräumen. ■ Gute Ausleuchtung von Stufen und Kellerräumen. ■ Bewegungsmelder helfen, Strom zu sparen.
Ausstattung 	■ Tische, Arbeitsflächen, Schränke, Regale, Transport-, Vorrats- und Plateauwagen aus Edelmetall. ■ Tische und Schränke besser fix verbaut (auf einem Sockel) als auf Füßen stehend. ■ Schränke und Transportwagen für Lebensmittel gut verschließbar. ■ Kein Holz verwenden; Ausnahmen sind der Tisch zur Teigbearbeitung und der Hackstock zum Knochenhacken und zur Fleischvorbereitung.
Geräte – Geschirr 	■ Alle Maschinen und Geräte TÜV-geprüft. ■ Müssen Sicherheitsschutzvorrichtungen aufweisen. ■ Geprüft wird nicht nur die Sauberkeit, sondern auch die Funktionsfähigkeit. ■ Lager- und Warmhaltegeschirr in Gastronorm (GN). ■ Bratgeschirr idealerweise aus Edelmetall, Griffe nicht aus Holz.

Aufgabenstellung

- Ergänzen Sie weitere Geräte!

Geräte für die Zubereitung (Gargeräte)	Herd, Grill
Geräte für die Vorbereitung	Mixer, Fleischwolf
Geräte zum Warmhalten	Bain-Marie
Kühlgeräte	Kühlschrank
Geräte zur Reinigung	Geschirrspülmaschine
Handwerkzeuge	Messer, Kochlöffel
Geschirr	Kochtopf

Diese Übung finden Sie auch unter www.trauner.at/systemgastronomie.aspx.

Handwaschbecken

Die Handwaschbecken müssen beim Kücheneingang und neben den Produktionsstätten platziert sein und dienen ausschließlich der Händehygiene. Berührungslose Armaturen sind für Kalt- und Warmwasser empfehlenswert.

Überdies müssen vorhanden sein:
- Einwegseife (Flüssigseifenspender, fix montiert),
- Einweghandtücher,
- Desinfektionsmittelspender,
- Eventuell Spender mit Handcreme,
- Spender mit Einweghandschuhen,
- verschließbare Mülleimer für Papiertücher im Unterkasten.

Spülbecken und Spülmaschinen

Für den Abwasch sind getrennte Becken für Weißgeschirr (Porzellan, Essgeschirr) und Schwarzgeschirr (Töpfe, Pfannen) vorgeschrieben.
- Spülmaschinen für Weißgeschirr und Gläser befinden sich meist im Schank- oder Officebereich, für Schwarzgeschirr in der Küche.
- Die Einstellungen der Spülmaschinen sind laufend zu kontrollieren – auf die Dosierung des Spülmittels achten.
- Die Spültemperatur muss 85 °C betragen.
- Spülmaschinen täglich reinigen.
- Eigener Kasten für die Reinigungsmittel, alle beschriftet und nicht zweckentfremdet befüllt.

Die Mitarbeiterinnen und Mitarbeiter müssen für den Umgang mit den Reinigungsmitteln nachweislich geschult worden sein.

Die Behälter täglich, wenn nötig mehrmals, entleeren, reinigen und periodisch desinfizieren.

Abfallbehälter

Im unreinen Küchenbereich müssen Kleinbehälter für eine getrennte Abfallsammlung (bis zu 25 Liter) vorhanden sein.

Großbehälter nur im Mülllagerraum aufbewahren. Sie müssen verschlossen sein. Speisereste und biogene Abfälle sind gekühlt zu lagern.

Toiletten und Sozialräume

Es müssen getrennte Räumlichkeiten für Frauen und Männer vorhanden sein.

Betriebsräume für das Personal	
Toiletten	■ Dürfen keinen direkten Zugang zu Räumen haben, in denen mit Lebensmitteln umgegangen wird; d. h., zwischen Küche und WC ist ein Vorraum erforderlich. ■ Müssen mit Handwaschbecken ausgestattet sein; natürliche (Fenster, die sich öffnen lassen) oder mechanische Belüftung. ■ Kalt- und Warmwasser mit berührungslosen Armaturen, Einwegseife (Flüssigseifenspender, fix montiert), Einweghandtücher, Desinfektionsmittelspender.
Sozialräume 	■ Umkleideräume mit verschließbaren Garderobenkästchen, für Straßenkleidung und Arbeitskleidung getrennt. ■ Diese Räumlichkeiten dürfen ausschließlich von Betriebsmitgliedern verwendet werden.

Für das Serviceoffice gelten die gleichen Regeln wie für alle anderen Betriebsanlagen.

Aufgabenstellungen

Beantworten Sie die Fragen!

1. Welche Räume im Betrieb dürfen von Gästen nicht betreten werden?

Diese Übung finden Sie auch unter www.trauner.at/systemgastronomie.aspx.

2. Warum sollte man Speisereste und biogene Abfälle stets gekühlt lagern?

3. Was machen Sie als Sofortmaßnahme, wenn Sie irrtümlich ein Reinigungsmittel geschluckt haben?

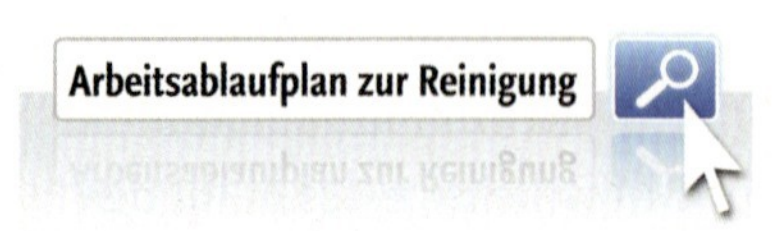

4. Wählen Sie aus der Tabelle von Seite 53 Geräte aus, die in Ihrem Betrieb vorhanden sind. Schreiben Sie zur Reinigung dieser Geräte einen Arbeitsablaufplan, der selbsterklärend ist. Ein neuer Mitarbeiter/eine neue Mitarbeiterin muss in der Lage sein, mithilfe Ihres Plans die Reinigung selbstständig durchzuführen.

Bestimmungen für die Ausstattung von Gästeräumen	
Speiseräume für Gäste  Das Hauptaugenmerk liegt auf zweckmäßiger Ausstattung und gediegenem Ambiente	■ Verkehrswege des Servicepersonals dürfen nicht verstellt sein. ■ Notausgänge sind unbedingt frei zu halten. ■ Stromlose Notbeleuchtung mit Batteriebetrieb. Das **Ambiente** wird durch folgende Faktoren bestimmt: ■ Dekorationen müssen schwer entflammbar sein; vor allem in der Unterhaltungsgastronomie, z. B. in Discos, wird der Dekoration großes Augenmerk geschenkt. ■ Die Luft muss mechanisch zu- und abgeführt werden (durch Ventilation oder Klimaanlage). Es darf keine Zugluft entstehen. Die Raumtemperatur soll ca. 22 °C bei einer Luftfeuchtigkeit von ca. 60 % betragen. ■ Das Licht soll blendungsfrei, zielgerichtet (z. B. Spots) und veränderbar (abdunkelbar) sein. ■ Gefährliche Stellen, wie Stufen, müssen gut beleuchtet sein. ■ Beschallung: Hintergrundmusik kann helfen, den Arbeitslärm zu dämpfen. In Ethnolokalen wird die Musik zur Festigung der Identität eingesetzt.
Gästetoiletten  Das stille Örtchen als Erlebnis	■ Aus hygienischer Sicht unterscheiden sie sich nicht wesentlich von den Betriebstoiletten, die Ausstattung ist häufig luxuriöser. ■ Selbstdesinfizierende Toilettenanlagen, Feuchttücher oder eigene Handtücher für jeden Gast sind möglich; Toilettenartikel, Cremes, Parfums usw. können bereitgestellt werden. ■ Sogenannte Erlebnistoiletten, evtl. im ländlichen Stil, nostalgisch oder hypermodern, belustigen mitunter die Gäste.

Ethnolokal = Gaststätte oder Restaurant mit einem Länderbezug (z. B. Italien).

In Diskotheken oder sonstigen gastgewerblichen Betrieben mit Musik ist eine Dezibelbeschränkung für die Musikanlagen vorgeschrieben. Für Mitarbeiter und Mitarbeiterinnen in diesen Lokalen sind Gehörschutz und jährliche Untersuchungen des Gehörs vorgeschrieben.

Aufgabenstellung

- Stellen Sie sich vor, Sie richten ein Restaurant neu ein. Welche zehn Aspekte müssen Sie unbedingt beachten? Erstellen Sie eine Checkliste, auf der Sie vermerken, welche Dinge beachtet werden sollen!

❶ ______ ❻ ______

❷ ______ ❼ ______

❸ ______ ❽ ______

❹ ______ ❾ ______

❺ ______ ❿ ______

Diese Übung finden Sie auch unter www.trauner.at/systemgastronomie.aspx.

Empfehlung für Reinigungsintervalle bei Zapfanlagen:	
Fruchtsaft, Fruchtnektar, Fruchtsaftgetränke	täglich
Alkoholfreies Bier	1–7 Tage
Bier	alle 7 Tage
Wein	7–14 Tage

Die Wartung und das Spülen der Schläuche werden meist von einer Firma durchgeführt

GHP = Gute-Hygiene-Praxis, siehe HACCP, Seite 61.

Bestimmungen für die Ausstattung von kombinierten Räumen	
Schankräume 	■ Hinter der Theke gelten die Bestimmungen für Betriebsanlagen, da es sich um eine Getränkeausgabe handelt. ■ Idealerweise ist die gesamte Anlage aus Edelstahl. ■ Zur Ausstattung gehören je nach Produktpalette Fließwasser, Kühleinrichtungen (meist Laden), Gläserspüler, Getränkeautomaten, Bierzapfgeräte, Ausschankarbeitsflächen, diverse Barutensilien, Schneideunterlagen, Kaffeemaschinen mit Geschirr und Gläserregale.
Buffets  Der Spuckschutz verhindert die direkte Kontamination der Speisen	■ Für Selbstbedienungseinrichtungen im Gästeraum gelten dieselben Regeln wie für Schankanlagen. ■ Einrichtungen, die direkt mit den Speisen oder Getränken in Berührung kommen, müssen den Bestimmungen für Betriebsanlagen entsprechen. ■ Ein Spuckschutz – eine durchsichtige Abtrennung – muss vorhanden sein. ■ Zum Entnehmen der Speisen müssen Kellen, Zangen und Löffel zur Verfügung stehen.
Bars 	■ Die Ausstattung hinter der Bar ähnelt der einer Theke, auch die Bestimmungen der betrieblichen Ausstattung sind zu übernehmen. ■ Ein neben der Bar befindliches Baroffice wird vor allem als Lager für Getränke und als Magazin für Gläser verwendet und ist ein reiner Betriebsraum.

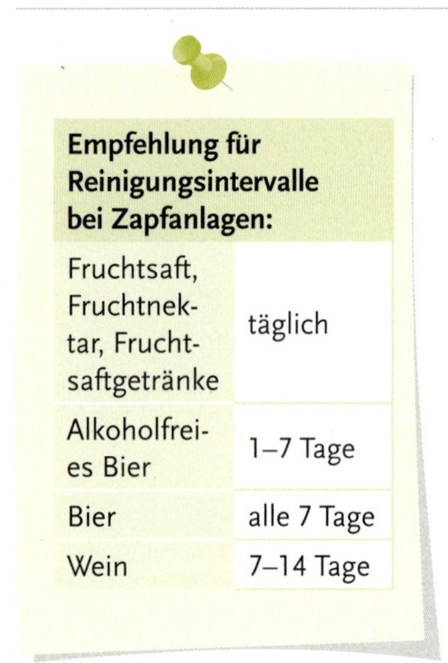

3.2 Instandhaltung und Reinigung des Inventars

Bei periodisch durchgeführten Überprüfungen wird der Zustand des Inventars geprüft, Sauberkeit und Funktionstüchtigkeit sind Bestandteil der sogenannten GHP. Technische Anlagen müssen regelmäßig – meist in Intervallen von einem bis drei Jahren – überprüft werden. Autorisierte Firmen prüfen:

- Kälteanlagen
- Lifte
- Brandschutzanlagen
- Schankanlagen, inkl. Kaffeemaschinen (Druckanlagen)
- Spülanlagen

Über diese Überprüfungen sind Aufzeichnungen zu führen.

Aufgabenstellung

- Diskutieren Sie in der Klasse über Vor- und Nachteile von chemischen Produkten bei der Reinigung und Desinfektion unter dem Titel „Chemie im Dienste der Sauberkeit".

Reinigung und Desinfektion

Die Reinigung und Desinfektion läuft immer nach einem bestimmten Schema ab. Arbeitsflächen, Fußböden, Geschirr und Arbeitsgeräte werden folgendermaßen gereinigt:

- Arbeitsplatz aufräumen, dabei die Abfälle entsorgen, zusammenkehren, alles zusammenschieben, alles abwischen.
- Reinigung mit heißem Wasser, Reinigungsmitteln und sogenannten mechanischen Hilfsmitteln, wie Bürsten, Schwämmen und Tüchern.
- Nachspülen mit heißem Wasser.
- Trocknen; lufttrocknen, abtropfen lassen und danach mit sauberem Geschirrtuch abtrocknen.
- Bei Bedarf Desinfektionsmittel nach Gebrauchsanweisung aufbringen und einwirken lassen.
- Alkoholhaltiges Desinfektionsmittel von Arbeitsflächen mit Einwegtüchern entfernen. Von Geschirr und Arbeitsgeräten muss es mit Wasser entfernt werden.

Reinigung und Desinfektion	
Reinigungsmittel	Substanzen, die in der Lage sind, Verunreinigungen zu entfernen, in gastronomischen Betrieben also die Rückstände von Lebensmitteln. Da diese aus Fett, Eiweiß und Kohlenhydraten bestehen, müssen die Reinigungsmittel in der Lage sein, diese oft stark verkrusteten Lebensmittelreste zu lösen.
Desinfektionsmittel	Substanzen, die in der Lage sind, krank machende Mikroorganismen abzutöten. Desinfektionsmittel sind sehr eiweißempfindlich, deshalb müssen die zu desinfizierenden Gegenstände zunächst von allen Eiweißresten befreit werden.

Die Reinigung und die Desinfektion sollten grundsätzlich nach **Reinigungsplänen im Rahmen des HACCP-Konzeptes** durchgeführt werden.

Was ist zu tun?

- Die zur Reinigung verwendeten Schwämme und Tücher müssen aus kochfestem Material sein und täglich gewechselt werden.
- Bürsten, die zur Reinigung verwendet werden, müssen desinfiziert oder mit heißem Wasser keimfrei gemacht werden.
- Vorsicht! Viele Kunststoffbürsten vertragen keine große Hitze und sind deshalb zum Abwaschen grundsätzlich nicht geeignet.
- Poliertücher für Geschirr sollten fusselfrei sein. Materialien aus Leinen, Halbleinen oder auch Mikrofasertücher sind Baumwolltüchern vorzuziehen.
- Bei Verwendung mancher Reinigungs- und Desinfektionsmittel ist das Tragen von Schutzhandschuhen bzw. die Verwendung eines Augenschutzes vorgeschrieben.

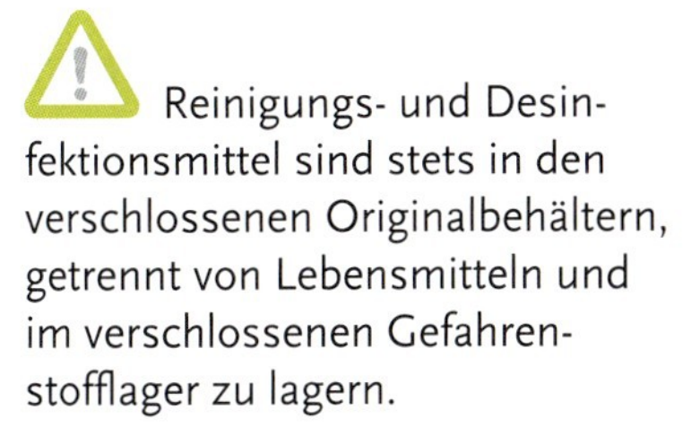

Reinigungs- und Desinfektionsmittel sind stets in den verschlossenen Originalbehältern, getrennt von Lebensmitteln und im verschlossenen Gefahrenstofflager zu lagern.

Achten Sie auf den sicheren Umgang mit Reinigungsmitteln, beachten Sie dabei die Gebotszeichen!

Lesen Sie vor der Verwendung von Reinigungs- und Desinfektionsmitteln die Informationen auf den Sicherheitsdatenblättern Ihrer Reinigungsmittel! Ein Muster finden Sie unter www.trauner.at/systemgastronomie.aspx.

Der Reinigungsplan

Die systematische Reinigung und Desinfektion zur Verhinderung von Kreuzkontamination müssen Inhalt eines Reinigungsplans sein.

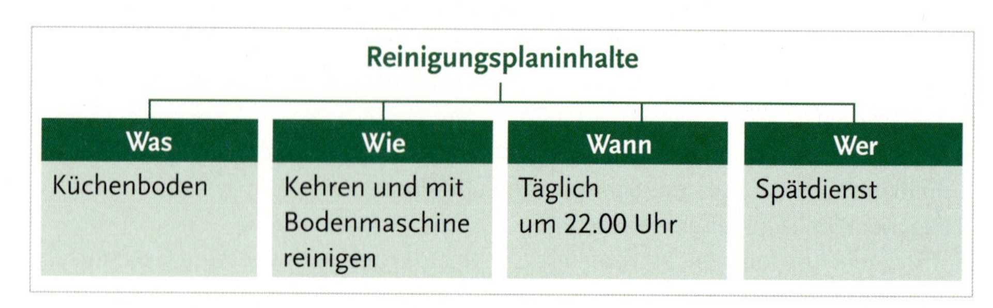

Reinigungsplaninhalte

Was	Wie	Wann	Wer
Küchenboden	Kehren und mit Bodenmaschine reinigen	Täglich um 22.00 Uhr	Spätdienst

Einen teilweise vorgefertigten Reinigungsplan für die Küche und diese Übung finden Sie unter www.trauner.at/systemgastronomie.aspx.

Aufgabenstellung

- Finden Sie weitere Beispiele!

Was?	
Wie?	
Wann?	
Wer?	

Erstellen Sie eine Tabelle, in der Sie die in Ihrem Betrieb verwendeten Reinigungsmittel anführen. Für welche Zwecke verwenden Sie diese?
Suchen Sie auf den Reinigungsmitteln nach Sicherheitszeichen. Was bedeuten sie? Bringen Sie ein Sicherheitsdatenblatt für ein Reinigungsmittel mit und bereiten Sie dazu eine Personalschulung vor.

Was wird gereinigt und desinfiziert?

Es muss eine Istanalyse erstellt werden. Dabei werden anhand eines Gebäudeplans bei einer Begehung alle Betriebs- und Gästeräume aufgelistet. Weiters muss es eine Inventarliste geben. Sie enthält die Einrichtungsgegenstände, Maschinen und Geräte.

- Räumliche Umgebung, z. B. Böden, Wände, Türen, Fenster, Schalter, Griffe, Handlauf, Dunstabzüge, Ventilationen, Fenster, Decken, Lichter.
- Einrichtungen, z. B. Arbeitstische, Kästen, Regale, Hackstock, Transportwagen.
- Maschinen und Geräte, z. B. Toaster, Grill, Fritteuse, Herd, Warmhalteschrank, Brotschneidemaschine, Mikrowellenherd, Mixer, Kaffeemaschine, Geschirrspüler, Fleischwolf, Kühlschränke.
- Handwerkzeuge, z. B. Messer, Kochlöffel, Schöpfkellen, Schaufeln, Spachteln.
- Sonstige Einrichtungen, z. B. Abwasch, Waschbecken, Müllraum.

Auf den Etiketten von Chemikalien müssen die Gefahrensymbole und die R- und S-Sätze abgedruckt sein, z. B.

- R 20 = gesundheitsschädlich beim Einatmen,
- S 24 = Berührung mit der Haut vermeiden.

C

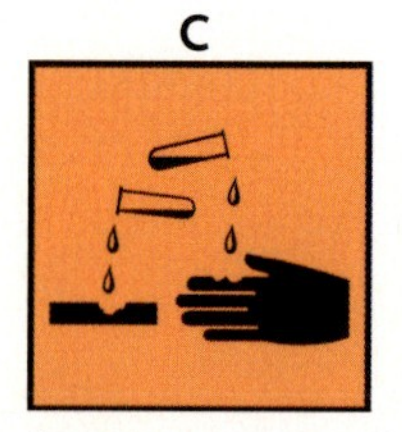

Ätzend (corrosive)

N

Umweltfreundlich

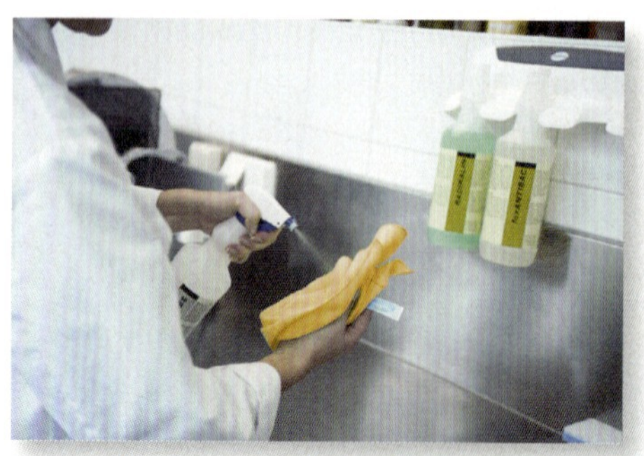

Anwendung eines Edelstahlreinigers

Reinigung der Grillplatte

Die Schmutzintensität sowie die Häufigkeit der Verschmutzung muss ermittelt werden.

Wie wird gereinigt und desinfiziert?

Ohne Plan geht gar nichts und Vertrauen ist gut, Kontrolle ist besser.

- Eine saubere Arbeit ist nur mit sauberen Reinigungsgeräten möglich.
- Verwenden Sie verschiedene Lappen für Böden und Arbeitsflächen – Farbsystem.
- Periodisch muss desinfiziert werden, damit auch wirklich alle Keime abgetötet werden! Beachten Sie aber auch, dass ein zu häufiges chemisches Desinfizieren die Umwelt schädigt.

Was ist zu tun?

- Lebensmittel und Speisen immer wegräumen.
- Entfernen von grobem Schmutz – kehren, aufnehmen.
- Beim Kehren kann unnötig Staub aufgewirbelt werden, daher evtl. nass arbeiten.
- Schrubben, heißes Wasser über 45 °C und Reinigungsmittel.
- Hilfsmittel sind Bürsten, Schwammtücher, Scheuerschwämme (Edelstahl).
- Reinigungsgeräte trocken und übersichtlich in eigenen Magazinen auf sauberen Gestellen (kein Holz) aufbewahren!
- Mit heißem Trinkwasser nachspülen, um Reinigungsmittelreste zu entfernen. Fußböden müssen nicht nachgespült werden.
- Wenn nötig, mit Einmaltüchern (Papiertüchern) oder ausgekochten hellen Tüchern nachtrocknen. Das Nachtrocknen kann wieder zu einer Schmierinfektion führen und wird daher nur angewendet, wenn unmittelbar auf dieser Fläche weitergearbeitet werden muss.
- Eine sichere Abtötung der Keime wird erst durch Desinfektionsmaßnahmen erreicht.

Es gibt die thermische und die chemische Desinfektion, wobei die thermische vorzuziehen ist, da sie die Umwelt nicht nachhaltig belastet.

Methoden der Desinfektion	
Thermische Desinfektion 	■ Durch mindestens zweiminütiges Einwirken von heißem Wasser mit ca. 85 °C, z. B. in der Geschirrspülmaschine. ■ Getrenntes Waschen von Gläsern, Weißgeschirr (Gästegeschirr) sowie Schwarzgeschirr (Kochgeschirr) ist unerlässlich. ■ Die Geräte werden von einer Servicefirma eingestellt; muss periodisch (je nach Gebrauch z. B. jährlich) wiederholt werden.
Chemische Desinfektion 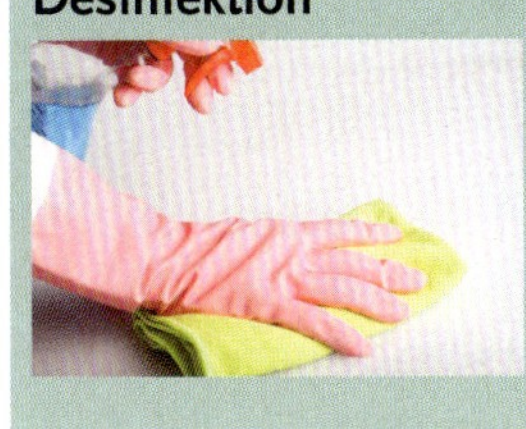	■ Nur mit Desinfektionsmitteln, die für Lebensmittelbetriebe geeignet sind. ■ Wischdesinfektion (für alle Bereiche); Reinigen – Desinfektionsmittel auftragen – einwirken lassen – nachspülen. ■ Sprühdesinfektion (z. B. Hackstock); Reinigen – alkoholisches Desinfektionsmittel aufsprühen – kein Nachspülen (Mittel verdampft).

Immer erst reinigen und erst dann desinfizieren! Eine Desinfektion ersetzt die Reinigung nicht!

Going international

Anti-Germ® International is a specialist for hygiene and disinfection in Ludwigshafen. With the slogan "Chemistry that works for all of us", the company offers a full programme of hygiene concepts, e. g. in the wide field of food and beverages.
Notice: "germ" is the English word for "Keim".

Geflügel ist häufig mit Salmonellen oder Campylobacter behaftet, daher muss nach der küchenmäßigen Zurichtung von Geflügel eine Desinfektion der Arbeitsfläche und Geräte erfolgen.

2-Eimer-Methode

- Aus einem Eimer (Kübel) mit einem Tuch Wasser mit Reinigungs- oder Desinfektionsmittel aufbringen und einwirken lassen.
- Anschließend schrubben oder zusammenwischen und das Schmutzwasser in einen zweiten Eimer ausdrücken.

Dampfstrahler

Sie haben sich bestens bewährt und können in Verbindung mit einem Wassersauger eingesetzt werden. Beachten Sie: Elektrogeräte ohne Nassraumeigenschaften vertragen keine Feuchtigkeit!

Wann wird gereinigt und desinfiziert?

Händehygiene nicht vergessen

Vorgeschriebene Reinigungen sind:

- Reinigung nach Reinigungsplan.
- Zwischenreinigung nach Schmutzarbeiten: Reinigen der Arbeitsflächen, Arbeitsbereiche und Geräte; Mitarbeiter und Mitarbeiterinnen (persönliche Hygiene, Händehygiene). Beispiel: Zwiebeln schälen, Kartoffeln waschen, Salat und Gemüse waschen (putzen), Teig herstellen – Händereinigung bei jedem Wechsel des Lebensmittels.
- Reinigung nach der Verarbeitung von rohem Geflügel und von Eiern: Reinigen und Desinfizieren der Arbeitsflächen, Arbeitsbereiche und Geräte sowie persönliche Hygiene (Hände waschen).
- Reinigung nach Bedarf, je nach Betriebsart und Geschäftsgang und Verschmutzungsgrad: Durch Sinnesprobe Verschmutzungsgrad feststellen. Beispiel: hoher Verschmutzungsgrad des Grills – Reinigung auch außerhalb des Reinigungsplanes.
- Reinigung bei Gefahr in Verzug: verschüttete Flüssigkeiten, grobe Verschmutzungen mit hohem Gefahrenpotenzial, wie z. B. blutverschmierte Wand.

Putzintervalle

- Stündlich – immer zur halben Stunde.
- 2 x täglich – am Vormittag oder Nachmittag und in der Nacht.
- Täglich – genaue Uhrzeit (von ... bis ...).
- An bestimmten Tagen (ungeraden Monatstagen + Uhrzeit, z. B. am 1., 3., 5. usw. von ... bis ...).
- An bestimmten Wochentagen – Montag, Mittwoch, Freitag + Uhrzeit.
- 1 x wöchentlich – Wochentag + Uhrzeit, z. B. Montag von ... bis ....
- 1 x monatlich – genauer Tag + Uhrzeit, z. B. 15. 1. von – bis.
- 1 x jährlich (2 x jährlich) – bei Betriebsunterbrechung vor Urlaubsbeginn.

Die verantwortliche Person bestätigt die Durchführung auf dem Reinigungsplan durch Unterschrift (evtl. Datum und Uhrzeit).

Wer reinigt und desinfiziert?

- Einzelperson: der Verwender, z. B. Mitarbeiter/in A, reinigt die Messer.
- Namhaft gemachte Person: z. B. Frau Wagner.
- Personengruppe: z. B. der Frühdienst in der Küche, Putzpersonal, Auszubildende.
- Alle: bei Betriebsschluss, vor Betriebsurlaub, jährliche Reinigung.
- Beauftragte Reinigungsfirma – outgesourcte Tätigkeit.

4 Sieben Stufen zur Erstellung eines HACCP-Konzeptes

„HACCP – das kommt mir bekannt vor ... Aber wo habe ich das schon gehört?"
„Ursprünglich kommt HACCP aus der US-Raumfahrt. Da die Lebensmittel in der Raumfähre bei den Flügen ins Weltall zu 100 Prozent sicher sein mussten, haben die Amerikaner ein Kontrollsystem erfunden. Dabei erfassten sie kritische Kontrollpunkte und sicherten deren Kontrolle durch Checklisten ab."

HACCP steht für

H	Hazard = Gefahren-
A	Analysis = analyse
C	Critical = kritischer
C	Control = Kontroll-
P	Points = punkte

Das HACCP-Konzept ist ein vorbeugendes Kontrollsystem, das die gesundheitliche Unbedenklichkeit und den einwandfreien Zustand von Lebensmitteln bei der Herstellung garantiert.

Laut Lebensmittelhygieneverordnung muss jeder Betrieb ein HACCP-Konzept entwickeln:

- Er muss selbstständig **kontrollieren**, ob alle Prozesse im Sinne der Lebensmittelsicherheit ordnungsgemäß ablaufen.
- Dazu ist ein **Eigenkontrollsystem** nach den Betriebsanforderungen zu entwickeln.
- Der Eigentümer bzw. die Geschäftsführung sind dafür verantwortlich, dass Sicherheitsmaßnahmen festgelegt, durchgeführt, eingehalten, überprüft und **dokumentiert** werden.

Was ist Risiko?

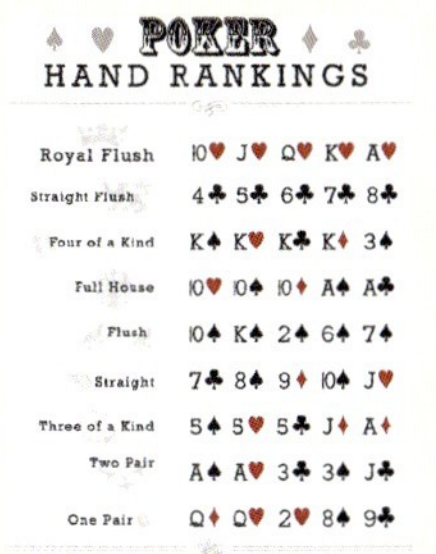

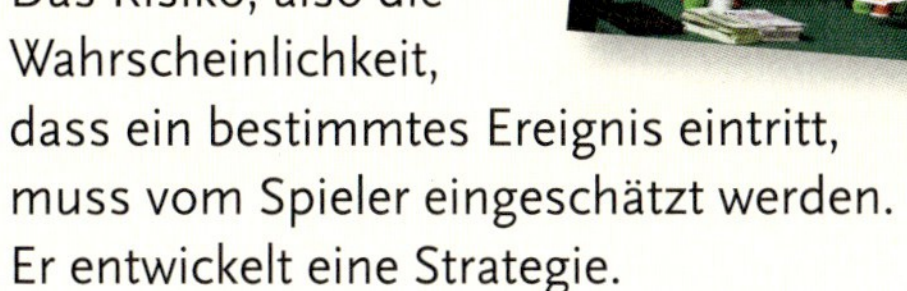

Poker ist ein Kartenglücksspiel. Das Risiko, also die Wahrscheinlichkeit, dass ein bestimmtes Ereignis eintritt, muss vom Spieler eingeschätzt werden. Er entwickelt eine Strategie.

Risiko schließt die Möglichkeit negativer Auswirkungen mit ein und ist stets mit einem Wagnis verbunden. In der Gastronomie geht es darum, den Risikofaktor „Gefährdung der Gesundheit der Gäste" auszuschließen.

Das Strategiespiel Risiko gibt es schon seit 50 Jahren

Gute-Hygiene-Praxis (GHP)

Das ist die Hygienevorgabe, die aufgrund von Fachwissen und Schulungen der Mitarbeiterinnen und Mitarbeiter als erfüllt angenommen werden kann.

Ein richtiges Reinigen nach einem Reinigungsprogramm, Schädlingsbekämpfung durch eine autorisierte Firma und die Einhaltung der Vorschriften zur persönlichen Hygiene sind in vielen gastgewerblichen Betrieben bereits Gute-Hygiene-Praxis.

Als Grundlage bei der Umsetzung eines HACCP-Systems ist mit der Überprüfung der GHP zu beginnen.

Grünes Licht für eine sichere Lebensmittelhygiene

In einer Istanalyse ist der allgemeine Hygienezustand zu prüfen. Dabei ergeben sich kritische Kontrollpunkte (CCP) und Kontrollpunkte (CP), die durch Checklisten gestaltet, kontrolliert und gelenkt werden müssen.

Die grundsätzliche Einstellung der Mitarbeiterinnen und Mitarbeiter zur Hygiene lässt sich bestimmen:

- Durch den Einsatz eines Fragebogens, mit dem Teilbereiche der Hygiene abgefragt werden.
- Durch Fragen über die persönliche Hygiene aus den vier Hygienegruppen allgemeine Hygiene, Händehygiene, Arbeitskleidung und Gesundheit.
- Durch Fragen über die Reinigung bzw. Umsetzung des Reinigungsplanes.
- Durch Beobachtungen der Mitarbeiter und Mitarbeiterinnen beim Umgang mit Lebensmitteln.
- Durch Begehung der Betriebsanlage und Auflistung der baulichen Mängel.

Aufgabenstellung

- Beantworten Sie die Fragen zur Feststellung der GHP!

Allgemeine Hygiene: Nehmen Sie Ringe und die Armbanduhr am Arbeitsplatz ab?

☐ ja ☐ nein

Händehygiene: Waschen Sie nach dem Naseputzen immer die Hände?

☐ ja ☐ nein

Arbeitskleidung: Tragen Sie eine Kopfbedeckung im Dienst?

☐ ja ☐ nein

Gesundheit: Wenn Sie eine Erkältung haben, nehmen Sie Medikamente in die Küche mit?

☐ ja ☐ nein

Reinigung: Wann und wie reinigen Sie gebrauchte Messer?

Diskutieren Sie die Ergebnisse!

Diese Übung finden Sie auch unter www.trauner.at/systemgastronomie.aspx.

Ein HACCP-System wird in sieben Stufen erstellt

1. Gefahrenanalyse (Istanalyse) – was wird überprüft?
2. Risikoanalyse – Festlegen der kritischen Kontrollpunkte.
3. Festlegen von Grenzwerten – nach welchen Gesetzen wird kontrolliert?
4. Festlegen von Standards der Überprüfung (Überprüfungsmethode, Messzeitpunkt) – wie und wann wird kontrolliert?
5. Festlegen von Korrekturmaßnahmen (Lenkungsmaßnahmen) – wie wird ausgebessert?
6. Festlegen der Dokumentation – wie und was wird festgeschrieben?
7. Verifikation, – wie wird die Wirkung des Systems kontrolliert?

Verifikation = Bestätigung der Richtigkeit durch Überprüfung.

4.1 Gefahrenanalyse (Istanalyse, Hazard-Analysis) – was wird überprüft?

Bei der Istanalyse werden
- alle Räumlichkeiten, Maschinen und Geräte,
- alle verwendeten Lebensmittel und
- alle Produktionsabläufe

aufgelistet.

Aufgabenstellungen

1. Listen Sie alle Räumlichkeiten Ihres Ausbildungsbetriebes auf!

Betriebsräume

Gasträume

Kombinierte Räume

2. Listen Sie alle in Ihrem Betrieb verwendeten Lebensmittel auf!

Stark gefährdete Lebensmittel

Mittel gefährdete Lebensmittel

Wenig gefährdete Lebensmittel

3. Kreuzen Sie die in Ihrem Betrieb vorhandenen Produktionsabläufe an!

- [ ] Wareneingang
- [ ] Lagerung
- [ ] Warenvorbereitung
- [ ] Zubereitung
- [ ] Warmhalten
- [ ] Anrichten
- [ ] Ausgabe von Speisen
- [ ] Ausgabe von Getränken
- [ ] Speisen für den Außerhausverzehr verpacken

Diese Übung finden Sie auch unter www.trauner.at/systemgastronomie.aspx.

Stark gefährdete Lebensmittel sind eiweiß- und wasserhaltige Lebensmittel, da sie rasch durch den Befall von Mikroorganismen verderben, z. B. Fische, Eier.

Mittel gefährdete Lebensmittel haben eine bessere Haltbarkeit. Ein Restrisiko besteht jedoch durch Qualitätsverluste, z. B. Milchprodukte, frisches Gemüse und Obst.

Wenig gefährdete Lebensmittel haben eine lange Haltbarkeit, z. B. durch Konservierung. Es sind dies vor allem Convenienceprodukte (Fertig- oder Halbfertigprodukte aus industrieller Herstellung).

Bei der Erfassung der Arbeitsabläufe ist die Einsicht in Rezepturen und Zubereitungsangaben der Speisen nötig. Als Hilfsmittel dienen Getränke- und Speisekarten sowie Rezepturblätter und Fachbücher. Durch ein Gespräch mit dem Küchenverantwortlichen lassen sich die einzelnen Schritte am besten erarbeiten.

4.2 Risikoanalyse – Festlegen der kritischen Kontrollpunkte (Critical Control Points – CCP)

Kritischer Kontrollpunkt: hier besteht Gefahr für den Gast. Engl.: Critical Control Point (CCP).

Kontrollpunkt: es besteht keine direkte Gefahr für den Gast, ist aber ein Qualitätsmangel. Engl.: Critical Point (CP).

Tragen Sie einen Fingerling nach einer Verletzung?

Jetzt bestimmt man die konkreten Risiken zu den Räumlichkeiten, Arbeitsabläufen und Lebensmitteln.

Hygiene	Risikogruppe	Beispiele
Betriebsanlagenhygiene	Reinigungsrisiko	Bodenreinigung unsachgemäß
	Ausstattungsfehler	Gebrochene Fliese
	Funktionsmangel	Falsche Temperatureinstellung bei Fritteuse
	Schädlingsbekämpfung	Köderboxen nicht aufgestellt
Personalhygiene	Allgemeine Hygiene	Haarpflege mangelhaft
	Arbeitskleidung	Fehlende Kopfbedeckung
	Händehygiene	Schmutzige Fingernägel
	Krankheiten	Offene Wunde am Finger
Lebensmittelhygiene	Wareneingang	Mangelhafte Qualität
	Lagerung	Falsche Kühltemperatur
	Warenvorbereitung	Falsches Messer zum Gemüseputzen
	Speisenzubereitung	Geflügel nicht durchgegart
	Warmhalten	Falsche Temperatur
	Regenerieren	Falsches Zwischenlagern
	Anrichten, Ausgabe, Verkauf	Falsches Gewicht beim Portionieren
	Präsentation (Buffet)	Speisen zu früh auf das Buffet gestellt
	Catering	Speisen zu lange warm gehalten

Aufgabenstellung

- Finden Sie weitere Beispiele und ergänzen Sie mögliche Kontrollpunkte!

Betriebsanlagenhygiene

Risikogruppe	Beispiele/Kontrollpunkte
Reinigungsrisiko	
Ausstattungsfehler	
Funktionsmangel	
Schädlingsbekämpfung	

Personalhygiene

Risikogruppe	Beispiele/Kontrollpunkte
Allgemeine Hygiene	
Arbeitskleidung	
Händehygiene	
Krankheiten	

Lebensmittelhygiene

Risikogruppe	Beispiele/Kontrollpunkte
Wareneingang	
Lagerung	
Warenvorbereitung	
Speisenzubereitung	
Warmhalten	
Regenerieren	
Anrichten, Ausgabe, Verkauf	
Präsentation (Buffet)	
Catering	

Diese Übung finden Sie auch unter www.trauner.at/systemgastronomie.aspx.

Einen komplexen Arbeitsablauf in der Küche finden Sie unter www.trauner.at/systemgastronomie.aspx.

Demobeispiel: Herstellung eines Tees in Arbeitsschritten

Arbeitsbeschreibung	Prozessschritt
Einkauf des Teebeutels	1. Wareneingang
Lagerung im Trockenlager	2. Lagerung
Entnahme der Materialien und Bereitstellung (Mise en Place), Teebeutel, Zuckersäckchen	3. Vorbereitung
Aufbrühen des Tees im Portionsglas	4. Zubereitung
Den Tee mit Untertasse, Papiermanschette, Zuckersäckchen und Löffel anrichten, servieren Schale oder Teller dazugeben (für den Teebeutel)	5. Anrichten, Ausgabe, Verkauf

Bei der Herstellung eines Tees sind fünf Arbeitsschritte nötig.

Aufgabenstellung

- Wählen Sie eine Speise oder ein Getränk aus Ihren Betrieb und beschreiben Sie die Herstellung in mindestens fünf Arbeitsschritten!

Arbeitsbeschreibung	Prozessschritt
	1.
	2.
	3.
	4.
	5.

Diese Übung finden Sie auch unter www.trauner.at/systemgastronomie.aspx.

Erweiterungsstoff – kritische Kontrollpunkte im (langen) Produktionsablauf

Zubereitung eines Grillhuhnes lt. Rezeptur:
Arbeits- und Zubereitungsbeschreibung

Rezept: 10 Portionen	Zubereitung
5 TK-Hühner à 1,25 kg Salz, Rosmarin, Paprikapulver 8 cl Pflanzenöl 60 g Butter	1. Hühner auftauen – waschen, trocken tupfen. 2. Gewürze mit Öl verrühren. 3. Hühner außen und innen würzen. 4. Auf den Spieß stecken und mit Öl bepinseln.
Qualitätsbeschreibung Hühnerstücke sind braun, knusprig, würzig in Geruch und Geschmack, saftig durchgegrillt.	5. Grillen. Zum Schluss mit zerlassener Butter bepinseln. Gardauer: 45–55 Minuten. Garprobe: 72 °C Kerntemperatur messen.
Risikobeschreibung Gefährdetes Lebensmittel. Salmonellengefahr durch Schmierinfektion sowie nicht durchgegartes Fleisch.	6. Hühner vom Spieß nehmen. 7. Hühner tranchieren (Knochen großteils entfernen), mit Beilagen anrichten.

↓

1. Stufe – Auftauen der TK-Hühner

CCP: **Auftauen der Hühner** ← Norm: langsames Auftauen in Kühlzelle bei 2–4 °C; Gitter und Abtropftasse – Auftauflüssigkeit entsorgen. Zeitrahmen: ca. zwölf Stunden. Durch Sinnesproben feststellen, ob die Hühner vollständig aufgetaut sind.

↓

2. Stufe – Vorbereiten der Hühner – waschen, trocken tupfen, würzen, aufstecken

CCP: **Vorbereiten** ← Norm: getrennter Vorbereitungsplatz; mit kaltem Wasser innen und außen waschen; trocken tupfen; Gewürzmischung gleichmäßig (mit einem Pinsel) auftragen; aufstecken.
Reinigen und Desinfizieren des Arbeitsplatzes.

↓

3. Stufe – Grillen der Hühner

CCP: **Braten der Hühner** ← Norm: Grillzeit und Grilltemperatur beachten; nach 45 Minuten mit flüssiger Butter bestreichen. Garprobe 1 nach 45 Minuten, Kerntemperatur 72 °C im Keulengelenk, weitergrillen und Garprobe 2 nach 50 Minuten machen.

↓

4. Stufe – Tranchieren

CCP: **Tranchieren** ← Norm: getrennter Arbeitsplatz.
CP: **Qualitätskontrolle** ← Die Hühner vierteln; Rückgrat, Schluss- und Brustknochen entfernen.
Reinigen und Desinfizieren des Arbeitsplatzes.
Qualitätskontrolle: Qualität durch Kosten feststellen.

↓

5. Stufe – Warmhalten – Anrichten

CCP: **Warmhalten** ← Norm: Warmhalteschrank mit 85 °C, Hühnerteile flach einlegen, ein bis zwei Stunden.
CP: **Anrichten** ← Anrichten: 2 Stk. Hühnerviertel auf warmen Fleischtellern mit Beilagen anrichten.

Zur Herstellung und Ausgabe eines Rindergulaschs sind 14 Prozessschritte nötig.

Aufgabenstellung

- Zur Herstellung und Ausgabe benennen Sie mögliche kritische Kontrollpunkte (CCP) und Kontrollpunkte (CP)!

Rindergulasch	Prozessschritt
Einkauf von Fleisch, Zwiebeln, Gewürzen lt. Rezeptur	1.
Lagern der einzelnen Lebensmittel	2.
Fleisch schneiden, Zwiebeln schneiden, Gewürze hacken usw.	3.
Das Gulasch ansetzen zum Dünsten – fertigstellen	4.
Warm halten bis zur Speisenausgabe	5.
Portionsweise auf Tellern anrichten	6
Abgabe an das Service	7.
Reste des Gulaschs (Warmhaltung) abkühlen; in die Kühlung einbringen	8.
Vakuumieren und Tiefkühlen	9.
Das Gulasch in der Kühlzelle auftauen	10.
Durcherhitzen	11.
Abpacken für Außerhauslieferung	12.
Anrichten, portionieren	13.
Abgabe an den Gast	14.

Gulasch = Eintopfgericht, das mit Paprikapulver gewürzt ist und daher eine rote Sauce hat. Klassisch ist das Rindergulasch, es kann aber auch mit Fisch, Gemüse oder Kartoffeln und Wurst hergestellt werden.

Diese Übung finden Sie auch unter www.trauner.at/systemgastronomie.aspx.

Wie findet man kritische Kontrollpunkte (CCPs)?

Die Kontrollpunkte müssen **genau formuliert** sein. Es muss klar sein, was man überprüfen muss. Dazu bedarf es einer ganz genauen Angabe, zum Beispiel: Die Anliefertemperatur von TK-Ware hat –18 °C zu betragen. Der Toleranzbereich, der im betrieblichen Standard festgelegt ist, beträgt: –17 bis –22 °C für höchstens eine Stunde.

Eine ungenaue Angabe, z. B. TK-Ware überprüfen, ist zu wenig. Man weiß nicht, was genau zu überprüfen ist. Als Messmittel ist ein Thermometer einzusetzen.

Die Warenkontrolle muss daher auf mehrere CCPs aufgeteilt werden, wie Art, Qualität, Gewicht und Stückzahl. Ein MHD ist nötig, um die Warenkontrolle korrekt durchführen zu können.

Die Kontrollpunkte müssen überprüfbar sein.

- Richtige Angabe: Temperatur- und MHD-Kontrolle bei Frischhühnern, z. B. bei 2 °C lagern, MHD von zwei Tagen.
- Falsche Angabe: Salmonellenbefall bei Frischhühnern.

Die Angabe Salmonellenbefall ist deshalb falsch, da Salmonellen ohne Analyse nicht nachweisbar sind.

Weitere Beispiele sowie Arbeitsaufgaben zu CCP und CP finden Sie unter www.trauner.at/systemgastronomie.aspx.

In der Gastronomie müssen verpackt aufbewahrte Speisen ein MHD aufweisen. Es ist auf der Verpackung durch einen Aufkleber oder eine Beschriftung zu kennzeichnen.

Die CCPs sind auf einer Checkliste festgehalten, also dokumentiert.

Innerbetriebliche Standards und Vorschriften werden sinnvollerweise in einem sogenannten **Qualitätshandbuch** oder **Qualitätsführer** vom Management festgelegt und haben somit für den gesamten Betriebsbereich Gültigkeit.

Wird das Risiko bei einer späteren Prozessstufe beseitigt, so entfällt der CCP

Dazu ein Beispiel aus der Risikogruppe Zubereitung:

- Bei der Zubereitung von Biskuit stellt das rohe Ei kein Salmonellenproblem dar, da das Biskuit nicht roh genossen, sondern in gebackenem Zustand serviert wird. Das Risiko beschränkt sich auf das Durchgaren der Speise.
- Wird das Ei in rohem Zustand genossen, wie z. B. bei einem Tiramisu, so ist das Risiko einer Schmierinfektion mit Salmonellen ungleich höher.

Bei einem Tiramisu wird in die Mascarponecreme ein roher Eidotter eingerührt. Es wird nicht gegart, sondern nur durchgekühlt. Um das Risiko einer Salmonellenübertragung auszuschließen, verwenden viele Betriebe ein pasteurisiertes Vollei.

4.3 Festlegen von Grenzwerten (Critical Limits) – nach welchen Regeln wird kontrolliert?

Kritische Grenzwerte sind zu bestimmen. Dabei ist zu beachten:

- Die in der Lebensmittelhygieneverordnung gesetzlich vorgeschriebenen Standards sind einzuhalten.
  - Zum Beispiel ist im Servicebereich das Tragen von dezentem Schmuck (z. B. Ohrsteckern) erlaubt.
- Zur Qualitätsverbesserung können innerbetrieblich Qualitätsstandards festgelegt werden, die eine strengere Auslegung der Hygieneverordnung vorsehen.
  - Zum Beispiel ist im Servicebereich das Tragen von Schmuck generell verboten.

Ein weiteres Beispiel aus der Prozessgruppe „Heißhalten von Suppen“

Gesetzliche Vorgabe	72 °C Kerntemperatur, max. zwei Stunden.
Strengere betriebliche Norm	75 °C Kerntemperatur, max. eine Stunde.

Aufgabenstellung

- Finden Sie noch ein Beispiel!

Gesetzliche Vorgabe	
Strengere betriebliche Norm	

Diese Übung finden Sie auch unter www.trauner.at/systemgastronomie.aspx.

4.4 Festlegen eines System zur Überwachung (Monitoring) der CCPs

Im nächsten Schritt werden Überprüfungsmethode und Messzeitpunkt festgelegt.

Überprüfungsmethode	Wie wird kontrolliert?	Anwendung
Sinnesprobe	Schauen, fühlen, riechen, kosten	Qualitätskontrollen bei Lebensmitteln, Getränken und Speisen hinsichtlich Verderbnis, Sauberkeit und MHD
Temperaturmessungen	Stichthermometer, Oberflächenthermometer, Infrarotthermometer	Messungen beim Durchgaren, Warmhalten, Auskühlen, Tiefkühlen, gekühlten Lagern
pH-Wert-Messungen	pH-Meter, Indikatorstreifen	Mayonnaisen, Salate, Aufstriche, diverse kalte Vorspeisen und kalte Gerichte, wie gefüllte Schinkenrollen oder gefüllte Eier
Frittierfettmessungen	Fritester, M3-Tester	Farbveränderungen des Frittierfettes zeigen, ob es gut, noch brauchbar oder schon verdorben ist

Sinnesprobe

Angaben zu den Methoden und Zeitpunkten werden auf der Checkliste meist nicht extra angeführt, müssen aber geschult werden, damit genaue Ergebnisse erzielt werden.

Wichtig ist es, einen effizienten **Messzeitpunkt** für die Kontrolle festzulegen.

Beispiele:

CCPs	Messzeitpunkt
Kontrolle der Personalhygiene	▪ Vor Arbeitsbeginn. ▪ Die Gefahren werden gleich von Beginn der Arbeit an minimiert.
Kontrolle des pH-Werts eines Eiaufstrichs	▪ Sofort nach dem Fertigstellen. ▪ Der Wert ändert sich nicht mehr und die Säure verhindert den Anstieg der Keimzahl sofort.
Kontrolle der Schädlingsbekämpfungsmaßnahmen (Kontrolle der Monitoringboxen)	▪ Periodisch laut Plan, evtl. täglich vor Arbeitsbeginn am Morgen. ▪ Viele Schädlinge sind nachtaktiv, daher Kontrolle am Morgen.

Aufgabenstellung

- Bestimmen Sie den Messzeitpunkt für folgende CCPs!

CCPs	Messzeitpunkt
Küchenbodenreinigung	
Temperaturkontrolle Frischfischlieferung	
MHD in der Kühlzelle	

Diese Übung finden Sie auch unter www.trauner.at/systemgastronomie.aspx.

4.5 Festlegen der Korrekturmaßnahmen (Corrective Actions) – wie wird ausgebessert?

Es handelt sich um ein „Ausbessern der Werte“, wenn sie nicht der Norm entsprechen (Grenzwertüberschreitung). Die daraufhin gesetzten Maßnahmen müssen die Gefahr für die weitere Produktion beseitigen.

Die Korrekturmaßnahmen können auch das Ausscheiden oder Entsorgen des Produktes vorschreiben.

Beispiel für ein Grillhuhn:
Das Huhn ist bei der Prüfung innen noch roh.
Einfache Korrektur: Das Huhn weitergrillen, bis eine Kerntemperatur von 72 °C erreicht ist.
Umfassende Korrektur: Kalibrieren.

Kalibrieren = Geräteüberprüfung; das Gerät so einstellen, dass es die richtige Temperatur ereicht.

Aufgabenstellung

- Überlegen Sie Korrekturmaßnahmen!

Einer der überprüften Mitarbeiter bzw. eine der Mitarbeiterinnen trägt keine vollständige Arbeitskleidung.	
Einfache Lenkung:	
Umfassende Lenkung:	

Diese Übung finden Sie auch unter www.trauner.at/systemgastronomie.aspx.

Die Korrekturmaßnahmen müssen ebenfalls auf der Checkliste dokumentiert werden.

4.6 Festlegen der Dokumentation (Documentation) – wie und was wird festgeschrieben?

Die Form der Dokumentation ist nicht vorgeschrieben. Sie kann z. B. auch **digital** erfolgen.

Um den HACCP-Plan zu dokumentieren, ist es sinnvoll, ein System zur effektiven Führung der Unterlagen einzusetzen.

- Das Niederschreiben (Dokumentieren) ist vom Gesetzgeber nicht genormt oder vorgeschrieben.
- Es wird idealerweise mit Checklisten und Plänen (z. B. Reinigungsplan) durchgeführt.
- Die Dokumentationen der überprüften und gelenkten CCPs werden gesammelt und müssen aufgehoben werden.
- Das Dokumentieren kann durch handschriftliches Eintragen in ein Checklistenblatt sowie Abheften dieser Blätter in dafür vorgesehenen Ordnern erfolgen.
- EDV-Systeme erleichtern die Arbeit. Es gibt eine geeignete Software im Handel.

Das Erstellen und Führen der Checklisten

Listenüberschriften

- Art des Überprüfungsgegenstandes – Räumlichkeit oder Prozessschritt
- Datum der Überprüfung
- Zeit der Überprüfung – Messzeitpunkt
- Name des Überprüfers – Unterschrift

CCPs formulieren

- Mit Standards der Überprüfung versehen, evtl. Messmittel beifügen

Mangelbeschreibungsspalte einrichten

Trennen in

- **A:** O. K.
- **B:** leichter, tolerierbarer Mangel
- **C:** schwerer Mangel – Korrektur erforderlich

Korrekturspalte einrichten

- Jeder CCP ist in einer eigenen Zeile zu führen

Beispiel eines CCPs auf der Checkliste „Wareneingangskontrolle“

CCP & Normenbeschreibung & Messmittel	Mangelbeschreibung	Korrektur
Kontrolle der Anliefertemperatur –18 °C TK-Ware, 2-4 °C Frischfleisch + Milchprodukte Stichthermometer	A: Okay B: TK-Pommes frites –15 °C C: TK-Pommes frites –9 °C	 Lieferscheinvermerk Retourware

Überprüfungen werden stichprobenartig durchgeführt.

Die **ABC-Analyse** ist eine Methode zur Entscheidungsfindung. In unserem Beispiel wird ermittelt, ob die Ware angenommen wird oder nicht.
A – **O. K.:** kein Mangel feststellbar – wenn der Wert A markiert ist, kann es logischerweise keinerlei B- oder C-Mängel geben.
B – **Mangel:** ist ein tolerierbarer Mangel; Lieferantengespräch.

C – **Mangel:** Korrektur ist erforderlich, Waren werden als Retourwaren vermerkt und zurückgeschickt.

Aufgabenstellung

- Erstellen Sie einen CCP aus der Checkliste „Persönliche Hygiene“!

CCP Normenbeschreibung Messmittel	Mangelbeschreibung	Korrektur
	A	
	B	
	C	

Diese Übung finden Sie auch unter www.trauner.at/systemgastronomie.aspx.

Beispiel einer ausgefüllten Checkliste „Wareneingangskontrolle"

Checkliste

Zu überprüfen	Mangelbeschreibung	Korrektur
Persönliche Hygiene Lieferant und Übernehmer	A B Leicht verschmutzte Kleidung C Offene Wunde an der Hand	C Wunde versorgt; Einweghandschuhe gegeben
Hygienezustand Anlieferauto, Anlieferschleuse, Kontrollraum, Einrichtungen	A B C Stark verschmutzte Waage	C Waage gereinigt
Kontrolle des Schriftverkehrs Art der Ware, Qualitätsklasse, Marge, Gewicht, Gegenüberstellung von Bestellschein und Lieferschein	A B C Tomaten nicht bestellt	C Retour, Lieferscheinvermerk
Qualitätskontrolle Verpackung Beschädigungen, MHD – maximal Temperaturkontrolle – z. B. Infrarotthermometer	A B TK-Ware –16 °C C MHD von Sahne ist überschritten	B Sofort ins TK-Haus C Retour
Qualitätskontrolle Waren Verdorben, schimmelig, faulig Farbe, Frische, Reife, Geruch, Geschmack	A B Bananen sind grün, nicht reif (1) C Kalbfleisch hat verdorbenen Geruch	C Retour
Gewichts- und Mengenkontrolle Wiegen, zählen, messen lt. Lieferschein Nettoinhalte ohne Verpackung	A B 100 g Tomaten zu wenig (2) C 100 g Steinpilze zu wenig (3)	C Lieferscheinvermerk
Lieferscheineinträge durchgeführt Anlieferzeit Retourwaren vermerkt und übergeben (C-Werte) Gebindeeinsätze vermerkt Leergebinde retourniert – vermerkt	A B Leergebinde kann aus Platzgründen nicht mitgenommen werden C Lieferant verweigert Retourware Tomaten	C Lieferscheinvermerk; Klärung mit Lieferfirma

(1) Wenn die Bananen zum sofortigen Gebrauch bestimmt sind, dann evtl. retournieren und Ersatzware anfordern.
(2) Bei Großabnahme sind 100 g zu wenig zu tolerieren, sonst nicht.
(3) Steinpilze sind sehr teuer, daher ist es nicht zu tolerieren, dass 100 g zu wenig geliefert wurden.

Arbeitsablauf der Kontrolle

1. Kontrolle lt. Checkliste.
   Qualitätskontrolle mit Qualitätshandbuch durchführen: MHD maximale Dauer laut Handbuch.
   Toleranzabweichungen für TK +2 °C, für Milchprodukte +2 °C.
   Trockenprodukte keine Temperaturkontrolle.
   B-Werte – Geringfügigkeit je nach Situation entscheiden (bei häufigem Vorkommen ist zu reklamieren).
2. TK- und Frischware zuerst ins Lager räumen, Sortierung beachten – keine Verpackungsmaterialien.
3. Restliche Waren ins Lager räumen.
4. Anlieferschleuse reinigen.
5. Lieferscheindurchschläge in der Lagerbuchhaltung abgeben.
6. Checkliste im HACCP-Ordner unterschrieben abheften.

Warenkontrolle – Einkauf: Fa. Fehrer GmbH Uhrzeit: 10.25 Datum: ____________ U: ____________

4.7 Verifikation (Verification) – wie wird die Wirkung des Systems kontrolliert?

Die Aufzeichnungen (Checklisten) müssen in gewissen Zeitabständen (z. B. monatlich) verglichen werden. Ergeben die Überprüfungen bei gewissen CCPs über einen Verifizierungszeitraum keine Mängel, so kann der CCP wegfallen, sofern es sich nicht um Lebensmittelhygiene handelt.

Das Risiko ist in die **GHP (Gute-Hygiene-Praxis)** übergegangen.

Sollte durch Beobachtungen oder aufgrund von Reklamationen derselbe Mangel wieder festgestellt worden sein, ein Wechsel beim Personal erfolgt sein oder eine Erneuerung bei der Ausstattung (neue Maschine) erfolgt sein, so ist der CCP wieder zu aktivieren und in die Checkliste aufzunehmen.

⚠ **Mängel**, die wiederkehren, müssen besonders behandelt werden, die Arbeitskleidung wurde z. B. mehrmals als grob verschmutzt bemängelt.

Vorgangsweise zur Mängelbehebung	
1. Schritt	Zusätzliche Überprüfung bzw. eine Schulung des Arbeitsvorganges oder der Hygienemaßnahme. Sollte dieser Schritt nicht zum gewünschten Erfolg führen, dann Schritt 2 aktivieren.
2. Schritt	Überprüfung anhand des CCP-Protokolls. Der CCP wird mit strengen Prüfmitteln und häufigen Prüfzeitpunkten einzeln überprüft und genau dokumentiert. Gerät kalibrieren.
3. Schritt	Motivation des Mitarbeiters/der Mitarbeiterin. Ein persönliches Gespräch mit dem Mitarbeiter bzw. der Mitarbeiterin, der bzw. die nicht korrekt gearbeitet hat.
4. Schritt	Arbeitsrechtliche Maßnahmen – Verweis, Androhung weiterer Schritte.

Beispiel: CCP-Protokoll – Zubereitung von Grillhühnern
Anlass der CCP-Protokollierung: wiederholte Reklamationen

Reklamationen:
nicht durchgegrillte Hühner (blutig) an den Knochen vom 17. Februar 20.. und vom 24. Februar 20..

CCP-Formulierung	Standards	Prüfmittel	Prüfzeitpunkt/ Prüfzeitraum	Dokumentieren
Durchbraten von Geflügel	Kerntemperatur 72 °C, gemessen an beiden Keulengelenken und an der Brust des augenscheinlich größten Huhns sowie an zwei weiteren Hühnern	Stichthermometer, digital kalibriert Sinnesprobe	Prüfzeitpunkt: nach 45 Minuten der Grillzeit Prüfzeitraum: bis das Thermometer eine Minute lang die konstante Temperatur angezeigt hat	Der Zustand des Grillhuhnes: ▪ Durchgegrillt; der Fleischsaft ist klar ▪ 72 °C sind an allen Messstellen erreicht Abweichungen: ▪ Fleischsaft trüb ▪ Fleischsaft rötlich ▪ Kerntemperatur nicht erreicht – °C ... ▪ Kerntemperatur nicht an allen Messstellen erreicht – °C ... **Huhn 1:** Keule links °C ... rechts °C ... Brust °C ... **Huhn 2:** Keule links °C ... rechts °C ... Brust °C ... **Huhn 3:** Keule links °C ... rechts °C ... Brust °C ...
Korrektur	Die Messungen und Beurteilungen der Sinnesprobe bei der Dokumentation beachten. Abweichungen sind zu notieren (vgl. Tabelle, Spalte Dokumentation).			

Hühner weitergrillen, danach nochmalige Messprozedur und Sinnesprobe. Bei Abweichungen Zeit und Messprozedur so lange wiederholen, bis die Messung den Normzustand (Standardbeschreibung) erreicht hat.

- Messung mit kalibrierten Geräten.
- Nächster Schritt: Motivation des Mitarbeiters/der Mitarbeiterin. Ein persönliches Gespräch mit dem Mitarbeiter bzw. der Mitarbeiterin führen, der bzw. die nicht korrekt gearbeitet hat.

Füllen Sie die Checkliste aus!

Checkliste für Küchencheck

Zu überprüfen	Mangelbeschreibung	Korrektur
Allgemeine Sauberkeit Augenscheinliche Sauberkeit Grobverschmutzung/Geruch	A	
	B	
	C	
Spezielle Sauberkeit Böden, Wände, Arbeitstische, Regale, Kasten, Ventilation	A	
	B	
	C	
Baulicher Zustand Fliesen, Ventilation, Funktionalität	A	
	B	
	C	
Maschinen – Geräte Schneidemaschine, Fleischwolf, Stabmixer, Eismaschine Sauberkeit, Funktionalität	A	
	B	
	C	
Fritteuse Sauberkeit, Fettstand max., Fettzustand, Sinnesprobe: Aussehen, Farbe, Geruch Fritester – Testergebnis	A	
	B	
	C	
Tücher/Putzlappen Sauberkeit, Tüchereimer verschlossen, allgemeiner Zustand – Schwammtuch, Drahtschwamm	A	
	B	
	C	
LM-Trockenprodukte Lager (Kästchen) Sauberkeit, Verpackung, MHD, Warenzustand	A	
	B	
	C	
Müll Sauberkeit der Kleinbehälter, Trennung, Beschriftung	A	
	B	
	C	
Schädlingsbekämpfung Kontrolle der Monitoringboxen, Eintrag des Köderzustandes in die Bekämpfungsliste	A	
	B	
	C	
Kühlschrank, TK-Tageskühler, Kühlladen Temperatur Reinigungszustand Warenzustand MHD	A	
	B	
	C	

Küche und Nebenräume   Uhrzeit: 7.30   Datum: ____________ U: ____________

Ziele erreicht? – Hygiene

Diese Übungen finden Sie auch unter www.trauner.at/systemgastronomie.aspx.

1. Checken Sie Ihr Wissen!

Ein natürlich vorkommender Schadstoff in Lebensmitteln heißt

- [ ] Somalin
- [ ] Sorbit
- [ ] Solanin
- [ ] Sokrates

Lebensmittelinfektionen werden verursacht durch

- [ ] Salamander
- [ ] Salmoniden
- [ ] Salpeter
- [ ] Salmonellen

Die Übertragung von Mikroorganismen von einem verunreinigten zu einem nicht verunreinigten Lebensmittel nennt man

- [ ] Kreuzweg
- [ ] Creutzfeldt-Jakob
- [ ] Kreuzkontamination
- [ ] Kontaktgift

Ein Pilz, der Getreideähren befällt heißt

- [ ] Kornähre
- [ ] Mutterkorn
- [ ] Kornelkirsche
- [ ] Muttersohn

Schimmelpilzarten heißen

- [ ] Penicillium
- [ ] Penicillin
- [ ] Penner
- [ ] Pennäler

Die Gesamtheit von Geflechten aus sehr dünnen, langen Zellfäden nennt man

- [ ] Mykose
- [ ] Hyphen
- [ ] Hyperventilation
- [ ] Myzel

2. Wie können Sie die Entstehung und Verbreitung von Schimmelpilzen in Ihrem Betrieb vermieden?

3. Sie entdecken im Kühlhaus einen Eimer mit verschimmeltem Joghurt. Was tun Sie?

4. Sie entdecken im Kühlhaus mehrere Paprika, die schwarze Flecken haben. Was könnte das sein? Was tun Sie?

5. Als Betriebsleiter einer gastronomischen Kette, die auf Regionalität setzt, kaufen Sie bei den umliegenden Bauernhöfen ein. Lebensmittelsicherheit ist aber auch Ihnen besonders wichtig. Welche Anforderungen stellen Sie also an Ihre Lieferanten?

6. Sie haben frische Erdbeeren gekauft, die Sie erst am nächsten Tag verwenden möchten. Was können Sie tun, um einen Schimmelbefall zu minimieren?

7. Nennen Sie fünf Lebensmittel, die besonders leicht schimmeln.

8. Was ist ein Toxin? Beschreiben Sie!

9. Erläutern Sie die Begriffe Lebensmittelvergiftung und Lebensmittelinfektion!

10. Unterscheiden Sie die Begriffe primäre und sekundäre Kontamination von Lebensmitteln. Geben Sie je ein Beispiel an!

11. Welche Lebensmittel verderben durch Hefen? Kreuzen Sie an!

- [ ] Aprikosenkompott
- [ ] Quark
- [ ] Käse
- [ ] Orangensaft
- [ ] Sauerrahm
- [ ] Bratwurst
- [ ] Gewürzgurken

12. Bei welchen Temperaturen werden Bakterien sicher abgetötet?

13. Welche Bakterien sind die häufigsten Auslöser für Lebensmittelinfektionen?

14. Nennen Sie drei Gründe, warum Geflügel besonders häufig mit Bakterien wie Salmonellen oder Campylobacter verunreinigt ist.

15. Wie können Sie die Vermehrung von Bakterien in Ihrem Betrieb vermeiden?

16. Ist es notwendig, Obst und Gemüse um die halbe Welt zu fliegen? Welche Alternativen gibt es Ihrer Meinung nach?

17. Welche Speisen sollten Sie nur kurzfristig lagern?

- [ ] Schokoladenmousse
- [ ] Geschnittener Salat
- [ ] Gekochte Eier
- [ ] Joghurtmousse
- [ ] Hackfleisch
- [ ] Äpfel
- [ ] Kartoffeln
- [ ] Kartoffelsalat

18. Welche Bekleidung haben Mitarbeiterinnen und Mitarbeiter zu tragen, wenn sie die Betriebsräume betreten? Welche Vorschriften der persönlichen Hygiene sind – abgesehen von der Kleidung – noch zu beachten?

19. Sie haben sich beim Arbeiten in der Küche mit einem Messer in den Finger geschnitten. Was machen Sie?

20. Wie erkennt man verdorbene Lebensmittel?

Lebensmittel	Woran erkennen Sie den Verderb?
Orangensaft	
Milch	
Erdbeeren	
TK-Fleisch	
Joghurt	
Mortadella	
Frischfleisch	

21. Sie führen eine Sinnesprobe durch. An welchen Merkmalen wird der Verderb sichtbar?

Rumpsteak

Forelle

Mortadella

Käse

Tomaten

Erdbeeren

22. Nennen Sie drei häufige Ursachen für eine Kreuzkontamination.

23. Kann man den Verderbungsprozess von Lebensmitteln beeinflussen? Wenn ja, wie?

24. Was bedeutet Pasteurisieren bei Lebensmitteln? Nennen Sie fünf Lebensmittel, die pasteurisiert angeboten werden.

25. Was bedeutet Sterilisieren bei Lebensmitteln? Welche Vor- und Nachteile entstehen durch das Sterilisieren?

26. Aus welchen Gründen pökelt man Fleisch?

27. Erklären Sie die Begriffe

Kühl lagern

Gekühlt lagern

Tiefkühlung

28. Nennen Sie fünf Möglichkeiten zur Vermeidung von Schädlingsbefall.

29. Kreuzen Sie die richtige Antwort an!

a) Eier sind mit dem MHD 1. Mai ausgezeichnet. Geben Sie an, ob die Eier noch für das Backen von Pfannkuchen zu verwenden sind.

	Eier entsorgen	Eier verwenden
am 24. April		
am 2. Mai		
am 1. Mai, die Eier waren nicht in der Kühlung		

b) Ihr Chef/Ihre Chefin schickt Sie ins Lager, um Ketchupflaschen zu holen. Im Vorbeigehen bemerken Sie bei den Dosen mit Tomatenmark eine Bombage. Was tun Sie?

Ich muss die Dose sofort sterilisieren.

Ich muss den Inhalt prüfen und die Dose sofort verbrauchen.

Ich muss die Dose entsorgen.

c) In welchen der unten angeführten Praxisfälle ist eine chemische Desinfektion sinnvoll?

Arbeitsfläche nach der Verarbeitung von rohem Fisch

GN-Behälter nach dem Auftauen von Geflügel und der anschließenden Reinigung in der Geschirrspülmaschine

Eieraufschlagplatz in der Patisserie

Gästeteller nach dem Spülen

Officemesser nach der Verarbeitung von Möhren

Geschirrtücher nach dem Waschen

d) Welche der Lebensmittel lassen sich bedenkenlos einfrieren, ohne dass sich Qualität und Struktur wesentlich verändern?

Erdbeeren

Putenbrust

Marmorkuchen

Pommes frites

Kirschsauce

frische Äpfel

e) Wie heißt die grundsätzliche Hygienevorgabe, die aufgrund von Fachwissen oder Schulung als erfüllt angenommen wird?

Gute-Miene-Praxis

Alles-Gute-Praxis

Gute-Hygiene-Praxis

Güte-Siegel-Praxis

f) Die Abkürzung CCP steht für

Critical Crisis Point

Critical Control Point

Crisis Control Point

Criminal Control Point

g) Wie heißt die Überprüfung, mit der die Wirkung des HACCP-Systems kontrolliert wird?

Verifikation

Vibrafon

Vertikale

Vetorecht

h) Kalibrieren heißt

Ein Gerät eichen

Den HACCP-Plan mit einem EDV-System erfassen

Den pH-Wert messen

Ein Gerät überprüfen

30. Verfassen Sie eine E-Mail an den Obst- und Gemüsehändler mit folgenden Inhalten

- Anrede
- Bezugnahme auf die Lieferung vom ...
  Mängelbeschreibung (Tomaten matschig, statt 5 kg wurden 10 kg Aprikosen geliefert, nur eine Kiste statt zwei Kisten Salat wurde geliefert)
- Forderungen aufstellen (Austausch der verdorbenen Tomaten, Rücknahme der zu viel gelieferten Aprikosen – evtl. Behalten mit Forderung eines Rabatts, Nachlieferung des Salates)
- Weitere Punkte: Ankündigung des Abbruchs der Geschäftsbeziehung, z. B. „ ... da schon mehrmals verdorbene Ware geliefert wurde ...“
- Grußformel, Name (evtl. Signatur)

Erstellen Sie HACCP-Checklisten!

Zum Einführen eines HACCP-Systems sind einfach zu handhabende Checklisten vorteilhaft. Schlüpfen Sie in die Rolle des Hygienebeauftragten eines Betriebes und verfassen Sie je eine HACCP-Checkliste für

- den Sanitärbereich,
- das Lager,
- die Warmhaltelinie vor dem Gast.

Beispiel einer einfachen Checkliste zur Temperaturkontrolle der Kühleinheiten

pizze e paste
bel paese

Checkliste

Zu überprüfen	Ergebnis Montag	Ergebnis Dienstag	Ergebnis Mittwoch	Ergebnis Donnerstag	Ergebnis Freitag	Ergebnis Samstag	Ergebnis Sonntag
Kühlzelle Lebensmittel und Speisen 2–6 °C							
Kühlzelle Getränke 7–9 °C							
Kühlung Getränkeausgabe 7–9 °C							
Kühlschrank Küche 2–6 °C							
Tiefkühlzelle –18 bis –16 °C							
Tagestiefkühlschrank –18 bis –16 °C							

Temperaturkontrolle (Wochenbezeichnung): ____________ Prüfzeit: 7:00 Uhr

Abweichungen sofort melden! Unterschrift des Prüfers: ____________

Ernährungslehre

Jeder Mensch muss essen und trinken und entscheidet selbst über das Was und das Wie.

- Essen und Trinken kann Genuss sein.
- Essen und Trinken kann unsere Gesundheit fördern und erhalten.
- Essen und Trinken kann zur Lebensfreude beitragen.
- Essen und Trinken kann die Leistungsfähigkeit erhöhen.
- Essen und Trinken kann entspannend wirken.
- Essen und Trinken kann zu Übergewicht führen.
- Essen und Trinken kann Krankheiten verursachen.

Gesundes Essen, körperliche Bewegung und positives Denken tragen wesentlich dazu bei, dass wir uns wohlfühlen und gesund bleiben.

Meine Ziele

Nach Bearbeitung dieses Kapitels kann ich

- die Aufgaben der Nahrung erläutern;
- erklären, wie sich die Nährstoffe in unserer Nahrung bilden;
- die Bestandteile unseres Essens und ihre Bedeutung für den menschlichen Organismus nennen;
- die Regeln für vollwertiges Essen und Trinken nicht nur aufzählen, sondern auch interpretieren und analysieren;
- sagen, wozu unser Körper Energie benötigt;
- die Inhaltsstoffe von Lebensmitteln, nämlich Kohlenhydrate, Fette, Eiweiß, Wasser, Mineralstoffe, Vitamine sowie bioaktive Substanzen, beschreiben;
- die Stoffwechselvorgänge, inklusive Verdauung und Zellstoffwechsel, erklären.

1 Aufgaben der Nahrung

Essen wir zu viel, zu wenig oder zu einseitig, steigt die Anfälligkeit für Krankheiten.

Essen und Trinken hält Leib und Seele zusammen, sagt man, doch was heißt das eigentlich? Warum essen und trinken wir?

Für alle Lebensvorgänge wird Energie benötigt. Eine Pflanze kann Energie zum Wachsen, Blühen und zur Fruchtbildung direkt aus dem Sonnenlicht beziehen. Mensch und Tier können die Sonnenenergie jedoch nicht direkt nützen. Um Atmung, Herztätigkeit, Verdauung, Bewegung, Wachstum und geistige Leistung zu ermöglichen, ist Nahrung notwendig.

Wir essen und trinken täglich, damit
- unsere Körpersubstanz aufgebaut wird und erhalten bleibt,
- unsere Organe funktionieren können,
- wir körperlich und geistig leistungsfähig sind.

Richtiges Essen will gelernt sein

Schon das Kleinkind entwickelt ein bestimmtes Essverhalten. Es wird anfangs durch die Vorbildwirkung der Eltern von den Essgewohnheiten in der Familie geprägt. Kindergarten und Schule können die Ernährungsgewohnheiten beeinflussen. Kinder und Jugendliche sollen schon früh von einem gesunden Lebensstil überzeugt werden, denn Ernährungsgewohnheiten zu ändern, wird mit zunehmendem Alter schwieriger.

Essen heißt Vielfalt

Die menschliche Ernährung kann sehr verschieden sein. Es gibt keine beste Ernährungsform, die für alle Menschen Gültigkeit hat. Starre Gebote und jeder einseitige Fanatismus sind abzulehnen.

An welche Ernährungsvorschriften aus Ihrer Kindheit können Sie sich erinnern?

Je abwechslungsreicher wir essen, desto eher nehmen wir alle Stoffe auf, die wir benötigen.

Die Hinweise, die in diesem Buch gegeben werden, sind als allgemeine Richtlinien aufzufassen. Sie basieren auf den neuesten Erkenntnissen der Ernährungswissenschaft und den D-A-CH-Referenzwerten für die Nährstoffzufuhr. In Deutschland werden diese Werte von der DGE, der Deutschen Gesellschaft für Ernährung, erstellt.

D = Deutschland
A = Österreich
CH = Schweiz

2 Bildung der Nährstoffe

Im Biologieunterricht haben wir von der Fotosynthese gehört – aber ich kann mich nicht mehr gut daran erinnern! Wie geht das noch mal?

Die Pflanze kann aus den Elementen Kohlenstoff (C), Wasserstoff (H) und Sauerstoff (O) organischeStoffe aufbauen.

Dazu benötigt sie:
- Kohlendioxid (CO2), das sie aus der Luft aufnimmt
- Wasser (H2O), das sie aus dem Boden aufnimmt
- Chlorophyll (Blattgrün), das in allen grünen Pflanzen enthalten ist
- Sonnenlicht, das Lichtenergie liefert

Aus Kohlendioxid und Wasser entstehen mithilfe von Chlorophyll und Sonnenlicht Einfachzucker (Monosaccharide). Der dabei gebildete Sauerstoff (O2) wird an die Luft abgegeben. Dieser Vorgang heißt Fotosynthese. Aus dem Einfachzucker baut die Pflanze in weiterer Folge Doppelzucker (Disaccharide) und Vielfachzucker (Polysaccharide) auf.

Einfachzucker, Doppelzucker und Vielfachzucker sind Kohlenhydrate. Durch verschiedene Stoffwechselvorgänge bildet die Pflanze auch Fette und Eiweißstoffe. Die ständige Bildung dieser Stoffe in den Pflanzen ist die Voraussetzung für alles Leben auf der Erde.

Tier – Mensch – Pflanze – alle sind am Kreislauf der Stoffe beteiligt

Tiere und Menschen nehmen die Pflanzen auf und verdauen sie. Nach einer Reihe komplizierter Umbauvorgänge und Abbauvorgänge in den Körperzellen werden dabei Energie, Kohlendioxid und Wasser frei.

Bei diesen Vorgängen wird Sauerstoff gebraucht, den Mensch und Tier einatmen. Das von Mensch und Tier ausgeatmete Kohlendioxid ist wiederum Ausgangsprodukt für die Fotosynthese. Der Kreislauf ist somit geschlossen.

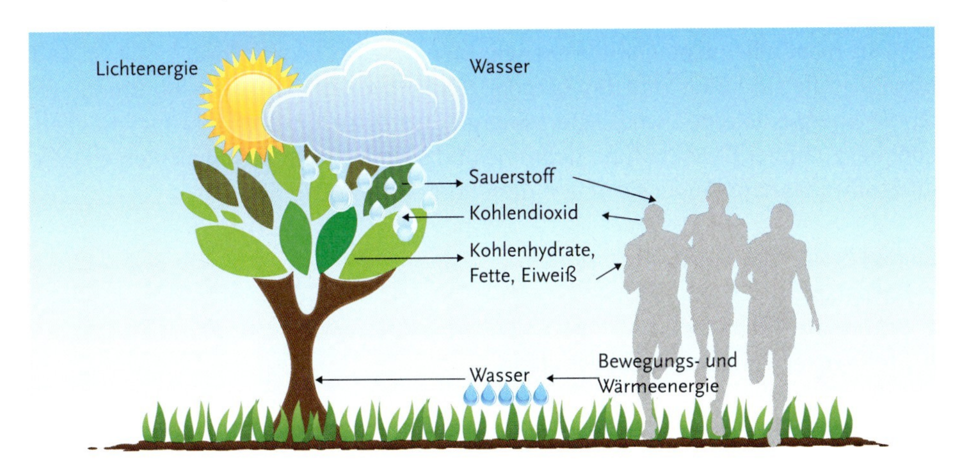

Organisch = belebt, lebendig; organische Stoffe sind Kohlenstoffverbindungen.

Grundformel der Fotosynthese

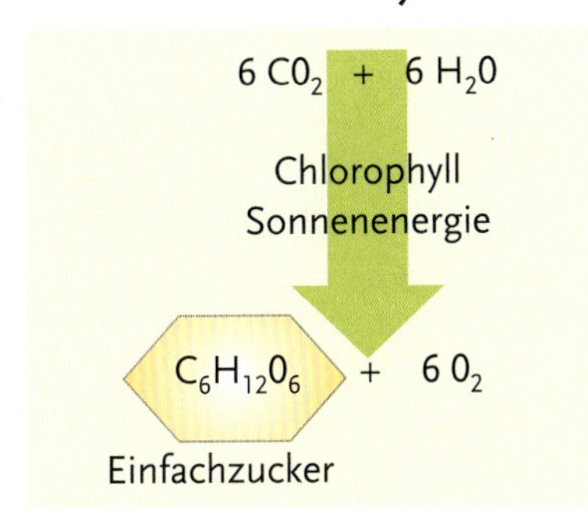

Diesen Kreislauf machen auch Umweltschadstoffe mit. Sie gelangen über die Nahrungskette in den menschlichen Körper und können gesundheitliche Schäden hervorrufen.

3 Bestandteile unseres Essens

Da schwirren jetzt so Begriffe wie Lebensmittel, Nahrungsmittel und Genussmittel herum. Was ist da wieder der Unterschied?

Der Mensch isst täglich eine Vielzahl verschiedener Lebensmittel.

Lebensmittel sind Nahrungsmittel und Genussmittel.

Unsere Nahrung

Lebensmittel	Nahrungsmittel	Genussmittel
Lebensmittel sind alle Stoffe oder Erzeugnisse, die dazu bestimmt sind, in verarbeitetem oder unverarbeitetem Zustand von Menschen aufgenommen zu werden. Zu den Lebensmitteln zählen auch Getränke, Kaugummi sowie alle Stoffe – einschließlich des Wassers –, die dem Lebensmittel bei seiner Herstellung oder Verarbeitung zugesetzt werden.*	Nahrungsmittel liefern uns jene Stoffe, die für das Leben nötig sind. Es gibt pflanzliche und tierische Nahrungsmittel. Sie werden roh oder verarbeitet gegessen.	Genussmittel sind für die menschliche Ernährung nicht notwendig, haben aber eine anregende Wirkung. Manche Genussmittel haben, wie Kaffee und Tee, keinen Nährwert. Alkohol hat zwar einen sehr hohen Energiegehalt, wird aber trotzdem in diese Gruppe eingestuft, da er eigentlich nur zum Genuss dienen sollte.

* Definition der EU-Verordnung, Nr. 178/2002

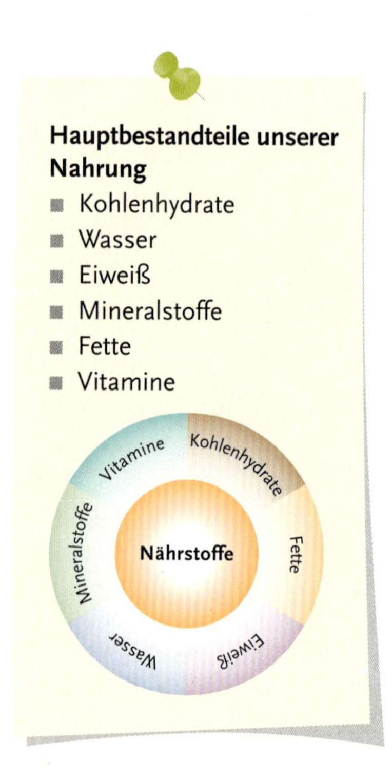

Grundsätzlich zählt man Kohlenhydrate, Eiweiß und Fett zu den Hauptnährstoffen, da sie unserem Körper Energie liefern.

Die Nährstoffe sind für die Erhaltung der Lebensvorgänge notwendig. Der Mensch kann sie nicht oder nicht in ausreichender Menge selbst bilden. Eiweiß, Wasser und Mineralstoffe sind Baustoffe des Körpers. Kohlenhydrate und Fette sind Brennstoffe, die Energie liefern. Eiweiß liefert Energie nur in Zeiten des Nahrungsmangels oder bei zu hoher Eiweißzufuhr. Vitamine und Mineralstoffe wirken als Reglerstoffe für Stoffwechselvorgänge, sie liefern dem Körper keine Energie.

Zu den bioaktiven Substanzen zählen:
- Ballaststoffe
- Sekundäre Pflanzenstoffe
- Stoffe in fermentierten Lebensmitteln

Bioaktiven Substanzen wird eine gesundheitsfördernde Wirkung zugeschrieben.

Nahrungsmittel enthalten

Nährstoffe			Bioaktive Substanzen		
Baustoffe Sie dienen dem Körper vorwiegend zum Aufbau und zur Erhaltung.	**Brennstoffe** Sie liefern dem Körper vorwiegend Energie für Bewegung und Wärme.	**Schutz- und Reglerstoffe** Sie regeln die Körpervorgänge.	**Ballaststoffe** Sie regen die Darmbewegung an und haben gesundheitsfördernde Wirkung.	**Sekundäre Pflanzenstoffe** Sie haben gesundheitsfördernde Wirkung.	**Stoffe in fermentierten Lebensmitteln** Sie haben gesundheitsfördernde Wirkung.
Eiweiß, Wasser, Mineralstoffe	Fette, Kohlenhydrate	Vitamine, Mineralstoffe	Zellulose, Hemizellulose, Pektine	Farbstoffe, Bitterstoffe, Fruchtsäuren	Milchsäurebakterien

Nahrungsbestandteile und ihre Bedeutung für den menschlichen Organismus		
Vorkommen im menschlichen Körper	**Aufgaben im menschlichen Körper**	**Vorkommen in Lebensmitteln**
Kohlenhydrate 1 % der Körpermasse, vor allem in der Leber und der Muskulatur	**Brennstoff** ■ Energiespender für Stoffwechsel ■ Körpertemperatur, körperliche Leistungen	
Mineralstoffe 6 % der Körpermasse **Vitamine** In Spuren	**Bau- und Reglerstoffe** ■ Aufbau und Erhaltung des Körpers ■ Regelung von Körpervorgängen	
Eiweiß 17 % der Körpermasse In allen Körperzellen	**Baustoff** Aufbau und Erhaltung des Körpers	
Fette Ca. 16 % der Körpermasse, vor allem im Unterhautfettgewebe und Bauchfett	**Brennstoff** ■ Energiespender für Stoffwechsel ■ Körpertemperatur, körperliche Leistungen	
Wasser 60 % der Körpermasse, in Blut, Lymphe und in allen Zellen	**Baustoff** ■ Aufbau und Erhaltung des Körpers ■ Transport- und Lösungsmittel	

Fachbegriffe, die Sie kennen müssen

- Primäre Pflanzenstoffe: Kohlenhydrate, Fette und Eiweiß; sind die Hauptbestandteile einer Pflanze mit Nährstoffwirkung.
- Sekundäre Pflanzenstoffe: Stoffe, die in der Pflanze nur in geringen Mengen vorkommen und medizinische Wirkung haben.
- Fermentierte Lebensmittel: sind durch Milchsäurebakterien vergoren (Joghurt, Sauerkraut, Essiggurken).

4 Vollwertig essen und trinken

Vollwertig essen und trinken – das klingt schon soooo gesund! Aber schmeckt das? Ein Kebab und eine Cola sind da wohl nicht drin?

Prozentuelle Verteilung der Nährstoffe im Körper bei einem 70 kg schweren männlichen Erwachsenen

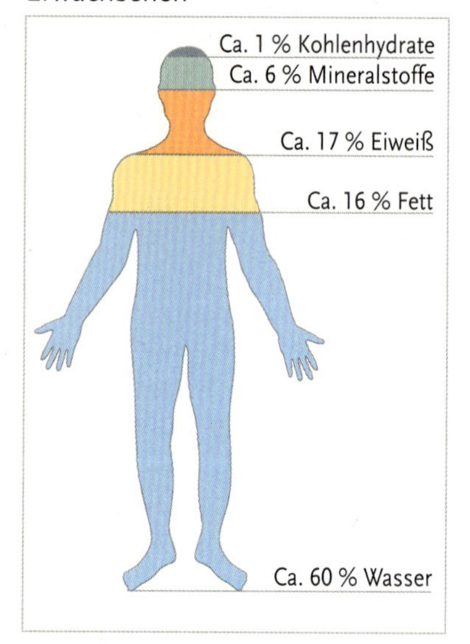

Unser Nahrungsmittelangebot ist sehr vielfältig. Es ist nicht selbstverständlich, dass wir aus diesem großen Angebot jene Lebensmittel auswählen, die wir tatsächlich benötigen.

Die **10 Regeln für vollwertiges Essen und Trinken** und die **Dreidimensionale Lebensmittelpyramide** der DGE liefern eine Anleitung für die mengen- und qualitätsmäßig optimale Lebensmittelauswahl.

10 Regeln für vollwertiges Essen und Trinken

1. Vielseitig essen
2. Reichlich Getreideprodukte und Kartoffeln
3. Gemüse und Obst – Nimm „5 am Tag“
4. Täglich Milch und Milchprodukte; ein- bis zweimal in der Woche Fisch; Fleisch, Wurstwaren sowie Eier in Maßen
5. Wenig Fett und fettreiche Lebensmittel
6. Zucker und Salz in Maßen
7. Reichlich Flüssigkeit
8. Schmackhaft und schonend zubereiten
9. Sich Zeit nehmen und genießen
10. Auf das Gewicht achten und in Bewegung bleiben

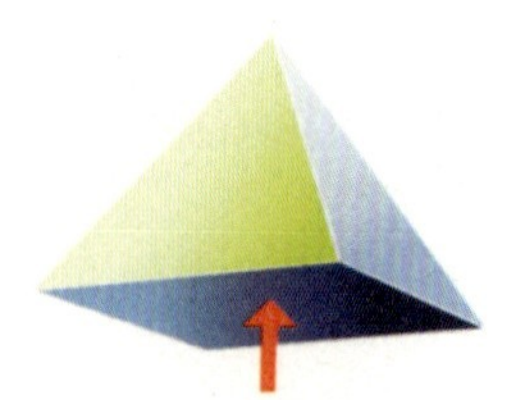

Die Pyramidengrundfläche bildet den Ernährungskreis mit Empfehlungen zur Menge

Dreidimensionale Lebensmittelpyramide

Die Lebensmittelpyramide besteht aus der Pyramidengrundfläche und vier Pyramidenseiten.

Going international
The German Nutrition Society (DGE/Deutsche Gesellschaft für Ernährung) in Bonn was established in 1953 and is engaged in topics on nutrition and nutritional research. It's a non-profit organisation and the society is not influenced by economic or political interests. For further information you can download the DGE self-portrait.

Der Ernährungskreis auf der **Pyramidengrundfläche** enthält die sieben Lebensmittelgruppen, die täglich aufgenommen werden sollen. Die einzelnen Segmente sind unterschiedlich groß. An der Größe des Segmentes ist die mengenmäßige

Bedeutung der Lebensmittelgruppe zu erkennen. Pflanzliche Lebensmittel bilden den Hauptteil einer gesundheitsorientierten Speisenplanung, Öle und Fette den kleinsten Teil. Getränke stehen im Mittelpunkt.

Die sieben Lebensmittelgruppen werden in vier übergeordnete Gruppen zusammengefasst, die die vier **Pyramidenseiten** bilden:

- Pflanzliche Lebensmittel
- Tierische Lebensmittel
- Öle und Fette
- Getränke

Je weiter unten das Lebensmittel steht, desto mehr ernährungsphysiologische Vorteile hat es. Je weiter es zur Spitze rückt, desto geringer sind sie. Die ernährungsphysiologische Qualität nimmt von unten nach oben ab, d. h., immer weniger Kriterien werden erfüllt.

Für jede Pyramidenseite gelten andere Beurteilungskriterien, da sich ernährungsphysiologisch bedeutsame Inhaltsstoffe der Lebensmittel der einzelnen Seiten unterscheiden. Deshalb muss jede Pyramidenseite und jede Produktgruppe für sich allein betrachtet werden.

Pyramidenseite Getränke

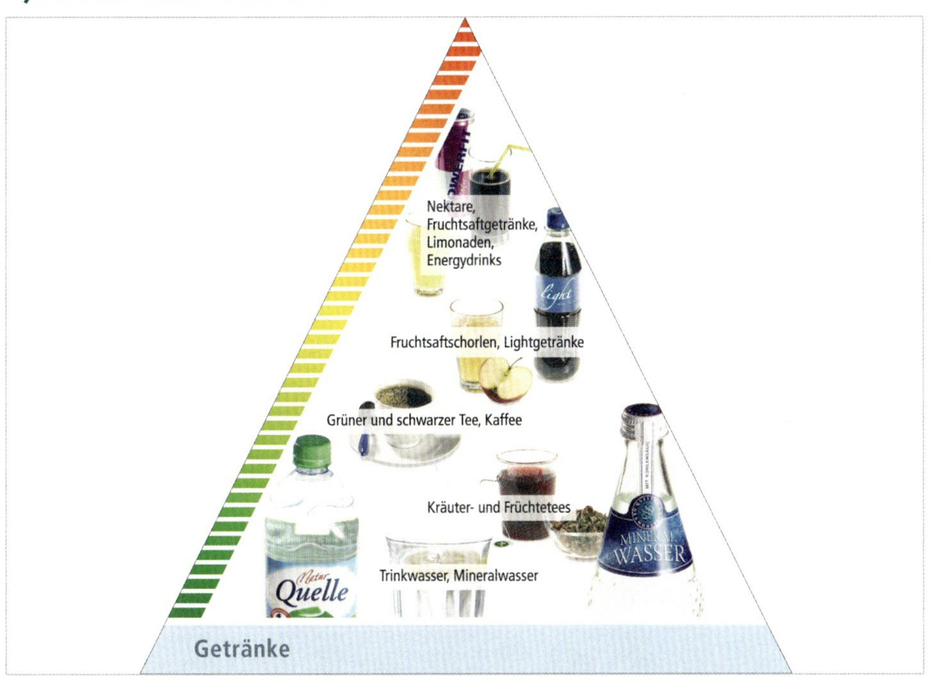

Wasser, Mineralwasser, zuckerfreie Kräuter- und Früchtetees liefern keine Energie und sind deshalb auf der Basis angeordnet. Getränke mit mäßigem Energiegehalt und anregenden Stoffen und/oder Süßungsmitteln finden sich in der Mitte. In der Spitze befinden sich Getränke, die viel Energie liefern: Nektare, Fruchsaftgetränke, Limonaden, Energydrinks. Grundlage für die Bewertung der Getränke ist ihr Energiegehalt.

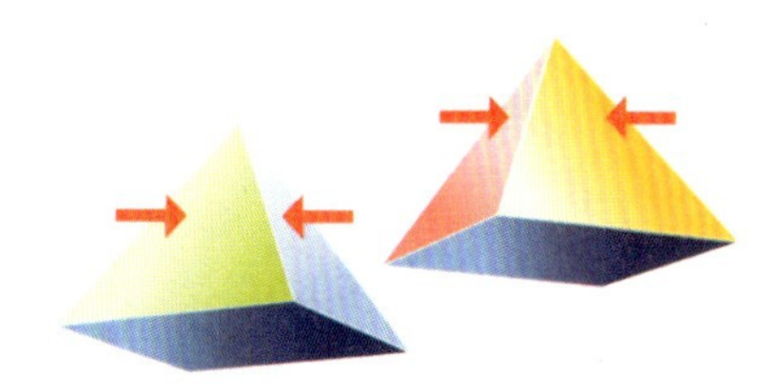

Die Pyramidenseiten enthalten Empfehlungen für die Lebensmittelauswahl

Die sieben Lebensmittelgruppen:

- Getreide, Getreideprodukte, Kartoffeln
- Gemüse und Salat
- Obst
- Milch und Milchprodukte
- Fleisch, Wurst, Fisch und Eier
- Öle und Fette
- Getränke

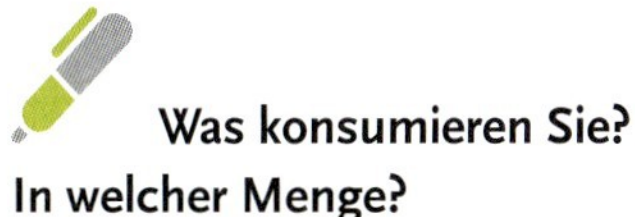

Was konsumieren Sie? In welcher Menge?

Wenig		Viel
	Getreide, Getreideprodukte, Kartoffeln	
	Gemüse und Salat	
	Obst	
	Milch und Milchprodukte	
	Fleisch, Wurst, Fisch und Eier	
	Öle und Fette	
	Getränke	

Je weiter unten auf der Pyramidenseite ein Lebensmittel steht, desto mehr ernährungsphysiologische Vorteile hat es. Achtung: Lebensmittel auf gleicher Ebene, aber auf unterschiedlichen Pyramidenseiten sind nicht miteinander vergleichbar, sie haben nicht dieselbe Wertigkeit.

Pyramidenseite pflanzliche Lebensmittel

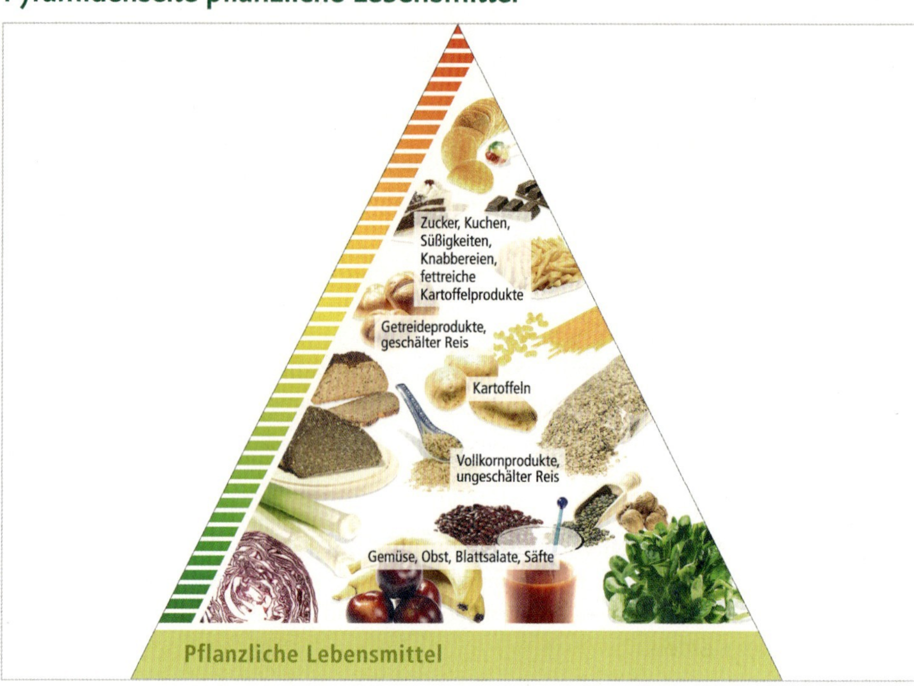

Ampelleiste an den Pyramidenseiten

- **Grün:** ernährungsphysiologisch wertvoll
- **Rot:** ernährungsphysiologisch weniger wertvoll

Obst und Gemüse enthalten wenig Energie, aber einen hohen Anteil an Nährstoffen und bioaktiven Substanzen. Deshalb stehen sie auf der Pyramidenseite unten, Vollkornprodukte darüber. Danach folgen Kartoffeln, ohne oder mit wenig Fett zubereitet, Getreideprodukte und geschälter Reis. Am wenigsten günstig sind Süßigkeiten, Knabbereien und fettreiche Kartoffelgerichte. Sie liefern viel Energie, aber im Verhältnis wenig Nährstoffe und sollten deshalb sparsam gegessen werden.

Pyramidenseite tierische Lebensmittel

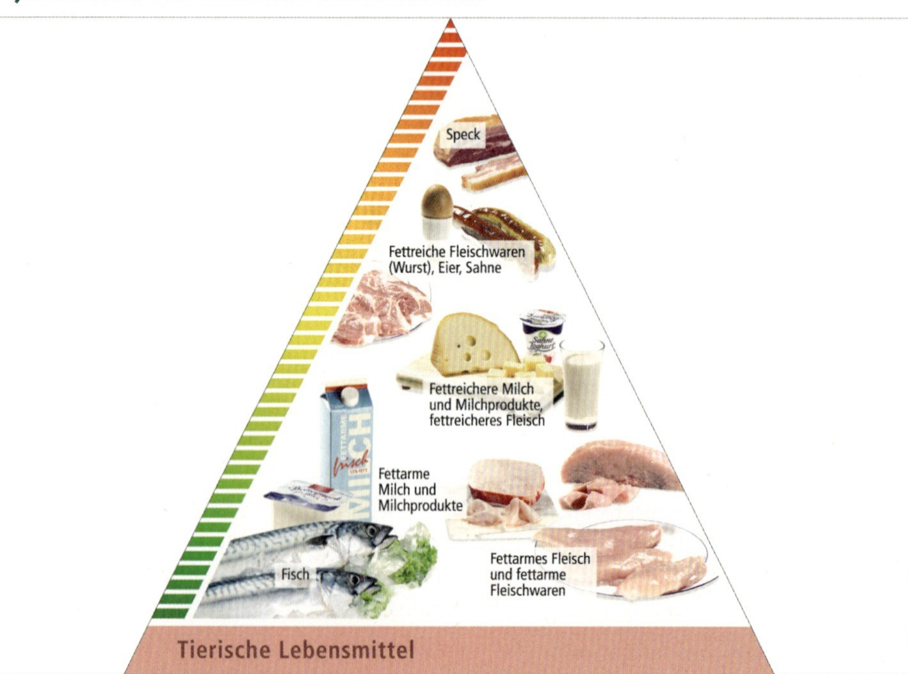

Weitere Informationen der DGE unter www.dge.de

Fisch, fettarmes Fleisch sowie fettarme Milch und Milchprodukte stehen auf der Pyramidenseite unten. Sie sind wertvoller als die fettreicheren Varianten. Fettreiche Wurst, Eier, Schlagsahne und Speck gehören in die schmale Spitze und daher seltener auf den Speiseplan.

Pyramidenseite Öle und Fette

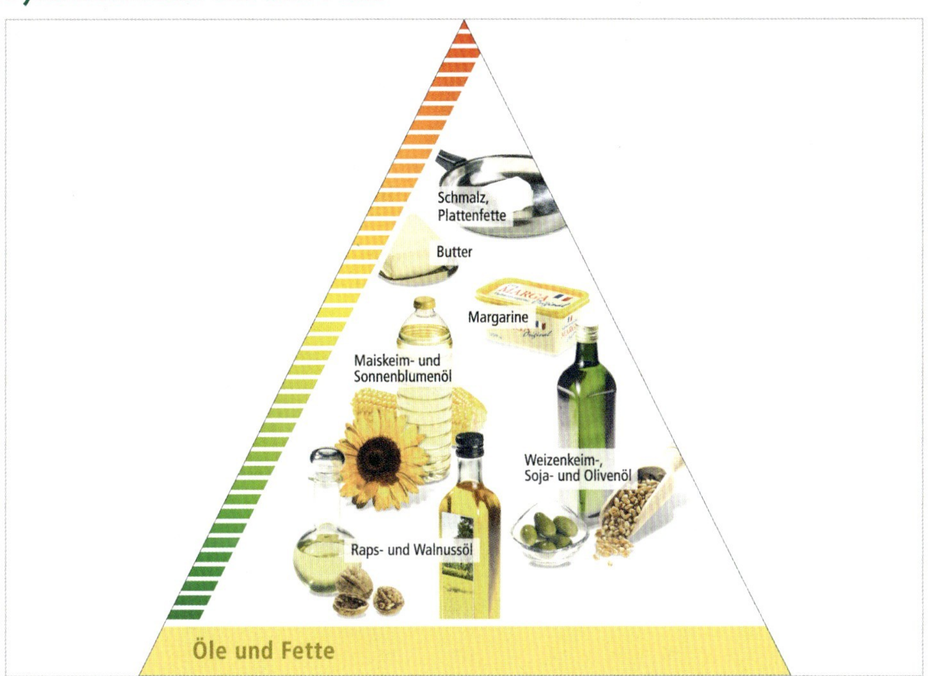

Pflanzliche Öle und hier besonders das Raps- und Walnussöl sind wegen ihrer Fettsäurezusammensetzung und ihres Vitamin-E-Gehaltes besonders wertvoll und daher auf der Pyramidenbasis angeordnet. Schmalz, Back- und Bratfette sind am wenigsten empfehlenswert.

5 Wozu wir Energie benötigen

Manchmal habe ich so einen richtigen Durchhänger, vor allem in der Schule – mir fehlt einfach die Energie. Aber woher bekommt man so schnell die nötige Energie? Was ist Energie überhaupt?

Energie wird für die Tätigkeit der Organe, die Leistung der Drüsen und der Muskulatur, die Regelung der Körpertemperatur und die körperlichen Tätigkeiten benötigt. Bei der Verbrennung der Nährstoffe wird Energie frei. Diese Energie wird in Kilojoule (kJ) oder Kilokalorien (kcal) angegeben. Die Nährstoffe liefern unterschiedliche Energiemengen.

1 kJ (Kilojoule) = 1 000 J (Joule) = 0,2389 kcal (Kilokalorie)
1 kcal = 4,18 kJ

Der Energiebedarf ergibt sich aus Grundumsatz und Leistungsumsatz:

- Der **Grundumsatz** ist jene Energiemenge, die für die Versorgung der Verdauungsorgane, des Gehirns, der Muskulatur, des Herzens und die Aufrechterhaltung der Körpertemperatur benötigt wird. Er beträgt bei einem Erwachsenen rund 4 kJ (1 kcal) pro Kilogramm Körpergewicht pro Stunde, das sind 60–70 Prozent unseres täglichen Energiebedarfes.
- Für jede körperliche Aktivität benötigt der Mensch zusätzlich Energie. Viele Menschen leisten heute leichte körperliche Arbeit. Der **Leistungsumsatz** ist daher entsprechend gering, er beträgt etwa 30 Prozent des Energiebedarfes.

Eine Erklärung zur Nährwertberechnung mit einem Rechenbeispiel finden Sie unter www.trauner.at/systemgastronomie.aspx.

Körperliche Anstrengung steigert den Energiebedarf und den Leistungsumsatz

Bei einer durchschnittlichen Mischkost aus pflanzlichen und tierischen Produkten werden 8–10 % der aufgenommenen Energie für Aufnahme, Verdauung, Transport und Speicherung der Nährstoffe benötigt.

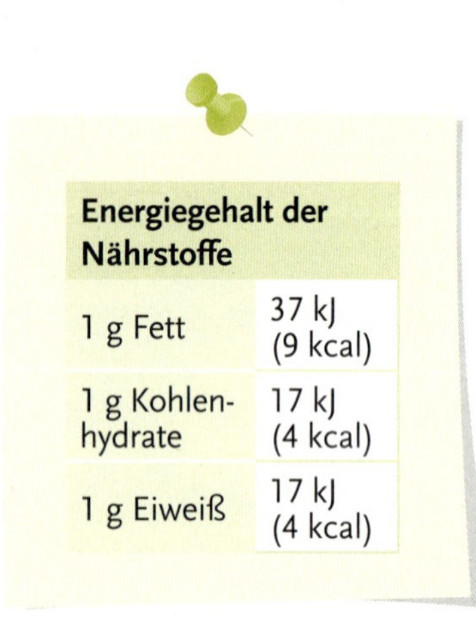

Energiegehalt der Nährstoffe	
1 g Fett	37 kJ (9 kcal)
1 g Kohlenhydrate	17 kJ (4 kcal)
1 g Eiweiß	17 kJ (4 kcal)

PAL = Physical Activity Factor = Aktivitätsfaktor; mit diesem Faktor wird der Grundumsatz multipliziert, um den Energiebedarf bei Personen mit gesteigertem Bedarf zu ermitteln.
Die PAL-Werte sind folgendermaßen festgelegt:

- 1,2 (ausschließlich sitzende oder liegende Lebensweise, z. B. alte und gebrechliche Menschen)
- 1,4–1,5 (ausschließlich sitzende Lebensweise ohne nennenswert anstrengende Freizeitaktivitäten, z. B. Büroangestellte/er)
- 1,6–1,7 (überwiegend sitzende Tätigkeit, z. B. Kraftfahrer/in)
- 1,8–1,9 (überwiegend gehende oder stehende Tätigkeit, z. B. Verkäufer/in)
- 2,0–2,4 (körperlich anstrengende Arbeit, z. B. Bauarbeiter/in)

Bei sportlicher Betätigung werden zusätzlich 0,3 PAL-Einheiten je Tag verrechnet.

Richtwerte für die durchschnittliche Energiezufuhr

Alter	Nahrungsenergie		Eiweiß		Fett	Wasser
	kcal/Tag		g/Tag		Prozent der Gesamtenergie	ml/kg/Tag
	m	w	m	w		
Säuglinge						
unter 4 Monate	500	450	11		45–50	130
4–12 Monate	700	700	10		35–45	110
Kinder						
1–4 Jahre	1 100	1 000	14	13	30–40	95
4–7 Jahre	1 500	1 400	18	17	30–35	75
7–10 Jahre	1 900	1 700	24	24	30–35	60
10–13 Jahre	2 300	2 000	34	35	30–35	50
13–14 Jahre	2 700	2 200	46	45	30–35	40
Jugendliche und Erwachsene						
15–19 Jahre	3 100	2 500	60	46	30*	40
19–25 Jahre	3 000	2 400	59	48	30*	35
25–51 Jahre	2 900	2 300	59	47	30*	35
51–65 Jahre	2 500	2 000	58	46	30	30
65 Jahre und älter	2 300	1 800	54	44	30	30
Schwangere ab dem 4. Monat		+255		58	30–35	35
Stillende		+635		63	30–35	45

*Personen mit erhöhtem Energiebedarf (PAL > 1,7) können höhere Prozentsätze benötigen.

Die Energiewerte sind als Richtwerte zu verstehen und gelten für Personen mit vorwiegend sitzender Tätigkeit (Leichtarbeiter).

Für andere Berufsgruppen gelten folgende Zuschläge:

- Mittelschwerarbeiter + 600 kcal
- Schwerarbeiter + 1 200 kcal
- Schwerstarbeiter + 1 600 kcal

Für die Kohlenhydratzufuhr wird ein Richtwert empfohlen, der um 50 Prozent größer als die Gesamtenergiezufuhr ist.

Quelle: DGE, ÖGE, SGE und SVE (2008)

6 Inhaltsstoffe von Lebensmitteln

Wenn ich für mich einkaufe, lese ich auch immer das Kleingedruckte auf Verpackungen, weil ich wissen möchte, was ich esse.

Das Lebensmittelangebot ist riesengroß. Nach Herzenslust können wir daraus wählen. Nicht immer ist es aber leicht, die richtige Wahl zu treffen. Essen soll Genuss sein und zugleich unsere Gesundheit fördern. Wie wertvoll ein Lebensmittel für unsere Gesundheit ist, hängt vom Gehalt an lebensnotwendigen Inhaltsstoffen ab.

Genuss geht nicht nebenbei, Genuss braucht Zeit

Hauptbestandteile der Lebensmittel sind die Nährstoffe. Sie liefern uns Energie zum Leben oder bauen unseren Körper auf. Außerdem sind in den Lebensmitteln Stoffe enthalten, die unsere Körpervorgänge regeln und uns vor Krankheiten schützen.

Meine „Bodyguards“

Aufgabenstellung

- Nie wieder unkonzentriert! Obst und Gemüse sind wegen des hohen Gehalts an Vitaminen, Mineral- und Ballaststoffen besonders wertvoll.

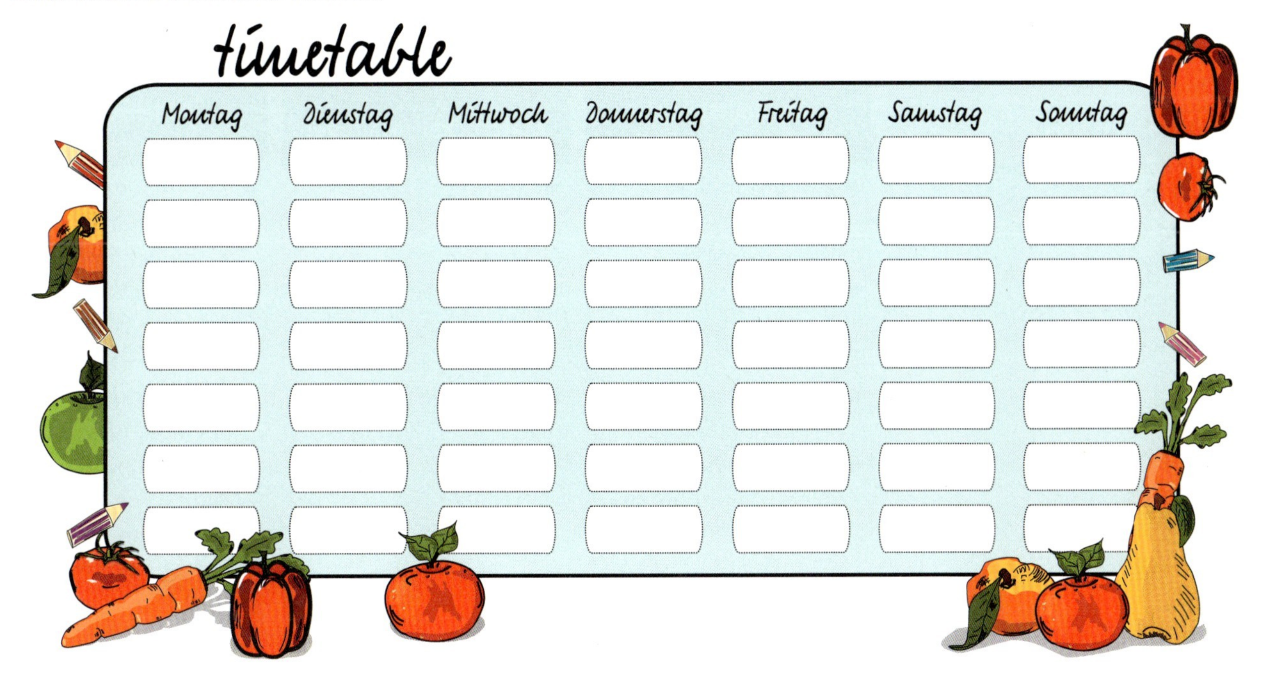

Tragen Sie ein, wie oft am Tag Sie welches Obst essen!

6.1 Kohlenhydrate

Ein Arbeitsblatt zur selbstständigen Erarbeitung des Kapitels Kohlenhydrate finden Sie unter www.trauner.at/systemgastronomie.aspx.

Blättern Sie zurück zum Kapitel „Bildung der Nährstoffe“ und lesen Sie nochmals, was bei der Fotosynthese passiert.

Die **Einfachzucker** (Monosaccharide) sind also die Bausteine für Doppel- und Vielfachzucker.

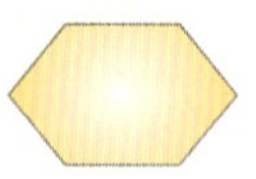

Einfachzucker besteht nur aus einem Zuckerbaustein

Einfachzucker

Traubenzucker (Glukose)	Fruchtzucker (Fruktose)	Schleimzucker (Galaktose)
■ Kommt in vielen Obst- und Gemüsesorten und im Honig vor. ■ Baustein von Doppel- und Vielfachzuckern. ■ Im Blut enthalten; der Gehalt im Blut bestimmt den Blutzuckerspiegel. ■ Mittlere Süßkraft.	■ Kommt in Obst und Honig vor. ■ Baustein des Vielfachzuckers Inulin. ■ Starke Süßkraft.	■ Bestandteil des Milchzuckers in der Milch. ■ Bestandteil von einigen Vielfachzuckern. ■ Im Körper in Schleimstoffen enthalten, z. B. im Speichel. ■ Schleimzucker alleine kommt kaum vor. ■ Schwache Süßkraft.

Alle Einfachzucker sind wasserlöslich. Im warmen Wasser lösen sie sich schneller. Einfachzucker gehen wegen der guten Löslichkeit sofort ins Blut über und liefern rasch Energie. Alle Einfachzucker schmecken süß, haben aber eine unterschiedliche Süßkraft.

Einfachzucker sind direkt vergärbar.

Doppelzucker (Disaccharide) entstehen durch den Zusammenschluss von zwei Einfachzuckern unter Abspaltung von Wasser.

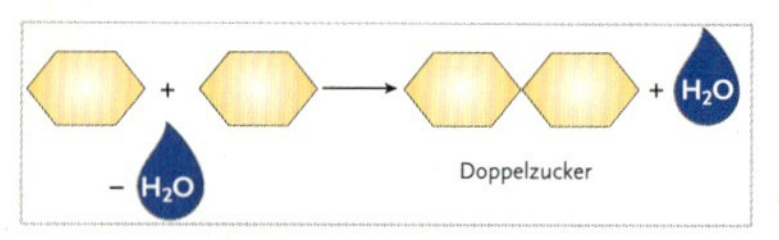

Doppelzucker sind ebenfalls wasserlöslich. Sie schmecken unterschiedlich süß. Doppelzucker sind erst nach ihrem Abbau zu Einfachzuckern vergärbar.

Doppelzucker

Haushaltszucker (Saccharose)	Malzzucker (Maltose)	Milchzucker (Laktose)
■ Kommt in der Zuckerrübe und im Zuckerrohr vor. ■ Wird in Knollen und Früchten gespeichert. ■ Im Haushalt meistverwendeter Zucker. ■ Kann bei übermäßiger Zufuhr ernährungsabhängige Krankheiten fördern. ■ Gute Süßkraft.	■ Kommt in keimenden Getreidekörnern, Bier und Malzextrakt (aus keimender Gerste) vor. ■ Schwache Süßkraft.	■ Kommt in der Muttermilch, in der Kuhmilch und in Milchprodukten vor. ■ Für den Säugling wichtig. Fördert die Vermehrung von wichtigen Bakterien im Darm und die Aufnahme von Kalzium in das Blut. ■ Leicht abführende Wirkung. ■ Sehr schwache Süßkraft.

Aufgabenstellung

- **Mit einfachen Zahlen die Süßkraft ausdrücken!**
  Verkosten Sie verschiedene Zuckerarten und reihen Sie diese nach ihrer Süßkraft. Die Süßkraft von Saccharose (Haushaltszucker) erhält zu Versuchszwecken den Wert 1. Testen Sie jetzt die anderen Zucker! Sind sie süßer als Haushaltszucker?
  Das benötigte Arbeitsblatt für diese Gruppenarbeit finden Sie unter www.trauner.at/systemgastronomie.aspx.

Fruchtzucker ist der süßeste Zucker

Vielfachzucker (Polysaccharide) entstehen durch den Zusammenschluss von vielen Einfachzuckern (hundert bis mehreren Tausend) unter Abspaltung von Wasser. Vielfachzucker sind verschieden gebaut und haben für den Körper unterschiedliche Bedeutung.

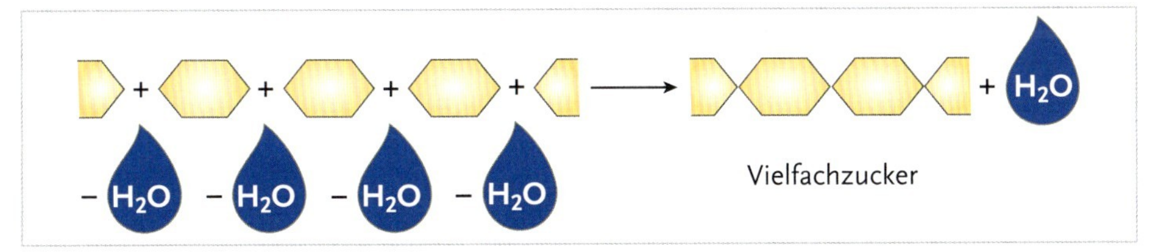

Vielfachzucker

Stärke	Dextrin	Glykogen
■ Aufgebaut aus Traubenzucker. ■ Gespeichert in Knollen, Wurzeln, Samen und Früchten (Kartoffeln, Getreidekörnern, Hülsenfrüchten). ■ Wichtigstes Nahrungskohlenhydrat. ■ Wasserunlöslich, verkleistert bei 67 °C.	■ Aufgebaut aus kurzen Traubenzuckerketten. ■ Abbauprodukt der Stärke und des Glykogens. ■ Entsteht durch trockene Erhitzung der Stärke (Rösten, Backen). ■ Kommt in Zwieback, Toast, Gebäckkrusten und trocken geröstetem Mehl vor. ■ Leicht verdaulich, daher in der Diätküche bedeutend. ■ Wasserlöslich. ■ Schwach süß schmeckend.	■ Aufgebaut aus stark verzweigten Traubenzuckerketten. ■ Reservestoff in Leber und Muskulatur, Energiespeicher. ■ Bei Bedarf Abbau zu Traubenzucker und daher eine Energiequelle.

Stärke ist ein wichtiger Bestandteil unserer Nahrung. In welchen Lebensmitteln ist sie enthalten?

Tauscht man Kuhmilch gegen Sojamilch, Reismilch oder Hafermilch, ist zu beachten, dass sich diese Produkte in ihrer Nährstoffzusammensetzung von Kuhmilch unterscheiden.

Bei Laktoseintoleranz wird der mit der Nahrung aufgenommene Milchzucker nicht verdaut. Bei einem Blutzuckertest kann festgestellt werden, ob eine Unverträglichkeit vorliegt. Ist dies der Fall, muss die Ernährung auf milchzuckerarme bzw. -freie Kost umgestellt werden. Man muss aber deshalb nicht auf Milch verzichten. Im Handel sind eine Reihe laktosefreier Milchprodukte erhältlich.

Technologische Eigenschaften und Bedeutung für die Küche

Zucker gibt den Speisen den süßen Geschmack, wobei Rohr- oder Rübenzucker in der Küche am häufigsten verwendet wird. Wie wir bei den Konservierungsmethoden gelernt haben, wird die Wasser anziehende Wirkung des Zuckers zur Verlängerung der Haltbarkeit verschiedener Lebensmittel genutzt. Den Kleinstlebewesen, die ein Lebensmittel verderben könnten, wird das Wasser zum Leben entzogen. Der aw-Wert sinkt, die Haltbarkeit steigt.

Alle Kohlenhydrate, die gut in Wasser löslich sind, sind auch hygroskopisch (d. h. Wasser anziehend). Das nutzt man bei der Herstellung von Lebensmitteln, die nicht austrocknen sollen, z. B. beim Lebkuchen.

Löslichkeit

Die Löslichkeit der Kohlenhydrate in Wasser nimmt mit steigender Molekülgröße ab. Deshalb sind die Einfach- und Zweifachzucker wie Fruktose, Glukose und Saccharose sehr leicht in Wasser löslich. Der Vielfachzucker Stärke ist mit seinen verzweigten Strukturen hingegen nur sehr schwer in Wasser löslich. Aus diesem Grunde wird in der Lebensmittelindustrie häufig modifizierte Stärke (chemisch oder physikalisch veränderte Stärke) eingesetzt. Zu beachten ist hierbei, dass die modifizierte Stärke, sofern sie chemisch verändert wurde, als deklarationspflichtiger Zusatzstoff (E1404–E1451) gilt. Die am häufigsten verwendete modifizierte Stärke ist das Distärkephosphat (E1412), diese Stärke ist mit weniger als 1 % Phosphat versetzt, in der Zutatenliste steht dann „modifizierte Stärke“.

Wird die Stärke bei der Wasseraufnahme erhitzt, so verfestigt sie sich und es entsteht ein Stärkekleister (Bindefähigkeit). Die langkettigen Stärkemoleküle verbinden sich und schließen die Flüssigkeit ein. Haben Sie schon einmal beobachtet, dass, wenn ein Flammeri länger steht, sich an der Oberfläche Risse bilden, an denen Wasser austritt? Das ist die typische Reaktion eines Stärkegels, das altert. Mit der Zeit lösen sich die Stärkemoleküle wieder voneinander und die Flüssigkeit tritt aus.

Aufgabenstellungen

1. Beschreiben Sie die technologischen Eigenschaften von Kohlenhydraten mit eigenen Worten.

2. Finden Sie weitere Beispiele aus der Küchenpraxis für

Löslichkeit:

Quellbarkeit:

Vergärbarkeit:

Bräunungsvermögen:

Quellbarkeit

Vielfachzucker wie z. B. Stärke haben ein gutes Wasserbindungsvermögen (Quellbarkeit). Das nutzt man bei der Herstellung von Gebäck, um so die Teigausbeute zu erhöhen, und beim Andicken von Flüssigkeiten, Suppen, Saucen etc. Andere Kohlenhydrate, z. B. Pektine, bilden schnittfeste Gelees. Bei der Herstellung von Konfitüren ist dies ein Vorteil.

Vergärbarkeit

Ohne die Eigenschaft der Kohlenhydrate, vergären zu können, hätten wir kein Bier, keinen Wein und auch keine Sauermilchprodukte. Ausgelöst durch Enzyme (Hefen oder Milchsäurebakterien), entsteht hierbei Alkohol oder Milchsäure.

Bräunungsvermögen

Beim Erhitzen färben sich viele Kohlenhydrate gelb oder braun. Wenn Sie in eine Pfanne Zucker geben und kräftig rühren, entsteht Karamell. Es wird zur Herstellung von Süßspeisen, Bonbons etc. verwendet. Aber auch die Bräunung von Brot und Gebäck nutzt diese Eigenschaft.

Weg der Kohlenhydrate

Nahrung
Kohlenhydrate

Verdauung
Vielfachzucker
↓
Doppelzucker
↓
Einfachzucker

Stoffwechsel
Energiegewinnung
Speicherung
Umbau zu Fett

Kohlenhydratstoffwechsel

Die über die Nahrung aufgenommenen und anschließend verdauten Kohlenhydrate dienen der **Energiegewinnung.**

Einfachzucker werden in den Zellen zu Kohlendioxid und Wasser abgebaut. Dabei wird Sauerstoff verbraucht, Energie wird frei. Ein Gramm Kohlenhydrat liefert dem Körper 17 kJ. Gehirn- und Nervenzellen können nur aus Einfachzuckern Energie gewinnen.

Traubenzucker, der nicht zur Energiegewinnung benötigt wird, kann in Glykogen umgewandelt werden. Glykogen wird in der Leber und in der Muskulatur **gespeichert.** Bei Bedarf wird es wieder zu Traubenzucker abgebaut und zur Gewinnung von Energie verwendet.

Die Leber ist ein wichtiges Stoffwechselorgan und zugleich die größte Drüse im Körper.

Wo nehmen die Kinder die Energie her?

Informationen über den Glykogenspeicher und den glykämischen Index finden Sie unter www.trauner.at/systemgastronomie.aspx.

Sind die Speicher mit Glykogen gefüllt und werden über längere Zeit sehr viele Kohlenhydrate zugeführt, bildet sich aus dem Kohlenhydratüberschuss **Fett.** Es wird im Fettgewebe gespeichert.

Ballaststoffe

Ballaststoffe sind wertvolle Bestandteile der Nahrung. Man nennt sie auch bioaktive Substanzen, siehe Seite 108. Sie beugen der Entstehung von ernährungsabhängigen Erkrankungen vor und sorgen für einen regelmäßigen Stuhlgang.

⚠ Ballaststoffe helfen, Übergewicht zu vermeiden.

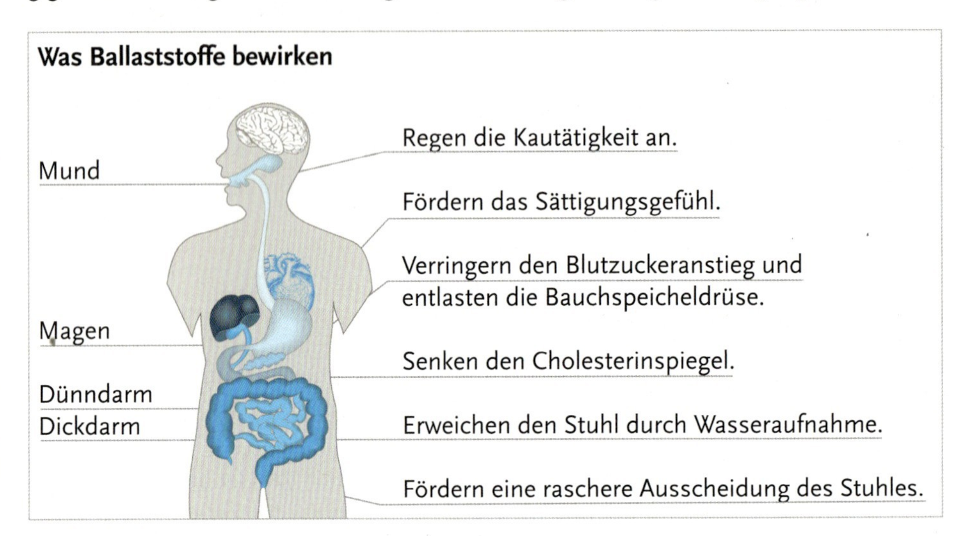

Pektin als Geliermittel in Konfitüre
Ein Blick auf die Herstellung erklärt den Zusammenhang: Zerkleinerte Früchte mit Zucker und Gelierzucker (enthält Pektin) aufkochen lassen, umrühren. Heiß in Gläser abfüllen. Nach dem Abkühlen geliert die Konfitüre.

Ballaststoffe sind Bestandteile pflanzlicher Lebensmittel. Sie können im Körper nicht oder nur teilweise abgebaut werden.

Nicht verwertbare Vielfachzucker sind:

- **Zellulose:** ist unverdaulich; der Füllstoff regt die Darmtätigkeit an. Ist reichlich in Obst, Gemüse und Hülsenfrüchten vorhanden.
- **Pektine:** binden Giftstoffe im Darm. Sind in unreifen Früchten, Kernen und Schalen von Äpfeln, Quitten und Beeren vorhanden.
- **Inulin:** ist unverdaulich; Ausgangsstoff für die Herstellung von Fruchtzucker und Diabetikernahrung; prebiotischer Ballaststoff. Ist in Chicorée, Topinambur, Knoblauch und Artischocken vorhanden.

Prebiotische Ballaststoffe unterstützen die Bildung von gesundheitsfördernden Darmbakterien (z. B. Zusatz in Joghurts).

Kohlenhydratbedarf des Menschen

Kohlenhydrate sollen Hauptbestandteil unserer Nahrung sein, es kommt aber natürlich auf die richtige Menge und die Auswahl an.

- Mehr als 50 % des täglichen Energiebedarfes sollen durch Kohlenhydrate gedeckt werden.
- Zwei Drittel der erforderlichen Kohlenhydratmenge sollen in Form von Vielfachzuckern aufgenommen werden. Der Bedarf kann durch die Zufuhr von ballaststoffreichen und stärkereichen Lebensmitteln wie Getreideprodukten, Kartoffeln, Gemüse und Hülsenfrüchten gedeckt werden.
- Die Ballaststoffzufuhr soll mindestens 30 Gramm betragen, das sind ca. 150 Gramm Kartoffeln oder 100 Gramm Vollkornbrot.
- Eine ausreichende Versorgung mit Vitamin B1 ist zu beachten. Vitamin B1 wird für die Verwertung der Kohlenhydrate im Körper benötigt. Vollkornprodukte liefern reichlich Vitamin B1.

Wird zu wenig getrunken, führt ballaststoffreiche Nahrung zu Verstopfung. Ballaststoffe quellen im Verdauungstrakt auf.

6.2 Fette

Fette machen unsere Speisen geschmackvoll. Wir essen aber zu viel davon und vor allem die falschen Fette. Sie liefern dem Körper bereits in kleinen Mengen sehr viel Energie. Bewusst ausgewählt und maßvoll genossen, sind Fette ein wichtiger Bestandteil unserer Ernährung. Ein Molekül Fett bildet sich aus einem Teil Glyzerin und drei Fettsäuren unter Abspaltung von Wasser. Die Zusammensetzung des Fettes sowie die Stellung der Fettsäuren im Molekül bestimmt maßgeblich die Eigenschaften des Fettes, z. B., ob es fest oder flüssig, leicht oder schwer verdaulich bzw. lange oder kurz haltbar ist.

Die Fettsäuren beeinflussen den Blutfettspiegel
Einfach ungesättigte und **mehrfach ungesättigte Fettsäuren** haben einen positiven Einfluss auf den Cholesteringehalt des Blutes. Sie senken den Blutfettspiegel. Es sind dies die Omega-3-Fettsäure (z. B. im Fisch) und die Omega-6-Fettsäure (z. B. als Linolsäure in Sonnenblumen- und Distelöl).

Langkettige, gesättigte Fettsäuren (sind die häufigsten Nahrungsfette) und **Transfettsäuren** lassen den Blutfettspiegel ansteigen. Transfettsäuren entstehen bei der Fetthärtung und beim Erhitzen der Fette.

Die richtige Menge und Zusammensetzung der Nahrungsfette sind daher für die Gesundheit wichtig.

Aufgabenstellung

- In welchen Lebensmitteln sind Transfettsäuren enthalten?

Blätterteiggebäck, Pommes frites

Diese Übung finden Sie auch unter www.trauner.at/systemgastronomie.aspx.

Fettstoffwechsel

Die über die Nahrung aufgenommenen und anschließend verdauten Fette liefern Energie. Ein Überschuss an Fett in der Nahrung wird im Körper allerdings gespeichert. Fette sind die größten Energielieferanten. Ein Gramm Fett liefert dem Körper 37 kJ. Bei Energiebedarf werden die Fette in den Zellen stufenweise zu Kohlendioxid und Wasser abgebaut. Sauerstoff wird verbraucht, und Energie wird frei. Ein Fettüberschuss wird im Körper vor allem im Unterhautfettgewebe gespeichert. Diese Fettreserven werden als **Depotfett** bezeichnet.

- Eine bestimmte Menge an Depotfett dient dem Körper als Schutz. Innere Organe, wie Niere und Gehirn, werden vor Druck und Stößen geschützt.
- Das Depotfett schützt auch vor Wärmeverlust nach außen.

Ein Arbeitsblatt zur selbstständigen Erarbeitung des Kapitels Fette sowie eine kurze Erklärung der Transfettsäuren finden Sie unter www.trauner.at/systemgastronomie.aspx.

Eine zu hohe Kalorienzufuhr in Verbindung mit zu wenig Bewegung ist die Hauptursache für die Entstehung von Übergewicht.

Einfach ungesättigt = eine Doppelbindung.

Mehrfach ungesättigt = zwei- oder mehrfache Doppelbindung.

Gesättigt = keine Doppelbindung.

Weg der Fette

Nahrung
Fette

Verdauung
Fette → Gyzerin, Fettsäuren

Stoffwechsel
Energiegewinnung
Speicherung

Fisch ist ein wertvoller Lieferant von mehrfach ungesättigten Fettsäuren

Fette enthalten fettlösliche Vitamine und lebensnotwendige Fettsäuren. Der Körper ist auf ihre Zufuhr angewiesen. Lebensnotwendige Fettsäuren sind vor allem für den Aufbau und die Funktion der Zellen notwendig. Pflanzliche Fette mit einem hohen Gehalt an lebensnotwendigen Fettsäuren enthalten auch reichlich Vitamin E.

Aber zu viel Fett und daraus resultierendes Übergewicht belasten den Körper und stellen ein gesundheitliches Risiko dar. Außerdem fördert eine fettreiche Ernährung die Entstehung bestimmter Krebserkrankungen.

Schmelzbereich einiger Nahrungsfette	
Öle	unter 5 °C
Butter	32–37 °C
Schweineschmalz	36–40 °C

Rauchpunkt einiger Nahrungsfette	
Pflanzenfette	210 °C
Pflanzenöl	190 °C
Butter	150 °C

Technologische Eigenschaften und Bedeutung für die Küche

Aufgrund ihres unterschiedlichen Aufbaues haben Fette verschiedene Eigenschaften.

Technologische Eigenschaften	
Unterschiedlicher Schmelzpunkt 	■ Fette schmelzen bei unterschiedlichen Temperaturen. Die enthaltenen Fettsäuren beeinflussen den Schmelzpunkt. ■ Der Schmelzpunkt eines Fettes steigt, je langkettiger die darin enthaltenen Fettsäuren sind. Der Schmelzpunkt sinkt, je mehr Doppelbindungen in den Fettsäuren enthalten sind. ■ Fette mit einem niedrigen Schmelzpunkt sind leichter verdaulich.
Unterschiedlicher Rauchpunkt 	■ Fette sind unterschiedlich hoch erhitzbar. ■ Bei der Überhitzung wird ein stechend riechendes Gas gebildet, das gesundheitsschädlich ist. ■ Fette und Öle sollten daher weder zu hoch noch zu oft erhitzt werden; wird der Rauchpunkt erreicht, muss das Fett ersetzt werden.
Fettverderb 	■ Durch Einwirkung von Licht, Sauerstoff, Wärme, Metallen (vor allem Kupfer) und Mikroorganismen verderben Fette. Es bilden sich ein unangenehmer Geruch und Geschmack. ■ Sind ungesättigte Fettsäuren länger der Luft ausgesetzt, entstehen gesundheitlich bedenkliche Stoffe.
Fetthärtung 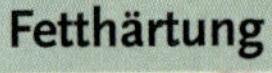 	■ Der Schmelzpunkt kann durch ein spezielles Verfahren erhöht werden; ungesättigte Fettsäuren werden in gesättigte umgewandelt. ■ Da gesättigte Fettsäuren einen höheren Schmelzpunkt haben, werden aus flüssigen Ölen feste Fette; z. B. Margarineherstellung.

Wussten Sie, dass ein hoher Blutfettspiegel Herz- und Kreislauferkrankungen verursacht?

Lezithin, ein fettähnlicher Stoff, ist ein wichtiger Emulgator. Es kommt im Eidotter und in der Milch vor. Emulgierte Fette sind leichter verdaulich, da sie wegen ihrer größeren Oberfläche schneller von den Verdauungsenzymen angegriffen werden können.

Mit Fett können viele Gerichte geschmackvoll zubereitet werden.

Da Fette hoch erhitzbar sind, eignen sie sich für das Braten, Backen und Frittieren. Bei einer Temperatur ab 120 °C bilden sich Aromastoffe, die sogenannten Röstprodukte. Nicht alle Fette lassen sich gleich stark erhitzen. Sie haben verschiedene Zersetzungspunkte. Deshalb muss in der Küche besonders auf die richtige Verwendung der Fette geachtet werden.

Butter und Margarine enthalten Wasser und Eiweiß. Sie schäumen beim Erhitzen und werden rasch braun. Sie eignen sich daher für kalte Speisen und für Zubereitungsarten im niederen Temperaturbereich (max. 130 °C) wie Kurzbraten, Dünsten und Backen im Rohr.

Kalt gepresste Öle sollten vor allem für Salate verwendet werden.

Kalt gepresste Öle wurden schonend bei niedrigen Temperaturen gepresst.

Aufgabenstellung

- Lesen Sie den gekürzten Bericht über Olivenöl in der Publikation von „Stiftung Warentest“!

Von wegen Spitzenqualität

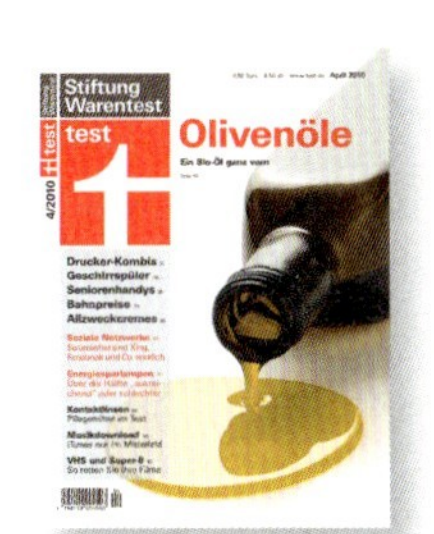

Modrig, ranzig, stichig notierten die Prüfer beim Olivenöl-Test immer wieder. Die Proben sollten eigentlich das Feinste vom Feinen sein: Olivenöl nativ extra. Dieses als Spitzenqualität präsentierte Öl wird von deutschen Konsumenten am häufigsten gekauft. Bei 12 von 32 Proben entpuppte sich das als Etikettenschwindel. In neun Fällen fand test Geruchs- und Geschmacksfehler, drei Mal haperte es an der chemischen Qualität. Der Preis spielt dabei keine Rolle.

Und was den Ausdruck „kalt gepresst“ betrifft, sollten Verbraucher wissen: Native Olivenöle dürfen nur durch mechanische und physikalische Verfahren gewonnen werden. Das heißt, zwecks besserer Ausbeute darf keine Wärme von außen zugeführt werden. Allerdings kann auch durch den Pressvorgang eine Temperatur bis 80 Grad Celsius entstehen. Der gern benutzte Begriff „kalt gepresst“ verschönt also das tatsächliche Herstellungsverfahren.

Hohes Erhitzen von Fett, vor allem beim Braten und Frittieren, kann zu Selbstentzündung führen. Löschen ist nur mit speziellen Feuerlöschern möglich, siehe Brandschutz, Seite 13f.

Fettbrandfeuerlöscher

Was ist zu beachten?

- Nahrungsmittel möglichst trocken in das heiße Fett geben. Spritzen wird dadurch verhindert.
- Fette nie überhitzen oder mehrmals verwenden. Es kommt sonst zur Bildung schädlicher Zersetzungsprodukte.
- Kalt gepresste Öle nur für Rohkost und Salate verwenden. Durch hohes Erhitzen werden die Vitamine zerstört.

6.3 Eiweiß

Ein Arbeitsblatt zur selbstständigen Erarbeitung des Kapitels Eiweiß finden Sie unter www.trauner.at/systemgastronomie.aspx.

Eiweiß ist der Baustoff für das Leben, denn jede Zelle unseres Körpers besteht aus Eiweiß. Wir benötigen Eiweiß zum Aufbau und zur Erneuerung der Körpersubstanz.

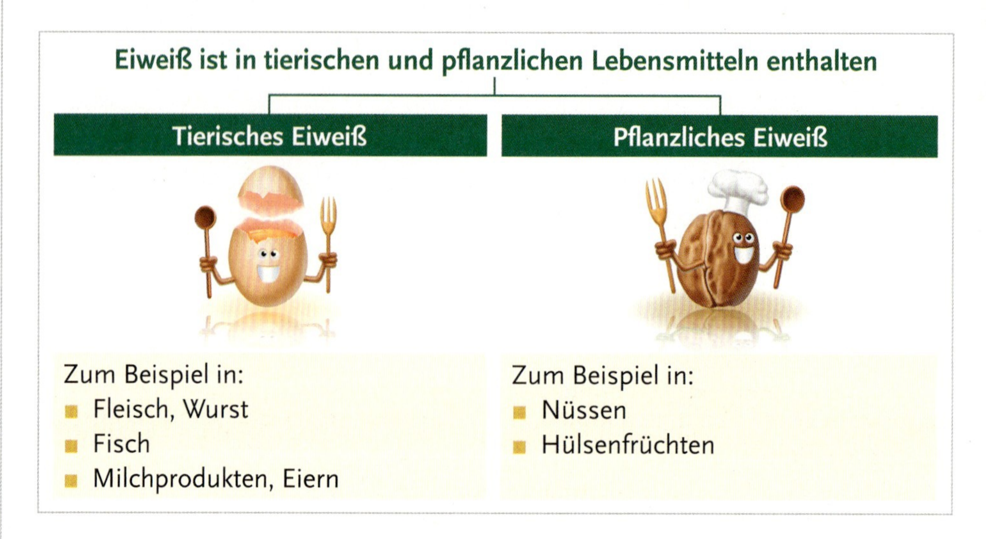

Symbol für Aminosäuren

Wir müssen unserem Körper regelmäßig Eiweiß zuführen. Die Eiweißversorgung in den industrialisierten Ländern (also auch bei uns) ist ausreichend. In vielen Entwicklungsländern hingegen leiden die Menschen unter Eiweißmangel, der zu schweren Krankheiten führt.

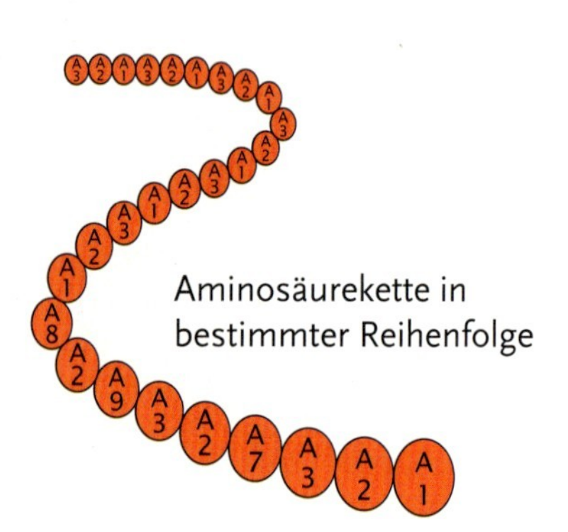
Aminosäurekette in bestimmter Reihenfolge

Verschiedene Aminosäuren schließen sich zusammen und bilden unterschiedliche Eiweißstoffe. Für unseren Körper sind zwanzig Aminosäuren von Bedeutung. Neun davon sind lebensnotwendig und müssen mit der Nahrung aufgenommen werden. Die restlichen elf Aminosäuren können bei Bedarf im Körper gebildet werden.

Schließen sich zwei bis hundert Aminosäuren zusammen, spricht man von **Peptiden**. Sind es mehr als hundert bis mehrere Tausend, entstehen **Proteine.**

Einfache Eiweißstoffe bestehen nur aus Aminosäuren.

Einfache Eiweißstoffe		
Albumine	In Wasser lösliche, leicht verdauliche Proteine mit hohem Anteil an essenziellen Aminosäuren. Enthalten in: ■ tierischen Lebensmitteln, wie Milch, Eiern, Fleisch, ■ pflanzlichen Lebensmitteln, wie Hülsenfrüchten, Kartoffeln, Obst, Gemüse, ■ im Körper: Blut, Zellen, Enzyme.	
Globuline	Kugelförmige Proteine, die in Wasser wenig oder gar nicht löslich sind. Enthalten in: ■ tierischen Lebensmitteln, wie Milch, Eiern, Fleisch, ■ pflanzlichen Lebensmitteln, wie Hülsenfrüchten, Kartoffeln, Nüssen, ■ im Körper: Blut, Enzyme, Hormone.	
Kleber/Gluten	In pflanzlichen Lebensmitteln enthalten: Weizen, Roggen, Hafer, Gerste.	
Zusammengesetzte Eiweißstoffe		
Kasein (Eiweiß + Phosphorsäure)	■ Gerinnt durch Zusatz von Säure oder Lab ■ Hohe biologische Wertigkeit	Haupteiweiß von Milch und Käse

Manche Menschen vertragen das Klebereiweiß nicht. Diese Unverträglichkeit wird als **Zöliakie** bezeichnet. Sie müssen auf Nahrungsmittel verzichten, die Gluten enthalten. Auf den Speisenkarten sind häufig die Gerichte gekennzeichnet, die glutenfrei sind.

Zusammengesetzte Eiweißstoffe enthalten neben dem Eiweiß auch andere Stoffe, wie Phosphorsäure, Fette, Kohlenhydrate, Farbstoffe, Metalle oder Nukleinsäuren. In der Ernährung spielen sie eine wichtige Rolle.

Eiweißstoffwechsel

Der Eiweißstoffwechsel dient dem Auf- und Abbau von Körpereiweiß. Eiweiß ist Bestandteil jeder Körperzelle und wird zum Aufbau von Körpersubstanz benötigt. In jedem lebenden Organismus werden ständig Zellen abgebaut und neue aufgebaut. Während des Wachstums müssen die Zellen auch vermehrt werden. Der Eiweißbedarf ist daher in dieser Phase wesentlich höher. Zur Bildung von Körpereiweiß müssen die lebensnotwendigen, unentbehrlichen Aminosäuren zugeführt werden. Eiweiß wird auch zum Aufbau von Bluteiweiß, Enzymen und Hormonen benötigt.

Weg der Eiweißstoffe

Nahrung
Fette

Verdauung
Eiweiß
↓
Aminosäuren
↓

Stoffwechsel
Aufbau/Abbau von Körpereiweiß
Energiegewinnung

Energiegewinnung

Eiweiß kann im Körper nicht gespeichert werden. Überschüssig aufgenommene Aminosäuren werden zur Energiegewinnung verwendet. Abbauprodukte sind Kohlendioxid, Wasser und Harnstoff.

Ein Gramm Eiweiß liefert dem Körper 17 kJ. Für die Energieversorgung spielt Eiweiß keine große Rolle.

Biologische Wertigkeit von Eiweiß	
Milch 	■ Aus 100 Gramm Milcheiweiß können 85 Gramm Körpereiweiß aufgebaut werden. ■ Entscheidend zur Berechnung ist der Gehalt an unentbehrlichen Aminosäuren, im Milcheiweiß ist eine Aminosäure nur zu 85 % enthalten.
Vollei 	■ Die biologische Wertigkeit liegt bei 100 %. ■ Der Eiweißgehalt eines Eies von 13 % befindet sich im Mittelfeld.
Sojabohnen 	■ Sojabohnen haben mit 34 % einen relativ hohen Eiweißgehalt. ■ Die biologische Wertigkeit beträgt 84 %, d. h., aus 100 Gramm Eiweiß von Sojabohnen können 84 Gramm Körpereiweiß aufgebaut werden.

Der menschliche Körper ist auf die Zufuhr von Eiweiß angewiesen, besondere Bedeutung hat dabei die biologische Wertigkeit. Sie gibt an, wie viel Prozent des Nahrungseiweißes in Körpereiweiß umgebaut werden können.

Bei der Ernährung ist nicht nur die aufgenommene Menge, sondern auch die Qualität der Eiweißstoffe zu beachten. Am besten kann der Körper nämlich die Eiweißstoffe verwerten, die dem Körpereiweiß am ähnlichsten sind.

Die biologische Wertigkeit der Lebensmittel ist sehr unterschiedlich. Jene Aminosäure, die in einem Lebensmittel am wenigsten vorkommt, bestimmt seine biologische Wertigkeit. Sie wird als **begrenzende Aminosäure** bezeichnet.

Biologische Wertigkeit
Durch das Mischen von Eiweißstoffen kann die biologische Wertigkeit erhöht werden. Nahrungseiweiße können sich nur dann gegenseitig ergänzen, wenn sie unterschiedliche begrenzende Aminosäuren enthalten. Enthält ein Eiweiß jene Aminosäuren reichlich, die im anderen Eiweiß nur in geringen Mengen vorkommen, ergibt das einen guten Ergänzungswert, wie z. B. bei Kartoffel und Ei.

Eine ausführliche Liste zur biologischen Wertigkeit finden Sie unter www.trauner.at/systemgastronomie.aspx.

Technologische Eigenschaften und Bedeutung für die Küche

Eiweißstoffe ermöglichen aufgrund ihrer besonderen Eigenschaften verschiedene Zubereitungsarten. Sie sorgen für das schöne Aussehen und oft auch für den guten Geschmack vieler Speisen.

Gerinnung

Eiweißstoffe werden durch die Einwirkung von Hitze, Säuren und Lab verändert. Dieser Vorgang wird als Gerinnung (Denaturierung) bezeichnet und ist nicht mehr rückgängig zu machen. Geronnenes Eiweiß ist leichter verdaulich. Bei längerer Erhitzung geben die Eiweißstoffe Quellungswasser ab und die Struktur wird fester. Dadurch ist das Eiweiß wieder schwerer verdaulich.

Gerinnung

Hitzegerinnung	Säuregerinnung

■ Teiglockerung mit Eischnee, Herstellung von Eispeisen: Eiklar gerinnt und bildet ein lockeres Gerüst. ■ Braten von Fleisch und Ei – Eiweiß stockt ■ Brotherstellung: Klebereiweiß gerinnt. ■ Blanchieren von Gemüse: Enzyme verlieren ihre Wirkung, Farbverluste werden verhindert. ■ Kochen von Fleisch: Schaumbildung. ■ Kochen von Milch: Hautbildung.	■ Marinieren von Fleisch in Essig- bzw. Weinmarinade ergibt eine zartere Struktur. ■ Kochen von Hülsenfrüchten: durch Zusatz von Salz und Säure zum Kochwasser verursacht die Gerinnung ein Hartbleiben. Kurz vor dem Ende der Garzeit bewirkt die Zugabe von Säure (z. B. von Essig) jedoch eine bessere Bekömmlichkeit.

Eiweißreiche Lebensmittel mit hohem Wassergehalt, wie Fleisch, Pilze, Fisch und Milch, sind nur sehr kurz haltbar

Die Aufnahme von verdorbenen eiweißreichen Lebensmitteln kann zu schweren Vergiftungen führen. Als Symptome treten meist starke Brechdurchfälle auf. Lebensmittelvergiftungen sind ein gesundheitliches Risiko.

Wasserbindungsvermögen

Eiweißstoffe können Wasser binden.

- Brotteig: Das Klebereiweiß quillt auf und nimmt während des Gerinnens das Doppelte des Gewichtes an Flüssigkeit auf.
- Klären: Geronnenes Eiweiß bindet Trübstoffe, z. B. Klären von Suppen.
- Absteifen mit Gelatine, z. B. Herstellen von Sülzen und Cremes.

Löslichkeit

Wasserlösliche Eiweißstoffe können aus den Nahrungsmitteln ausgelaugt werden. Achten Sie daher auf eine schonende Behandlung der Lebensmittel.

Bräunungsvermögen

Bei einer Erhitzung über 110 °C werden eiweißhältige Speisen braun, und es bilden sich Geruchs- und Geschmacksstoffe (Röstprodukte).

Ab 140 °C reagieren Stärke und Aminosäuren miteinander und bilden zusätzlich Röst- und Aromastoffe. Dies nennt man Maillard-Reaktion – ein Bestäuben des Fleisches mit Mehl vor dem Braten ist zu empfehlen.

Verderb

Eiweißstoffe sind ein idealer Nährboden für Bakterien und Pilze. Sie bewirken die Zersetzung der Eiweißstoffe, dabei treten Farb- und Geruchsveränderungen auf.

6.4 Wasser

Ohne Wasser kein Leben! Wasser ist unser wichtigstes Lebensmittel und unterliegt strengen Kontrollen. In Deutschland haben wir glücklicherweise noch genügend Trinkwasser zur Verfügung. In vielen Teilen der Welt ist das leider anders. Die ausreichende Versorgung der Bevölkerung mit reinem Trinkwasser bereitet dort große Probleme. Umweltverschmutzung und sorgloser Umgang mit Wasser tragen zu einer Verschlechterung der Situation bei. Der Schutz unserer Wasserreserven sowie der bewusste Umgang mit Wasser werden immer wichtiger.

Trinkwasserqualität

In Deutschland stammt das Trinkwasser aus Grundwasser bzw. aus Quellwasser. Oberflächenwasser von Bächen, Flüssen oder Seen ist Verunreinigungen stärker ausgesetzt und daher als Trinkwasser in der Regel nicht geeignet.

Als Lebensmittel muss Trinkwasser den gesetzlichen Anforderungen entsprechen.

Anforderungen an Trinkwasser:

- Einwandfreier Geschmack
- Klar, farblos und geruchlos
- Frei von Krankheitserregern
- Begrenzter Gehalt an Schadstoffen, wie z. B. Nitraten (max. 50 mg/l), Schädlingsbekämpfungsmitteln, Schwermetallen, Unkrautbekämpfungsmitteln und krebserregenden Teersubstanzen

Erklärungen zum Mineralwasser, zum Quellwasser und zum Tafelwasser finden Sie im Kapitel „Alkoholfreie Getränke im Restaurant“.

Erhöhte Nitratwerte stellen vor allem für Säuglinge eine Gefahr dar. Laut Empfehlung der Weltgesundheitsorganisation soll für die Zubereitung von Babyfertignahrung Trinkwasser mit höchstens 10 mg Nitrat pro Liter verwendet werden.

Erkundigen Sie sich über die Trinkwasserqualität in Ihrem Heimatort. Wie ist das Wasser zu beurteilen?

Übermäßiges Düngen und der Einsatz von Pflanzenschutzmitteln, aber auch Schadstoffe aus Mülldeponien, Haushalten und Industrie sowie Verschmutzungen durch Unfälle sind eine Gefahr für das Trinkwasser.

Im Allgemeinen ist die Wasserqualität in Deutschland zufriedenstellend. Regionale Probleme sind aber festzustellen.

Technologische Eigenschaften und Bedeutung für die Küche

Eigenschaft	Merkmale	Bedeutung
Siedepunkt	Wasser kocht bei normalem Luftdruck bei 100 °C. Durch Druckerhöhung steigt der Siedepunkt, die Garzeit wird verkürzt.	Das Garen im Druckkochtopf verkürzt die Garzeit und ist ein schonendes Verfahren.
Gefrierpunkt	Wasser gefriert bei 0 °C. Durch Zugabe von Salz oder Zucker kann man den Gefrierpunkt herabsetzen.	Dient zur Konservierung.
Quellvermögen	Stärke und bestimmte Eiweißstoffe lagern Wasser ein. Das Volumen wird vergrößert und das Gewebe gelockert.	Diese Eigenschaft wird beim Einweichen von Trockenobst und Hülsenfrüchten und bei der Teigbereitung genutzt.
Lösungsvermögen	Wasser löst feste, flüssige und gasförmige Stoffe. Bei höheren Temperaturen lösen sich feste Stoffe leichter.	Zubereitung von Tee und Kaffee, Herstellung von Suppen, Würzen von Speisen mit Zucker, Salz und Gewürzen.
Wasserhärte	Der Gehalt an gelösten Kalzium- und Magnesiumsalzen bestimmt die Wasserhärte (in °d – deutschen Graden gemessen).	Eine mittlere Härte ist für Trinkwasser günstig. Hartes Wasser hat einen besseren Geschmack, bewirkt aber eine längere Garzeit der Lebensmittel.

Bedeutung für den Körper

Wasser ist die Grundlage des Lebens. Es erfüllt im Körper wichtige Aufgaben:

- **Baustoff:** Wasser ist der mengenmäßig wichtigste Bestandteil des Körpers. Erwachsene haben einen Wasseranteil von etwa 60 %, das ergibt bei einem Körpergewicht von 70 Kilogramm 42 Liter Flüssigkeit. Ein Wasserverlust von mehr als 20 % ist lebensgefährlich.
- **Lösungs- und Transportmittel:** Der Transport von Stoffen ist im Körper nur in gelöster Form möglich. Körperflüssigkeiten befördern die gelösten Nährstoffe und den Sauerstoff zu den Zellen. Die Stoffwechselendprodukte werden ebenfalls mithilfe von Flüssigkeit abtransportiert und ausgeschieden.
- **Wärmeregler:** Der Körper reagiert auf große körperliche Belastung oder hohe Temperaturen mit Abgabe von Schweiß. Durch die Verdunstung von Wasser gibt der Körper dabei die überschüssige Wärme ab – die Körpertemperatur wird geregelt.

Denken Sie daran: Trinken Sie, bevor der Durst kommt!

Wussten Sie, dass bereits ein kurzfristiger Flüssigkeitsmangel Ihre Leistungs- und Konzentrationsfähigkeit beeinträchtigt?

6.5 Mineralstoffe

Durch Mineralstoffe bleiben wir gesund und leistungsfähig. Mineralstoffe sorgen für das Funktionieren unseres Körpers. Sie regeln wichtige Abläufe im Stoffwechsel und sind auch am Körperaufbau beteiligt. Wir brauchen Mineralstoffe in unterschiedlichen Mengen und müssen sie regelmäßig zuführen.

Mineralstoffe liefern dem Körper zwar keine Energie, sind aber für die Gesundheit sehr wichtig

Mineralstoffe – Elemente für das Leben
Durch eine vollwertige Ernährung aus frischen Lebensmitteln kann beim gesunden Menschen der Bedarf an Mineralstoffen ausreichend gedeckt werden. Dennoch ist das Angebot an **Nahrungsergänzungsmitteln** (z. B. Vitamintabletten) und **Functional Food** (z. B. mit Kalzium angereicherter Fruchtsaft) zur Versorgung mit Mineralstoffen sehr groß. Millionenumsätze werden damit gemacht. Entscheiden Sie sich!

Mineralstoffe werden – in Wasser gelöst – von den Pflanzen aus dem Boden aufgenommen. Über pflanzliche und tierische Nahrungsmittel gelangen sie dann in den Körper. Sie wirken schon in kleinen Mengen. Viele Mineralstoffe sind lebensnotwendig.

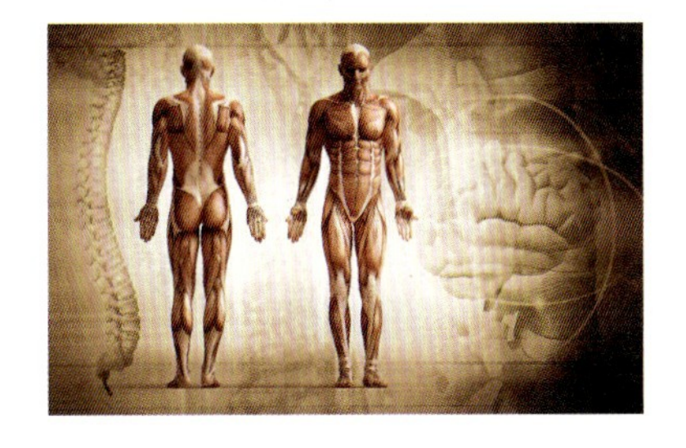

Mineralstoffe erfüllen im Körper wichtige Aufgaben:
- Sie sind Baustoff, Reglerstoff und Bestandteil wichtiger organischer Verbindungen.
- Sie bewirken die Festigkeit des Knochengerüstes und der Zähne.
- Sie regeln in gelöster Form viele Körpervorgänge.
- Sie beeinflussen die Eigenschaften der Körperflüssigkeiten und wirken auf den Wasserhaushalt und die Erregbarkeit der Muskeln und Nerven.
- Sie sind Bestandteile von Enzymen, Hormonen (Botenstoffe, die Körperfunktionen regulieren) und Vitaminen und erfüllen daher wichtige Aufgaben im Stoffwechsel.

Mengenelemente kommen im Körper in hoher Konzentration vor.

Mengenelemente	Aufgaben
Kalzium (Ca)	▪ Knochen- und Zahnaufbau (ca. 1 kg im Skelett) ▪ Blutgerinnung ▪ Muskel- und Nervenerregung ▪ Besonders wichtig für die Herzmuskelfunktion
Magnesium (Mg)	▪ Muskel- und Nervenerregung ▪ Aktivierung von Enzymen ▪ Knochen- und Zahnaufbau
Phosphor (P)	▪ Knochen- und Zahnaufbau ▪ Energiestoffwechsel
Natrium (Na)	▪ Wasserhaushalt ▪ Aufrechterhaltung des osmotischen Drucks außerhalb der Zellen ▪ Aktivierung von Enzymen ▪ Muskel- und Nervenerregung

Osmotischer Druck = Kraft, mit der ein Lösungsmittel durch eine halb durchlässige Wand in eine konzentrierte Lösung hineingezogen wird.

Mineralstoffe beeinflussen verschiedenste Körpervorgänge. Mit dem Schweiß gehen viele Mineralstoffe verloren. Apfelsaft mit Mineralwasser ist daher ein idealer Durstlöscher.

Kalium (K)	■ Aufrechterhaltung des osmotischen Druckes innerhalb der Zellen ■ Muskel- und Nervenerregung ■ Aktivierung von Enzymen
Chlor (Cl)	■ Aufrechterhaltung des osmotischen Druckes außerhalb der Zellen ■ Magensalzsäurebildung
Schwefel (S)	■ Bestandteil von Eiweiß ■ Aktivierung von Enzymen ■ Entgiftung in der Leber

Spurenelemente sind im Körper nur in geringer Konzentration enthalten.

Spurenelemente	Aufgaben
Eisen (Fe)	■ Sauerstofftransport im Blut ■ Sauerstoffspeicherung im Muskelgewebe ■ Bestandteil von Enzymen
Jod (J)	■ Bestandteil der Schilddrüsenhormone
Fluor (F)	■ Härtung des Zahnschmelzes
Kupfer (Cu)	■ Bestandteil von Enzymen ■ Bestandteil des Blutfarbstoffes
Kobalt (Co)	■ Bestandteil von Vitamin B_{12}
Mangan (Mn)	■ Aktivierung von Enzymen
Molybdän (Mo)	■ Bestandteil von Enzymen
Zink (Zn)	■ Bestandteil von Enzymen ■ Aktivierung von Enzymen ■ Bildung und Speicherung des Hormons Insulin
Chrom (Cr)	■ Förderung der Insulinwirkung im Kohlenhydratstoffwechsel
Selen (Se)	■ Bestandteil von Enzymen ■ Stärkung des Immunsystems ■ Verhinderung von Zellschädigungen im Stoffwechsel

Fluor beugt Karies vor

Aufgabenstellungen

1. Nennen Sie Lebensmittel, die besonders reich an Eisen sind.

2. In welchen Lebensmitteln findet man Vitamine der C-Gruppe?

Die Nährwerttabelle finden Sie auf Seite 269.

Diese Übung finden Sie auch unter www.trauner.at/systemgastronomie.aspx.

6.6 Vitamine

Vitamine erfüllen im menschlichen Körper lebenswichtige Aufgaben. Das Stoffwechselgeschehen und viele andere Funktionen im Körper können ohne sie nicht richtig ablaufen. Der Körper ist auf die Zufuhr von Vitaminen angewiesen, wir benötigen sie in sehr kleinen Mengen. Der Begriff Vitamine entstand, weil die zuerst erforschten Vitamine Stickstoffverbindungen waren: Vita = Leben, Amine = Stickstoffverbindungen.

"An apple a day keeps the doctor away." Dieses bekannte angloamerikanische Sprichwort hat eine Schule auf eine „gesunde" Idee gebracht: Engagierte Schüler verteilen einmal pro Woche in der großen Pause Bioäpfel um nur 22 Cent pro Stück – und das mit großem Erfolg! Toll!

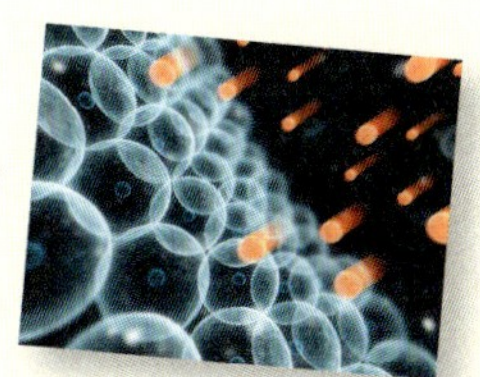

Was sind Radikalfänger?
Einige Vitamine sind sogenannte Radikalfänger. Sie schützen die Körperzellen vor den Angriffen der freien Radikale. Freie Radikale werden im Körper gebildet oder über die Nahrung bzw. die Atemluft aufgenommen. Rauchen, Luftverschmutzung und Strahlenbelastung fördern die Bildung freier Radikale. Sie sind sehr aggressiv, schädigen die Zellen und können Krankheiten wie beispielsweise Krebs auslösen. Vitamine können die schädlichen Stoffe abfangen und unschädlich machen.

Vitamine können im Körper nicht oder nicht in ausreichender Menge gebildet werden und müssen mit der Nahrung regelmäßig zugeführt werden. Wir nehmen sie direkt als Vitamin oder als Vorstufe (Provitamin) auf. Die Vorstufe wird im Körper unter bestimmten Bedingungen zum Vitamin umgewandelt.

Vitamine schützen den Körper vor Krankheiten

Aufgabenstellung

- Kreuzen Sie an!

Vitaminbarometer	JA	NEIN
Raucher und Raucherinnen haben einen um bis zu 40 Prozent erhöhten Vitamin-C-Bedarf.		
Vitaminpräparate ersetzen eine vollwertige Ernährung.		
Betakarotin wird in der Darmschleimhaut zu Vitamin A umgewandelt.		
Vitaminpräparate dürfen nur nach ärztlicher Verschreibung eingenommen werden.		
Vitamin D wird aus den Provitaminen in der Haut durch Einwirken von Sonnenlicht gebildet.		
Ein Vitaminmangel verursacht Erkrankungen.		
Eine erhöhte Zufuhr von Vitaminen verursacht Erkrankungen.		

Diese Übung und ihre Lösung sowie zusätzliche Erklärungen finden Sie unter www.trauner.at/systemgastronomie.aspx.

Vitamine werden nach ihrer Löslichkeit in fettlösliche und wasserlösliche Vitamine eingeteilt. Die wasserlöslichen Vitamine (z. B. Folsäure) sind vorwiegend Bestandteile von Enzymen und werden für den Zellstoffwechsel benötigt. Fettlösliche Vitamine (z. B. Betakarotin) und das wasserlösliche Vitamin C erfüllen besondere Aufgaben im Blut oder in bestimmten Zellen. Vitamine wirken schon in kleinen Mengen. Der Bedarf hängt vom Alter, Geschlecht, Ernährungsverhalten, von der körperlichen Belastung und vom Gesundheitszustand ab.

Vergleichen Sie mithilfe der Nährwerttabelle auf Seite 269 den Vitamin-B_1-Gehalt von Vollkornprodukten mit dem von Weißmehlprodukten! Was leiten Sie daraus ab?

Überlegen Sie, warum ein Vitamin-C-Mangel in den westlichen Industrienationen nicht mehr vorkommt.

Nennen Sie Lebensmittel, denen Vitamine zugesetzt wurden, und überlegen Sie, aus welchen Gründen man diesen Lebensmitteln Vitamin C zusetzt.

Diese Übung finden Sie auch unter www.trauner.at/sytemgastronomie.aspx.

Weitere Hinweise auf Mangelerkrankungen durch Vitamin- oder Mineralstoffmangel finden Sie unter www.trauner.at/systemgastronomie.aspx.

Fettlösliche Vitamine	Aufgaben
A **Retinol** **Provitamin:** Betakarotin	■ Bestandteil des Sehfarbstoffes ■ Hautschutz ■ Infektionsabwehr ■ Betakarotin: Radikalfänger
D **Calciferol** **Provitamin:** Ergosterin, Cholesterin	■ Förderung der Kalzium- und Phosphoraufnahme aus dem Darm ■ Einlagerung in den Knochen
E **Tocopherol**	■ Schutz empfindlicher Stoffe vor Oxidation ■ Schutz der Zellmembranen ■ Radikalfänger
K **Phyllochinon**	■ Blutgerinnung

Wasserlösliche Vitamine	Aufgaben
B_1 **Thiamin**	■ Bestandteil wichtiger Enzyme für den Kohlenhydratstoffwechsel
B_2 **Riboflavin**	■ Bestandteil von Enzymen für den Energiestoffwechsel ■ Förderung des Wachstums
B_6 **Pyridoxin**	■ Bestandteil von Stoffwechselenzymen ■ Stärkung des Immunsystems
B_{12} **Cobalamin**	■ Bestandteil von Stoffwechselenzymen ■ Stärkung des Immunsystems
Niacin	■ Blutbildung ■ Bestandteil von Stoffwechselenzymen
Pantothensäure	■ Bestandteil von Stoffwechselenzymen
Folsäure	■ Eiweißbildung und Zellvermehrung
C **Ascorbinsäure**	■ Kollagenbildung ■ Eisenaufnahme und -speicherung ■ Antikörperbildung ■ Hemmung der Nitrosaminbildung ■ Radikalfänger
Biotin	■ Bestandteil von wichtigen Stoffwechselenzymen

Ein leichter Mangel an **Vitamin C** äußert sich durch Müdigkeit, Schwäche, Zahnfleischbluten und Infektionsanfälligkeit. Eine Unterversorgung ist bei Rauchern, Alkoholikern und älteren Personen häufiger anzutreffen. Bei schwerem Mangel entsteht die Krankheit Skorbut, aus der Geschichte als Seefahrerkrankheit bekannt. Sie kommt bei uns nicht mehr vor.

Folsäure
In den westlichen Industrieländern ist ein Folsäuremangel die häufigste Vitaminmangelkrankheit. Ursache dafür ist oft die Einnahme von Medikamenten oder einseitige Ernährung mit zu wenig frischen Lebensmitteln. Ein Folsäuremangel erhöht das Risiko für Schwangerschaftskomplikationen und Missbildungen des Kindes. Deshalb wird Schwangeren häufig Folsäure verabreicht.

Erhaltung von Vitaminen und Mineralstoffen

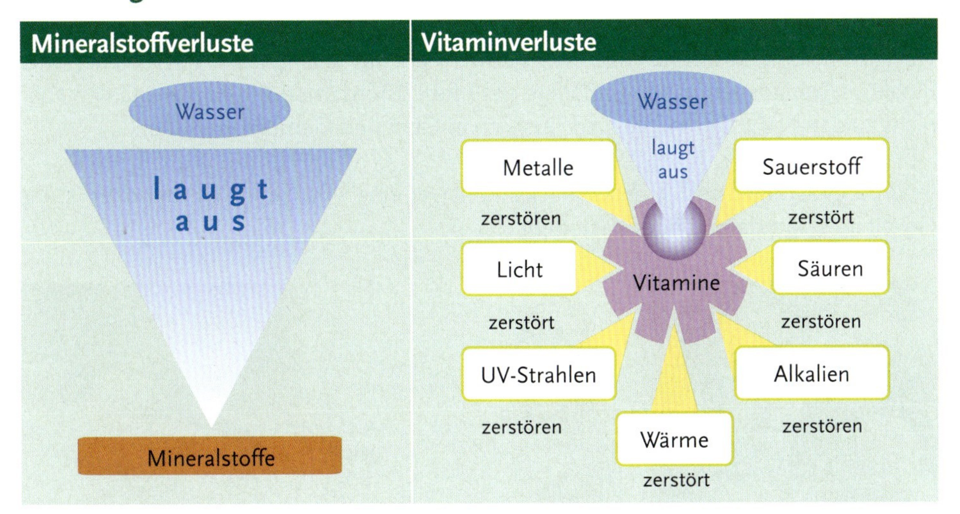

Der Verlust von Vitaminen und Mineralstoffen ist von der Dauer und der Stärke der Einwirkung sowie von der Empfindlichkeit des Inhaltsstoffes abhängig.

- Hitzeempfindliche Vitamine sind: A, B_1, B_6, B_{12}, C, Folsäure, Pantothensäure.
- Sauerstoffempfindliche Vitamine sind: A, D, B_1, C, Folsäure.
- Lichtempfindliche Vitamine sind: A, D, K, B_2, B_6, B_{12}, C, Biotin, Folsäure.

Sie können viel zur Erhaltung der Vitamine und Mineralstoffe beitragen, wenn Sie folgende Grundsätze berücksichtigen:

Kein Auslaugen im Wasser!

- Kurzes, gründliches Waschen unter fließendem kaltem Wasser.
- Lebensmittel im Ganzen waschen und nicht im Wasser liegen lassen.
- Gemüse in wenig Wasser, am besten im Dampf garen.
- Gemüsesud weiterverwenden.

Keine Verluste durch Luft und Licht!

- Lebensmittel kurz, dunkel, verschlossen, kühl und im Ganzen lagern.
- Lebensmittel kurz vor der Verwendung zerkleinern und zudecken.
- Zugedeckt garen.
- Metallgefäße zur Aufbewahrung vermeiden. Sauerstoffempfindliche Vitamine werden darin noch rascher zerstört.

Keine Verluste durch Wärme!

- Lebensmittel kühl lagern.
- Häufig frische Lebensmittel roh essen.
- Gemüse knackig garen.
- Frisch kochen; Warmhalten und Aufwärmen vermeiden.

Keine Verluste durch Chemikalien!

- Geschirr gründlich abspülen, Spülmittelreste können Vitamine zerstören.

So werden Speisen noch wertvoller:

- Lebensmitteln, die fettlösliche Vitamine enthalten, ein wenig Fett hinzufügen.
- Fertige Speisen mit frischen Kräutern und evtl. Zitronensaft verbessern.
- Suppen oder Saucen zum Schluss mit etwas frischen Lebensmitteln wie Obers, Butter, geraspeltem rohem Gemüse aufwerten.
- Salate mit frischen Kräutern, Kernen, Getreidekeimen oder Sprossen bestreuen.

Durch Transport, Lagerung, Konservierung, Verarbeitung und Zubereitung gehen Vitamine und Mineralstoffe verloren. Auf eine schonende Behandlung ist daher besonders zu achten.

Es kommt auf die schonende Zubereitung an. Lesen Sie die durchschnittlichen Vitaminverluste beim Dünsten, Dämpfen bzw. Kochen von Gemüse unter www.trauner.at/systemgastronomie.aspx.

Mit gemischter, schonend zubereiteter Kost unter Berücksichtigung der Empfehlungen des Ernährungskreises und der Ernährungspyramide wird der Bedarf an Vitaminen und Mineralstoffen ausreichend gedeckt.

6.7 Bioaktive Substanzen

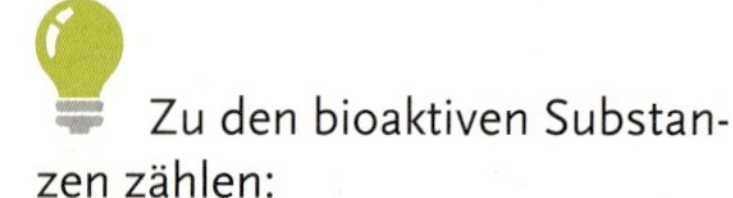

Zu den bioaktiven Substanzen zählen:

- Sekundäre Pflanzenstoffe
- Ballaststoffe (siehe Seite 94)
- Stoffe, die in milchsauer vergorenen Lebensmitteln enthalten sind

Sie alle fördern unsere Gesundheit!

Wer gesund und fit bleiben will, braucht mehr als nur lebensnotwendige Nährstoffe. Bioaktive Substanzen haben vielfältige gesundheitsfördernde Wirkungen, zählen aber nicht zu den Nährstoffen. Sie sind reichlich in Obst und Gemüse enthalten.

Je farbenprächtiger und je geschmacksintensiver eine Pflanze ist, desto höher ist ihr Gehalt an sekundären Pflanzenstoffen.

Man vermutet, dass für den Menschen über 10 000 bioaktive Substanzen von Bedeutung sind.

Brainfood – wer nach dem Essen nicht total müde sein möchte, der greife zu gesunden Snacks fürs Gehirn

Als ständige Begleiter der pflanzlichen Nahrung waren bioaktive Substanzen seit jeher an der Erhaltung und Förderung der Gesundheit beteiligt. Sekundäre Pflanzenstoffe wurden auch zur Heilung von Krankheiten eingesetzt. Mit der Entwicklung der modernen Medizin trat das Wissen über die gesundheitsfördernde Wirkung von sekundären Pflanzenstoffen in den Hintergrund. Erst seit wenigen Jahren werden sie wieder intensiv erforscht.

Wichtige sekundäre Pflanzenstoffe		
Karotinoide, Pflanzenfarbstoffe, 600 verschiedene Arten	In dunkelgrünen, roten und gelben Obst- und Gemüsesorten	Gemüse und Obst roh essen; einen Teil des Gemüses in etwas Fett schonend garen
Phytosterine, pflanzliche Abwehrmittel	In fettreichen Pflanzenteilen und in daraus gewonnenen Ölen (Sonnenblumenöl, Sesamöl, Sojaöl)	Kalt gepresste, unraffinierte Pflanzenöle vorziehen
Saponine, pflanzliche Abwehrmittel	In Hülsenfrüchten (Bohnen, Erbsen, Sojabohnen, Erdnüssen	Kochwasser weiterverwenden; Saponine werden leicht ausgelaugt

Die regelmäßige Aufnahme milchsauer vergorener Lebensmittel wirkt sich positiv auf die Darmflora aus. Voraussetzung dafür ist allerdings, dass die Milchsäurebakterien lebend den Dickdarm erreichen – erhitztes Sauerkraut ist daher nicht wirksam.

Die sekundären Pflanzenstoffe wirken im Körper krebshemmend bzw. krebsvorbeugend, immunsystemstärkend, blutdruckregulierend, verdauungsfördernd, cholesterinsenkend und entzündungshemmend.

Die bei der milchsauren Gärung – zum Beispiel bei Sauerkraut – entstandene Milchsäure und die enthaltenen Milchsäurebakterien wirken im Körper krebsvorbeugend, infektionshemmend, immunsystemstärkend und cholesterinsenkend.

Empfehlungen für die Zufuhr

Eine vollwertige Ernährung mit einem hohen Anteil an Obst, Gemüse und Vollkornprodukten ist ein wichtiger Beitrag zu Ihrer Gesundheit.

So decken Sie Ihren Bedarf an bioaktiven Substanzen

- Genießen Sie fünf Portionen Gemüse und Obst am Tag. Das Maß für eine Portion ist eine Handvoll.
- Essen Sie je eine Portion gegartes Gemüse, rohes Gemüse und Blattsalat sowie zwei Portionen frisches Obst.
- Ein Glas Gemüse- oder Fruchtsaft gilt als eine Gemüse- bzw. Obstportion.
- Ziehen Sie regionales, saisonales und erntefrisches Obst bzw. Gemüse vor. Lebensmittel, die frisch aus der Region kommen, enthalten mehr Pflanzenstoffe.
- Behandeln Sie die Lebensmittel schonend.

Je bunter der Speiseplan, desto besser!

Lebensnotwendige Nährstoffe und bioaktive Substanzen ergänzen sich in ihrer Wirkung.

Die Initiative „5 am Tag“, also die Aufforderung, fünf Portionen Obst und Gemüse am Tag zu genießen, ist die erfolgreichste Ernährungskampagne in Deutschland. Der Verband versteht sich als Netzwerk aus Mitgliedern der Bereiche Gesundheit, Wirtschaft und Wissenschaft. Mehr Informationen unter 5amtag.de. Eine Kurzinformation finden Sie auch unter www.trauner.at/systemgastronomie.aspx.

Man wird nicht „grün hinter den Ohren“, wenn man knackige Salate isst

Aufgabenstellungen

1. Welche Fette würde Sie wegen ihrer technologischen Eigenschaften für die angeführten Zwecke verwenden? Nennen Sie jeweils zwei Möglichkeiten und begründen Sie Ihre Antwort!

- Steak kurzbraten
- Rührei
- Kuchen backen
- Vinaigrette herstellen
- Mayonnaise herstellen
- Sauce hollandaise herstellen
- Eierkuchen backen
- Pommes frites frittieren

2. Welche Lebensmittel sind besonders wasserhaltig? Kreuzen Sie sie an!

- Milch ☐
- Knäckebrot ☐
- Wassermelone ☐
- Avocado ☐
- Parmesankäse ☐
- Quark ☐
- Geräucherter Schinken ☐
- Schokolade ☐

Diese Übung finden Sie auch unter www.trauner.at/systemgastronomie.aspx.

7 Stoffwechsel

Die **Zellen** sind unsere Kraftwerke zum Aufladen unserer Akkus

Welche Aufgaben erfüllt eigentlich der Stoffwechsel? Was passiert denn bei der Verdauung? Ich erwarte mir Antworten auf diese und ähnliche Fragen, die ich teilweise schon aus dem Biologieunterricht kenne.

Der Stoffwechsel, also die Umwandlung von Stoffen im menschlichen Körper, ist der Motor des Lebens. Solange der Mensch lebt, arbeiten die Körperzellen unaufhörlich. Wie kleine Kraftwerke versorgen sie den Organismus mit Energie. In den Zellen können auch neue Stoffe gebildet werden. Als Rohmaterialien stehen dafür die Bestandteile der Nahrung zur Verfügung. Endprodukte des Stoffwechsels werden ausgeschieden. Alle Stoffwechselvorgänge werden durch ein kompliziertes Steuersystem geregelt. Ein gleichbleibender pH-Wert der Körperflüssigkeiten ist nötig, damit der Stoffwechsel problemlos ablaufen kann.

Der Stoffwechsel hat folgende Aufgaben:

- Nahrungsaufnahme
- Verdauung
- Aufnahme ins Blut (Absorption)
- Zellstoffwechsel
- Ausscheidung

Der Stoffwechsel wird durch Hormone und Enzyme gesteuert.

Am Stoffwechsel beteiligte Organsysteme

- Verdauungssystem
- Blutkreislaufsystem
- Atmungsorgane
- Ausscheidungsorgane

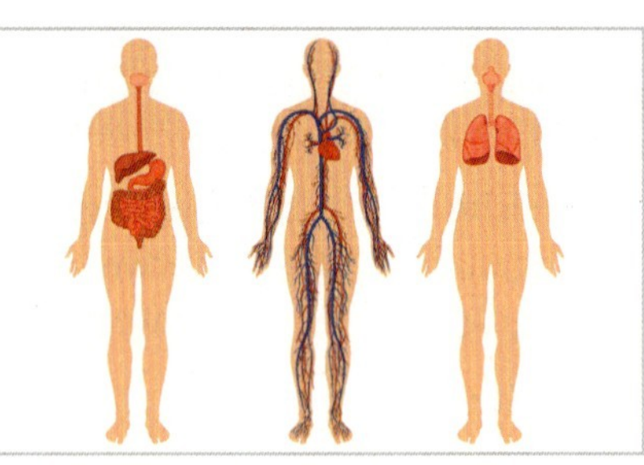

Abbau der Nährstoffe

- Abbau der Vielfach- und Doppelzucker zu Einfachzuckern
- Abbau der Fette zu Glyzerin und Fettsäuren
- Abbau der Eiweißstoffe zu Aminosäuren

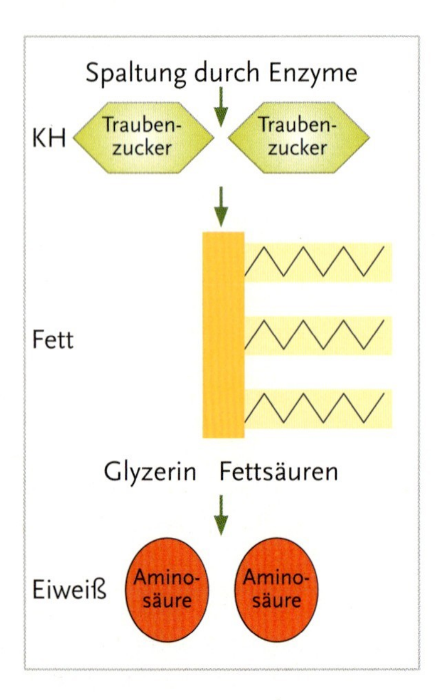

Verdauung

Bei der Verdauung werden die in der Nahrung enthaltenen Stoffe (Kohlenhydrate, Fette und Eiweiß) in ihre Bausteine zerlegt, damit sie ins Blut aufgenommen werden können. Die Nahrungsbestandteile werden durch das Kauen und die Bewegungen der Verdauungsorgane zunächst zerkleinert und anschließend durch Enzyme gespalten.

Die Spaltung der Nährstoffe erfolgt unter Wasseranlagerung.

Gut gekaut ist halb verdaut

„Die Verdauung beginnt im Mund", sagt der Münchner Stoffwechselforscher Wilfried Bieger, „Menschen, die gut und lange kauen, weisen einen geringeren Insulinanstieg nach dem Essen auf als eilig schlingende Personen." Daraus folgert der Forscher, dass bedächtiges Kauen das Diabetesrisiko senkt und auch der Bildung von Bauchfett entgegenwirkt. Beides – Gesundheit und gute Figur – durchaus erstrebenswert.

Verdauungsorgane und -säfte	Weg der Nahrung	Vorgang
Mund Mundspeichel mit kohlehyratspaltenden Enzymen, den Amylasen.		■ Zerkleinerung ■ Einspeichelung ■ Beginn der Spaltung der Vielfachzucker in Dextrin und Malzzucker
Magen Magensaft mit Magensalzsäure und dem Eiweiß spaltenden Enzym, dem Pepsin.		■ Durch Salzsäure Zerstörung der Eiweißstruktur und Abtötung von Bakterien, Inaktivierung der Amylasen ■ Anschließend beginnt die Eiweißverdauung durch Spaltung der Proteine zu Peptiden
Zwölffingerdarm Aus der Gallenblase kommen die Gallensäuren, aus der Bauchspeicheldrüse die Enzyme: Lipasen, Peptidasen (Trypsin, Chymotrypsin), Amylase		■ Emulgierung der Fette durch Gallensäuren ■ Vermischung des Nahrungsbreis mit den Enzymen aus der Bauchspeicheldrüse; Weitertransport in den Dünndarm
Dünndarm Dünndarmsaft mit den kohlenhydratspaltenden Enzymen (Laktase, Maltase, Saccharase) und den eiweißspaltenden Enzymen (Carboxypeptidasen, Aminopeptidasen).		■ Aufspaltung der Fettmoleküle durch Lipasen zu Glyzerin und Fettsäuren ■ Aufspaltung der restlichen Vielfachzucker durch Amylase zu Dextrinen und Zweifachzuckern ■ Aufspaltung der Zweifachzucker zu Einfachzuckern durch Saccharase, Maltase und Laktase ■ Aufspaltung der Peptiden zu Aminosäuren durch Peptidasen ■ Resorption (Aufnahme der Nährstoffe ins Blut)
Dickdarm		■ Wasserentzug, Ausscheidung der Nahrungsreste

Bestimmte Nahrungsbestandteile können nicht in ihre Bausteine zerlegt werden. Sie dienen als Ballaststoffe und regen die Verdauungstätigkeit an. Die im Darm verbleibenden unverdaulichen Nahrungsbestandteile werden durch Wasserentzug eingedickt und ausgeschieden. Nach der Spaltung werden die Nährstoffe über die Dünndarmschleimhaut (Darmzotten) in das Blut aufgenommen. Dieser Vorgang wird als Absorption bezeichnet. Der größte Teil der Fette gelangt zuerst in die Lymphe, dann erst in das Blut. Es werden auch Mineralstoffe, Vitamine, bioaktive Substanzen und Wasser im Verdauungstrakt in das Blut aufgenommen.

Zellstoffwechsel

Zunächst gelangen die aufgenommenen Stoffe über die sogenannte Pfortader zur Leber. Sie ist die zentrale Stelle für den Zellstoffwechsel. Hier finden die wichtigsten Umbauvorgänge statt.

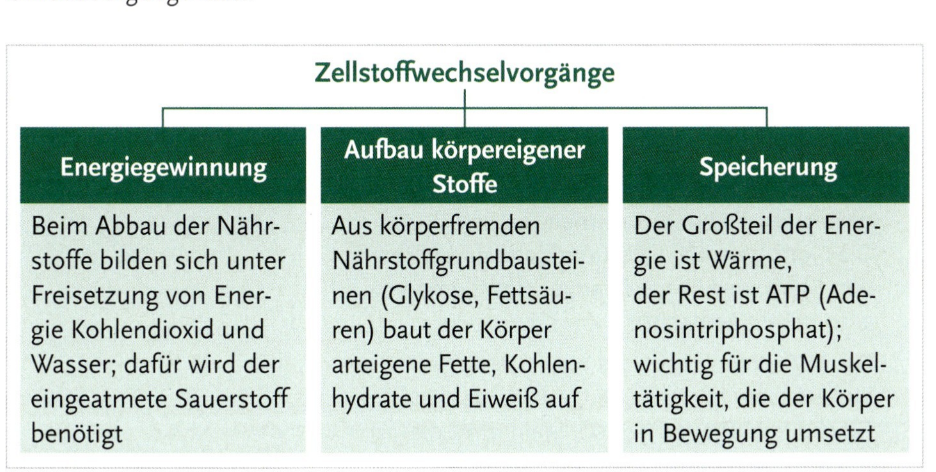

Stoffwechselvorgänge

Nahrungsaufnahme

Nahrungsbestandteile

Verdauung

Spaltung der Nahrungsbestandteile in ihre kleinsten Bausteine

Aufnahme ins Blut

Transport

Zellstoffwechsel

Energiegewinnung,
Aufbau von körpereigenen Stoffen,
Speicherung bestimmter Stoffe

Ausscheidung

Endprodukte,
nicht verwendbare Stoffe

8 Wege zur Nachhaltigkeit

Erdbeeren im Oktober? Ist es wirklich notwendig, das ganze Jahr über frische Erdbeeren kaufen zu können? Warum kostet ein Kilo Äpfel von der Seestermüher Marsch eigentlich mehr als ein Kilo Bananen aus Ecuador?

Lebensmittel wollen nicht weit reisen! Obst und Gemüse aus der Region belasten die Umwelt weniger, weil keine langen Transportwege zurückgelegt werden müssen. Dennoch gibt es Lebensmittel, die von ganz weit her – meist mit dem Flugzeug – zu uns gebracht werden. Spitzenreiter sind mit größter Wahrscheinlichkeit die Kiwis aus Neuseeland. Wenn sie bei uns auf dem Teller landen, sind sie knapp 20 000 Kilometer gereist.

Aber es ist nicht nur die Umweltverschmutzung, die belastet. Obst und Gemüse werden in den Erzeugerländern in grünem, also unreifem, Zustand geerntet, damit sie in unseren Lagerräumen erst reifen. Sie sehen dann zwar äußerst frisch und knackig aus, doch sie enthalten viel weniger Vitamine und Nährstoffe als regionale Lebensmittel.

Schon klar – das Auge isst mit, wie man sagt, aber kosten Sie eine Erdbeere aus Spanien und dann eine, die in einem heimischen Garten in der Sonne gereift ist ...

Denken Sie an morgen! Denken Sie nachhaltig! Finden Sie weitere Beispiele:

Solarenergie statt Atomenergie

Diese Übung finden Sie auch unter www.trauner.at/sytemgastronomie.aspx.

Going international
Sustainability = Nachhaltigkeit

Um zu wissen, welches heimische Obst und Gemüse es wann gibt, schauen Sie auf eine Zusammenstellung der Verbraucherzentrale unter www.trauner.at/systemgastronomie.aspx.

Aufgabenstellungen

1. Wie ist Ihre Meinung?

Beispiele	ja, weil	nein, weil
Renate möchte zu Weihnachten einen frischen Obstsalat anbieten. Wegen der schöneren Farbzusammenstellung kauft sie Erdbeeren und Kiwis, die sie mit den Äpfeln, Birnen und blauen Trauben mischt. Zum Garnieren verwendet sie Walnüsse. Stimmen Sie diesen Produkten zu?		
Clemens hat von der Aktion „5 am Tag" gehört und stellt sich seinen Speiseplan für den ersten Tag so zusammen: 1 Apfel, 1 Glas Karottensaft, 1 Portion Blattsalat, 1 Portion Mischgemüse, 1 Orange. Hat Clemens alles richtig gemacht?		
Die Köchin Jana sagt, die regionalen Feldgurken seien krumm, die Gurken aus dem Glashaus hingegen gerade. Sie nimmt die Glashausgurken, um schönere Scheiben schneiden zu können. Stimmen Sie Jana zu?		

2. Welche Obst- und Gemüsesorten werden in Ihrer Region angebaut?

Diese Übung finden Sie auch unter www.trauner.at/sytemgastronomie.aspx.

Ernährung im gesellschaftlichen Wandel

Ernährung spielt zwar für sehr viele Menschen eine große Rolle, immer mehr haben jedoch einen unregelmäßigen Tagesablauf und daher weniger Zeit, selbst zu kochen. Die Menschen möchten natürlich wissen, was die Lebensmittel enthalten, doch wie genau kennt man wirklich die Inhaltsstoffe von fremd zubereitetem Essen?

Eine Nestlé-Studie belegt, dass die Deutschen durchaus bereit sind, mehr Geld in ihre Ernährung zu investieren, die geänderte Lebenssituation (weniger Zeit zur Stillung der Grundbedürfnisse) sie jedoch daran hindert.

Darüber hinaus wurde einem großen Teil der Befragten fehlendes Verständnis für Nachhaltigkeit attestiert. So heißt es etwa: „Die Stimmung schwankt zwischen allgemeiner Skepsis, Delegation der Zukunftsfragen an andere und einer gewissen Schicksalsergebenheit, die zum Teil aus einer empfundenen Machtlosigkeit resultiert.“

Das Credo in den bundesweiten Bolero-Restaurants lautet: „Nachhaltigkeit bedeutet für uns, soziale, ökologische und wirtschaftliche Aspekte dauerhaft in Einklang zu bringen!“

Was meinen Sie? Wo kann Nachhaltigkeit bei uns Einzug halten? Wie kann Ihrer Meinung nach Nachhaltigkeit in die Systemgastronomie eingeführt werden? Welche bestehenden systemgastronomischen Konzepte verwenden regionale Produkte? Können sich das nur die großen Unternehmen leisten? Welche Rolle spielen Bioprodukte?

Ziele erreicht? – Ernährungslehre

1. Richtiges Essen will gelernt sein – erklären Sie kurz diese Aussage.
2. Was ist der Unterschied zwischen Lebensmittel, Nahrungsmittel und Genussmittel?
3. Nennen Sie die Hauptbestandteile unserer Nahrung.
4. Rufen Sie sich die zehn Regeln für vollwertiges Essen und Trinken in Erinnerung. Erarbeiten Sie anhand von drei dieser Regeln die ernährungsphysiologischen Hintergründe und schildern Sie auch persönliche Erfahrungen. Halten Sie diese Ernährungsweise für praktisch umsetzbar?
5. Welche Eigenschaften haben Kohlenhydrate als Lebensmittel in der Küche und welche Aufgabe haben Sie für unseren Körper?
6. Erläutern Sie den Begriff biologische Wertigkeit von Eiweiß an einem Beispiel.
7. Welche Aufgaben erfüllt Wasser in unserem Körper?
8. Nennen Sie vier Mengen- und Spurenelemente. Erklären Sie ihre Bedeutung für den menschlichen Körper.
9. Nennen Sie die vier fettlöslichen Vitamine. Welche Rückschlüsse für die Verarbeitung der Lebensmittel in der Küche ziehen Sie aus der Tatsache, dass sie in Fett löslich sind?
10. Wie decken Sie in Ihrer täglichen Ernährung den Bedarf an sekundären Pflanzenstoffen?
11. Suchen Sie aus der Nährwerttabelle auf Seite 269 drei Lebensmittel mit einem hohen Gehalt an Vitamin E.
12. Nennen Sie drei Lebensmittel, die viel Vitamin C enthalten.
13. Nennen Sie drei kohlenhydrathaltige Lebensmittel.
14. Suchen Sie aus der Nährwerttabelle auf Seite 269 drei Lebensmittel, die Vitamine der B-Gruppe enthalten.
15. Welches Lebensmittel besteht zu 100 Prozent aus Kohlenhydraten?
16. Recherchieren Sie in der Nährwerttabelle auf Seite 269 die konkreten Eiweißgehalte von je 100 Gramm von folgenden Produkten: Rumpsteak, Schweineschnitzel, Magerquark, Vollmilch, Kartoffeln, Weizenbrot, Äpfeln, Bananen, Haferflocken, Haselnüssen.

    Berechnen Sie anschließend den Eiweißgehalt eines Frühstücksmüslis bestehend aus 30 g Haferflocken, 20 g Haselnüssen, 150 ml Vollmilch und 50 g Apfel.
    Nehmen wir an, Sie würden nur dieses Müsli essen. Wie viel dürfen Sie an einem Tag zu sich nehmen, um die durchschnittliche Energiezufuhr zu erreichen? Sehen Sie hierzu auf Seite 88 nach.
17. Sie stellen einen Weißkrautsalat aus 150 Gramm Weißkohl und 10 Gramm Olivenöl her. Berechnen Sie den Fettgehalt, die kcal und den Gehalt an Vitamin C.
18. Wie viel Energie nehmen Sie mit folgenden Portionen Fleisch zu sich?
    - Rumpsteak 160 Gramm
    - Schweineschnitzel 160 Gramm
    - Putenschnitzel 160 Gramm

    Berechnen Sie auch wie viel Prozent an der Gesamtenergie eines Mädchens mit 16 Jahren diese Portionen darstellen.
19. Kevin arbeitet auf dem Bau und muss körperlich sehr schwer arbeiten. Er ist 20 Jahre alt. Wie hoch darf bzw. sollte seine tägliche Energiezufuhr sein?
20. Die 30jährige Juliane arbeitet als Bürokauffrau im Büro eines systemgastronomischen Unternehmens und treibt in der Freizeit keinen Sport. Wie hoch darf ihre durchschnittliche tägliche Energiezufuhr sein? Berechnen Sie!
21. Welchen Weg nimmt die Nahrung durch unseren Körper? Ordnen Sie die Organe von 1 bis 8!

Bauchspeicheldrüse	☐	Dickdarm	☐	Blut	☐
Magen	☐	Dünndarm	☐	Speiseröhre	☐
Mund	☐	Leber	☐		

Lebensmittelkunde

Die Qualität der zu verarbeitenden Lebensmittel muss hervorragend sein – darüber sind sich wohl alle einig. Doch unter dem Begriff Lebensmittelqualität versteht nicht jeder das Gleiche. Für den einen ist möglicherweise die Frische, für den anderen vielleicht der Geschmack qualitätsbestimmend. Preis, Herkunft, Bioprodukt oder eben nicht bzw. Haltbarkeit – das alles sind Kriterien, die die Kaufentscheidung beeinflussen.

Mit einem fundierten Fachwissen ist es jedenfalls leichter, aus dem riesigen Lebensmittelangebot gezielt zu wählen.

Meine Ziele

Nach Bearbeitung dieses Kapitels kann ich

- die verschiedenen Lebensmittelgruppen nennen und die Lebensmittel den Gruppen zuordnen;
- sagen, worauf ich beim Einkauf der Lebensmittel achten muss;
- alle Lebensmittel fachgerecht lagern und ihre Bedeutung für die Ernährung beschreiben;
- Lebensmittel bestimmten Speisen zuordnen.

Im Frischezentrum Frankfurt am Main bieten 120 Großhändler frische Lebensmittel an

1 Pflanzliche Lebensmittel

„Tiere haben ein Recht auf Leben", sagte unlängst eine bekennende Vegetarierin zu mir. Auch ich esse Obst und Gemüse und vor allem Kartoffeln sehr gerne, möchte aber auf Fleisch nicht ganz verzichten. Ist das Essen von ausschließlich pflanzlichen Lebensmitteln auf Dauer eigentlich ausreichend?

Pflanzliche Lebensmittel nehmen in unserer Nahrung mengenmäßig den größten Anteil ein. Besonders der Anteil an Kohlenhydraten, Ballaststoffen (Faserstoffen) sowie der nennenswerte Vitamin- und Mineralstoffanteil machen diese Lebensmittel für unsere Ernährung sehr wichtig.

Aufbau des Getreidekorns

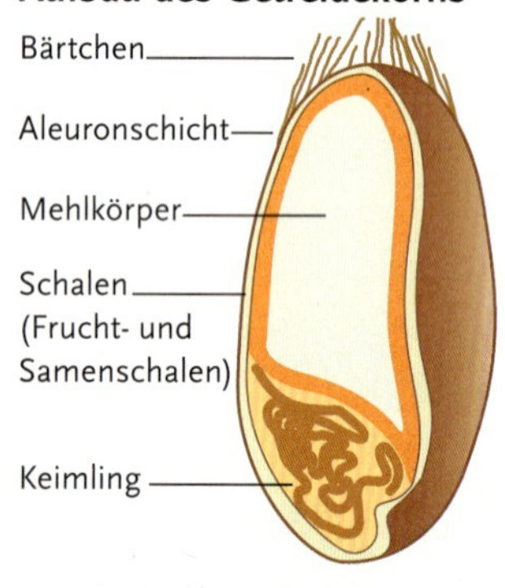

- Die Aleuronschicht enthält Eiweißstoffe, Vitamine und Mineralstoffe.
- Der Mehlkörper enthält Stärke und Eiweißstoffe.
- Die Schalen enthalten Ballaststoffe (Zellulose), Vitamine und Mineralstoffe.
- Der Keimling enthält Fette, Eiweißstoffe, Vitamine und Mineralstoffe.

1.1 Getreide und getreideähnliche Pflanzen (Körnerfrüchte)

Für einen großen Teil der Menschheit bilden Getreide und die daraus gewonnenen Produkte seit Jahrtausenden die wichtigste Nahrungsgrundlage. Die ältesten Zubereitungsarten von Getreide sind der Brei und der Fladen. Heute verwenden wir Getreide vor allem verarbeitet zu Brot und Gebäck sowie Teigwaren und zur Teigherstellung.

Getreidesorten	
Weizen	■ Wichtigstes Brotgetreide; macht ein Drittel der Weltgetreideernte aus. ■ **Weichweizen** (Vulgareweizen) liefert gut backfähige Mehle für Teige und Massen. ■ **Hartweizen** (Durumweizen) ist sehr eiweißreich und besonders zur Herstellung von Baguettebroten, Kindernahrung und Teigwaren geeignet.
Dinkel 	■ Urgetreide, schon von den Kelten und den alten Ägyptern angebaut. ■ Das von Zuchtmaßnahmen verschonte Urkorn wird vom menschlichen Organismus besonders gut vertragen. ■ Feines, nussartiges Aroma. ■ Dinkelmehl wird wie Weizenmehl verwendet. ■ Dinkel eignet sich auch für Weizenallergiker. ■ In gekeimter Form sind die Körner roh für Frischkornmüsli, als Dekor für Salate und für Aufstriche geeignet. ■ **Grünkern** sind die grünen, im halb reifen Zustand geernteten Körner des Dinkels. Beliebt sind die Grünkernbratlinge, eine vegetarische Variante zur Boulette.
Kamut 	■ Urform des Weizens, stammt aus Ägypten. ■ Enthält bis zu 40 % mehr Eiweiß, Vitamine, Mineralstoffe und ungesättigte Fettsäuren als jede bekannte Weizensorte. ■ Für Weizenallergiker empfehlenswert. ■ Für Brot, Backwaren und Teigwaren.

Getreide	Eigenschaften
Gerste	■ Stellt geringe Ansprüche an Boden und Klima. ■ Gerstenmehl ist Zutat in Spezialbroten; einzeln nicht zu verwenden, da die Klebereigenschaften fehlen. ■ Rohstoff zum Bierbrauen und zur Whiskeyerzeugung.
Hafer	■ Hat von allen Getreidearten den höchsten Eiweiß- und Fettgehalt und wird deshalb schnell ranzig. ■ Reich an löslichen Ballaststoffen, die beim Kochen einen Schleim bilden (Haferschleim, Diät bei Magenverstimmung). ■ Haferflocken für Suppen, Müsli und Gebäck.
Hirse	■ Stellt geringe Ansprüche an den Boden. ■ Reich an Eisen, Magnesium und Kieselsäure. ■ Ist glutenfrei. ■ Durch längere Lagerung werden die Körner bitter. ■ Als Beilage, für süße und pikante Aufläufe; zu Salaten, Laibchen und Suppen.
Mais	■ Auf dem amerikanischen Kontinent innerhalb der Getreidesorten an erster Stelle. ■ Fettreich, arm an wichtigen Eiweißstoffen. ■ Ist glutenfrei. ■ Produkte sind Maisstärkemehl, Maisgrieß (Polenta), Cornflakes und Popcorn.
Roggen	■ Wichtiges Brotgetreide. ■ Schmeckt kräftiger als Weizen und bindet mehr Wasser. ■ Roggenbrot muss mit Sauerteig verbacken werden; hält sich daher länger frisch. ■ Weitere Verwendung: Wodka- und Korndestillation.
Reis	■ Grundnahrungsmittel im asiatischen Raum. ■ Ist glutenfrei.

Die Sumpfpflanze Reis gedeiht am besten in tropischen Klimazonen. Weltweit gibt es über 8 000 Arten.

Reissorten		Beispiele
Langkornreis, Basmatireis, Jasmin-Siam-Reis oder **Duftreis, Patnareis**	Nach dem Kochen oder Dünsten trocken und körnig	Für Beilagen, z. B. Curryreis
Mittelkornreis	Weich kochend und nach dem Garen eher klebrig	Zur Risottoherstellung und für Sushi (Uruchireis)
Rundkornreis	Italienischer Reis mit weichem Kern, nach dem Garen klebrig	Für Risotto, Süßspeisen, z. B. Milchreis, Reispudding

Die zentrale Idee des Systemanbieters aran: ein knuspriges Holzofenbrot in Kombination mit einer Auswahl an leckeren frischen Aufstrichen

Going international

The term "corn" is used in the United States, Canada, and Australia for maize (Mais). In much of the English-speaking world, corn is a generic term for cereal crops, such as barley (Gerste), oats (Hafer), rye (Roggen) and wheat (Weizen).

Wildreis, hier eine Mischung mit weißem Reis, ist botanisch kein Reis, sondern der Samen einer Wasserpflanze. Die Schwarzfärbung und der nussige Geschmack entstehen beim Trocknen und Rösten.

Schnellkochreis = Reis mit verkürzter Zubereitungszeit. Wird durch Dampf- bzw. Wärmebehandlung vorgegart und dann wieder getrocknet, was die Garzeit auf ca. drei bis fünf Minuten reduziert.

Kochbeutelreis = fertig portioniert, schwimmt beim Kochen im Beutel und kann daher nicht anbrennen.

Handelsprodukte	
Naturreis (Vollkornreis) 	■ Geschält, nicht geschliffen, vom nährstoffreichen Silberhäutchen umschlossen; Keimling noch enthalten. ■ Hoher Vitamin-B-Gehalt. ■ Lange Gardauer (ca. 50 Minuten).
Parboiled Reis 	■ Nach dem Schälen eingeweicht, unter Dampf erhitzt und wieder getrocknet; viele Nährstoffe wandern ins Korninnere. ■ So gehen beim anschließenden Poliervorgang nicht alle Mineralstoffe verloren.
Weißer Reis 	■ Geschälter, geschliffener und polierter Reis. ■ Hat dadurch nahezu alle wertvollen Vitamine und Mineralstoffe verloren.

Körnerfrüchte

Die Körnerfrüchte Buchweizen, Quinoa und Amarant enthalten kein Klebereiweiß (Gluten) und sind daher für Zöliakiekranke und Allergiker zu empfehlen.

Buchweizen

Ist leicht verdaulich und reich an Mineralstoffen, Vitaminen und Eiweiß (Aminosäure Lysin). Buchweizen eignet sich als Zutat für Spezialbrotsorten, Buchweizentorte, als Beilage, für Breie, Aufläufe und Getreidegerichte.

Quinoa

Ist eine alte, wiederentdeckte Kulturpflanze der Andenländer Südamerikas. Quinoa enthält hochwertiges Eiweiß und eignet sich gekocht als Beilage, für Suppen, Süßspeisen und Aufläufe.

Amarant

Reich an ungesättigten Fettsäuren, Mineralstoffen und hochwertigem Eiweiß, ist Amarant den Getreidesorten weit überlegen. Wegen des hohen Kalzium- und Eisengehalts ist es als Kindernahrung empfehlenswert.

Amarant dient in Kombination mit anderen Getreidesorten zur Herstellung von Backwaren und Müsli.

1.2 Getreideprodukte

Das Ziel der Müllerei besteht darin, die drei wichtigsten Kornbestandteile Schale, Keimling und Mehlkörper voneinander zu trennen.

Vom Getreide zum Mehl

Das Getreide wird in der Mühle gereinigt, geschält und vermahlen. Der Vermahlungsvorgang besteht aus zehn bis zwanzig Zerkleinerungsstufen. Dabei entstehen Mehle, Schälprodukte und Mahlprodukte.

Handelsprodukte	
Vollkorn (ganze Körner)	▪ Das ganze Getreidekorn wird verwendet. ▪ Bei den Spelzgetreiden Hafer, Gerste und Dinkel wird der Spelz (die Getreidekornhülse) entfernt. ▪ Für Vollkornbrot und Spezialbrote; in gekeimter Form für Frischkornmüsli, als Dekor für Salate und für Aufstriche.
Zartweizen, Edelweizenprodukte (Ebly, Weizli, Ricy)	▪ Weizenkörner werden gekocht, getrocknet und geschält. Die Nährstoffe bleiben großteils erhalten. ▪ Verwendung als Sättigungsbeilage anstatt Reis oder Teigwaren.
Kleie	▪ Sind die nach dem Absieben des Mehles verbliebenen Randschichten und Keimlinge. ▪ Hoher Vitamin-, Eiweiß- und Ballaststoffanteil. ▪ Als Ballaststoffergänzung in Vollwertspeisen.
Rollgerste (Graupen)	▪ Geschälte, entkeimte und polierte Gerstenkörner. ▪ Als Suppeneinlage und für Eintöpfe.
Grütze	▪ Zerkleinerte Getreidekörner (Hafer, Gerste, Buchweizen); ihre Größe liegt zwischen der von Graupen und Grieß. ▪ Für Breie und Suppen.
Schrot	▪ Das geschälte, vom Keimling befreite Getreidekorn wird grob bis fein zerkleinert (Backschrot); ungeschälte Körner werden zu Vollkornschrot zerkleinert. ▪ Für Brot und Gebäck.
Flocken	▪ Das Getreide (Hafer, Dinkel, Weizen etc.) wird ganz oder zerschnitten gedämpft, gewalzt oder gequetscht und getrocknet; meist vorher geschält; Getreideknusperflocken werden zusätzlich knusprig geröstet, häufig in viel Fett. ▪ Als Frühstücksgetreideerzeugnisse.
Grieß	▪ Aus kleinen, aber deutlich sichtbaren Kornteilchen des ganzen Korns oder des Mehlkörpers; meist wird er aus Weizen hergestellt, manchmal auch aus Mais (Polenta). ▪ Weichweizengrieß für Suppen, Breie und Puddings. ▪ Hartweizengrieß für Teigwaren, Klöße (Knödel) und Aufläufe.

Junge Die Bäckerei bietet Azubis Karrieremöglichkeiten vom Fachmann bzw. von der Fachfrau der Systemgastronomie über die Leitung eines Geschäftes bis hin zur Gebietsverkaufsleitung.

Mehle, die nicht aus dem vollen Korn vermahlen werden, bezeichnet man als Auszugsmehle.

Mehl

Mehle werden nach der Typenzahl gehandelt. Die Typenzahl gibt den Aschegehalt des Mehls in Milligramm an, bezogen auf 100 Gramm Mehl. Um den Mehltyp zu ermitteln, werden 100 Gramm Mehl verbrannt. Die übrig gebliebene Asche wird gewogen. Dieser Wert ist die Typennummer und gibt den Mineralstoffgehalt des Mehles an. Mehl mit der Typenbezeichnung 550 enthält demnach 550 mg Mineralstoffe je 100 Gramm Mehl.

Da die Mineralstoffe zu einem großen Teil aus den Schalenbestandteilen des Getreidekorns stammen, bedeutet eine höhere Typenzahl einen höheren Anteil an Schalenbestandteilen und somit auch an Ballaststoffen.

Mehltypen nach DIN 10355 – Auszug

Weizenmehl		Roggenmehl	
405	Helles Allzweckmehl für Kuchen, Brötchen, helles Gebäck	815	Für helle Roggenbrote oder Brötchen
550	Für Teig, der gut aufgehen soll, wie Teig für Kuchen, Brötchen, Weißbrot, Stollen und Hefeklöße; Hefeteig	1150	Für Roggenmischbrote
812	Für helle Mischbrote	1370	Für herzhafte Roggen- und Roggenmischbrote
1050	Für Misch- und Graubrote	1800	Roggenbackschrot: volles Korn ohne Keimling; für Schrotbrote
1700	Backschrot: volles Korn ohne Keimling; für Schrotbrote		

Vollkornmehl hat keine Typenbezeichnung. Für Vollkornmehl wird grundsätzlich das ganze Getreidekorn vermahlen. Man kann es aus allen Getreidesorten und Körnerfrüchten herstellen. Häufig ist es wegen der Schalenbestandteile etwas dunkler. Es muss aber nicht grundsätzlich dunkel sein, Hirsevollkornmehl ist zum Beispiel sehr hell.

Binden mit angerührtem Stärkemehl

Mais-, Reis- und Kartoffelmehl

Diese Mehle eignen sich insbesondere für Glutenallergiker bzw. für Menschen, die an Zöliakie leiden. Glutenfreie Mehlmischungen bzw. Brote und Backwaren werden daher bevorzugt aus diesen Mehlen hergestellt. Brot und Gebäck zu machen, ist allerdings nicht leicht, da diesen Mehlen das Klebereiweiß fehlt.

Stärke

Stärke dient in der Küche häufig als Bindemittel. Die wichtigsten Handelsprodukte sind Kartoffelstärke, Reisstärke, Maisstärke (z. B. Maizena), Sagostärke, Arrowroot und Johannisbrotkernmehl.

Um Klumpenbindung zu vermeiden, muss Stärke in kalter Flüssigkeit angerührt werden. Unter ständigem Rühren wird diese Masse in die kochende Flüssigkeit gegossen und nur kurz gekocht.

Die Stärke als Bindemittel wird auch im Kapitel Speisen- und Menükunde behandelt, vgl. Band 2.

Recherchieren Sie über verschiedene Bindemittel, z. B. Kuzu. Eine kurze Zusammenfassung ausgewählter Handelsprodukte finden Sie unter www.trauner.at/systemgastronomie.aspx.

1.3 Backwaren und Teigwaren

Backwaren sind Brot, Gebäck, Fein- und Konditorbackwaren, Dauerbackwaren und backfertige Teiglinge.

Brot

Weizen- und Roggenmehl sowie Wasser sind die Hauptrohstoffe bei der Brotteigbereitung. Es besteht ein wesentlicher Unterschied in der Verarbeitung von Weizen- und Roggenteigen. Bei Letzteren ist erst durch entsprechende Versäuerung (Sauerteig und/oder teigsäuernde Backmittel) die Triebfähigkeit gegeben.

Die Konsumentinnen und Konsumenten möchten zu jeder Tageszeit ofenwarmes Brot und Gebäck. Durch verschiedene Kälteverfahren – Gärungsabläufe werden durch Kälte gezielt gesteuert – ist es möglich, Teiglinge vorzuproduzieren.

Brotsorten		
Roggenbrot	■ Aus Roggenmehl ■ Leicht säuerlich ■ Mit Sauerteig gelockert	Roggenbrot
Weizenbrot	■ Aus Weizenmehl ■ Milder Geschmack; leicht verdaulich ■ Lockerung vorwiegend mit Hefe	Weißbrot, Sandwichwecken, Toastbrot, Baguette, Ciabatta, Grahambrot
Mischbrot (Roggen- Weizen-Mischbrot)	■ Aus Weizen- und Roggenmehl ■ Meist mit Sauerteig hergestellt	Brot, Mischbrot, Hausbrot, Bauernbrot, Landbrot
Vollkornbrot	■ Aus Vollkornmehl oder Vollkornschrot	Weizen-, Roggen-, Dinkelvollkornbrot
Spezialbrot Sonnenblumenkernbrot	■ Brot, das Zutaten wie Kürbiskerne, Sonnenblumenkerne, Leinsamen, Zwiebeln, Nüsse, Gewürze, Soja, Kartoffeln usw. enthält ■ Brot, das durch spezielle Backverfahren hergestellt wird	Kürbiskernbrot, Sonnenblumenkernbrot, Gewürzbrot usw. Steinofenbrot, Holzofenbrot, Pumpernickel, Knäckebrot

Durch Mehl- und Fertigbackmischungen wird das Backen vereinfacht. Die Zusätze in den Mischungen tragen nicht zur Qualitätssteigerung im Sinne von „Brot, ein Naturprodukt" bei, jedoch zur Standardisierung der Produkte.

Tipps für die Lagerung von Back- und Teigwaren

- Brot eignet sich nicht zur Aufbewahrung im Kühlschrank, da es dort schneller austrocknet, ausgenommen Vollkornbrot. Eine Lagerung bei Raumtemperatur im Trockenlager wird daher empfohlen.
- Tiefkühlen verhindert das Altbackenwerden. Durch das Aufbacken wird das Brot wieder knusprig, es ist jedoch nur kurz in diesem Zustand.
- Weißbrot sollte in der Gastronomie täglich frisch angeboten werden.
- Roggenbrot kann ca. 4 Tage gelagert werden.

Going international
Tourists come to Oktoberfest in Munich from all over the world. The dough of the famous Bavarian pretzel is artistically wound to form a lye bread. On the Wiesn, the enormous, oversized pretzel is preferred.

Nähere Informationen über die Ölsaaten finden Sie unter www.trauner.at/systemgastronomie.aspx.

Kleinere Gebäckformen für das sogenannte Kuvertgedeck werden als Partygebäck bezeichnet

Gebäck

Gebäck wird aus denselben Zutaten und Teigen hergestellt wie Brot. Es gibt Kleingebäcksorten in vielen verschiedenen Größen und Formen, süß oder pikant und in Vollkornqualität.

Zusätze wie Eier, Rosinen, Trockenobst, Kartoffelprodukte und Streumittel wie grobes Salz, Mohn, Leinsamen, Sesam, Gewürze usw. sind erlaubt.

Kleingebäcksorten		
Weiß- bzw. Weizengebäck	■ Aus Weizenmehl verschiedener Typen	Brötchen (Semmeln), Weckle, Mohnzöpfchen, Salzstangerln, Käseweckerln
Laugengebäck	■ Weizengebäck, dessen Oberfläche vor dem Backen mit Natronlauge behandelt wird	Brezen, Stangerln
Mischgebäck	■ Aus Weizen- und Roggenmehl	Speckweckerln, Roggenbrötchen
Vollkorngebäck	■ Aus Vollkornmehl oder Vollkornschrot	Vollkornbrötchen, Grahamgebäck, Kürbiskernweckerln, Sonnenblumenweckerln
Mehrkorngebäck	■ Enthält neben Weizen und Roggen auch Hafer, Gerste und Buchweizen	Hirseweckerln, Dreisaatweckerln, Müslistangerln

Fein- und Konditorbackwaren

Das sind aus Blätter-, Plunder-, Mürb-, Brand-, Lebkuchen-, Strudel- oder Hefeteig hergestellte Backwaren sowie Kuchen und Torten. Füllungen sind z. B. Nuss, Mohn, Konfitüre, Quark oder Früchte.

Dauerbackwaren

Durch geringen Wassergehalt sind sie länger haltbar (MHD ca. sechs Monate). Dauerbackwaren sind Kekse, Lebkuchen, Löffelbiskuit, Oblaten, Eiswaffeln, Hohlhippen, Zwieback, Salz- und Knabbergebäck, Cracker.

Backfertige Teige und Teiglinge

Vorgefertigte Teige und Teiglinge zählen zu den Convenienceprodukten, sie sind in der Systemgastronomie sehr beliebt.

- Pizza-, Strudel-, Blätter-, Mürb- und Lebkuchenteige werden gekühlt oder tiefgekühlt geliefert.
- Teiglinge für Brötchen, Brot, Cookies oder Croissants werden in den Bäckereien und Backshops oder direkt im gastronomischen Betrieb fertig gebacken. Sie werden frisch und gekühlt oder tiefgekühlt geliefert. Spezielle Aufbacköfen sind nötig.

Teigwaren

Sie werden aus kleberreichem Hartweizengrieß oder -mehl, evtl. Eiern, Öl, Wasser und Salz hergestellt. Teigwaren sind getrocknet und damit lagerfähig.

Nach den verwendeten Zutaten unterscheidet man Eierteigwaren, Vollkornteigwaren, Gemüse- und Kräuterteigwaren, bunt gefärbte Teigwaren, gefüllte Teigwaren und Teigwaren aus Hartweizengrieß ohne Ei. Nudeln gibt es in den verschiedensten Formen.

Nudelformen	
Suppennudeln 	■ Sind klein und treten optisch in den Hintergrund. ■ Suppeneinlagen sind z. B. Fadennudeln, Buchstabennudeln, kleine Muscheln, Sterne.
Langware 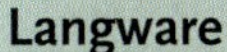 	■ Lange, draht- und röhrenförmige oder flache Teigwaren, die Saucen gut aufnehmen. ■ Beilage für saucenreiche Gerichte. ■ Spaghetti, Makkaroni, Spaghettini, Lasagne, Bandnudeln.
Kurzware 	■ Sammelbegriff für die vielfältige Gruppe der gedrehten, gerillten Nudeln; sie lassen sich gut mit der Gabel aufnehmen. ■ Für Aufläufe, Eintöpfe und Salate; als Beilagen. ■ Spirelli, Penne, Fusilli, Farfalle, Muscheln, Hörnle, Spätzle.
Gefüllte Nudeln	■ Mit Fleisch- oder Gemüsefarce gefüllt. ■ Ravioli, Tortellini, Cannelloni.

Teigwaren trocken und staubfrei lagern und nicht mit stark riechenden Waren aufbewahren. Wichtig ist es, sie verschlossen zu lagern, um sie vor Schädlingen wie Motten zu schützen. Siehe Kapitel „Biologische Gefahren/Schädlinge“, Seite 44. Teigwaren sind lange haltbar, empfohlen wird eine Lagerung von bis zu einem Jahr.

Aufgabenstellung

- Welche Nudelformen eignen sich für die folgenden Gerichte? Notieren Sie je zwei Formen!

  Gulasch ____________________

  Hirschbraten ____________________

  Frühlingssuppe ____________________

  Nudeleintopf ____________________

  Sauce bolognese ____________________

  Chinesisches Gericht ____________________

  Nudelsalat ____________________

Frisch gemachte Teigwaren sollten sofort verarbeitet werden, da sie nicht lange lagerfähig sind

Warum sind industriell hergestellte Teigwaren monatelang haltbar?

Diese Übung finden Sie auch unter www.trauner.at/systemgastronomie.aspx.

Zuckerrübe

Zuckerrohrernte

Kennen Sie Kluntje?
Kluntje – die Bezeichnung für weißen Kandiszucker – ist Bestandteil der Teezeremonie in Ostfriesland. Vor dem Eingießen des Tees legt man einen Kluntje in die Tasse. Der Tee wird eingefüllt und der Kluntje beginnt zu knistern. Erst anschließend gibt man einen Tropfen Sahne dazu.

1.4 Stoffe mit Süßgeschmack

Mit hohem Zuckerkonsum wird eine Reihe von Erkrankungen (z. B. Karies, Übergewicht) in Zusammenhang gebracht. Daher wurden – ursprünglich vorrangig für Diabetiker und Übergewichtige – Zuckeraustauschstoffe und energiefreie Süßstoffe auf den Markt gebracht.

Zucker

Unter Zucker versteht man wasserlösliche, süß schmeckende Kohlenhydrate, die sich aus Trauben- und Fruchtzucker zusammensetzen. In Deutschland gewinnt man den Zucker aus der Zuckerrübe. Weltweit werden zwei Drittel des Zuckers aus Zuckerrohr gewonnen.

Handelsprodukte	
Kristallzucker/ Haushaltszucker	■ In verschiedenen Korngrößen von fein bis grob
Staubzucker, Puderzucker	■ Kristallzucker, fein gemahlen ■ Als Dekoration oder für Eischnee
Würfelzucker	■ Zu Würfeln gepresster Kristallzucker
Kandiszucker	■ Zuckerkristalle von unterschiedlicher Größe und Farbe (braun, weiß) ■ Für Tee
Brauner Zucker	■ Aus Rohr- oder Rübenzucker ■ Für Cocktails und Kaffeespezialitäten
Vanillezucker	■ Feiner, weißer Zucker mit echtem Vanillemark ■ Verbessert den Geschmack ■ Achtung: Der billigere Vanillinzucker hat ein künstliches Vanillearoma
Läuterzucker	■ Klarer, dickflüssiger Sirup aus Zucker und Wasser im Mischungsverhältnis 1:1, also ein Kilogramm Zucker auf ein Liter Wasser; auch leicht selbst herzustellen ■ Gut anzuwenden, da er auch kalt schnell löslich ist ■ Für Mixgetränke, Obstsalate

Zucker trocken und nicht neben riechenden Waren aufbewahren. Bei richtiger Lagerung ist Zucker unbegrenzt haltbar, bei Feuchtigkeit klumpt er zusammen.

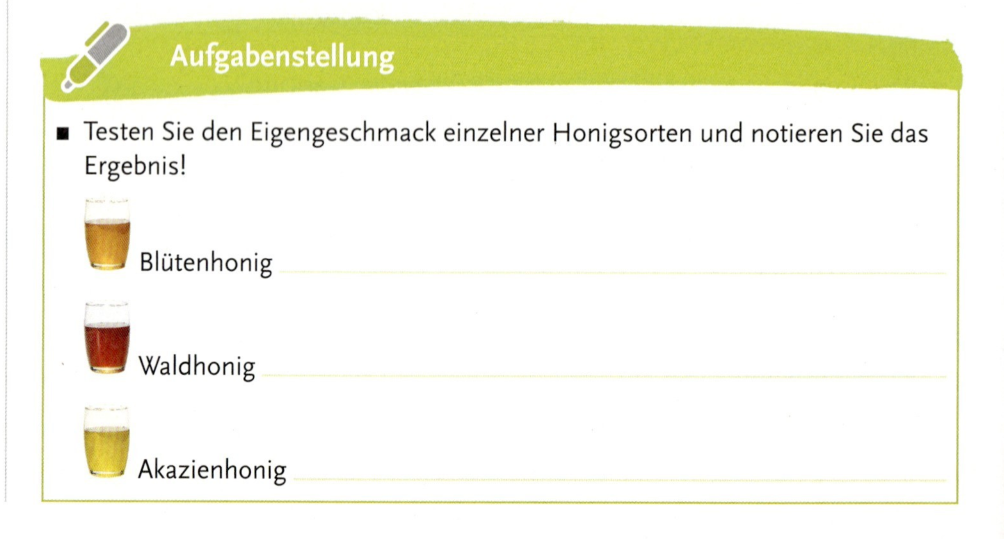
Aufgabenstellung

- Testen Sie den Eigengeschmack einzelner Honigsorten und notieren Sie das Ergebnis!

Blütenhonig ______

Waldhonig ______

Akazienhonig ______

Diese Übung finden Sie auch unter www.trauner.at/systemgastronomie.aspx.

Honig

Honig ist jener süße Stoff, der von den Bienen aus Blütennektar und Honigtau gemacht wird. Honig ist zu hundert Prozent natürlich. Er wird als Aufstrich zum Frühstück verwendet und dient als Ersatz für Zucker, z. B. beim Backen und Süßen von Getränken.

Es gibt verschiedene Honigsorten, wie Blütenhonig (Klee-, Akazien- und Lindenblütenhonig), Edelkastanienhonig, Rapshonig und Thymianhonig.

Honig trocken, geruchsfrei, dunkel, mäßig kühl und in geschlossenen Gefäßen lagern. Nach zweieinhalb Jahren nehmen die Inhaltsstoffe und das Aroma ab. Das Kristallisieren des Honigs ist von der Sorte abhängig. Blütenhonig kristallisiert wegen des höheren Traubenzuckeranteils schneller. In einem lauwarmen Wasserbad kann Honig wieder verflüssigt werden.

Beim Erhitzen über 45 °C gehen viele Inhaltsstoffe des Honigs verloren. Leider wird Honig häufig höher erhitzt, damit er nicht mehr kristallisiert.

Stevia (Stevioglykosid) ist ein aus der gleichnamigen Pflanze gewonnener Süßstoff. Die hohe Süßkraft und die pflanzliche Herkunft machen dieses Süßmittel immer beliebter. Steviaprodukte sind seit 2011 in der EU als Lebensmittel zugelassen. Der leichte Lakritzgeschmack wirkt manchmal störend.

Süßungsmittel

Es sind dies Zuckeraustauschstoffe und Süßstoffe.

Zuckeraustauschstoffe

- Aus Einfach-, Doppelzucker oder Stärke hergestellt.
- Sind Energielieferanten.
- Ihre Verträglichkeit ist begrenzt: größere Mengen können Durchfall verursachen.
- Fruchtzucker, Sorbit (E 420), Mannit (E 421), Isomalt (E 953), Xylit (E 967), Maltit (E 965), Lactit (E 966).

Süßstoffe

- Um ein Vielfaches süßer als Zucker; nur kleinste Mengen verwenden.
- Geeignet für Diabetiker; sie beeinflussen den Insulin- oder Blutzuckerspiegel im menschlichen Organismus nicht.
- Saccharin (E 954), Acesulfam K (950), Cyclamat (E 952), Neohesperidin (E 959) sind koch- und backfest, energiefrei.
- Aspartam (E 951; Süßkraft 180-mal höher als Zucker) und Thaumatin (E 957; bis 3 000-mal höhere Süßkraft) sind nicht hitzebeständig, nicht energiefrei (17kj/g).

Nicht alle Menschen vertragen diese Süßungsmittel

Aufgabenstellung

- Recherchieren Sie! Was macht den Süßstoff Aspartam im Zusammenhang mit der Stoffwechselerkrankung Phenylketonurie gefährlich?

Diese Übung finden Sie auch unter www.trauner.at/systemgastronomie.aspx.

Zuckerwaren

Die Hauptbestandteile dieser Waren sind Zucker und Glukosesirup. Ihren Geschmack erhalten sie durch Zusätze wie Milch, Früchte, Kakaoerzeugnisse und Zusatzstoffe.

Marzipan

Mit Krokant überzogener Frankfurter Kranz

Pralinen

Zuckerwaren (eine Auswahl)	
Marzipan	▪ Aus Zucker, fein geriebenen süßen Mandeln und einem geringen Anteil an Bittermandeln ▪ Für Pralinen, Makronenmassen, zum Modellieren von Figuren
Persipan	▪ Marzipanersatz aus Aprikosen- oder Pfirsichkernen (ohne Bitterstoffe)
Nougat	▪ Aus gemahlenen Haselnüssen, Walnüssen oder Mandeln, Zucker und Kakaoerzeugnissen ▪ Für Pralinen, Cremes, Speiseeis
Karamell	▪ Entsteht durch Erhitzen von Zucker; je nach Erhitzungsdauer mit hell- bis dunkelbrauner Farbe und aromatischem bis herbem Geschmack ▪ Für Cremes und als Dekor
Fondant	▪ Gerührte Masse aus gekochtem Zucker und Glukosesirup ▪ Für die Zubereitung von Glasuren auf Gebäck und Torten, für Füllungen von Süßwaren, Pralinen und Konfekt
Krokant	▪ Mit Karamell überzogene gehackte Nüsse ▪ Für Cremes, Pralinen, Speiseeis und als Dekor

Kakao- und Schokoladeerzeugnisse

Die Kakaobohnen werden aufgeschlagen und die Samen ausgelöst

Das Ausgangsprodukt für alle diese Erzeugnisse ist Kakaomasse. Sie entsteht durch die Vermahlung von gerösteten und geschälten Samen der Kakaobohnen, die in Afrika, vor allem an der Elfenbeinküste, geerntet werden.

Noch in den Anbauländern werden die vom Fruchtfleisch umgebenen Samen fermentiert. Dabei löst sich das Fruchtfleisch. Die Aromabildung beginnt, die Gerbstoffe werden abgebaut. Anschließend werden die Bohnen gewaschen und getrocknet. Sie werden in die Verbraucherländer verschifft, wo sie zu Kakaomasse weiterverarbeitet werden.

Die Kakaomasse enthält vor allem Kakaobutter sowie Eiweiß, Stärke, Mineralstoffe, Theobromin, Koffein und Gerbstoffe sowie etwas Wasser.

Das uns bekannte Kakaopulver zur Herstellung von Getränken wird durch das Pressen von Kakaomasse gewonnen.

Kuvertüre versus Fettglasur
Kuvertüre ist eine hochwertige Überzugsmasse für Torten und Pralinen. Sie wird wie Schokolade hergestellt und enthält mindestens 31 % Kakaobutter und höchstens 55 % Zucker.

Kakaohaltige Fettglasuren enthalten neben geringen Mengen an Kakaobutter andere, zum Teil gehärtete Pflanzenfette. Sie dürfen nicht als Schokolade oder Tunkmasse bezeichnet werden und nicht für geschützte Rezepte (z. B. Sachertorte) verwendet werden.

Im Fruchtfleisch eingebettet liegen an die 50 Samen, die Kakaobohnen

Schokolade besteht aus Kakaotrockenbestandteilen, Kakaobutter und höchstens 55 % Zucker. Die Zutaten werden gemischt und durch Walzen in kleine Teilchen zerlegt. Anschließend wird die Schokoladenmasse unter ständigem Rühren erwärmt. Bei diesem Vorgang (Conchieren) wird die Masse noch feiner und Aromastoffe können sich besser entwickeln.

Die unterschiedlichen Schokoladen entstehen durch die Zugabe von Nüssen, Mandeln, Rosinen, Nugat und durch Cremefüllungen.

Bedeutung für die Ernährung

Alle Zuckerarten und Honig haben einen hohen Kohlenhydrat- und Energiegehalt.

- Haushaltszucker besteht hauptsächlich aus Zweifachzucker.
- Honig enthält neben 80 % Zucker auch Wasser und geringe Mengen Eiweiß.
- Die meisten Zuckeraustauschstoffe enthalten dieselbe Energiemenge wie Zucker, allerdings kann vom Körper nur ein geringerer Prozentsatz genützt werden.
- Zuckerwaren, Kakao- und Schokoladeerzeugnisse haben einen hohen Kohlenhydrat- und Fettgehalt. Sie sollten daher nur in kleinen Mengen konsumiert werden.

Zucker und Honig sind leicht verdaulich, sie gehen schnell ins Blut über. Der Blutzuckerspiegel steigt rasch an, sinkt jedoch nach kurzer Zeit wieder ab. Das Sättigungsgefühl ist nur von kurzer Dauer.

Süßungsmittel haben eine weitreichende Bedeutung für die Ernährung. Lesen Sie darüber sowie über Einkauf und Lagerung von Süßungsmitteln je einen Artikel unter www.trauner.at/systemgastronomie.aspx.

Sammeln Sie unterschiedliche Kaugummipackungen und vergleichen Sie diese!
Welche Süßstoffe werden verwendet? Welche Hinweise auf ihre Wirkung auf die Verdauung finden Sie?

Volkswirtschaftlicher Nutzen der Bienenhaltung – ohne Bienen kein Leben!
Das alljährliche Bienensterben – vermutlich ausgelöst von der aus Asien eingeschleppten Varroamilbe – ist besorgniserregend und sollte uns zu denken geben. Aber nicht nur die Zahl der Bienen geht
drastisch zurück, es gibt auch immer weniger Imkerinnen und Imker. Und dabei geht es nicht nur um den Honig!

Bedenken Sie: Gibt es keine Bienen mehr – erfolgt keine Bestäubung mehr – wachsen keine Pflanzen mehr – haben die Tiere keine Nahrung mehr – gibt es bald keine Menschen mehr ... oder anders gesagt: Durch das Bestäuben der Pflanzen erzeugen die Bienen bis zu einem Drittel der menschlichen Nahrung!

Aufgabenstellungen

1. Kreuzen Sie an, bei welchen Lebensmitteln es sich um echtes Getreide handelt! Unterstreichen Sie alle glutenhaltigen Getreide rot, alle Brotgetreide grün!

Gerste	☐	Amarant	☐	Weizen	☐
Reis	☐	Hafer	☐	Buchweizen	☐
Mais	☐	Dinkel	☐	Roggen	☐

2. Welche Süßungsmittel bieten Sie Ihren Gästen zu folgenden Getränken an?

Ostfriesentee ____________________

Kaffee ____________________

Darjeelingtee ____________________

Früchtetee ____________________

3. Sie lesen in der Bäckerei: Marzipanhörnchen mit Schokolade und Persipanhörnchen mit kakaohaltiger Fettglasur. Wo ist hier der Unterschied? Erläutern Sie ihn!

____

____

____

____

____

Diese Übung finden Sie auch unter www.trauner.at/systemgastronomie.aspx.

1.5 Kartoffeln

Kartoffeln sind die knollenförmig verdickten unterirdischen Speicherorgane der Kartoffelpflanze. Im 16. Jahrhundert wurde sie von den Spaniern von Peru nach Europa gebracht. Erst zwei Jahrhunderte später erkannte man ihren Wert als Grundnahrungsmittel. Heute sind Kartoffeln nach Mais, Weizen und Reis das wichtigste Nahrungsmittel.

Etwa die Hälfte der Kartoffelernte wird als Speisefrischkartoffeln gegessen. Der Rest dient als Rohstoff für die Herstellung von Kartoffelerzeugnissen, Kartoffelstärke, Dextrinen, Wodka und Spiritus sowie als Viehfutter.

Spiritus = gewerblich hergestellter Branntwein mit hohem Alkoholgehalt; nicht trinkbar.

Kartoffelarten

Entscheidend für die Auswahl der richtigen Kartoffeln zum Kochen ist nicht so sehr die Sorte bzw. der Name, sondern der Kochtyp (fest kochend oder mehlig kochend). Die Namen der Kartoffeln ändern sich häufig, da ihr Anbau meist nur mit neuem Saatgut durchzuführen ist, das eben anders heißt. Auf den Kartoffelsäcken wird immer der Kochtyp angegeben.

Kochtyp	Fest kochend	Vorwiegend fest kochend	Mehlig kochend
Eigenschaften	■ Meist Frühkartoffeln ■ Höherer Eiweißgehalt (speckig) ■ Kaum lagerfähig	■ Mittelfrühe Kartoffeln ■ Lagerfähig	■ Spätkartoffeln ■ Hoher Stärkegehalt ■ Gut lagerfähig
Aussehen	■ Oval, rund bis länglich ■ Klein ■ Gelb	■ Rund bis länglich ■ Mittelgroß ■ Hellgelb	■ Rund und groß ■ Weiß oder gelb
Verwendung	■ Für Salate ■ Geschält und gekocht als Salzkartoffeln ■ Gebraten als Schlosskartoffeln ■ Gedämpft als Pellkartoffeln	■ Für alle Zubereitungen anwendbar ■ Vor allem zum Braten als Bratkartoffeln, zum Frittieren als Kartoffelchips, für Gratins und Rösti ■ Für Massen und Pürees nur bedingt geeignet	■ Für Kartoffelteige ■ Für Kartoffelmassen, z. B. Kroketten ■ Für Kartoffelpüree ■ Als Zutat zu Aufstrichen

Achten Sie beim Einkauf je nach Verwendungszweck auf den geeigneten Kochtyp, die gewünschte Größe der Kartoffeln und greifen Sie zu unbeschädigten Kartoffeln, die noch nicht ausgekeimt sind. Biokartoffeln unterliegen den Richtlinien für den ökologischen Landbau. Sie wurden ohne chemische Dünge- und Pflanzenschutzmittel erzeugt.

Kartoffelprodukte sind in erster Linie Knabberartikel, wie Chips und Convenienceprodukte. Das sind vor allem Pommes frites, Kroketten, Rösti, Kartoffelpuffer, Klöße (Knödel) und Halbfertigerzeugnisse, wie Püree und Teige.

Solanin

Der Giftstoff Solanin ist in Kartoffelaugen, grünen Schalenteilen und ausgekeimten Kartoffeln enthalten. Sind die Keime mehr als fünf Millimeter lang, ist der Solaningehalt bereits so hoch, dass empfindliche Menschen mit Durchfall und Erbrechen reagieren. Keime, Augen und grüne Schalenteile müssen daher sorgfältig entfernt werden.

Übrigens wird Solanin durch Kochen nicht zerstört. Das Kochwasser von ungeschälten Kartoffeln muss immer weggegossen werden.

Es gibt bis zu 300 verschiedene Kartoffelsorten in den Farben gelb, weiß, rot und lila. Ein Foto finden Sie unter www.trauner.at/systemgastronomie.aspx.

⚠ Rohe Kartoffeln können vom Menschen nicht verdaut werden. Die Stärke von gegarten Kartoffeln hingegen ist gut verträglich und leicht verdaulich. Der hohe Fettgehalt von frittierten Kartoffelerzeugnissen führt zu einem höheren Sättigungswert und macht die Erzeugnisse schwerer verdaulich.

Kartoffelähnliche Knollen

Süßkartoffel, Batate

- Wurzelknollen eines tropischen Windengewächses
- 10–30 cm lang, bis zu 3 kg schwer
- Schmeckt süß und nussartig, erinnert an den Geschmack von Maroni und Kürbis
- Enthält Zucker und Stärke
- Ähnlich wie Kartoffeln zum Kochen, Backen, Frittieren oder Braten
- Auch für Pürees, Gratins und Kuchen
- Süßkartoffeln sind einige Wochen haltbar

Topinambur, Erdbirne

- Knollen einer Sonnenblumenart
- Pflanzen werden bis zu vier Meter hoch
- Im Geschmack der Artischocke ähnlich
- Als Beilage
- Für die Vollwerternährung geeignet und für Diabetiker empfohlen
- Topinambure sind im Kühlschrank zwei Wochen haltbar

Bedeutung für die Ernährung

Die Hauptbestandteile der Kartoffeln sind Wasser und Kohlenhydrate in Form von Stärke und Zellulose. Eiweiß ist nur in kleinen Mengen enthalten, hat aber von allen heimischen pflanzlichen Eiweißstoffen die höchste biologische Wertigkeit.
Kartoffeln sind energie- und fettarm. 100 Gramm gekochte Kartoffeln liefern nur 292 kJ. Außerdem werden immer stärkeärmere Sorten gezüchtet. Der Energiegehalt kann aber durch bestimmte Zubereitungsarten, wie Frittieren, stark erhöht werden und liegt dann etwa beim vierfachen Wert von frischen Kartoffeln.

⚠ Kartoffeln sind trocken bei 4–6 °C zu lagern. Der Lagerraum sollte gut belüftet und dunkel sein. Gute Lagerkartoffeln sind die mittelfrühen und die späten Sorten. Die Frühkartoffeln sind für den schnellen Verzehr bestimmt.

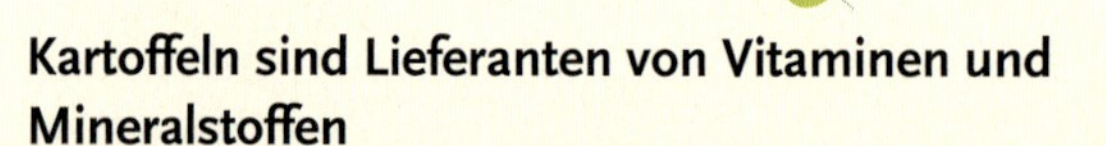

Kartoffeln sind Lieferanten von Vitaminen und Mineralstoffen

Sie decken einen hohen Anteil unseres Vitamin-C- und Vitamin-B-Bedarfs. Damit die Vitamine erhalten bleiben, hier einige Regeln:

- Kurz und gründlich waschen, nie wässern.
- Möglichst mit Schale garen. Oder dünn und unmittelbar vor dem Garen schälen.
- In wenig Wasser garen oder im Siebeinsatz dämpfen.
- Sofort nach dem Garen verzehren.

Wertvoll ist auch der hohe Gehalt an Kalium, Magnesium und Phosphor. Wegen des Kaliumgehalts haben Kartoffeln eine entwässernde Wirkung, außer man salzt sie stark.

Aufgabenstellungen

1. Die Kartoffel – eine tolle Knolle! Begründen Sie diese Aussage!

   Viele Anregungen finden Sie auf www.kartoffel.ch.

2. Sind Pommes frites wirklich so schlecht für die Gesundheit wie ihr Ruf?

1.6 Gemüse und Hülsenfrüchte

Sie haben einen hohen Gehalt an Vitaminen, Mineralstoffen und bioaktiven Substanzen. Gemüse und Hülsenfrüchte sind sehr wasserreich, was einen besonders geringen Energiegehalt zur Folge hat.

Zahlreiche Studien zeigen immer wieder die positiven Wirkungen von Gemüse auf unsere Gesundheit, eine Steigerung des Gemüseverzehrs ist daher anzustreben.

Achten Sie beim Gemüseeinkauf darauf, dass es knackig, ohne braune Flecken und weiche Stellen ist. Stielansätze müssen frisch aussehen.

Blattgemüse

In dieser Gruppe werden alle Gemüse zusammengefasst, die oberirdisch wachsende Blätter – einzeln oder in Köpfen – haben.

Bataviasalat

Eichblattsalat

Kochsalat, Romanasalat (Lattich)

Vogerl-, Feld- oder Rapunzelsalat

Eisbergsalat

Lollo bianco, Lollo bionda

Lollo rosso

Wilder Knoblauch oder Bärlauch

Endiviensalat

Friséesalat

Radicchio

Mangold

Chicorée, Brüsseler Spitzen

Grüner Salat, Kopfsalat

Spinat

Rucola, Rauke

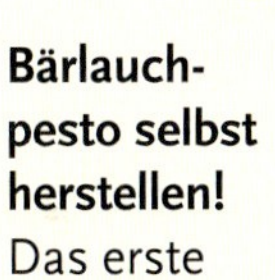

Bärlauchpesto selbst herstellen!
Das erste Blattgemüse, das im Frühling im Freiland sprießt, ist der Bärlauch. Sollten Sie selbst im Wald Bärlauch pflücken, dann achten Sie auf den typischen Knoblauchduft dieses hellgrünen Blattgemüses. Zur Zubereitung eines Pestos waschen Sie die Blätter, trocknen diese mit Küchenkrepp ab und schneiden sie klein. Anschließend Pinienkerne und geschälte Knoblauchzehen hacken. Alle Zutaten mit Salz und Olivenöl im Mixer zu einem feinen Brei verarbeiten. Wer will, kann Parmesan mitpürieren.

Blattgemüse wird verwendet:

- Für kalte Vorspeisen, Salate, gemischte Salate und als Dekoration
- Bärlauch gehackt als Knoblauchersatz oder in Pestos
- Für Suppen: Brennnesseln, Bärlauch und Spinat
- Zum Dünsten: Chicorée, Kochsalat, Mangold, Brennnesseln und Spinat

Dinea (hier im Kaufhof Heilbronn) bietet frische Salate an

Blattgemüse ist meist nur kurz lagerfähig. Am besten Salate putzen, waschen, abtropfen lassen, in feuchte, helle, saubere Tücher einschlagen und im Gemüsekühlhaus bei 4–6 °C dunkel lagern. Länger haltbar sind Endivien-, Batavia- und Eisbergsalat, wenn sie in Köpfen aufbewahrt werden.

Kohl- und Krautgemüse

In dieser Gruppe werden alle Gemüse zusammengefasst, die oberirdisch wachsende Früchte und Blätter haben.

Kohl- und Krautgemüse ist in gereinigtem Zustand im dunklen Gemüsekühlhaus bei 6 bis 8 °C rund sieben Tage lagerfähig.

Gefüllte Kohlrouladen werden gerne mit Tomatensauce serviert

Kohl- und Krautgemüse wird verwendet für:

- Salate: z. B. Rot- und Weißkrautsalat
- Gekochte oder gedünstete Gemüsebeilagen: z. B. Sauerkraut
- Hauptgerichte: z. B. Kohlrouladen, gefüllter Kohlrabi, Krautstrudel

Fruchtgemüse

In dieser Gruppe werden alle Gemüse zusammengefasst, deren reife Früchte Samen haben.

Grüne Bohnen, Gartenbohnen

Prinzessbohnen

Spargelbohnen

Grüne Erbsen

Zuckererbsen, Kaiserschoten

Salatgurken

Hokkaido

Spaghettikürbis

Butternusskürbis

Melanzani, Auberginen, Eierfrüchte

Grüne Zucchini

Gelbe Zucchini

Okraschoten

Paprika

Pfefferoni

Tomaten

Cherry- oder Cocktailtomaten

Fleischtomaten

Rispentomaten

Gelbe Tomaten

Fruchtgemüse wird verwendet:

- Für Salate bzw. Vorspeisen: z. B. Gurken, Zucchini, Paprika, Tomaten
- Für Suppen: z. B. Zucchini, Kürbisse, Tomaten
- Für Saucen: z. B. Gurken, Tomaten
- Als Gemüsebeilage: z. B. grüne Erbsen, grüne Bohnen
- Für Gemüsegerichte: z. B. gebratene Melanzani, gefüllte Paprika
- Zum Würzen: z. B. Pfefferoni im Gulasch

Kennen Sie eine Baiguogiangfeng? Es gibt Tausende alte Tomatensorten, die von Liebhabern dieses Nachtschattengewächses gezüchtet werden – www.stekovics.at. Die Lösung finden Sie auch unter www.trauner.at/systemgastronomie.aspx.

Frucht-, Blüten-, Stängel- und Sprossengemüse ist im gereinigten Zustand im dunklen Gemüsekühlhaus bei 2–6 °C rund vier Tage lagerfähig. Ausnahme: Tomaten werden bei 8–10 °C gelagert.

Der Fenchel ist nicht eindeutig einer Gemüsegruppe zuzuordnen. Roh wird er zu Salaten verarbeitet, gekocht als Gemüsebeilage und das Kraut zum Würzen verwendet. Die Samen sind u. a. ein beliebtes Brotgewürz.

Stängelgemüse

In dieser Gruppe werden alle Gemüse zusammengefasst, deren Stiele und Triebe meist oberirdisch wachsen.

Weißer Spargel

Grüner Spargel

Stangensellerie, Staudensellerie

Rhabarber

Stängelgemüse wird für Rohkost, Suppen und als Gemüsebeilage sowie für Gemüsegerichte verwendet. Rhabarber ist Bestandteil von Kuchen, Aufläufen, Kompotten und Konfitüren.

Wurzelgemüse

In dieser Gruppe werden alle Gemüse zusammengefasst, die fleischige, stärkehaltige Speicherorgane haben und in der Erde wachsen.

Möhren, Mohrrüben, Karotten

Gelbe Mohrrüben

Sellerie, Zeller

Petersilienwurzeln

Rote Bete, Rote Rüben

Pastinaken, Speiserüben

Weiße Bierrettiche

Schwarze Winterrettiche

Radieschen, Rettiche

Schwarzwurzeln

Meerrettich, Kren

Mairübchen sind eine besondere Form der Speiserübe, auch die zarten Stiele können gegessen werden. Die Rübe wird so eng gepflanzt, dass sich keine großen Rüben bilden können.

Wurzelgemüse wird verwendet:

- Für Rohkost: z. B. Karotten, Radieschen
- Für Salate: z. B. Karotten, gekochte Rote Rüben, Schwarzwurzeln
- Als Geschmacksgeber für Suppen: Karotten, Petersilienwurzeln, Sellerie
- Als Gemüsebeilage
- Für Kuchen und Torten: Karotten
- Zum Würzen: Meerrettich

Wurzelgemüse ist in gereinigtem Zustand im dunklen Gemüsekühlhaus bei 6–8 °C gut lagerfähig (Ausnahme: Rettiche). In Japan ein scharfes Gewürz, ist Wasabi bei uns häufig in Knabberprodukten – Crackern, Nüssen und Snacks – zu finden.

Zwiebelgemüse

Ist die Gruppe der Zwiebelpflanzen.

Poree, Lauch | Knoblauch | Zwiebeln | Schalotten

Zwiebelgemüse wird als Geschmacksgeber für Salate, Suppen, Saucen und Ragoutgerichte verwendet. Es ist in gereinigtem Zustand im dunklen Gemüsekühlhaus bei 6–8 °C lagerfähig.

Eine Perlzwiebel ist die Garnitur des Cocktails Gibson

Blüten- und Sprossengemüse

Es sind dies Blütenstände von Pflanzen sowie Triebe und Keime von Samen und Körnern.

Blüten- und Sprossengemüse wird verwendet:

- Für Gemüsebeilagen, Gemüsegerichte: Brokkoli, Blumenkohl, Romanesco
- Gekochte Artischocken für Hauptgerichte bzw. gekochte Artischockenherzen in Salaten
- Weizenkeimlinge und Sojasprossen für Salate, als Brotbelag und für die asiatische Küche (auch Bambussprossen)

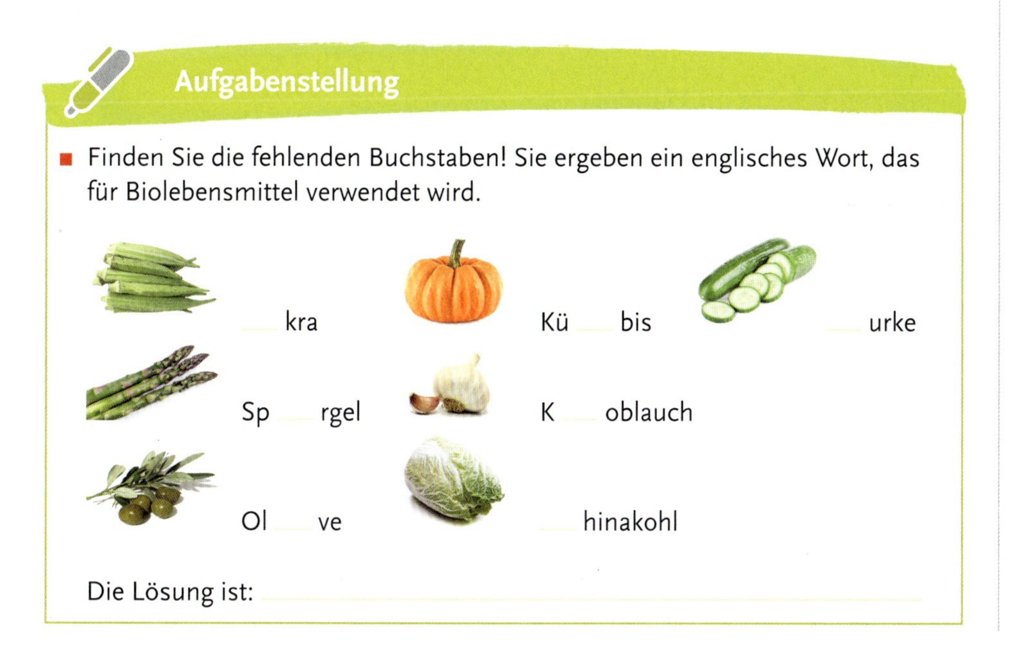

Aufgabenstellung

- Finden Sie die fehlenden Buchstaben! Sie ergeben ein englisches Wort, das für Biolebensmittel verwendet wird.

___kra

Kü___bis

___urke

Sp___rgel

K___oblauch

Ol___ve

___hinakohl

Die Lösung ist: ______________________

Diese Übung und die Lösung finden Sie unter www.trauner.at/systemgastronomie.aspx.

Hülsenfrüchte

In dieser Gruppe werden alle reifen, getrockneten Samen zusammengefasst, die aus den Hülsen verschiedener Schmetterlingsblütler stammen.

Erbsen

Kichererbsen

Rote Bohnen, Indianerbohnen

Weiße Bohne

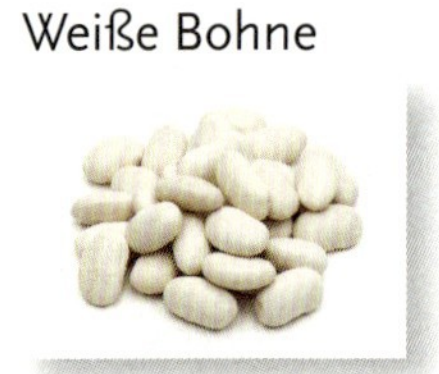

Grüne Linsen, Braune Linsen

Rote Linsen

Schwarze Linsen, Belugalinsen

Schwarze Bohnen

Hülsenfrüchte werden verwendet:
- Gekochte Erbsen, Bohnen und Linsen als Aufstriche und in Salaten
- Erbsen, Bohnen und Linsen für Suppen, als Einlagen in Fleischgerichten, für Gemüsegerichte, für Bohneneintöpfe und für Pürees

Was bereitet man aus Kichererbsen zu?
Eines der bekanntesten Gerichte aus diesen Hülsenfrüchten ist Hum(m)us. Die orientalische Spezialität wird aus pürierten Kichererbsen, Olivenöl, Zitronensaft und Gewürzen hergestellt.

Kichererbsen kauft man fertig gekocht in Dosen oder als getrocknete Samen, die vor ihrer Verarbeitung mehrere Stunden eingeweicht werden müssen.

Übrigens: Rohe Kichererbsen enthalten unverdauliche Giftstoffe, weshalb das Einweichwasser weggeschüttet und zum Kochen frisches Wasser verwendet werden muss.

Welche Gerichte werden aus Hülsenfrüchten hergestellt?

Diese Übung finden Sie auch unter www.trauner.at/systemgastronomie.aspx.

Hülsenfrüchte sind im Trockenlager bei +18 °C ca. ein Jahr haltbar. Beachten Sie, dass überlagerte Früchte ihre Quellfähigkeit verlieren und beim Kochen hart bleiben.

Bei Marché werden frisch gepresste Obst- und Gemüsesäfte angeboten

Gemüseprodukte im Handel

Im Handel sind auf verschiedene Arten konservierte Gemüse erhältlich.

Gemüseprodukte	
Tiefgefrorenes Gemüse	Z. B. Erbsen, Spinat, Karotten
Gesäuertes Gemüse	■ Gärungsgemüse – durch Zusatz von Milchsäure haltbar gemacht: Sauerkraut, saure Rüben ■ Essiggemüse – durch Zusatz von Essig haltbar gemacht: Gewürzgurken, Senfgurken, Perlzwiebeln, Rote Rüben
Säfte	■ Durch Pressen und Pasteurisieren gewonnen: Karotten, Tomaten, Rote Rüben
Sterilisiertes Gemüse	Z. B. Spargel, Karotten, Schwarzwurzeln in Gemüsekonserven

Über die Bedeutung von Gemüse für die Ernährung lesen Sie im Kapitel Obst auf Seite 140.

1.7 Obst

Unter Obst versteht man die essbaren Früchte und Samen verschiedenster kultivierter Pflanzen.
Obstanbaugebiete gibt es im ganzen Land. Sie liefern das ganze Jahr auf die Saison abgestimmte regionale Produkte. Leider werden nicht nur Südfrüchte und exotische Früchte importiert. Achten Sie daher beim Obsteinkauf besonders auf Nachhaltigkeit, siehe Seite 112f.

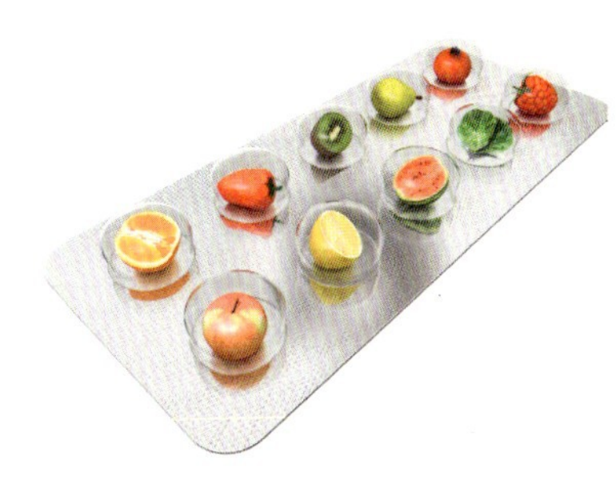

Obst in Form von Vitamintabletten – nein danke!
Obst, in roher Form gegessen, trägt zu einer gesunden Ernährung bei!

Beerenobst

Die saftigen Beeren enthalten im Fruchtfleisch viele kleine Samen.

Holunderstrauben sind in Backteig frittierte Holunderblüten

Beerenobst wird verwendet:
- Als Belag für Kuchen und Torten
- Für Fruchtsaucen, als Fruchtspiegel und als Dekoration: z. B. Erdbeeren, Himbeeren, Brombeeren
- Für Speiseeis: z. B. Erdbeeren, Himbeeren
- Für Desserts und Cremes: z. B. Erdbeeren, Himbeeren, Brombeeren
- Für Konfitüren und Kompotte (Preiselbeeren)

Kernobst

Die Früchte enthalten im Fruchtfleisch ein Kerngehäuse.

Apfel | Granny Smith | Birne | Quitte

Kernobst wird verwendet:
- Für Kuchen und Strudeln: Äpfel, Birnen
- Für Kompotte: Äpfel, Birnen, Quitten
- Für Mus: Apfelmus

Welches Obst wird am meisten in der Küche verwendet? Hinweis: Der Name ist Bestandteil eines Sprichwortes, das wir auf Seite 105 erwähnen!

Schalenobst (Nüsse)

Die genießbaren fett- oder stärkereichen Samen sind von einer ungenießbaren, verholzten Schale umgeben.

Erdnüsse zählen eigentlich zu den Hülsenfrüchten!

Nüsse haben einen hohen Fettgehalt!

Schalenobst wird verwendet:

- Als Zutat für Torten und Kuchen: z. B. Haselnüsse, Walnüsse
- Für Füllungen von Mürbteig- und Plundergebäck
- Als Dekoration, für Speiseeis, als Zutat von Krokant, Marzipan und Nugat, für Studentenfutter und gesalzen zum Knabbern

Steinobst

Es habt einen sehr harten Kern, der den Samen enthält.

Nektarine = Kreuzung aus Pfirsich und Reneklode.

Beantworten Sie eine knifflige Frage!
Welche Früchte sollte man nicht mit Milchprodukten verarbeiten? Und warum? Die Lösung finden Sie unter www.trauner.at/systemgastronomie.aspx.

Steinobst wird verwendet:

- Für gebackene Früchte: Aprikosen, Pflaumen
- Für Knödel: Aprikosen, Pflaumen
- Als Belag von Kuchen und Torten: z. B. Kirschen, Aprikosen, Pfirsiche
- Für Strudel: z. B. Kirschen
- Für Kompotte: z. B. Kirschen, Sauerkirschen, Pflaumen

Südfrüchte (exotische Früchte)

In dieser Gruppe werden alle Früchte zusammengefasst, die aus tropischen und subtropischen Ländern stammten.

Ananas

Bananen

Kiwis

Granatäpfel

Guave

Datteln

Feigen

Karambole

Kakis, Sharonfrüchte

Maracujas, Passionsfrüchte

Papaya

Tamarillos, Baumtomaten

Netzmelonen

Honigmelonen

Mango

Wassermelonen

Kiwanos, Hornmelonen

Litschi

Physalis

Avocado

Zitrusfrüchte

Orangen

Blutorangen

Mandarinen

Klementinen

Kumquats, Zwergorangen

Gelbe Grapefruits

Rosa Grapefruits

Pomelos

Zitronen

Limetten

Kennen Sie den Unterschied zwischen Mandarinen und Klementinen. Klementinen sind in der Regel kernlos und haben eine dünne, glatte Schale.

Abbildung von weiteren Südfrüchten finden Sie www.trauner.at/systemgastronomie.aspx.

Südfrüchte werden verwendet:

- Für Garnituren: z. B. Orangen, Kiwis, Ananas, Karambolen, Physalis
- Für Fruchtsalate
- Als Belag von Kuchen und Torten: z. B. Kiwis, Bananen
- Für Speiseeis: z. B. Melonen, Bananen, Mangos
- Für Desserts
- Avocados für Aufstriche und Salate

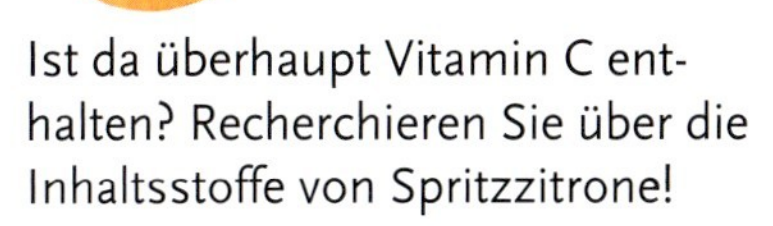

Ist da überhaupt Vitamin C enthalten? Recherchieren Sie über die Inhaltsstoffe von Spritzzitrone!

Marmelade ist ein streichfähiger Brotaufstrich, der aus Zitrusfrüchten, Wasser und Zucker hergestellt wird. Für 1 kg Marmelade müssen mindestens 200 Gramm Zitrusfrüchte verwendet werden.
Gelee ist eine streichfähige Zubereitung aus Zucker und Fruchtsaft. Fruchtanteile wie bei Konfitüre.
Konfitüre ist eine streichfähige Zubereitung aus Zucker und Früchten. Für 1 kg Konfitüre müssen z. B. bei Erdbeeren mindestens 350 Gramm Früchte verwendet werden, bei Konfitüre extra 450 Gramm.

Verarbeitung von Obst

Verarbeitetes Obst ist v. a. in folgender Form im Handel:

Obstprodukte	
Tiefgefrorenes Obst	Beeren
Trockenfrüchte	Weintrauben (Sultaninen, Rosinen, Korinthen), Äpfel, Birnen (Dörrbirnen), Aprikosen, Pflaumen, Feigen, Datteln, Ananas, Bananen
Kandierte Früchte	Aranzini, Zitronat
Obstsäfte (pasteurisiert)	Äpfel, Trauben, Kirschen, Aprikosen, Orangen, Grapefruits, Ananas, Maracujas, Mangos
Obstkonserven (pasteurisiert, sterilisiert)	Kompott, Mus (Äpfel), Dunstobst und Röster (Holunder, Pflaumen)
Marmeladen, Gelees, Konfitüren	Vor allem alle Beeren- und Steinobstsorten, Zitrusfrüchte

Bedeutung für die Ernährung

Gemüse und Obst sind von unterschiedlichem Nährstoffgehalt (Achtung: Fruchtzucker im Obst!), jedoch fast immer fettfrei und nur in Ausnahmefällen (Hülsenfrüchte) eiweißhältig. Der Gehalt an Ballaststoffen, die vielfältigen Vitamine und Mineralstoffe sowie die bioaktiven Substanzen machen Obst und Gemüse zu den wertvollsten Lebensmitteln in der Nahrungskette.

Einkauf und Lagerung

Beeren- und Steinobst ist häufig nur wenige Tage haltbar. Bei Erdbeeren und Himbeeren empfiehlt es sich, sie aus der Schale zu nehmen und ausgebreitet auf einem Tablett im Kühlhaus zu lagern. So verhindert man Druckstellen und sich ausbreitenden Schimmelbefall.

Äpfel und Birnen können bei einer Luftfeuchtigkeit von 85–95 % bei 1–3 °C mehrere Monate gelagert werden. Nüsse lagert man am besten trocken und bei Zimmertemperatur, so sind sie in der Schale monatelang haltbar. Südfrüchte und Zitrusfrüchte können auch bei Zimmertemperatur gelagert werden, das Kühlhaus verlängert aber häufig die Lagerdauer.

Was ist zu beachten?

- Gemüse und Obst nicht gemeinsam lagern.
- Fauliges oder schimmeliges Obst und Gemüse sofort aussortieren.
- Führen Sie Sinnesproben durch (Fühlen, Sehen, Schmecken)!
- Das Lagern von Obst mit hohem Wasseranteil bedingt eine Qualitätsminderung.
- Unreifes Obst und Gemüse gilt als verdorben.
- Ein Nachreifen von Obst und Gemüse ist möglich, wobei das Aroma und der Geschmack sich meist nicht weiterentwickeln.

Welches Obst und Gemüse verbirgt sich wohl hinter diesen englischen Begriffen?

cauliflower ____________

cucumber ____________

raspberry ____________

cherry ____________

lime ____________

aubergine ____________

mushroom ____________

radish ____________

gooseberry ____________

grape ____________

Diese Übung finden Sie auch unter www.trauner.at/systemgastronomie.aspx.

1.8 Speisepilze

Pilze bestehen aus einem Fruchtkörper, einem Stiel und kleinen Wurzeln, die unter der Erde sind. Es gibt rund 120 essbare Pilze. Nur einige davon werden aber tatsächlich verwendet. Qualitätsmerkmale beim Einkauf: geschlossene Kappen, glatt, fest, nicht wurmig (löcherig), trocken, frei von Farbveränderungen.

Man unterscheidet

Gezüchtete Pilze	Wild wachsende Pilze

■ Unbedenklich sind Einkauf, Zubereitung und das Wiedererwärmen fertiger Gerichte ■ Gekühlte Lagerung bei 4–6 °C ■ Wenige Tage lagerfähig	■ Verwenden Sie nur vom Marktamt kontrollierte Pilze (Vergiftungsgefahr bei Verwechslung!) ■ Pilzgerichte nicht wiedererwärmen (Gefahr der Giftbildung!) ■ Wenige Tage lagerfähig
Zum Beispiel Champignons, Austernpilze, Shiitakepilze, Stockschwämmchen, Judasohr oder Mu-Err bzw. Chinamorchel	Zum Beispiel Pfifferlinge (Eierschwammerln), Stein- oder Herrenpilze, Parasole, Morcheln, Trüffeln

Speisepilze werden verwendet:

- Für Salate und Suppen: z. B. Steinpilzsuppe
- Für warme Vorspeisen und Eiergerichte: z. B. geröstete Pfifferlinge mit Ei
- Für Hauptgerichte: z. B. gebacken, gegrillt oder sautiert
- Für Saucen: z. B. Austernpilze in Cremesauce

Einige Pilzsorten, z. B. Champignons, Steinpilze, Morcheln, Shiitakepilze oder Trüffeln, werden auch getrocknet angeboten und eignen sich gut zur Herstellung von Saucen und Suppen. Im Handel sind auch Vollkonserven, tiefgekühlte Pilze und gefriergetrocknete Pilze (meist gezüchtete Pilze) erhältlich.

Trüffeln, auf Nudeln gehobelt, sind eine Delikatesse. Trüffelöl wird mit Schalen und Resten von Trüffeln angesetzt. Es wird gerne zum Verfeinern von Saucen und Nudelgerichten verwendet.

Industriell hergestelltes Trüffelöl muss keine Trüffeln enthalten, es werden Aromastoffe zugesetzt. Diese enthalten nur wenige der zahlreichen Substanzen, die bei Trüffeln für den typischen Geschmack verantwortlich sind. Dieses Öl ist mit den Worten „mit Aroma“ oder „ mit Trüffelaroma“ gekennzeichnet.

Bedeutung für die Ernährung

Speisepilze sind kalorienarm, sie bestehen bis zu 90 Prozent aus Wasser. Sie sind reich an Eiweiß, Mineralstoffen, Vitaminen und Ballaststoffen. Das Zellgerüst der Pilze besteht aus Chitin, das unterscheidet sie von den Pflanzen und macht sie zu einem schwer verdaulichen Lebensmittel.

Wussten Sie, dass Trüffeln wie Kartoffeln unterirdisch wachsen? Sie sind die teuersten Speisepilze und werden von Hunden (manchmal auch von Schweinen) aufgestöbert.

Man unterscheidet die weißen Piemonttrüffeln und die schwarzen Perigordtrüffeln.

Wie heißen diese Speisepilze?

2 Tierische Lebensmittel

In der Zeitung stand vor kurzem: „In den letzten Jahren steigt der Konsum von tierischen Lebensmitteln ständig, der Verbrauch von pflanzlichen Nahrungsmitteln sinkt hingegen." Ist das nicht genau das Gegenteil von dem, was für unsere Gesundheit gut ist?

Milch, Käse, Eier, Fleisch, Fisch und Meerestiere – diese eiweißreichen Lebensmittel zählen zu den beliebtesten Nahrungsmitteln.

Die Handelsware Milch ist immer Kuhmilch. Die Milch anderer Tiere darf nur mit deutlicher Kennzeichnung der Tierart, z. B. Ziegenmilch, Schafmilch oder Stutenmilch, verkauft werden. Bioprodukte tragen das einheitliche EU-Biologo, das besagt, dass die Kühe so oft wie möglich auf die Weide kommen und ausschließlich mit ökologisch erzeugtem Futter gefüttert wurden.

2.1 Milch

Die Milch (eingestuft als Nahrungsmittel und nicht als Getränk) spielt für die Ernährung von Kindern wie auch von Erwachsenen eine wesentliche Rolle. Sie enthält alle lebensnotwendigen Nährstoffe, mit denen der Körper aufgebaut und mit Energie versorgt werden kann.

Hygiene ist im Umgang mit Milch von größter Bedeutung. Als tierisches Lebensmittel enthält Milch natürlich Keime, die sich bei unsachgemäßer Lagerung vermehren können. In den Betrieben der Systemgastronomie werden daher pasteurisierte oder ultrahocherhitzte Milchprodukte verwendet.

Aufgabenstellung

- Führen Sie Geschmackstests durch!
  1. Beschriften Sie drei Becher mit Zahlen. Füllen Sie dann in je einen Becher pasteurisierte Vollmilch, ESL-Milch und H-Vollmilch. Beschreiben Sie den Geschmack!

     Schließen Sie die Augen und kosten Sie noch einmal. Können Sie die verschiedenen Milchsorten am Geschmack erkennen?
  2. Beschriften Sie weitere drei Becher mit Zahlen. Füllen Sie in je einen Becher H-Milch 0,3 %, H-Milch 1,5 % und H-Milch 3,5 %. Welchen Einfluss hat der Fettgehalt auf die Konsistenz und den Geschmack der Milch?

Seit Juli 2010 besteht für alle vorverpackten Biolebensmittel innerhalb der EU eine Kennzeichnungspflicht mit dem Biologo

Milchaufbereitung in der Molkerei

- Die Milch wird geprüft und gereinigt, und die Magermilch wird vom Süßrahm getrennt.
- Je nachdem, welches Milchprodukt man herstellen möchte, mischt man Magermilch und Süßrahm in einem bestimmten Verhältnis.
- Anschließend wird die Milch homogenisiert. Die in der Milch vorhandenen Fettkügelchen werden zerkleinert. Dadurch wird das Aufrahmen verhindert.
- Danach wird die Milch wärmebehandelt.

Wärmebehandlung	Erzeugnisse	Haltbarkeit
Kurzzeit-Pasteurisieren bei 71– 74 °C	Vollmilch (3,5 %), Landmilch (3,8 %), fettarme Milch (1,5–1,8 %)	Gekühlt 6–10 Tage
Hocherhitzen (ESL-Milch, siehe auch auf Seite 39) – eine Minute auf 85–127 °C, sofort abkühlen auf 5 °C	Vollmilch (3,5 %), Landmilch (3,8 %), fettarme Milch (1,5–1,8 %)	Gekühlt 12–21 Tage
Ultrahocherhitzen – eine Sekunde auf 135–150 °C, sofort Abkühlen auf 5 °C	Haltbare Milch (H-Vollmilch mit 3,5 % Fett, H-fettarme-Milch mit 1,5–1,8 %, H-entrahmte-Milch mit 0,3–0,5 %)	Ungekühlt und ungeöffnet 6–8 Wochen
Sterilisieren – 10–25 Minuten auf 85–100 °C erhitzen und durch Wasserentzug eindicken	Kondensmilch in Dosen, Tetrapaks, Portionspackungen und Kunststoffkännchen	Ungeöffnet bis zu einem Jahr

2.2 Käse

Käse wird, sofern nicht anders gekennzeichnet, aus Kuhmilch hergestellt. Es gibt auch Schaf-, Ziegen- und Büffelmilchkäse. Die Käsevielfalt ist riesig, weltweit sind etwa 4 000 Käsesorten im Handel.

Käseherstellung

- Die Rohmilch wird geprüft, gereinigt und der erwünschte Fettgehalt je nach Käseart eingestellt. Dann wird die Milch pasteurisiert.
- Wird die Milch durch Lab (Enzym) zum Gerinnen gebracht, erhält man **Labkäse**. Geschieht dies durch Milchsäurebakterien, erhält man zunächst Quark und nach dem Reifen **Sauermilchkäse**.
- Um die Molke von der Käsemasse zu trennen, wird diese zerschnitten. Je mehr, desto fester wird der Käse.
- Beim Reifen entwickelt sich das Aroma des Käses. Wurden der Milch auch unschädliche Schimmelpilzkulturen zugesetzt, so bildet sich an der Oberfläche ein Schimmelrasen. Der Schimmel kann sich auch als Äderung durch den ganzen Käse ziehen.

Eine Grafik zur Käseherstellung finden Sie unter www.trauner.at/systemgastronomie.aspx.

Käsezusammensetzung

Käse setzt sich aus der Trockenmasse und Wasser zusammen. Je mehr Trockenmasse ein Käse enthält, desto härter, je weniger, desto weicher ist er.

Fett in der Trockenmasse – F. i. Tr.

Während der Käsereifung verdunstet laufend Wasser. Das Gewicht des Käses ändert sich. Die Trockenmasse bleibt annähernd gleich. Aus diesem Grund wird der Fettgehalt des Käses in Prozent der Trockenmasse angegeben.

Faustregel zur Berechnung des Fettgehaltes

Frischkäse: F.-i.-Tr.-Angabe x 0,3
Weichkäse: F.-i.-Tr.-Angabe x 0,4
Schnittkäse: F.-i.-Tr.-Angabe x 0,5
Hartkäse: F.-i.-Tr.-Angabe x 0,6

Fettgehaltsstufen von Käse

- Doppelrahmstufe, 60–87 % F. i. Tr.
- Rahmstufe, 50–59 % F. i. Tr.
- Vollfettstufe, 45–49,5 % F. i. Tr.
- Fettstufe, 40–44,9 % F. i. Tr.
- Dreiviertelfettstufe, 30–39,9 % F. i. Tr.
- Halbfettstufe, 20–29,9 % F. i. Tr.
- Viertelfettstufe, 10–19,9 % F. i. Tr.
- Magerstufe, 0–9,9 % F. i. Tr.

Käsearten nach dem Wassergehalt

Hartkäse	Schnittkäse	Halbfester Schnittkäse	Sauermilchkäse	Weichkäse	Frischkäse
bis zu 56 % Wassergehalt	54–63 % Wassergehalt	61–69 % Wassergehalt	60–73 % Wassergehalt	mehr als 67 % Wassergehalt	mehr als 73 % Wassergehalt
Emmentaler, Bergkäse, Greyerzer und Sbrinz (CH), Chester (GB), Parmesan und Pecorino (I)	Gouda, Edamer, Tilsiter, Käse nach Holländer Art, Bierkäse, Trappistenkäse, Geheimratskäse, Mozzarella, Cheddar	Butterkäse, Steinbuscher, Weißlacker, Edelpilzkäse – halbfeste Blau- und Grünschimmelkäse, wie Gorgonzola und Roquefort, Käse mit Rotschmiere wie (Schimmel-) Romadur	Harzer Käse, Handkäse, Olmützer Quargel, Kochkäse, Milbenkäse aus Würchwitz, Tiroler Graukäse	Limburger, Schlosskäse, Klosterkäse, Weißschimmelkäse (Camembert, Brie), Weiß-Blau-Schimmel-Käse (Bavaria Blue, Dolce Latte), Rot-Weiß-Schimmel-Käse (Rougette)	Quark, Gervais, Hüttenkäse (Cottage-Cheese), Brimsen (Schafkäse aus der Slowakei), Mascarpone, Riccotta, Philadelphia

Bei der Herstellung werden regelmäßig Geruchsproben durchgeführt

Frischkäse

Frischkäse wird für Cremes und Tiramisu sowie für Aufläufe, Terrinen, Palatschinkenfüllungen und Aufstriche verwendet.

Quark ist ebenfalls ein Frischkäse und wird auf traditionelle Art und Weise hergestellt. Die entrahmte und pasteurisierte Milch wird durch Sauermilchkulturen und Lab eingedickt. Die Molke wird von der frischen Käsemasse getrennt. Durch Zugabe von Rahm werden die Konsistenz sowie verschiedene Fettstufen erreicht.

Die verschiedenen Quarksorten sind:
- Speisequark mit 20 % Fett i. Tr.
- Speisequark mit 40 % Fett i. Tr.
- Magerquark oder Speisequark, Magerstufe: Die Magerstufe muss laut Fettgehaltsstufeneinteilung unter 10 % F. i. Tr. liegen. Magerquark wird meist mit wesentlich weniger Fettgehalt angeboten (mit 0,5 % – absolut 0,3 % oder mit 1 % – absolut 0,2 %).

Sauermilchkäse

Die einfachste, ursprünglichste Form der Käsegewinnung ist die aus saurer Milch. Durch Säuerung gewonnener Magerquark wird bei einer bestimmten Temperatur vorgereift und in Formen gepresst. Sauermilchkäse ist fast fettfrei, Geruch und Geschmack sind intensiv.

Labkäse

Die meisten Käsesorten werden durch Labgerinnung erzeugt.

Warum der Weißlacker, die Allgäuer Käsespezialität, von Slow Food unterstützt wird, erfahren Sie unter www.trauner.at/systemgastronomie.aspx.

Aufgabenstellung

- Tragen Sie ein!

Der vielfältige Einsatz von Käse	Käseart
Die Bäckerin Renate bestreut Partybrötchen mit Käse.	
Luigi kocht in einem italienischen Restaurant. Er bereitet eine Käsesauce zu, die zu Nudeln angeboten wird.	
Clemens, ein Fachmann für Systemgastronomie, verkauft Cheeseburger.	
Die Köchin Laura reibt Unmengen von Parmesan. Sie jobbt in einer Pizzeria.	
Mareike isst gerne in geselliger Runde ein Raclette.	

Diese Übung finden Sie auch unter www.trauner.at/systemgastronomie.aspx.

Labkäse		
Hartkäse	■ Überwiegend aus Rohmilch; rund 1 000 Liter für 8 kg Käse ■ Durch lange Reifungszeit hoher Trockenmassegehalt und geschmackliche Fülle	Geeignet für: ■ Kalte Vorspeisen, z. B. Brotbelag, Käse- und Aufschnittplatten ■ Nudelgerichte, Risottos ■ Füllung für Cordon bleu ■ Warme Vorspeisen, z. B. gebackenen Emmentaler ■ Gratinierte Gerichte ■ Käsesauce ■ Fondues und Raclettes
Schnittkäse	■ Ein- bis zweimonatige Reifezeit ■ Höherer Wassergehalt als bei Hartkäse	
Weichkäse	■ Reifung von außen nach innen; ist reif, wenn der Kern nicht mehr topfig ist ■ Schimmel außen oder auch innen ■ Edelschimmelkulturen werden vor der Milchgerinnung beigesetzt ■ Weißschimmel wird nach dem Ausformen aufgesprüht ■ Schimmelrasen entsteht während der Reifung ■ Rötlichgelbe Naturrinde von Rotschmierebakterien	Geeignet für: ■ Aufstriche, z. B. Blau- oder Grünschimmelkäse, mit Butter passiert ■ Aufläufe und Saucen, z. B. Käsesoufflé, Käsesaucen ■ Gratinierte Gerichte ■ Käseplatten

Ein Emmentalerlaib hat rund 1 000 Löcher!
Diese Löcher entstehen durch Gase, die sich durch die Aktivitäten der Bakterien in der Käsemasse bilden. Und je mehr Bakterien die Rohmilch aufweist, desto mehr Löcher entstehen.
Es ist also nicht so, wie böse Zungen behaupten, dass die Löcher im Emmentaler von besonders fleißigen Schweizern gebohrt würden.

Schmelzkäse

Zur Erzeugung von Schmelzkäse wird eine fein vermahlene Käsemasse mit Schmelzsalzen unter Erwärmung verflüssigt. Es kann auch Käse aus zweiter Wahl (mit Rissen oder Fehllochungen) verwendet werden. Die Sortenvielfalt ergibt sich durch geschmacksbildende Zutaten wie Gewürze, Schinken, Kräuter oder durch Räucherung.

Schmelzkäse wird als Brotzeitkäse und für Aufstriche verwendet.

Übersichtstabellen über deutsche und internationale Käsesorten finden Sie unter www.trauner.at/systemgastronomie.aspx.

2.3 Weitere Milchprodukte

Neben den unterschiedlichen Trinkmilcharten wird in den Molkereien eine Reihe weiterer Milchprodukte hergestellt.

Milchprodukte	Bearbeitung	Erzeugnisse/Auswahl
Süßrahmprodukte	Süßrahm und Magermilch der Milch werden getrennt.	■ Kaffeesahne für Kaffee und Tee. ■ Schlagsahne, H-Sahne zum Verfeinern von Suppen, Saucen, Cremes und Süßspeisen.
Sauermilchprodukte	Milch wird mit Mikroorganismen geimpft und zum Gerinnen gebracht. ■ Buttermilch und Sauermilch enthalten mild säuernde Kulturen. ■ Joghurt, Bifidus, Biogarde, Biogurt entstehen aus Milch durch Zusatz von unterschiedlichen Joghurtkulturen. ■ Sauerrahm entsteht, wenn Rahm und Sauermilchkulturen gesäuert werden. ■ Bei Crème fraîche wird Rahm mit Milchsäurebakterien schwach gesäuert.	■ Acidophilusmilch, Buttermilch und Sauermilch für Suppen, Milchmischgetränke und pur zum Trinken. ■ Joghurt für Tortencremes und Salatdressings; Joghurts mit Frucht- oder sonstigen Zusätzen als Desserts. ■ Sauerrahm und Crème fraîche zum Verbessern von Suppen, Saucen, Aufläufen und für Dips. ■ Schmant: Sauerrahm mit 20 % Fett. ■ Crème double: Doppelrahm mit 40–55 % Fett.
Molke	Wird bei der Käseherstellung abgeschieden. ■ Enthält einen Teil der Milchinhaltsstoffe, nämlich 25 % Eiweiß (Albumin) und reichlich wasserlösliche Vitamine, Mineralstoffe und Milchzucker. ■ Nahezu fettfrei.	Als Getränk mit unterschiedlichen Fruchtzusätzen erhältlich.
Mischprodukte	Crème fine, Crème légère sind Mischungen aus pflanzlichen Fetten und Milch; Fettgehalt 15 %.	■ Kochfest, dienen als Sahneersatz. ■ Für Mousse, schnittfeste Cremes, Aufstriche und zum Binden von Saucen.
Dauermilch- und Trockenmilchprodukte	Werden durch Eindampfen eingedickt bzw. durch dampfbeheizte Walzen oder heißen Luftstrom getrocknet.	■ Kondensmilch ist lange haltbar. ■ Milchpulver oder Trockenmilch wird in der Süßwaren-, Backwaren-, Fertigsuppen- und Fleischwarenindustrie verwendet.
Dessertprodukte	Als Basis dienen frische Milchprodukte.	■ Z. B. Milchreis, Pudding, Quarkcreme, Tiramisu.

Besorgen Sie verschiedene Sauermilchprodukte. Erstellen Sie eine Liste der unterschiedlichen Fettgehalte und der Zusatzstoffe. Welche dieser Sauermilchprodukte sind besonders günstig für die Ernährung?

Diese Übung finden Sie auch unter www.trauner.at/systemgastronomie.aspx.

Bedeutung für die Ernährung

- Milcheiweiß ist biologisch hochwertig. Die biologische Wertigkeit kann durch Kombination mit pflanzlichen Lebensmitteln, wie Getreide, Kartoffeln und Hülsenfrüchten, zusätzlich erhöht werden.
- Milchzucker ist das einzige Kohlenhydrat der Milch. Seine Süßkraft ist gering. Die Milch schmeckt deshalb nur leicht süßlich.
- Milchfett ist gut verdaulich.
- Vitamine und Mineralstoffe: Milch, Käse und Milchprodukte sind die wichtigsten Kalziumquellen für den Menschen. Auch Phosphor, Magnesium, Kalium, die Vitamine A, B_2 und B_{12} sind reichlich enthalten.

Einkauf und Lagerung

Milch und Milchprodukte sind Frischprodukte und daher nur begrenzt haltbar – auf der Verpackung steht ein Mindesthaltbarkeitsdatum. Sie müssen gekühlt und lichtgeschützt sowie gut verschlossen aufbewahrt werden, da sie sehr leicht fremden Geruch und Geschmack annehmen. Die Lagertemperatur sollte 3–7 °C betragen. Angebrochene Packungen von Haltbarprodukten müssen ebenfalls gekühlt aufbewahrt und rasch verbraucht werden.

Käse sollte kühl, verpackt und dunkel lagern. Der Reifeprozess kann durch wärmere Lagerung beschleunigt, durch kühlere Lagerung (4–6 °C) jedoch verzögert werden. Temperaturen unter 6 °C hemmen die Aromabildung.

Wussten Sie, dass vor allem bei kleinen Kindern allergische Reaktionen auf Eiweißstoffe in der Milch auftreten können? Das ist der Grund, warum Kuhmilch nicht vor dem 13. Lebensmonat verabreicht werden soll.

Aufgabenstellung

- Fassen Sie die Aussagen zur Lagerung der verschiedenen Käsesorten in einer Tabelle zusammen!

Käsesorte	Temperatur	Lagerdauer
Frischkäse	4 °C	bis zu 4 Wochen
Sauermilchkäse		
Hartkäse		
Schnittkäse		
Weichkäse		
Schmelzkäse		

Käse muss reifen

Diese Übung finden Sie auch unter www.trauner.at/systemgastronomie.aspx.

- Frischkäse hält in ungeöffneter Packung bei 4 °C bis zu vier Wochen, angebrochen wenige Tage.
- Schnittkäse lagert am besten in einer Verbund- oder Mehrschnittfolie mit geringer Kohlendioxiddurchlässigkeit. Er entfaltet so sein typisches Aroma besser und trocknet auch nicht so leicht aus.
- Sauermilchkäse lagert am besten in einer Verpackung mit hoher Kohlendioxiddurchlässigkeit, z. B. in einer Polypropylenfolie.
- Geriebener Käse sollte rasch verbraucht werden.

Alle Käsesorten – außer Frischkäse – sollen eine halbe Stunde vor dem Verzehr aus dem Kühlschrank genommen und bei Zimmertemperatur erwärmt werden, damit sich der Geschmack besser entwickeln kann.

Aufgabenstellungen

1. Was bedeutet die Angabe Fett in der Trockenmasse?
2. Warum wird beim Käse der Fettgehalt in der Trockenmasse und nicht der absolute Fettgehalt angegeben?
3. Berechnen Sie den absoluten Fettgehalt von 150 Gramm Emmentaler mit 45 % Fett i.Tr. und einem Wassergehalt von 30 %.

Diese Übung finden Sie auch unter www.trauner.at/systemgastronomie.aspx.

2.4 Eier

Als Eier, die im Handel angeboten werden, gelten laut Verordnung über Lebensmittel tierischen Ursprungs ausschließlich Hühnereier. Eier von Gänsen, Puten, Enten, Perlhühnern, Tauben, Straußen und Wachteln müssen als solche gekennzeichnet sein und werden wegen erhöhter Salmonellengefahr nur nach vollständigem Durchgaren verwendet.

Bio? Logisch!
Die ökologische Eiererzeugung hat in Deutschland in den vergangenen Jahren zugenommen. Ökoverbände wie Bioland, demeter oder Naturland haben für ihre Produkte meist noch strengere Regelungen als die geltenden EU-Rechtsvorschriften festgelegt.

Das natürliche Verhalten der Hühner steht im Vordergrund, so müssen sie einen Auslauf ins Freie haben. Vorgeschrieben sind auch ständige Frischluft und viel Tageslicht sowie ökologisch erzeugtes Futter.

Neben dieser Freilandhaltung werden Legehennen auch in der sogenannten Bodenhaltung gezüchtet. Einzelkäfige sind nicht mehr erlaubt.

Handelsprodukte		
Frische Eier (Eier mit Schale)	In folgenden Gewichtsklassen: S unter 53 g M 53–62 g L 63–72 g XL über 72 g	Für Vorspeisen, zum Panieren, zum Verfeinern und Legieren, für Süßspeisen, Massen und Teige.
Frische Eiprodukte	▪ Haben eine flüssige Konsistenz. ▪ Werden als Vollei, Eigelb oder Eiklar im Tetra Brik angeboten. ▪ Sie sind von Keimen unbelastet und können auch für Speisen, die nicht mehr erhitzt werden müssen, verwendet werden. ▪ Auch tiefgekühlt im Handel.	U. a. für Mayonnaise, Tiramisu und diverse Mousses.
Gekochte Eier	▪ Gekochte, geschälte Eier, vakuumverpackt. ▪ Gekochte, geschälte Eier sind auch in Lake eingelegt im Handel erhältlich.	Zum Dekorieren.
Stangeneier	▪ Gekochte Eier werden zu Rollen verarbeitet und vakuumverpackt oder tiefgefroren. ▪ Einfache, verlustfreie Verarbeitung.	Zum Dekorieren.
Trockeneier	▪ Als Eipulver oder in kristalliner Form. ▪ Als Vollei, Eigelb und Eiklar im Handel.	Für Torten, Aufläufe und Cremes.

Der aid-Infodienst bietet eine interessante Broschüre zum Thema Eier. Die Autoren zeigen u. a., wie vielseitig Eier in der Küche verwendet werden können und welche Hygieneregeln gelten. Zu beziehen über www.aid.de.

Bedeutung für die Ernährung

- Das Ei enthält die für die Entwicklung eines Lebewesens nötigen Nährstoffe in optimaler Qualität und Menge. Die Eiweißstoffe des Hühnereies sind biologisch hochwertig. Eigelb und Eiklar haben eine sehr unterschiedliche Zusammensetzung. Das Eiklar enthält einfache Eiweißstoffe und Fett in Spuren. Das Eigelb enthält mehr und zusammengesetzte Eiweißstoffe und reichlich Fett. Kohlenhydrate sind im Ei in geringen Mengen vorhanden.
- Vitamine und Mineralstoffe: Das Eigelb enthält reichlich Vitamine der B-Gruppe, andere fettlösliche Vitamine, Eisen, Kalzium und Phosphor.
- Die Verdaulichkeit hängt von der Art der Zubereitung ab. Ein weich gekochtes Ei ist leicht verdaulich. Hart gekochte Eier sind schwerer verdaulich, weil durch Wasserabgabe die Struktur der Eiweißstoffe fester wird. Gebratene Eier sind durch den Fettzusatz und die Bildung von Röstprodukten schwerer verdaulich.

Hygienische Aspekte

Durch Massentierhaltung und Futtermittel können in den Eiern Salmonellen (siehe Seite 26) enthalten sein. Eine kühle Lagerung schränkt ihre Vermehrung ein. Auch die natürlichen Abwehrstoffe im Eiklar schützen in den ersten zehn bis 14 Tagen vor Salmonellenwachstum. Deshalb sollten Eier möglichst frisch verwendet werden. Eier nicht waschen! Es kann die Eihaut verletzt werden und Keime können in das Innere gelangen.

Ein Ei enthält etwa 300 mg Cholesterin, daher wird empfohlen, wöchentlich nicht mehr als drei Eier zu essen.

Einkauf und Lagerung

Im Lebensmittelhandel gibt es lediglich Eier der Güteklasse A. Die Eier der Klasse B werden in der Lebensmittelindustrie verarbeitet.

Ob ein Ei frisch oder älter ist, erkennt man an der Form des Dotters

Aufgabenstellung

- Woran erkennt man ein frisches Ei?
  Schlagen Sie ein Ei auf und prüfen Sie den Geruch!

  Geruch

  Ein frisches Ei riecht nicht.

  Form des Dotters

  Ein frisches Ei hat einen hoch gewölbten Eidotter, der fest von zwei Schichten Eiklar umschlossen ist.

  Wenn das Eiklar ausläuft und der Dotter flacher ist, dann ist das Ei schon älter. Riecht es nicht verdorben, kann man es dennoch verwenden.

  Diese Übung finden Sie auch unter www.trauner.at/systemgastronomie.asp.

Die Farbe der Eierschalen (Weiß oder Braun oder Grün) hängt von der Hühnerrasse ab und sagt nichts über die Eiqualität aus. Weiße Schalen sind meist etwas dünner.

Ältere Hennen legen größere Eier. Die Futterzusammenstellung ist entscheidend für den Geschmack des Eies und die Farbe des Eigelbs. Je mehr Mais verfüttert wird, desto intensiver ist die Gelbfärbung.

Eier sollen bei einer Temperatur von 6 bis 8 °C mit der Luftkammer, der stumpfen Seite, nach oben aufbewahrt werden. Sie sollen nicht neben stark riechenden Nahrungsmitteln lagern. MHD 28 Tage.

Alle Eier werden mit einem Code gestempelt. Auch auf der Eierpackung befindet sich eine Reihe von Informationen, wie u. a. die Güteklasse und die Gewichtsklasse, der letzte zulässige Verkaufstag, „Verkauf bis ...“, sowie der Hinweis „Bei Kühlschranktemperatur aufbewahren“.

Können Eier eingefroren werden?
Eier werden ohne Schale – im Ganzen oder Eiklar und Gelb getrennt – eingefroren. Tiefgekühlt bleiben sie etwa vier Monate frisch. Eischnee ist zum Einfrieren ungeeignet.

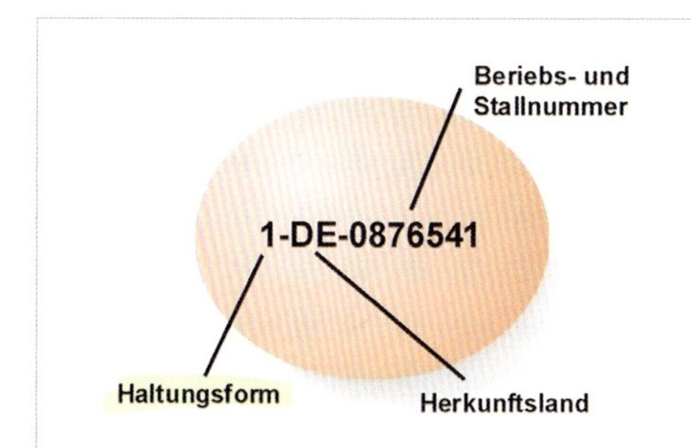

Haltungsformen:
0 biologische Erzeugung (immer Freilandhaltung)
1 Freilandhaltung
2 Bodenhaltung

2.5 Fleisch

Fleisch sind alle Teile von geschlachteten oder erlegten warmblütigen Tieren sowie von Haus- und Wildgeflügel, die zum Genuss für den Menschen bestimmt sind. Zur eindeutigen Kennzeichnung ist die Tierart zu nennen, also Schweinefleisch, Rindfleisch etc.

Tierarten

Schlachttiere	Geflügel	Wild	Wildgeflügel	Exotisches Wild
■ Rind ■ Kalb ■ Schwein ■ Schaf (Lamm) ■ Ziege ■ Hauskaninchen	■ Huhn ■ Ente ■ Gans ■ Pute ■ Perlhuhn ■ Wachtel	■ Großwild: Damwild (gezüchtet), Reh, Hirsch, Gämse, Wildschwein ■ Kleinwild: Wildkaninchen, Hase	■ Fasan ■ Rebhuhn ■ Wildente	■ Springbock ■ Känguru ■ Elch ■ Rentier ■ Strauß

Runder Stempel für genusstaugliches Fleisch. Er enthält (von oben nach unten) das Herkunftsland, die Nummer des Schlachtbetriebs und das Datum der Schlachtung (hier 11. 6. 2013).

Nach den geltenden gesetzlichen Bestimmungen wird das Fleisch von einem Amtstierarzt oder einer Amtstierärztin im Rahmen der Fleischuntersuchung als genusstauglich oder genussuntauglich eingestuft.

Genusstaugliches Fleisch erhält einen runden Stempel und ist für den menschlichen Verzehr geeignet. Genussuntaugliches Fleisch erhält einen dreieckigen Stempel. Es wird der Tierkörperverwertung zugeführt.

Schweinefleisch muss zusätzlich auf Trichinen untersucht werden und erhält den zusätzlichen Stempel „trichinenfrei".

§ Die gesetzlichen Bestimmungen, also die Verordnung zur Regelung bestimmter Fragen der amtlichen Überwachung des Herstellens, Behandelns und Inverkehrbringens von Lebensmitteln tierischen Ursprungs (LMÜV), finden Sie unter http://www.gesetze-im-internet.de/tier-lm_v/anlage_1_14.html.

Fleischqualität

Für den Einkauf und die Verwendung in der Küche ist die Qualität des Fleisches sehr wichtig. Sie wird vor allem bestimmt durch:

- Die Tierrasse
- Das Teilstück
- Die Fütterung
- Die Aufzucht und Haltung der Tiere
- Das Schlachtalter
- Die Schlachthygiene
- Fleischreifung und Lagerung

Die Qualität von Verarbeitungsfleisch, z. B. zur Herstellung von Patties oder für die Wurstwarenerzeugung, wird vor allem durch den Anteil an Binde- und Fettgewebe bestimmt.

So unterscheidet man

- sehnen- und fettgewebsarmes,
- grob entsehntes und
- sehnenreiches Rindfleisch.

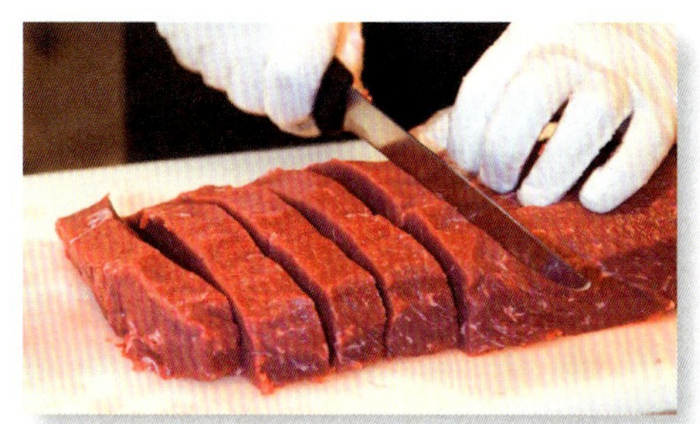

Gerade beim Fleisch ist auf Topqualität zu achten

Für die Herstellung von Fleischerzeugnissen ist der sogenannte BEFFE-Wert (bindegewebsfreies Fleischeiweiß) entscheidend. Er gibt die Differenz zwischen Gesamteiweiß und der Summe an Fremdeiweiß, fremden Nichteiweißstickstoffen und Bindegewebseiweiß an. Er ist damit das Maß für den Anteil an schierem Muskelfleisch in einem Fleischerzeugnis.

Bei der Qualitätsbeurteilung von Fleisch sind folgende Aspekte zu beachten:

Qualitätskriterien

Fleischfarbe	Fett	Fleischfaser
■ Eine hell- bis mittelrote Farbe haben Kalb, Schwein, Lamm, Kaninchen und Huhn. Eine weiße Farbe deutet auf rasche Mästung hin. Wässriges Fleisch oder zu dunkles Fleisch könnte von einem alten Tier stammen. ■ Eine ziegel- bis dunkelrote Farbe haben Rind, Hammel, Wild, Wildgeflügel. Eine bräunliche oder schwarze Farbe deutet auf ein altes Tier hin.	■ Eine dünne, weiße und feste Fettschicht an der Oberfläche weist auf gute Qualität hin. Ein zu großer Oberflächenfettanteil (dicke Fettschicht), gelbes Fett, schwabbeliges Fett sind Qualitätsmängel. ■ Fettmarmorierung: Die Fettmaserung soll im Fleisch eingeschlossen sein. ■ Kalb und Wild haben meist wenig oder keine Fettanteile.	■ Besonders feinfaseriges Fleisch ist zart und von bester Qualität. Es eignet sich daher besonders zum Kurzbraten, z. B. Rinderfilet oder Rumpsteak. ■ Grobfaseriges Fleisch wird meist mit einer anderen Garmethode zubereitet, z. B. geschmort.

Going international

Die Küchensprache ist Französisch:

- Bœuf: Rind
- Porc: Schwein
- Veau: Kalb
- Agneau: Lamm
- Mouton: Hammel
- Poulet: Hähnchen
- Canard: Ente
- Cerf: Hirsch
- Lapin: Kaninchen

Suchen Sie nun die englischen Begriffe:

Diese Übung finden Sie auch unter www.trauner.at/systemgastronomie.aspx.

Dry Aged Beef wird in speziell klimatisierten Kühlräumen gelagert

Fleischreifung

Nach der Schlachtung ist es wichtig, dass das Fleisch zehn Stunden nicht unter 10 °C gekühlt wird. Das Fleisch würde sonst zäh, da die Muskeln zu stark kontrahieren. Danach soll das Fleisch bei ca. 2 °C reifen.

Bei der Reifung entsteht durch fleischeigene Enzyme aus der tierischen Stärke (Glykogen) Milchsäure. Durch diese Milchsäure sinkt der pH-Wert und Bakterien können sich nicht mehr so gut vermehren. Ist die tierische Stärke vollständig umgewandelt, werden die Muskeln zu starren Fasern (Totenstarre). Nach zwei bis drei Tagen bauen weitere Enzyme die Milchsäure zum Teil ab, der pH-Wert steigt und die Fasern lockern sich etwas. Nun kann Wasser eingelagert und gebunden werden. Das Fleisch wird zart. Je länger die Reifung, desto besser ist das Wasser gebunden. Das Fleisch wird zarter, die Fleischfarbe satter. Das in den Muskelfasern gebundene Wasser tritt auch beim Braten nicht aus.

Die Zartheit des Fleisches wird also vor allem durch die Fleischreifung bestimmt. So erreicht z. B. ein Rindfleischstück die optimale Qualität, wenn es rund 20 Tage (im Ganzen im Fettmantel) abhängt. Teilstücke werden im Vakuum gelagert.

Schottisches Hochlandrind

Rindfleisch

Europäische Rinderrassen sind Fleckvieh, Galloway, Highland-Cattle (Hochlandrind), Angus, Charolais, Limousin, Salers und Piemonteser.

Das Fleisch stammt:

- Von einem Ochsen: männliches kastriertes Tier, das bis zu vier Jahre alt ist. Qualitätsprodukte wie z. B. der Weideochse sind im Handel erhältlich.
- Von einem Jungrind oder einer Kalbin: aus Muttertierhaltung, ist ca. zehn Monate alt.
- Von einem Jungstier: junges, bereits ausgewachsenes Tier.
- Von einer Kuh oder einem Stier: Da das Fleisch grobfaserig ist, wird es zur Wursterzeugung verwendet.

McDonald's wirbt für Hackfleisch aus 100 % Rindfleisch

Fleischaufteilung des Rindes

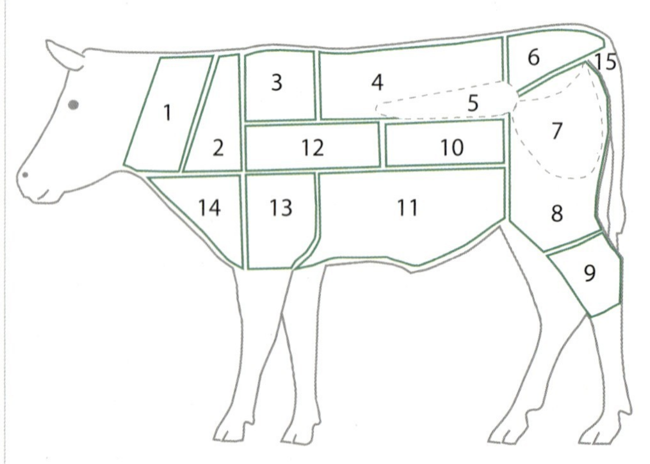

1 Hals
2 Fehlrippe
3 Hochrippe
4 Roastbeef, Rücken
5 Filet
6 Hüfte
7 Oberschale
8 Unterschale
9 Hinterhesse
10 Knochendünnung
11 Fleischdünnung
12 Spanrippe
13 Bug
14 Brust
15 Ochsenschwanz

Die edlen Fleischteile des Rindes befinden sich im Hinterviertel.

Teilstück nach DLG	Verwendung in der Küche
Hinterviertel (Keule)	
Oberschale	Rinderbraten, Rouladen, Tatar
Hüfte	Huftsteak, Rouladen, Braten, Fonduefleisch
Unterschale	Schmorstück, Sauerbraten, Rouladen, Tatar
Roastbeef	Steaks, Braten, Roastbeef als kalter Aufschnitt
Filet	Im Ganzen, Steaks, Fonduefleisch, Bœuf Stroganoff
Hochrippe	Im Ganzen als Braten, Suppenfleisch, Gulasch
Fehlrippe	Kochfleisch, Schmorfleisch, Gulasch
Vorderviertel	
Bug	Kochfleisch, Schmorfleisch, Gulasch, Ragout, Hackfleisch, Sauerbraten, Spickbraten
Brust	Rinderbrust, Kochfleisch, Suppenfleisch
Weitere Teile	
Ochsenschwanz	Schmorfleisch, Ragout, Kochfleisch
Hals	Schmorfleisch, Gulasch

Roastbeefstrang mit Filet und Knochen

Roastbeef mit Filet

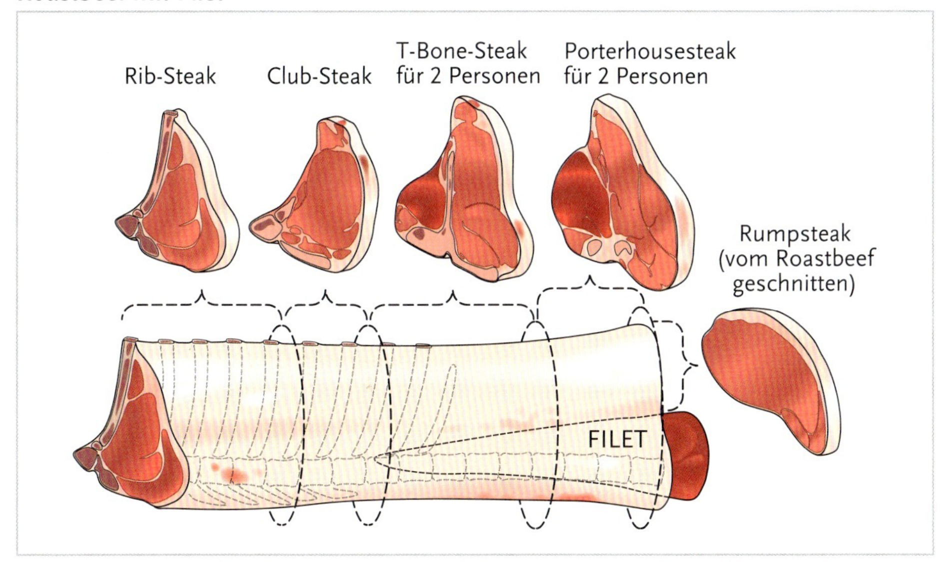

Ausgelöster Roastbeefstrang für Rumpsteaks oder als Braten

Filet

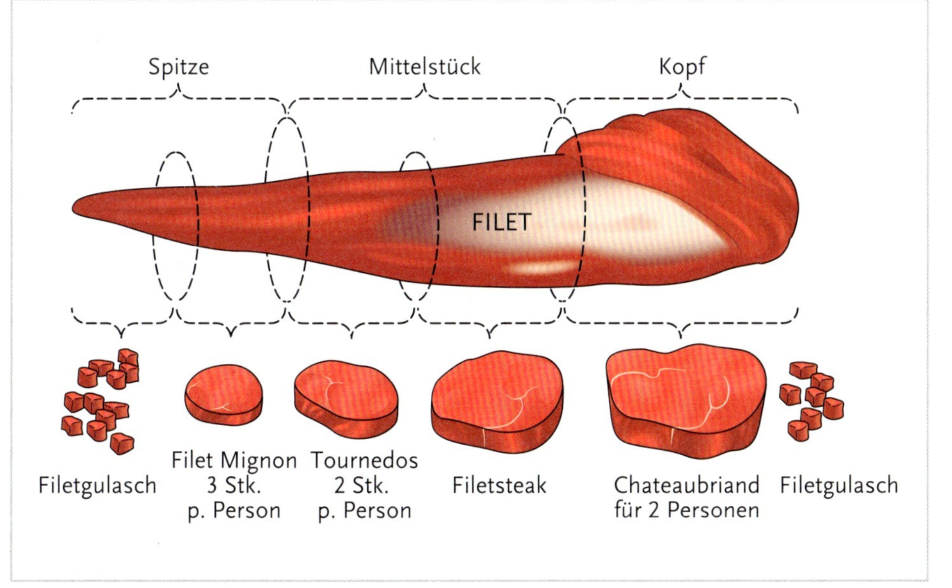

Weitere Fotos der Fleischteile vom Rind finden Sie unter www.trauner.at/systemgastronomie.aspx.

Steakbezeichnungen

USA Bezeichnung der Fleischteile, aus denen Steaks geschnitten werden	In USA mögliche Steakbezeichnungen, meist ca. 220 Gramm	Deutsche Bezeichnung der Fleischteile, aus denen Steaks geschnitten werden	Deutsche Steakbezeichnungen, meist ca. 180 Gramm
Rib	Rib-Eye-Steak	Hochrippe	Rib-Eye-Steak
Loin/Sirloin	Sirloinsteak	Roastbeef	Entrecôte/Beiriedschnitte
Loin	T-Bone-Steak (ca. 450 Gramm) mit Knochen und geringem Filetanteil	Roastbeef	T-Bone-Steak (ca. 450 Gramm) mit Knochen und geringem Filetanteil
Sirloin	Porterhousesteak (ca. 900 Gramm) mit geringerem Knochenanteil und mehr Filetanteil als beim T-Bone-Steak	Übergang Roastbeef zur Huft	Porterhousesteak (ca. 900 Gramm) mit geringerem Knochenanteil und mehr Filetanteil als beim T-Bone-Steak
Round	Rumpsteak	Huft	Rumpsteak (bei uns meist fälschlicherweise aus dem Roastbeef geschnitten)
Tenderloin	Tenderloinsteak	Filet	Filetsteak

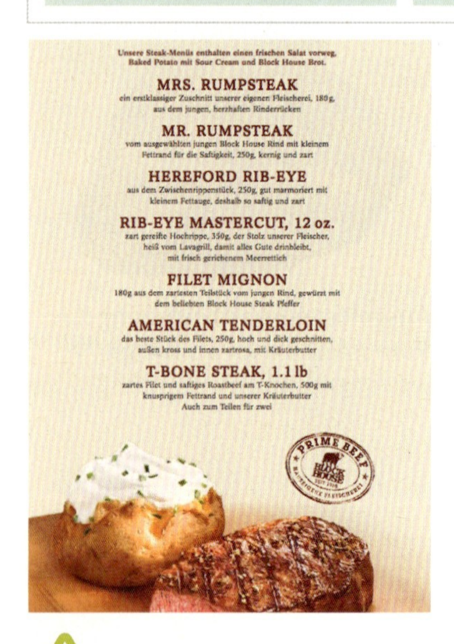

Steht auf einer Speisenkarte „Filet“, ist immer Rinderfilet gemeint. Stammt es von einer anderen Tierart, muss sie angeführt werden, z. B. Schweinefilet, Putenfilet.

Aufgabenstellungen

1. Wie heißen diese Gerichte?

G ______________ besteht aus geschmorten Rindfleischwürfeln in gewürzter Paprikasauce.

B ____________ S ______________________ besteht aus Rindfleischstreifen, geschnitten aus Filetspitze oder Filetkopf, in brauner Sauce mit Sahne, Gewürzgurke und Champignons.

Nennen Sie weitere Gerichte aus Rindfleisch!

____

____

____

Diese Übung finden Sie auch unter www.trauner.at/systemgastronomie.aspx.

2. Ein Steakhaus benötigt mehrere Kilogramm diverses Rindfleisch pro Woche. Um Lieferkosten zu sparen, wird es nur einmal pro Woche beliefert. Ihr Lieferant bietet Ihnen einerseits einen Rücken im Ganzen an, andererseits bereits fertig geschnittene Steaks. Welche Variante wäre für Ihren Betrieb optimal? Diskutieren Sie in Kleingruppen! Ein Sprecher pro Gruppe präsentiert das Ergebnis. Vergleichen Sie die Ergebnisse und notieren Sie das Wichtigste!

Kalbfleisch

Kalbfleisch wird nicht mehr so häufig verarbeitet. Geflügelfleisch, vor allem von der Pute, hat das Kalbfleisch verdrängt.

Fleischaufteilung des Kalbes

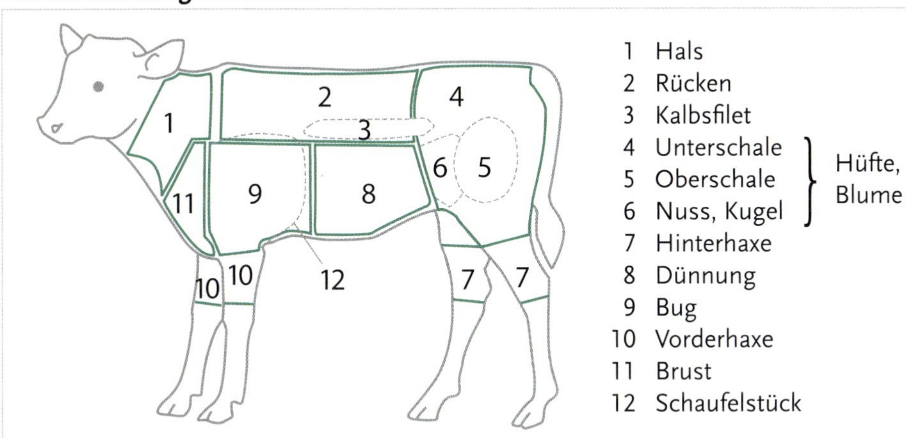

Kalbfleisch und seine Verwendung in der Küche (Auswahl)	
Filet	Medaillons
Rücken	Kalbsrückensteak, Kalbskotelett
Vorder- und Hinterhaxe	Schmorbraten, Grillhaxe
Oberschale	Schnitzel, Rouladen, Geschnetzeltes, Braten
Unterschale (Frikandeau)	Schnitzel, Geschnetzeltes, Rouladen, Braten
Hüfte	Kalbssteaks, Braten
Nuss	Braten, Schnitzel
Hals	Frikassee, Kalbsragout
Brust	Frikassee, Kochfleisch, gefüllte Kalbsbrust
Schaufelstück (falsches Filet)	Ragout, Frikassee, Braten

Kalbfleisch stammt:

- Vom Milchkalb: Jungrind, das mit Milch aufgezogen wird. Es wiegt unter 300 kg, das Fleisch ist hell, blassrot, fast fettlos.
- Vom Mastkalb: gemästetes Kalb, kerniges Fleisch mit wenig weißer Fettablagerung. Die Fleischfarbe ist Rosa.

Kalbfleisch ist sehr feinfaserig. Es hat wenig Bindegewebe und ist daher leicht verdaulich.

Wiener Schnitzel mit Kartoffel- und Feldsalat

Zürcher Geschnetzeltes mit Rösti

Wiener Schnitzel und Zürcher Geschnetzeltes sind klassische Rezepte aus Kalbfleisch. Wird ein Schnitzel aus Geflügel- oder Schweinefleisch zubereitet, ist es als Schnitzel „Wiener Art" ausgewiesen.

Viele ausländische Gäste gehen in Wien auf „Schnitzel-Jagd"

Kennen Sie weitere Kalbfleischgerichte?
Beispiel: **Schnitzel à la Holstein:** Kalbsschnitzel Natur mit Garnitur (Sardellen etc.) und Spiegeleiauflage.

Diese Übung finden Sie auch unter www.trauner.at/systemgastronomie.aspx.

Going international
PSE (pale, soft, exudative meat) describes a pork meat quality. It is characterised by an abnormal colour, consistency, and water holding capacity, making the meat dry. This is caused by stressed animals before their slaughter. The body temperature increases and the pre-slaughter condition influences the meat quality.

Schweinenackensteak

Kotelettstrang (Querschnitt)

Weitere Fotos der Fleischteile vom Schwein finden Sie unter www.trauner.at/systemgastronomie.aspx.

Schweinefleisch

Schweinefleisch ist das am meisten gegessene Fleisch. Hausmannskost und viele regionale Spezialitäten werden aus Schweinefleisch hergestellt. Das Fleisch eignet sich ausgezeichnet zum Pökeln und Räuchern. Es wird auch zur Wurstherstellung verwendet. Die gute Fleischqualität erkennt man am niedrigen, festen, weißen Fett am Rücken sowie am hell- bis rosaroten Fleisch.

Schweinefleisch stammt vom

- Spanferkel: Jungschwein, mit Milch aufgezogen, ca.10–25 kg schwer. Das Fleisch ist sehr hell, blassrot und fast fettlos.
- Mastschwein, Fleischschwein: gezüchtetes und gemästetes Schwein, ca. sieben-Monate alt. Das Fleisch ist kurzfaserig, rosa und hat einen geringen Speckanteil (Fettschicht).

Fleischaufteilung des Schweins

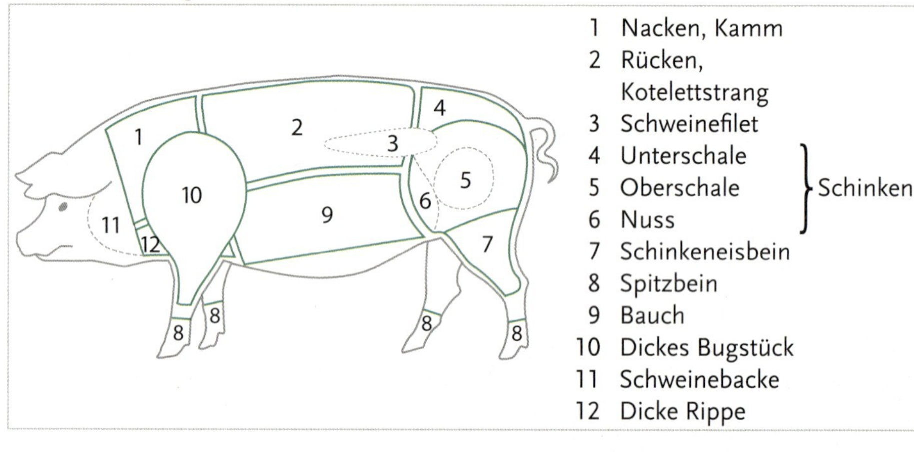

Teilstück nach DLG	Verwendung in der Küche	
	Frischfleisch	**Weiterverarbeitung**
Schweinebacke	Basis für Eintöpfe	Kassler Backe, für die Wurstherstellung
Kopf	Kochfleisch	Schweinskopfsülze
Dicke Rippe	Braten, Eintopf	Gefüllter Braten
Kamm, Nacken	Kurzbratstück, Bratenfleisch	Kassler, Rollbraten, gefüllter Braten, Sauerfleisch, Grillfleisch
Schinkeneisbein	Grillhaxe, Kochfleisch	Sülze, Aspikwaren, Kassler
Dickes Bugstück/Schulter	Braten	Vordersaftschinken
Bauch	Rippenbraten, Kochfleisch, Grillfleisch	Gefüllter Bauch, Gegrillter Schweinebauch
Schweinefilet	Medaillons, im Ganzen als Braten	Schweinefilet im Speckmantel
Kotelettstrang	Kurzbratstücke, Kotelett, Minutensteak, Schweinelachs	Kassler, gefüllter Braten, Lachsschinken
Oberschale	Schnitzel, Rouladen	Rohschinken, Kochschinken
Unterschale	Schnitzel	Rohschinken, Kochschinken
Nuss	Schnitzel, Rouladen	Nussschinken

Kassler oder Kasseler = gepökeltes und leicht geräuchertes Schweinefleisch. Es wird aus dem Kotelettstrang oder Nacken geschnitten.

Knochenschinken sind ganze Schinken, deren Knochen frühestens nach der Salzung entfernt wurde. Werden Schinken erst nach der Herstellung aufgeteilt, dann tragen die Stücke die Bezeichnungen der noch nicht portionierten Schinken, z. B. Nussschinken aus der Nuss, Kernschinken (Kronenschinken, Papenschinken) aus der Unter- und Oberschale.

Lammfleisch

Lammfleisch wird zu bestimmten Anlässen, zu Ostern, und in der gehobenen Gastronomie auch ganzjährig angeboten. Die heimische Produktion deckt den Bedarf nicht, daher wird auch Tiefkühlfleisch aus Neuseeland verarbeitet.

Lammfleisch guter Qualität ist hellrot und leicht marmoriert. Hammelfleisch sollte ziegelrot sein und eine Fettschicht am Rücken und an den Keulen haben.

Lamm- bzw. Hammelfleisch stammt:

- Vom Milchlamm: mit Milch aufgezogenes Jungtier, das bei der Schlachtung ca. zwei bis drei Monate alt ist. Das Fleisch ist sehr hell, blassrot.
- Vom Lamm: Lämmer werden meist im Freilauf gezüchtet und sind bei der Schlachtung ca. acht Monate alt. Ihr Fleisch ist rosa und fast fettfrei.
- Vom Hammel (Schöps): männliche, kastrierte Masttiere, die ca. ein Jahr alt sind. Das Fleisch ist ziegel- oder dunkelrot mit einer festen, hellen Fettschicht.

Salzwiesenlämmer von der Nordseeküste Deutschlands oder aus Frankreich („pré salé“) sind von besonderer Qualität. Die Tiere atmen die salzige Luft und weiden auf den salzigen Graswiesen, ihr Fleisch ist daher natürlich gewürzt.

Fleischaufteilung des Lammes

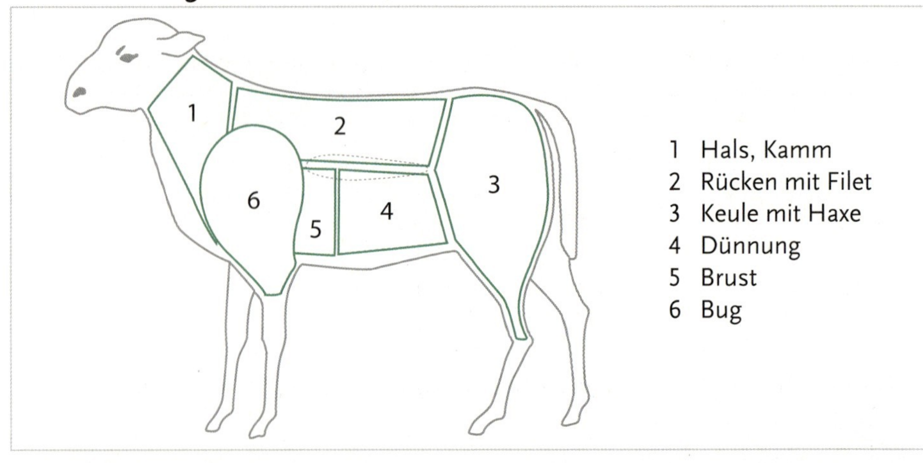

Lammfleisch und seine Verwendung in der Küche (Auswahl)	
Keule	Braten, Schnitzel
Dünnung, Brust	Ragout
Bug	Braten, Ragout
Filet	Zum Kurzbraten
Rücken	Lammkotelett, Lammkarree, Rollbraten
Hals, Kamm	Irish Stew, Braten, Gulasch, Ragout

Bratfertiges Lammkarree

Aufgabenstellung

- Wie heißen diese Gerichte?

  I __________ St __________: irisches Eintopfgericht mit Lammfleischstücken, Wurzelgemüse, Kartoffeln und Wirsing

  L ____________________: gegrillte Lammkoteletts (3–4 Stück) mit Knoblauchbutter, grünen Bohnen und Bratkartoffeln

Diese Übung finden Sie auch unter www.trauner.at/systemgastronomie.aspx.

Welche Innereien in der Gastronomie verkocht werden, lesen Sie in einem Artikel unter www.trauner.at/systemgastronomie.aspx.

Innereien

Innereien sind essbare innere Organe von geschlachteten Tieren. Sie haben nur eine kurze Lagerzeit und werden gekühlt in den Handel gebracht. Innereien vom Wild werden wegen des hohen Schadstoffgehalts der Filterorgane nicht empfohlen.

2.6 Hackfleisch

Das rohe Fleisch wird maschinell zerkleinert, und zwar mit einem Fleischwolf zu Hackfleisch und Klärfleisch (grob zerkleinertem, bindegewebsreichem Fleisch).

Wofür wird Klärfleisch verwendet?
Klärfleisch (Klärmasse) ist fettfreies Fleisch, das mit Wurzelgemüse durch den Wolf gedreht und mit Eiklar vermischt wird. Das Eiweiß aus dem Klärfleisch bindet die Trübteilchen in der Suppe, inklusive der Lufteinschlüsse. Die Klärmasse, die sich an der Oberfläche der Suppe absetzt, kann dann abgeschöpft werden. Wie viel Klärmasse pro Liter Suppe verwendet wird, hängt vom Betrieb ab.

Hackfleisch ist wegen seiner schnellen Verderblichkeit ein besonders sensibles Lebensmittel. Durch die vergrößerte Oberfläche und den hohen Eiweißgehalt ist es ein idealer Nährboden für Krankheitserreger.

Aus diesem Grund gelten nach der Tierische-Lebensmittel-Hygiene-Verordnung (TierLMHV) besondere Anforderungen an die Räume, in denen Hackfleisch hergestellt wird, nicht jedoch an eine Küche in einer Gaststätte:

- Eine Handwascheinrichtung muss vorhanden sein.
- Ebenso Desinfektionseinrichtungen für die Arbeitsgeräte, bei denen 82 °C erreicht werden.

Hackfleisch darf nur aus Skelettmuskulatur mit anhaftendem Fett hergestellt werden. Bei der Herstellung darf die Lagertemperatur (siehe Seite 46 und 167) nicht überschritten werden, weshalb der Fleischwolf sinnvollerweise im Kühlraum steht.

TK-Hackfleisch, das aufgetaut wurde, darf nur mit dem Hinweis „aufgetaut“ im Handel angeboten werden.

Tiefgefrorens Fleisch darf für die Herstellung von Hackfleisch nur mit ausdrücklicher behördlicher Genehmigung verwendet werden. Fleischabfälle, wie z. B. Separatorenfleisch (vom Knochen abgeschabtes Fleisch) oder Fleischabschnitte (Parüren), dürfen nicht verwendet werden.

Besondere Hackfleischzubereitungen

- **Rinderhackfleisch, Rindergehacktes:** besteht aus grob entsehntem Rindfleisch und ist zum Rohverzehr geeignet. Bei zubereitetem Rinderhack werden nur Salz, Zwiebeln und Gewürze verwendet. Der BEFFE-Wert liegt nicht unter 14 %.
- **Schweinehackfleisch, Schweinemett, Schweinegehacktes:** besteht aus grob entfettetem Schweinefleisch, ist zum Rohverzehr bestimmt. Zubereitet heißt es auch Thüringer Mett oder Hackepeter (wie oben – mit Salz, Zwiebeln und Gewürzen verfeinert). BEFFE-Wert nicht unter 11,5 %.
- **Gemischtes Hackfleisch, halb und halb:** besteht aus grob entfettetem Schweine- und grob entsehntem Rindfleisch. Es ist zum Rohverzehr geeignet. Bezeichnung: gemischtes Hackfleisch mit dem Zusatz von Salz, Gewürzen und Zwiebeln. BEFFE-Wert nicht unter 12,5 %.
- **Beefsteakhack, Tatar, Schabefleisch:** besteht aus sehnen- und fettgewebsarmem Rindfleisch und ist zum Rohverzehr bestimmt. Es enthält neben Gewürzen auch Eigelb. BEFFE-Wert nicht unter 18 %.

BEFFE = bindegewebsfreies Fleischeiweiß.

Hackfleischerzeugnisse, die nur für den Verzehr in durchgegartem Zustand bestimmt sind, müssen gekennzeichnet sein:

- „nicht zum Rohverzehr bestimmt“ oder
- „nur in vollständig durchgegartem Zustand verzehren“.

Geflügelhackfleisch oder Hackfleisch aus Wildfleisch ist als solches zu bezeichnen.

Beefsteakhack

Mettbrötchen

§ Für detaillierte Informationen lesen Sie die Anlage 5 der Tier LMHV, http://www.gesetze-im-internet.de/tier-lmhv/anlage_5_47.html

- **Frikadelle, Bulette, Bratküchle, Fleischpflanzerl, Hackbraten (falscher Hase), Fleischkloß, Fleischklops:** besteht aus grob entfettetem Schweinefleisch und grob entsehntem Rindfleisch. Es ist nicht umgerötet, aber gewürzt und mit dem Zusatz von Binde- oder Lockerungsmitteln (max. 25 % Paniermehl oder eingeweichten Semmeln) zum Verzehr in gegartem Zustand bestimmt. BEFFE-Wert im Fleischanteil nicht unter 11,5 %.
- **Hamburger, Beefburger:** besteht aus grob entsehntem Rindfleisch und enthält evtl. Salz und Gewürze, aber keine weiteren Zutaten. In der Systemgastronomie als Patties bezeichnet. BEFFE-Wert nicht unter 13,5 %.
- **Hacksteak:** besteht aus sehnenarmem Rindfleisch, grob entsehntem Rind- und grob entfettetem Schweinefleisch. Es ist gewürzt, enthält Zwiebeln und ist i. d. R. unter Verwendung von Binde- oder Lockerungsmitteln hergestellt. Es darf nicht umgerötet werden und ist zum Verzehr im gegarten Zustand gedacht. BEFFE-Wert nicht unter 12 %.

Diese Übung finden Sie auch unter www.trauner.at/systemgastronomie.aspx.

- **Deutsches Beefsteak, Hackbeefsteak:** wird aus sehnenarmem Rindfleisch und grob entsehntem Rindfleisch hergestellt. Es ist gewürzt und wird unter Verwendung von Binde- oder Lockerungsmitteln sowie Zwiebeln hergestellt. Es darf nicht umgerötet werden und ist nur im durchgegarten Zustand zum Verzehr bestimmt. BEFFE-Wert nicht unter 14 %.
- **Geschnetzeltes:** wird zwar nicht durch den Fleischwolf gedreht, fällt aber in Bezug auf die Hygiene unter die Bestimmungen zum Thema Hackfleisch. Ohne Angabe der Tierart handelt es sich um kleine, dünne, quer zu den Fasern geschnittene Scheiben oder Streifen aus sehnen- und fettgewebsarmem Kalbfleisch. Geschnetzeltes aus anderen Tierarten muss als solches gekennzeichnet sein.
- **Frikassee:** enthält Stücke von gegartem Skelettmuskelfleisch von Kalb oder Geflügel (kennzeichnen!) sowie Champignons und Spargel in einer hellen, mild gewürzten Sauce (Velouté). Es darf Formfleisch enthalten oder auch aus sehnenarmer Farce bestehen, aber nur zu einem Viertel des Gesamtfleischanteils.
- **Ragout:** besteht aus gebratenem Fleisch mit gewürzter Sauce, Gemüse und Pilzen. Wird auf eine Tierart hingewiesen, darf kein anderes Fleisch enthalten sein.
- **Ragout fin:** nur aus Kalbfleisch, Jungrindfleisch oder Geflügel sowie Kalbszunge mit Champignons.
- **Würzfleisch:** wie Ragout fin hergestellt, besteht aber aus Geflügel- und Schweinefleisch.
- **Schaschlikspieße:** enthalten Rind- und Schweinefleisch, durchwachsenen Speck sowie würzende Zutaten, wie Paprika und Zwiebeln.
- **Döner Kebab:** besteht aus grob entsehntem Schaffleisch, grob entsehntem Rindfleisch, darf 60 % Hackfleisch (BEFFE-Wert im Hackfleisch nicht unter 14 %) sowie evtl. Eier, Zwiebeln, Öl, Milch und Joghurt enthalten.

Velouté = weiße Grundsauce.

Farce = fein zerkleinertes (gecuttertes) Fleisch. In der Wurstherstellung als Brät bezeichnet.

Ragout fin = Füllung für Königinpastetchen (Blätterteigpastetchen)

- **Hähnchen- oder Puten-Döner-Kebab:** aus grob entsehntem Geflügelfleisch (Huhn oder Pute). Der Döner muss in diesem Fall als Hähnchen- oder Puten-Döner oder Hähnchendöner bzw. Putendöner gekennzeichnet sein. Es darf kein Hackfleisch verwendet werden. Maximal sind 18 % Geflügelhaut erlaubt. Die Bezeichnung Geflügeldöner ist nicht zulässig.

2.7 Fleischerzeugnisse

Etwa 40 Prozent des Fleisches der Schlachttiere, vor allem des Schweine- und Rindfleisches, gelangen in verarbeiteter Form zum Verbraucher. Durch Zerkleinern, Salzen, Pökeln, Kochen, Braten und Räuchern stellen die Fleisch verarbeitenden Betriebe eine Vielfalt von Erzeugnissen her. Dazu zählen alle Wurstwaren, Pökelwaren und Fleischwaren. Sie unterscheiden sich stark im Fettgehalt, im Geschmack, in der Haltbarkeit und in der Verwendung.

Pökelware, Räucherware: aus nicht zerkleinertem Fleisch hergestellt		
Rohe Pökelware	Gepökelt, geräuchert und getrocknet.	Rohschinken, Schinkenspeck, Bauchspeck, Hamburger Speck, Frühstücksspeck, Bündner Fleisch, Lachsschinken, Rauchfleisch
Gekochte Pökelware	Umgerötet, gegart, meist geräuchert.	Kochschinken, gegartes Geselchtes, Kassler, gekochter Lachsschinken, Kaiserfleisch.
Würste: aus zerkleinertem Fleisch hergestellt		
Rohwürste	Aus rohem, zerkleinertem, i. d. R. umgerötetem Fleisch. Rohwürste werden entweder geräuchert oder luftgetrocknet.	Salami, Teewurst, Mettwurst, Cervelatwurst, Rindersalami, Plockwurst, Landjäger, Cabanossi, Pfeffersäckchen.
Brühwürste	Aus Brät (zerkleinertem, rohem Fleisch), Gewürzen und Eiswürfeln; hitzebehandelt. Brühwürste bleiben auch bei erneutem Erhitzen schnittfest.	Wiener Würstchen (Frankfurter Würstchen), Weißwürste, Leberkäse, Knackwürste, Schinkenwurst, Krakauer, Göttinger, Polnische, Tiroler, Käsewurst, Braunschweiger, Bratwurst, Debrecziner, Mortadella, Bierwurst.
Kochwürste	Aus überwiegend gekochtem Fleisch, nur bei Blutwürsten überwiegt der Rohfleischanteil; hitzebehandelt. Kochwürste sind nur in kaltem Zustand schnittfest.	Leberwurst, Blutwurst, Sülze, Presskopf, gekochte Mettwurst, Zwiebelmettwurst, Pinkel, Rotwurst.
Fleischkonserven		
Fleischkonserven	Fleischwaren und -gerichte werden durch Hitze in luftdicht verschlossenen Behältern haltbar gemacht. Je nach Höhe und Dauer der Erhitzung erhält man Halbkonserven oder Vollkonserven.	Corned Beef, Leberwurst, Schinken in Dosen, Gulasch in Dosen, Schweine- und Rindfleisch in eigener Sauce.

Lachs = ausgelöster Kotelettstrang.

Eine Schinkenkunde finden Sie unter www.trauner.at/systemgastronomie.aspx.

Erklärungen zu den Konservierungsmethoden finden Sie auf Seite 36ff.

Halbkonserven = Präserven; durch Erhitzung auf eine Kerntemperatur von 65 bis 70 °C unter Luftabschluss vorübergehend haltbar gemacht.

Vollkonserven: durch Sterilisation langfristig haltbar gemacht.

Geflügelfleischwaren

Es wird vorwiegend Hühner- und Putenfleisch zu Kochwürsten, Schinken, Pasteten und Aufstrichen verarbeitet. Der Fettgehalt ist niedriger als der der meisten Wurstwaren von Schlachttieren.

Es werden u. a. Geflügelleberpasteten, Geflügelleberwürste, Geflügelsülze, Geflügelfleisch in Aspik, Putenwiener, Truthahnlachsschinken und Gänseleberpasteten angeboten.

Das süddeutsche Unternehmen Hoons bietet auch einen umfassenden Lieferservice

2.8 Geflügel

Es gibt verschiedene Haltungsformen für Geflügel. Das in der Systemgastronomie verwendete Geflügelfleisch ist i. d. R. Fleisch von Mastgeflügel. Die Küken erhalten ein spezielles Futter, das den Fleischansatz beschleunigt. Sie leben in einem geschlossenen Stallsystem und sind nach 32 bis 48 Tagen schlachtreif. Neben Hühnerfleisch wird vor allem das Fleisch von Puten bzw. Truthähnen, Enten, Perlhühnern und Gänsen in der Gastronomie angeboten.

Wienerwald betreibt mehr als 30 Restaurants. Näheres über die Geschichte des ersten in Deutschland im Filialsystem organisierten Unternehmens finden Sie im Band 3.

Biohühner leben in Stallanlagen mit Sitzstangen und Sandbad und mit Einstreu, um das Scharren zu ermöglichen. Außerdem haben sie einen Auslauf nach draußen. Sie werden mit Biofutter ernährt. Ihr Fleisch ist teurer, weil sie eine längere Wachstumszeit haben und erst nach 70–90 Tagen schlachtreif sind.

Unmittelbar nach dem Schlachten muss das Geflügel gekühlt werden, um das Wachstum von Mikroorganismen zu hemmen. Geflügelfleisch ist häufig wesentlich stärker mit Keimen besetzt als Rind- oder Schweinefleisch.

Eine Erklärung der verschiedenen Verfahren zur Kühlung von Hühnern finden Sie unter www.trauner.at/systemgastronomie.aspx.

Aufgabenstellungen

1. Welche Mikroorganismen sind auf Geflügelfleisch gehäuft zu finden?

2. Warum ist Geflügelfleisch so häufig mit Mikroorganismen belastet?

Diese Übung sowie die Lösung finden Sie unter www.trauner.at/systemgastronomie.aspx.

Einkauf von Geflügel (Deklaration)

Auch in der Gastronomie werden häufiger Geflügelteile als ganze Hühner nachgefragt.

Folgende Teilstücke werden angeboten: Hälfte, Viertel, Hinterviertel am Stück, Brust, Schenkel (Keule), Schenkel mit Rückenstück, Oberschenkel, Unterschenkel, Flügel, Filet, Brustfilet mit Schlüsselbein.

Der Colonel
Der Gründer von KFC ist der Amerikaner Colonel Harland Sanders. In den 1930er-Jahren ernannte ihn der Gouverneur des Staates Kentucky für seine Verdienste um die landestypische Küche zum Colonel. Und seitdem ziert Colonel Harland Sanders das Logo von KFC.

Heute werden allein in Deutschland in 92 Restaurants wöchentlich ca. 30 000 Hähnchen verkauft.

KFC – mit dem Werbebus on tour und die Filiale in Berlin, Spandauarkade

Nach dem Angebotszustand unterscheidet man:
- Frische Ware: nach dem Schlachten sofort und durchgehend gekühlt, bei –2 bis +4 °C gelagert.
- Gefroren: nach dem Schlachten sofort und durchgehend gekühlt bei –12 °C, kurzfristig darf die Temperatur um höchstens 3 °C ansteigen.
- Tiefgefroren: nach dem Schlachten sofort und durchgehend gekühlt bei –18 °C.

Nach der Herrichtungsform unterscheidet man:
- Teilweise ausgenommen (effilé, roped)
- Bratfertig (mit Innereien)
- Grillfertig (ohne Innereien)

Nach der Haltungsform unterscheidet man:
- Gefüttert mit ... % ...
- Extensive Bodenhaltung
- Freilandhaltung
- Bäuerliche Freilandhaltung
- Bäuerliche Freilandhaltung – unbegrenzter Auslauf

Die Kennzeichnung als Biohuhn sowie das Gütesiegel des Anbauverbandes (z. B. demeter) schließen Aussagen zur Haltungsform ein.

Über die Haltungsformen von Legehennen finden Sie einen Artikel unter www.trauner.at/systemgastronomie.aspx.

Die Mindestanforderungen für Geflügel zur Einordnung in die Handelsklasse A und B finden Sie unter www.trauner.at/systemgastronomie.aspx.

Qualitätsmerkmale für die Frische von Geflügel

- Biegsames Brustbein, das nicht verknöchert ist (bricht nicht bei sanftem Druck), ist ein Kennzeichen für ein junges Tier.
- Festes, hellrotes Fleisch und wenig Fettgehalt bei jungen Tieren.
- Hellgelbe, elastische Haut ohne braune Flecken.
- Kein unangenehmer Geruch.
- Bei ganzen Tieren: spitzer Schnabel und spitze Sporen, einreißbarer Kamm und einreißbare Schwimmhäute.

Die Länderkürzel-Kennzeichnung D/D/D garantiert, dass das Geflügel in Deutschland geschlüpft, in Deutschland aufgewachsen ist und in Deutschland geschlachtet und unter strengen hygienischen Bedingungen verarbeitet wurde.

Hühner	
Hähnchen	■ Mit biegsamem (nicht verknöchertem) Brustbeinfortsatz ■ Zum Braten, Grillen und Backen geeignet ■ Gewicht zwischen 1 000 und 1 200 Gramm ■ Oft auch als Poularde bezeichnet
Junger Hahn	■ Männliches Legerassenhuhn, dessen Brustbeinfortsatz starr, aber nicht vollständig verknöchert ist ■ Im Alter von mindestens 90 Tagen geschlachtet

In der EU-Vermarktungsnorm existiert der Begriff **Poularde** nicht mehr.

Hähnchenfleisch ist besonders fettarm, feinfaserig und in gegartem Zustand fast weiß. Das Fleisch von Perlhühnern ist dunkler und hat einen leichten Wildgeschmack. Eine Ente hat dunkleres Fleisch, das aber auch recht feinfaserig ist. Puten oder Truthähne haben auch ein helles Fleisch, aber es ist grobfaseriger als Hühnerfleisch und auch nicht so mild. Die Gans ist das fettreichste Geflügel, sie hat sehr dunkles Fleisch.

Näheres über Suppenhühner, Kapaune und Stubenküken finden Sie unter www.trauner.at/systemgastronomie.aspx.

Pute

Enten

Gänse

Das Stopfen einer Gans, um bei einem Schlachtgewicht von acht Kilogramm ein Kilogramm Gänseleber zu erhalten, ist in Deutschland verboten.

Puten, Enten, Perlhühner und Gänse werden als junge Tiere bezeichnet, wenn der Brustbeinfortsatz noch nicht verknöchert ist. Sie heißen dann junge Pute, junge Ente, junges Perlhuhn oder junge Gans, später einfach nur Gans, Ente oder Pute.

Die **Barbarie-Ente** stammt aus einer wilden Rasse aus Südamerika und wurde im 16. Jahrhundert von Christoph Columbus nach Europa gebracht. Es ist eine robuste und leicht zu züchtende Rasse. Ihr rotes, mageres Fleisch ist sehr zart.

Als **Formfleisch** muss geformtes zerkleinertes, geschnittenes oder zusammengefügtes Fleisch deklariert werden.

Gewachsenes Fleisch ist i. d. R. Hähnchenbrustfilet, Hähnchenbruststück oder Brustfiletstück.

Im Handel ist auch vorpaniertes Hühnerfleisch erhältlich. Meist sind es ausgelöste Hähnchenbrustfiletstücke in Panade.

Geflügelsalat muss aus mindestens 25 % gegartem Geflügelfleisch sowie weiteren Zutaten, wie Eiern, Pilzen, Obst und Gemüse, bestehen. Sogenannter Delikatess-Geflügelsalat enthält mindestens 30 % Fleisch.

Aufgabenstellungen

1. Beschreiben Sie Farbe und Fleischfaser.

Hähnchenbrustfleisch ist

Putenbrustfleisch ist

Schweineschnitzelfleisch ist

2. Worauf achten Sie beim Einkauf von frischem Geflügel?

3. Es wird frisches Geflügelfleisch geliefert. Worauf achten Sie bei der Wareneingangskontrolle?

4. Worauf achten Sie beim Auftauen von gefrorenem Geflügelfleisch?

5. Welche Speisen aus Geflügel bieten Sie in Ihrem Betrieb an?

   In welcher Form bekommen Sie Geflügelfleisch geliefert (TK, frisch, roh, zubereitet)?

   Wie lagern Sie frisches Geflügelfleisch in Ihrem Betrieb?

6. Was ist Hähnchenformfleisch?

Chicken Nuggets

Diese Übung finden Sie auch unter www.trauner.at/systemgastronomie.aspx.

2.9 Wild und Wildgeflügel

festgelegten Zeiten erlegt werden. Um die Nachfrage nach Wildbret zu decken, wird verstärkt in Wildgehegen gezüchtet. Bei diesen Rehen und Hirschen kann man eigentlich nicht mehr von Wildfleisch sprechen, da die Tiere gefüttert werden. Dies macht sich auch beim Fleisch bemerkbar. Die gezüchteten Tiere haben keinen ausgeprägten Wildgeschmack.

Wildfleisch nennt man Wildbret.

Hirsch

Wildgänse

Wildschwein

Allerdings wird Wild nur durch die Züchtung in Wildgehegen für die Systemgastronomie überhaupt interessant. Nur so ist eine standardisierte Qualität in entsprechender Menge lieferbar.

Hirsch, Reh, Gämse und Wildschwein bezeichnet man auch als Haarwild. Zum Federwild zählen Fasan, Rebhuhn, Wachtel, Wildente und Wildgans.

Wild unterliegt der gesetzlichen Beschaupflicht. Sie kann teilweise auch von einem Jäger durchgeführt werden. Wildschweine werden auf Trichinenbefall untersucht (siehe Seite 45).

Das Fleisch junger Tiere ist vorzuziehen. Wild- und Wildgeflügelfleisch ist meist fettarm, dunkel und hat einen kräftigen Geschmack.

Handelsware

- Ganze, ausgenommene Tiere in der Decke (Fellkleid)
- Teile, wie Rücken, Keule, Bug, Hals, Brust

Frisches Wildfleisch gibt es während der Schusszeiten im Mai (Maibock) und im Herbst. Tiefgekühltes Wildfleisch ist zu jeder Jahreszeit erhältlich.

Zu den besten Teilen des Haarwildes zählt der Rücken mit dem Filet. Er kann zum Kurzbraten oder als Braten im Ganzen zubereitet werden. Auch das sogenannte Blatt zählt zu den Edelteilen. Das Fleisch ist von ähnlicher Struktur wie die Keule und eignet sich hervorragend als Braten oder zum Schmoren. Die Keulen werden zum Braten oder Schmoren verwendet. Bug, Brust und Hals werden zu Ragouts oder Gulasch verarbeitet und am besten geschmort.

Typische Wildgerichte

Geschmorte Wildschweinkeule

Rehragout

Welche Bedeutung hat Fleisch für die Ernährung?

Die Bedeutung von Fleisch für die menschliche Ernährung steht im Kreuzfeuer von Diskussionen. Fleisch ist einerseits ein wichtiger Eiweißträger und liefert Vitamine und Mineralstoffe. Anderseits ist der Genuss von Fleisch und Fleischwaren Ursache für die zu hohe Fett-, Cholesterin- und Purinaufnahme der Menschen.

Die Empfehlung lautet, zwei- bis viermal in der Woche maximal 150 Gramm Fleisch oder Fleischwaren zu essen.

Lagerung von Fleisch

Frisches Fleisch ist grundsätzlich gekühlt aufzubewahren. Die TierLMHV schreibt maximale Lagertemperaturen vor (siehe Tabelle). Eine Lagerung bei niedrigeren Temperaturen ist selbstverständlich von Vorteil. Durch zusätzliches Einvakuumieren oder Verpacken unter Schutzgasatmosphäre lässt sich die Haltbarkeit von Frischfleisch verlängern.

Die Verpackung ist zusätzlich ein guter Schutz vor Kreuzkontamination im Kühlhaus. Optimalerweise lagert Frischfleisch in einem separaten Fleischkühlhaus bei einer Luftfeuchtigkeit von 82 bis 85 %. Die Lagerdauer ist aber unbedingt an die Bedingungen im Betrieb anzupassen und hängt zudem vom Zerkleinerungsgrad ab. Je größer die Oberfläche ist, desto mehr Angriffspunkte gibt es für Mikroorganismen. Aus diesem Grunde hat Hackfleisch eine geringere Haltbarkeit als ein ganzes Hinterviertel.

Ganze Fleischteile (z. B. Schweine hälften) sind länger haltbar als portionierte Stücke

In Lagerversuchen vor Ort kann man die optimale Lagerdauer herausfinden. Im Rahmen des HACCP-Konzeptes sollte man Versuche durchführen, bei denen man Fleisch lagert und dann kontinuierlich mikrobiologische Proben entnimmt.

Lagerbedingungen	
Rindfleisch	▪ Bei maximal 7 °C lagern. ▪ Rindfleisch vom Hinterviertel sollte vor dem Verzehr ca. drei Wochen abhängen und kann dann ca. drei weitere Wochen gelagert werden, dann ist es besonders zart. ▪ Rindfleisch vom Vorderviertel frisch verwenden. ▪ Roastbeefstrang im Ganzen kann ca. eine Woche lagern. ▪ Geschnittene Steaks nur wenige Tage lagern.
Schweinefleisch	▪ Bei maximal 7 °C lagern. ▪ Schweinefleisch reift ca. zehn Tage und kann dann als Hälfte noch einmal eine Woche lagern. ▪ Kotelettstrang ca. drei bis vier Tage aufbewahren. ▪ Aufgeschnittene Koteletts, Schnitzel etc. ein bis zwei Tage.
Frisches Hack	▪ Bei 2 °C höchstens 24 Stunden lagern.
Großwild	▪ Bei maximal 7 °C lagern.
Kleinwild, Geflügel	▪ Im Ganzen bei 4 °C höchstens drei Tage lagern. ▪ Teilstücke höchstens zwei Tage.
Tiefgekühltes Fleisch	▪ Bei –18 °C oder darunter kann Fleisch je nach Fettanteil sechs bis neun Monate lagern. ▪ Wichtig ist das fachgerechte Einfrieren. Die Schockfrostung bietet optimale Ergebnisse.
Wurst	▪ Frischwurst ist bei 2–4 ° C zwei bis fünf Tage haltbar. ▪ Rohwurst ist einige Tage bis mehrere Wochen haltbar. ▪ Alle Wurstarten sind zum Einfrieren geeignet. Es entsteht jedoch ein Qualitätsverlust.

Kontinuierliche Temperaturmessungen sind vorgeschrieben und sie sind zu dokumentieren (siehe Seite 78).

2.10 Fische und Fischerzeugnisse

Fische sind im Wasser lebende Wirbeltiere. Aufgrund des steigenden Ernährungsbewusstseins, und weil empfohlen wird, wöchentlich zweimal Fisch zu essen, steigt die Nachfrage ständig an. Daher werden Fische vermehrt in Teichwirtschaften oder sogenannten Aquagärten gezüchtet. Wildfang wird zunehmend teurer, da die Meere stark überfischt und die Bestände rar sind.

Nach dem Lebensraum unterscheidet man:
- **Süßwasserfische:** stammen aus heimischen Seen, Flüssen und Bächen. Süßwasserfische sind meist gezüchtet.
- **Salzwasserfische** (Meeresfische, Seefische): leben im Meer; manche werden auch gezüchtet.
- **Wanderfische,** wie Aal, Lachs oder Stör, leben sowohl im Süß- als auch im Salzwasser. Im Lebensmittelhandel zählen sie zu den Süßwasserfischen.

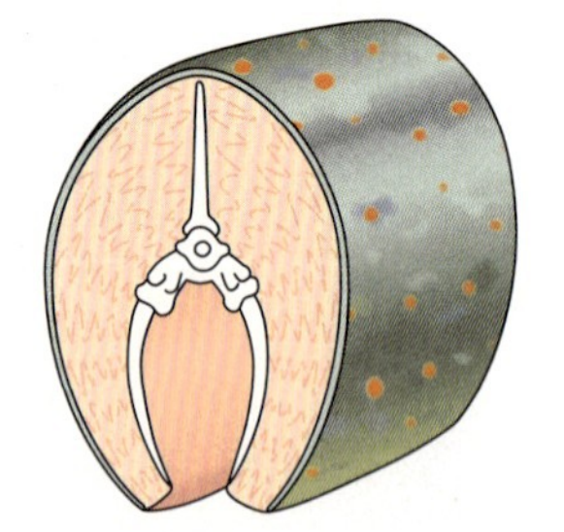

Rundfische haben zwei Filets

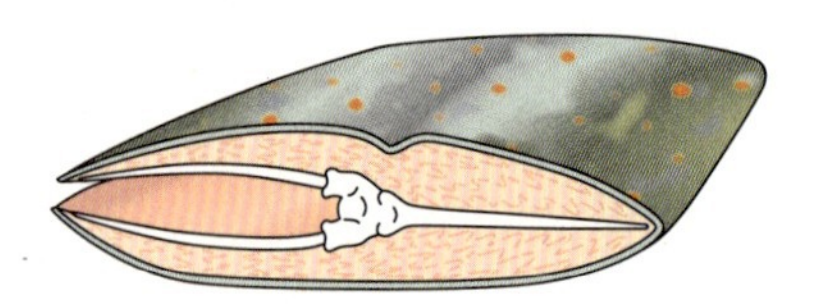

Plattfische haben vier Filets

Nach dem Fettgehalt unterscheidet man:
- **Magerfische:** unter 1 % Fett, z. B. Dorsch, Scholle, Hecht, Zander
- **Mittelfette Fische:** 1–10 % Fett, z. B. Forelle, Karpfen, Barsch
- **Fettfische:** 10–25 % Fett, z. B. Hering, Makrele, Lachs, Aal, Stör

Nach der Körperform unterscheidet man:
- **Rundfische:** im Querschnitt rund oder keilförmig. Es können zwei Filets gewonnen werden, oder sie werden im Ganzen als Portionsfische (bis ca. 300 Gramm) angeboten.
- **Plattfische:** seitlich stark zusammengedrückte Körperform. Im frühen Stadium ist die Körperform noch symmetrisch, wenn sie größer werden, wandert das Auge nach rechts oder links. Die Seite, die nach oben gerichtet ist, wird dann als Augenseite bezeichnet und ist gefärbt. Die Unterseite bleibt meistens weiß. Plattfische haben vier Filets, zwei Bauch- und zwei Rückenfilets.

Der **Viktoriabarsch** ist sehr umstritten. Der Barsch wurde in den 1960er-Jahren im afrikanischen Viktoriasee ausgesetzt und hat die Fische, die dort lebten, nahezu ausgerottet. Zudem wurde den dort ansässigen Fischern die Geschäftsgrundlage entzogen.

Der **Pangasius** kam ursprünglich aus Südostasien, heute wird er zunehmend in Aquakultur gezüchtet und weltweit verkauft. Er ist sehr preisgünstig. Achtung: Pangasius wird häufig als Seezunge (die sehr teuer ist) verkauft.

Nach der Sortenvielfalt unterscheidet man:
- **Konsumfische:** z. B. Seelachs, Forelle, Hering, Sardelle, Sprotte, Scholle
- **Edelfische:** alle Buttarten (wie Heilbutt, Steinbutt), Saibling, Seeteufel, Seezunge, Zander

Süßwasserfische

Süßwasserfische werden als Portionsfische im Ganzen oder als Filets angeboten. Sie werden als kalte Vorspeise mariniert zu Salaten, zu Fischsuppen verarbeitet, gebraten, gekocht, gegrillt (in Folie) zubereitet.

Salzwasserfische, Seefische

Salzwasserfische werden als Portionsfische im Ganzen, als Filets, als Mittelstücke (Darne) oder Steaks angeboten.

Sie werden als kalte Vorspeise mariniert zu Salaten, Sushi, kaltem Buffet, zu Fischsuppen verarbeitet, pochiert, gebraten, gekocht, gegrillt (in Folie) zubereitet.

Salzwasserfische stammen aus Wildfang (mit Netzen oder Leinen gefangen) oder sind Zuchtfische aus Aquafarmen, wie z. B. der Zuchtsteinbutt aus Büsum. Lesen Sie darüber Näheres unter www.trauner.at/systemgastronomie.aspx.

Was sind Sauerlappen?
Der im Frühjahr gefangene Hering wird in Essig und Salzmarinade gelegt und anschließend eingefroren, um ganzjährig verfügbar zu sein. Sauerlappen werden u. a. zu Fischsalaten und Matjes verarbeitet. Weitere Informationen über Matjes finden Sie unter www.trauner.at/systemgastronomie.aspx.

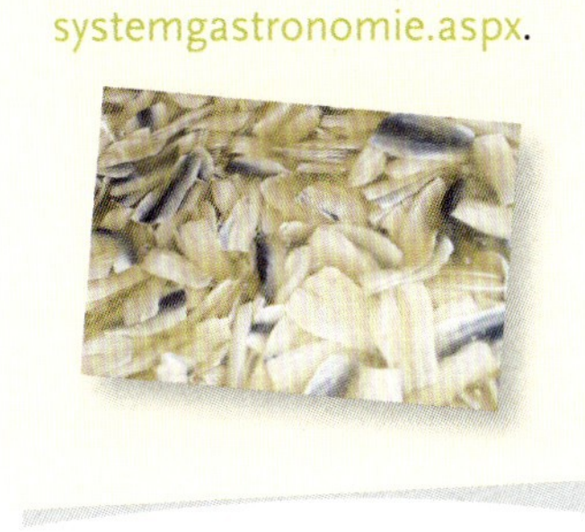

Fischerzeugnisse

Fische werden durch diverse Konservierungsarten haltbar gemacht.

Salzen	Sardellen oder Anchovis, Salzheringe, Matjes	Für kalte Vorspeisen, Fischbrötchen, Matjestatar
Säuern (in Essigmarinade)	Heringe (Bismarck), Bratheringe, Rollmops	Für kalte Vorspeisen, z. B. Heringssalate
Räuchern	Räucherlachs, Aal, Forelle, Schillerlocken (Bauchlappen des Dornhaies)	Für kalte Vorspeisen, z. B. geräuchertes Forellenfilet mit Sahnemeerrettich
Marinieren	Lachs (Gravad Lachs), Forelle, mit Salz, Zucker, Dill und Gewürzen gebeizt	Für kalte Vorspeisen, z. B. Gravad Lachs mit Dillsenfsauce
Gelieren	In Gelee oder Aspik	Als kalte Vorspeise
Sterilisieren (Konserven)	Ölsardinen, Thunfisch, Heringe in Saucen	Für kalte Vorspeisen, Fischcocktails und Vorspeisensalate

Gesäuerte Bratheringe: Die Heringe werden zunächst schwimmend in Fett ausgebacken und dann in eine Essigmarinade gelegt. Sie werden als Präserve oder als Konserve verkauft.

Industrielles Braten von Heringsseiten

Kaviar

Kaviar ist gereinigter und gesalzener Rogen (Eier) von Fischen.

Echter Kaviar stammt von weiblichen Stören, vor allem aus dem Schwarzen Meer, dem Asowschen Meer und dem Kaspischen Meer.

Störe sind Meeresfische, die als sogenannte Wanderfische zum Laichen in Süßgewässer aufsteigen.

Man unterscheidet drei Sorten des Störkaviars, die nach der Störart benannt sind, Belugakaviar, Ossietrakaviar (Osietra-, Ossetra-, Ossiatrkaviar) und Sevrugakaviar.

Belugakaviar mit Blini (Buchweizenplätzchen) ist eine teure Delikatessvorspeise

Kaviar schmeckt mild und cremig, ist silbrig grau oder schwarz. Er wird hauptsächlich in der kalten Küche zum Dekorieren verwendet.

Weiters im Handel angeboten werden:
- Ketakaviar vom Ketalachs. Die Eier sind orangerot, druckempfindlich, klebrig und ca. 5 mm groß.
- Forellenkaviar ist orange, klein- oder mittelkörnig.
- Deutscher Kaviar (Kaviarersatz) ist der Rogen vom Seehasen. Die Eier werden schwarz gefärbt.

Malossol ist nur mild gesalzener Kaviar.

Typische Fischgerichte
- Forelle blau: gekochte Forelle
- Forelle nach Müllerinart: gebratene Forelle mit zerlassener Butter und Mandelblättern
- Aal grün: gekochter Aal, oft in Dillsauce
- Matjes mit Hausfrauensauce und Pellkartoffeln
- Fränkischer Karpfen: gebackener Karpfen mit Kartoffelsalat und gemischten Blattsalaten

Räucherfischgerichte

Im Ganzen geräuchert werden die Fettfische oder mittelfetten Fische, wie z. B. Aal, Makrele, Heilbutt, Schillerlocke und Räucherlachs. Geräucherte Forelle ist als Vorspeise sehr beliebt.

Bedeutung für die Ernährung

Fische sind nicht nur wegen ihres vollwertigen Eiweißes, sondern auch wegen der leichten Verdaulichkeit von großer Bedeutung für die Ernährung. Der Fettgehalt ist unterschiedlich. Fettfische haben einen hohen Anteil an gesunden Omega-3-Fettsäuren, das sind leicht verdauliche, mehrfach ungesättigte Fettsäuren.

Der Mineralstoff- und Vitamingehalt von Fischen ist vielfältig und hoch – Vitamin A, B, D sowie Jod. Da Fische keinen nennenswerten Ballaststoffgehalt haben, ist es ratsam, sie mit Gemüse, Salaten und Kartoffelzubereitungen zu kombinieren.

Einkauf und Lagerung

Fisch gehört zu den besonders leicht verderblichen Nahrungsmitteln. Seefische werden daher entweder sofort auf Eis gelegt oder gleich auf dem Fangschiff filetiert und tiefgefroren.

Der Weg des Fisches auf den Teller

1. Tag

Die Fischer fahren mit den Booten hinaus aufs Meer. Die gefangenen Fische werden sofort in Eis gelegt (die Ware lagert bei 0–2 °C). Noch in der Nacht läuft der Fischkutter den Hafen an.

2. Tag

Die Fische werden in einen Kühl-Lkw geladen, der die Ware z. B. auf den Großmarkt nach Rungis bei Paris bringt. Das ist ein großer Umschlagplatz für Fischhändler. Noch an diesem Tag kauft der Einkäufer des Händlers, z. B. „Deutsche See", den bei ihm von einem Restaurant bestellten Fisch. Die Ware wird in einen Kühl-Lkw von „Deutsche See" umgeladen und in den Betrieb, z. B. nach Hamburg, gebracht.

3. Tag

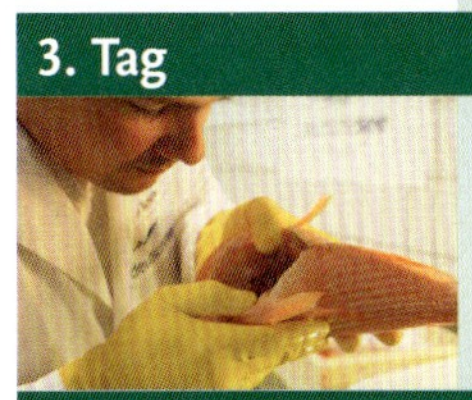

Die Qualität des Fisches wird kontrolliert. Er wird ausgenommen, filetiert und portioniert.

4. Tag

Ein Lkw mit Kühlsystem bringt den Fisch zum Kunden, der ihn sofort für seine Gäste zubereiten kann.

Unter www.trauner.at/systemgastronomie.aspx finden Sie einen ausführlichen Artikel von „Deutsche See" über Lebensmittelhygiene und die Kühlkette bei Fisch. Außerdem eine Erklärung des MSC Siegels (Nachhaltigkeit) sowie zum Thema „Überfischung – ist Aquakultur eine Lösung?"

So erkennt man frischen Fisch

- Frische Fische haben einen frischen Geruch. Sie riechen nicht „fischig". Der Geruch lässt sich besonders gut unter den Kiemendeckeln prüfen.
- Die Augen sind klar, glänzend und leicht nach außen gewölbt. Eingesunkene Augen sind ein Zeichen von Überlagerung.
- Die Schuppen sind fest anliegend und glatt.
- Die Haut hat einen natürlichen Glanz und eine schöne Farbe, sie darf nicht schmierig oder blutig sein.
- Die Kiemen sind glänzend und von hellroter oder dunkelroter Farbe, die Kiemenblättchen sind klar erkennbar. Die Kiemen dürfen nicht verschleiert wirken oder verfärbt und schleimig sein, das weist auf falsche Lagerung und Verderb hin.

Frischer Fisch kann bei 0–1 °C auf Eis (in einer Abtropfwanne) ein bis zwei Tage gelagert werden. Im Kühlschrank wird er in der kältesten Zone aufbewahrt, das Eis muss täglich erneuert werden.

Helgoländer Hummer ist vom Aussterben bedroht und wird seit einigen Jahren in Hummeraufzuchtstationen auf Helgoland gezüchtet. Die Tiere werden wieder in die Natur gesetzt, so sollte sich der Bestand erholen. Eine weitere Spezialität ist der Knieper. Lesen Sie darüber einen Artikel unter www.trauner.at/systemgastronomie.aspx.

Die **Nordseegarnele** lebt im Wattenmeer. Bereits auf See wird dieses empfindliche Lebensmittel gekocht und dann an Land direkt vom Krabbenkutter verkauft. Das Krabbenpulen ist sehr mühselig und zeitaufwendig (aus einem Kilo Krabben bekommt man oft nur 200–250 Gramm Krabbenfleisch), weshalb die Krabben oft in Marokko gepult und dann an die Nordsee zurücktransportiert werden. Das geht nur unter Einsatz von Sorbin- oder Benzoesäure als Konservierungsstoff.

Nordseegarnelen („Krabben“)

- Die Bauchhöhle ausgenommener Fische muss sauber ausgeweidet und neutral im Geruch sein, die Blutreste sollten leuchtend rot sein. Braungraue Blutreste sind ein Indikator für lange Lagerung.
- Das Fischfleisch ist fest und elastisch. Ein Fingerdruck hinterlässt im Fischkörper keine Delle.

2.11 Krusten-, Schalen- und Weichtiere

Als Krustentiere bezeichnet man die weit verzweigte Familie der Krebse, die im nassen Element beheimatet sind. Ein dicker Chitinpanzer schützt sie vor den Angriffen ihrer Feinde. Die unterschiedlich gefärbten Krustentiere werden im gekochten Zustand rosa oder leuchtend rot.

Süßwasserkrebse		
Flusskrebse	Edel- oder Solokrebs, Galizier- oder Sumpfkrebs, Signalkrebs	■ Zartes Fleisch ■ Für Aufläufe, Suppen und kalte Vorspeisen
Salzwasserkrebse		
Garnele, Krevette, Shrimps, Gambas, Prawns	Die bekanntesten sind: ■ Riesengarnele, King-Prawn oder Tiger-Prawn ■ Süßwassergarnele ■ Kaltwassergarnele oder Shrims ■ Nordseegarnele	■ Große Garnelen werden mit oder ohne Schale gegrillt, gebraten ■ Kleinere Garnelen werden gekocht, für Salate oder Cocktails, für Nudelgerichte
Hummer	Das Fleisch der Scheren und das Schwanzstück werden gegessen	■ Hummer werden gekocht ■ Kalter Hummer als Vorspeise, z. B. in Cocktails
Languste	Hat keine Scheren, daher wird nur das Schwanzstück verwendet	Siehe Hummer
Kaisergranate, Scampi oder Langoustines	Größer als Garnelen. Garnelenschwänze werden häufig als Scampi verkauft, das ist Betrug (Warenunterschiebung); die Garnelen aus Aquakultur sind eben günstiger.	Gebraten oder gegrillt
Krabbe	Von der Königskrabbe oder King-Crab werden nur die Beinscheren verwendet	Für kalte Vorspeisen

Krustentiere stammen aus Wildfang oder von Aquafarmen. Das zu verarbeitende Fleisch von Krustentieren ist im Schwanzstück, in den Scheren und Gliedmaßen enthalten, wobei die Fleischausbeute meist weniger als 35 % beträgt.

Frische, lebendige Tiere werden durch Kochen getötet. Sie werden mit dem Kopf voran in kochendes Wasser gegeben. Bei der Verarbeitung in der Küche ist bei den größeren Garnelen sowie beim Kaisergranat darauf zu achten, dass der Darm entfernt wird. Man erkennt ihn an dem schwarzen Strich am Rücken. Dort schneidet man ein, der Darm lässt sich dann leicht herausziehen.

Tote Krustentiere, die keine Schwanz- oder Fühlerbewegungen mehr machen, dürfen nicht verwendet werden, da sich rasch Giftstoffe bilden.

Schalentiere oder Muscheln

Muscheln werden meist in Aquafarmen auf Bänken (z. B. Austernbänken) oder auf Pfählen (z. B. Miesmuscheln) gezüchtet.

Arten		
Austern	■ **Felsenaustern (Portugiesische Austern)** sind länglich, z. B. Fines de Claires. ■ **Rundaustern** sind rund und flach und werden nach ihrer Herkunft benannt, z. B. Belon, Marennes (Frankreich), Imperiales (Holland), Royal Natives (England).	Es werden nur jene Austern roh gegessen, die verschlossen sind. ■ Felsenaustern werden frisch gegessen und pochiert oder glaciert. ■ Rundaustern werden nur frisch gegessen.
Miesmuscheln, Pfahlmuscheln	Haben eine längliche Form und eine blauviolette Schale. Gezüchtet und lebend verkauft.	■ Muscheln werden in der Schale im Sud gedünstet. ■ Gegarte Muscheln werden für Suppen, Nudelgerichte, Reisgerichte usw. verwendet.
Jakobsmuscheln, Pilgermuscheln	Von europäischen Küstengebieten des Atlantiks.	Sie werden pochiert, gegrillt und überbacken.

⚠ Wussten Sie, dass Sie nur frische, geschlossene Muscheln und gegarte Muscheln, die offen sind, verwenden dürfen? Alle anderen Muscheln sind ungenießbar bzw. giftig.

Jakobsmuscheln

Weichtiere

Weichtiere haben kein Skelett, daher ist der Fleischanteil hoch. Sie sind vor allem in der Mittelmeerküche von Bedeutung.

Schnecken		
Weinbergschnecken	TK-Ware oder gekocht in Dosen	Mit oder ohne Gehäuse mit Knoblauchbutter
Kopffüßer		
Kalmar, Tintenfisch	Zehnarmiger Kopffüßer, torpedoartige Form	Zum Grillen, Frittieren und für Nudelgerichte
Krake	Hat acht Fangarme mit Saugnäpfen	Es werden nur die Arme verwendet; für Suppen, Reisgerichte usw.

Schnecken auf Burgunder Art

Bedeutung für die Ernährung

Krusten-, Schalen- und Weichtiere haben einen hohen Eiweiß- und Wassergehalt. Durch die lockere Eiweißstruktur können sich Keime schnell verbreiten und giftige Stoffwechselprodukte bilden. Sie sind daher leicht verderblich. Kohlenhydrate sind nur in Spuren enthalten. Der Fettgehalt ist gering, der Vitamin- und Mineralstoffgehalt hoch.

Einkauf und Lagerung

Eine Touristenattraktion ist der Fischmarkt im Hamburger Hafen – er findet jeden Sonntag statt

Große Krustentiere werden meist als Frischware angeboten. Lebendfrische Tiere bewegen sichtbar ihre Fühler und Scheren. Muscheln kommen lebend in den Handel, sie sind fest verschlossen. Transportiert werden sie in mit feuchtem Seetang ausgelegten Körben oder in Styroporkisten bei 2–4 °C. Sie können zwei bis vier Tage gelagert werden. Nach dem Garen müssen die Schalen sichtbar geöffnet sein.

Kleinere Krustentiere und Muscheln werden häufig als TK-Ware oder gekocht in Salzlake als Konserve angeboten.

Kopffüßer und Schnecken sind auf Fischmärkten frisch erhältlich und werden auf Eis bei 0–1 °C gelagert. Tiefgekühlte Tiere sind meist vorgegart.
Schnecken werden wegen der aufwendigen Vorbereitung gerne aus der Dose verwendet.

Unter dem Begriff Meeresfrüchte werden auch Mischungen aus gegarten, tiefgefrorenen Kleinkrebsen, verschiedenem Muschelfleisch und Teilen von Kopffüßern im Handel angeboten.

Meeresfrüchtesalat ist eine Mischung aus kleinen Weichtieren, Tintenfischen, Garnelen usw.

Auslage von Krustentierspezialitäten

Halber Langustenschwanz

Karkasse = Schale des Hummers.
Hummersauce = Weißweinsauce mit Hummerbutter.

Typische Gerichte aus Krusten-, Schalen- und Weichtieren

- Hummer im Ganzen: gekocht, Scheren und Schwanzfleisch (Medaillons) werden auf der Karkasse auf Platten angerichtet, mit Mayonnaisesaucen serviert
- Knieper: gekocht, Scherenfleisch wird mit Zitrone, Hummersauce oder Remoulade und Weißbrot serviert
- Nordseegarnelen: mit Rührei oder auf Schwarzbrot oder als Krabbenbrötchen, Krabbensalat oder Krabbencocktail
- Scampi: gegrillt mit Knoblauchmayonnaise oder Hummersauce
- Jakobsmuscheln: gegrillt, auf Blattspinat, mit Sauce hollandaise
- Miesmuscheln: gekocht in einem Sud aus Weißwein mit Zwiebeln und Gewürzen, Weißbrot
- Austern: werden roh gegessen, angerichtet auf Eis mit Zitronenspalten, mit Brot und Butter serviert
- Calamari: frittiert, Tintenfischringe in Bierteig
- Schnecken auf Burgunder Art: mit Knoblauchbutter überbacken, im gereinigten Haus serviert, Weißbrotstäbchen

3 Öle und Fette

Butter kann durch nichts ersetzt werden – diesen Spruch von meiner Oma habe ich noch ganz deutlich im Ohr. Doch stimmt das auch wirklich?

Pflanzen und Tiere enthalten Fett, das als Reservestoff, Energiespeicher, Wärme- und Kälteschutz dient. Diese Fette werden vom Menschen als Speiseöle und Speisefette genützt.

Für den Menschen ist Fett lebensnotwendig. Allerdings ist es für unsere Gesundheit wichtig, den Anteil der gesättigten Fettsäuren zu reduzieren (siehe Seite 95).

Ein Arbeitsblatt zum Thema Fette finden Sie unter www.trauner.at/systemgastronomie.aspx.

Verschiedene Fette

Tierische Speisefette	Pflanzliche Speisefette, feste Fette	Pflanzliche Speisefette, Öle
■ Butter: aus Milch gewonnen ■ Schlachttierfette: aus dem Fettgewebe von Tieren geschmolzen; Schweineschmalz, Rindertalg, Gänseschmalz, Hammeltalg ■ Seetieröle: Walöl (Tran), Robbenöl, Heringsöl	■ Natürliche feste Fette: Kokosfett, Palmkernfett ■ Cremige Fette: Kakaobutter ■ Gehärtete pflanzliche Fette: Pflanzenmargarine, Frittierfette, Erdnussfett	■ Fruchtfleischöle: Olivenöl, Palmöl ■ Samenöle: Sonnenblumenöl, Rapsöl, Kürbiskernöl, Distelöl, Leinöl, Sesamöl, Walnussöl, Erdnussöl, Haselnussöl, Mohnöl, Traubenkernöl ■ Keimöle: Maiskeimöl, Weizenkeimöl

Eine Beschreibung der pflanzlichen Speiseöle finden Sie unter www.trauner.at/systemgastronomie.aspx.

Butter

Butter ist das beliebteste Streichfett. Der durchschnittliche Butterverbrauch pro Person und Jahr beträgt rund fünf Kilogramm.

Butter wird generell zum Verfeinern von Speisen eingesetzt:

- In der kalten Küche dient Butter als Grundbasis für Aufstriche und Füllungen, z. B. Liptauer, Obazder.
- Gemüse und Kartoffeln werden in Butter geschwenkt.
- Fleisch und Fische werden in Butter gebraten.
- Warme Süßspeisen werden mit flüssiger Butter verfeinert, z. B. Hefeklöße (Germknödel).

Diskutieren Sie über die Vor- und Nachteile von Portionsbutter bzw. offen angebotener Butter in der Systemgastronomie!

Halbfettbutter bzw. fettreduzierte Butter eignet sich nicht zum Erhitzen. Dabei trennen sich die Fett- und die Wasserphase und es spritzt.
Bei der Erzeugung von Halbfettbutter wird ein Teil des Milchfetts durch Zutaten wie Joghurt, Rahm, Raps- oder Olivenöl bzw. Stärke ersetzt und es werden Verdickungsmittel zugefügt. Als Streichfett sind Joghurt-, Leicht- und Fastenbutter gut verwendbar.

Buttersorten

Es gibt verschiedene Arten von Butter:

- Sauerrahmbutter: aus mikrobiell gesäuerter Milch oder Sauerrahm
- Süßrahmbutter: aus Milch und Süßrahm ohne Zusatz von Milchsäurebakterien
- Mild gesäuerte Butter: aus Süßrahm unter Verwendung von Milchsäurebakterien hergestellt
- Salzbutter: mit Salz versetzt
- Butterzubereitungen: mit Kräutern oder Pfeffer gewürzt

Was sind Butterberge und Milchseen?
Diese Begriffe bezeichnen die ständige Überproduktion von Butter bzw. Milch. Die in den 1950er-Jahren viel zu geringe Produktion wurde durch Subventionen des Staates derart angekurbelt – gestützt durch staatlich garantierte Preise –, dass Berge von Butter und Seen voll Milch in den Lebensmittellagern landeten. Erst viele Jahre später wurde eine Milchquote eingeführt und die Garantiepreise wurden reduziert. Die Überproduktion nahm ab, die Lagerbestände schrumpften. Mit der Agenda 2000 wurden schließlich rechtliche Begrenzungen eingeführt, dennoch ist die EU ständig gefordert, keine neuen Butterberge und Milchseen entstehen zu lassen.

Butterschmalz

Butterschmalz, auch Schmalzbutter bzw. geklärte oder geläuterte Butter, ist reines Milchfett, das aus Butter durch Entfernen von Wasser, Milcheiweiß und Milchzucker gewonnen wird. Es ist hoch erhitzbar, der Rauchpunkt liegt bei 205 °C. Es eignet sich zum Braten, Backen und Frittieren und ist lange haltbar.

Ein Schmalzbrot gehört zu einer zünftigen Hüttenjause

Schmalz

Schmalz ist Fett, das aus dem Fettgewebe von Schweinen, Gänsen oder Enten durch Erhitzen geschmolzen wird. Zurück bleiben die Grieben. Regional werden verschiedene Speisen mit Schmalz zubereitet.

Kokosfett

Es wird aus dem Kernfleisch der Nüsse der Kokospalme gewonnen, ist weiß und schmeckt nussartig. Kokosfett zeichnet sich durch einen hohen Schmelzpunkt (20–25 °C) aus und ist daher ideal zum Befetten von Backblechen. Es eignet sich zum Braten und Frittieren bei hohen Temperaturen, da der Rauchpunkt bei 200 °C liegt. Kokosfett hat aber einen geringen Anteil an ungesättigten Fettsäuren.

Der Rauchpunkt der pflanzlichen Speisefette liegt bei über 200 °C. Kokosfett und Palmkernfett enthalten Antischaummittel und durch den Zusatz von Emulgatoren spritzen sie nicht.

Palmkernfett

Es wird aus den Samen der Ölpalme gewonnen und ist ebenfalls weiß. Es ist bei Raumtemperatur fest und hat einen Schmelzpunkt von 23–30 °C, was es für die Margarineerzeugung wertvoll macht. Bei Körpertemperatur beginnt es zu schmelzen, das ergibt den angenehm kühlenden Effekt. Verwendung findet es wegen des hohen Rauchpunktes beim Braten und Frittieren.

Pflanzliche Speiseöle

In Europa werden immer mehr Raps, Sonnenblumen, Ölkürbisse und Sojabohnen angebaut.

Von der Ölpflanze zum Speiseöl

Kalt gepresste Speiseöle	Raffinierte Öle
Die gereinigten und zerkleinerten Ölfrüchte und -saaten werden durch Druck in Pressen ausgepresst. Dabei entstehen Temperaturen bis zu 65 °C. Anschließend wird das Öl gefiltert und in dunkle Glasflaschen oder Dosen abgefüllt (lichtgeschützt!).	**Warmpressen:** Die gereinigten und zerkleinerten Ölfrüchte und -saaten, deren Fette einen höheren Schmelzpunkt haben, werden durch Druck und Wärme ausgepresst. ↓ **Extrahieren:** Aus dem Ölrückstand (Presskuchen) wird das verbliebene Öl mit einem chemischen Lösungsmittel herausgelöst. Um das giftige Lösungsmittel wieder aus dem Öl zu entfernen, wird es auf 140 °C erhitzt, das Lösungsmittel verdampft. Wertvolle Inhaltsstoffe wie Vitamine werden jedoch zerstört. ↓ **Raffinieren:** Das Rohöl wird gereinigt. Bei diesem Vorgang wird es entsäuert, entfärbt, gebleicht und gefiltert. Dazu sind Temperaturen um 200 °C nötig.

Gemischte Öle werden meist industriell hergestellt und als Tafelöl, Speiseöl oder Pflanzenöl in den Handel gebracht. Tafelöle sind extrahierte Öle, sie sind geschmacksneutral und geruchlos.

Im Handel erhältliche **Öle mit einem bestimmten Pflanzennamen** müssen aus dem reinen, unvermischten Öl dieser Pflanze sein (z. B. Olivenöl, Rapsöl). Sie werden auch kalt gepresst angeboten.

Diätspeiseöl ist hochwertiges Speiseöl mit einem höheren Anteil an lebensnotwendigen Fettsäuren und Vitaminen. Diätspeiseöl kann aus mehreren Pflanzenölen bestehen. Der Anteil an Linolsäure muss mindestens 70 % betragen.

Das Pflanzenölauto – eine Utopie?
Nein, denn seit mehreren Jahren ist es auch in Deutschland möglich, unbehandeltes Pflanzenöl (kurz Pöl) zu tanken, wohlgemerkt in dafür umgerüstete Fahrzeugmotoren. Meist ist es Rapsöl, es gibt jedoch weltweit viele Tausend Ölpflanzen, die als Kraftstoff genutzt werden können. Informieren Sie sich beim Bundesverband Pflanzenöle – www.bv-pflanzenoele.de. Übrigens: Die Idee der Verwendung von Pflanzenölen als Motorkraftstoff geht auf Rudolf Diesel zurück, den Erfinder des Dieselmotors.

Sonnenblumenöl wird aus den Kernen der Sonnenblume gewonnen

Aus Ölfrüchten und -saaten werden in Ölmühlen pflanzliche Öle gewonnen.

Kalt gepresste Öle sind besonders wertvoll, da die ungesättigte Fettsäuren, die Vitamine, die Mineralstoffe und der Geschmack fast vollständig erhalten bleiben. Gute kalt gepresste Öle sind der wesentliche Geschmacksträger einer guten Salatsauce.

Going international
With over 10 million customers being served each day in Europe, helping to preserve the environment is vital. Read more about McDonald's philosophy on environmental subjects at www.mcdonalds.com.

Wussten Sie, dass jede Olive zuerst grün ist und erst im Laufe des Reifeprozesses violett bis dunkelviolett bzw. schwarz wird? Der optimale Reifepunkt einer Ölolive ist erreicht, wenn ihr Grün ins Violett übergeht.

Was sagt der Säuregrad eines Öles aus?
Ein wichtiger Parameter zur Feststellung der Qualität ist der Anteil freier Fettsäuren (gemessen als Ölsäure je 100 Gramm). Grundsätzlich kann man sagen, je niedriger der Säuregrad, desto besser ist das Öl. Bei Olivenöl der höchsten Qualität (extra nativ) ist der Höchstwert mit 0,8 festgelegt, bei nativem Olivenöl mit 2,0.

Margarine

Pflanzliche Öle, Fette, fettlösliche Vitamine, Wasser, Milch, Salz und Lezithin als Emulgator werden so lange gemischt, bis eine streichfähige Masse entstanden ist. Als Farbstoff wird häufig Betakarotin eingesetzt. Bei fettreduzierter Margarine werden auch Gelatine und Milchproteine verwendet. Wurden früher auch Schlachttierfette zur Margarineherstellung verwendet, ist dies heute kaum mehr der Fall. Teilweise wird aber Fischöl eingearbeitet.

Delikatess- und Cremargarine	Butterersatz	Für Aufstriche, Cremes und zum Verfeinern von Gemüse
Bratmargarine	Inhaltsstoffe verbessern den Bräunungseffekt	Zum Braten in der Pfanne
Backmargarine	Nimmt beim Rühren gut Luft auf	Für Teige und Massen
Ziehmargarine	Hoher Schmelzpunkt, bei 48 °C	Für Blätter- und Plunderteige

Während Margarine nur einen geringen Milchfettanteil haben darf, besteht der Fettanteil von Mischfetten zu 10–80 % aus Milchfett. Im Handel sind heute verschiedene Mischfette. Der Vorteil ist, dass sie den Buttergeschmack haben, aber aus dem Kühlschrank kommend sofort streichfähig sind. Dies wird durch Beimischung von Rapsöl zu Butter erreicht.

Margarinesorten

Die EU-Streichfettverordnung unterscheidet folgende Bezeichnungen von Margarine:

- Margarine: mindestens 80 % Fett
- Dreiviertelfettmargarine bzw. fettreduzierte Margarine: enthält zirka 60 % Fett
- Halbfettmargarine, Minarine, Halvarine, fettarme Margarine, Light-Margarine, leichte Margarine: enthält zirka 40 % Fett
- Streichfett: enthält meist 25 % Fett

Das Wichtigste über Margarineherstellung und einen kritischen Blick zum Thema „Margarineherstellung und Nachhaltigkeit – ein Dilemma" finden Sie unter www.trauner.at/systemgastronomie.aspx.

Der französische Chemiker **Hippolyte Mèges-Mouriès** gilt als der Erfinder der Margarine. Anlass war ein Wettbewerb, den Napoleon III. im Jahr 1870 ausschreiben ließ. Ziel war es, einen Ersatz für das knappe Streichfett Butter zu finden. Die Zutaten für die französische Ersatzbutter waren Rindertalg, Milch und Wasser. Damit konnte vor allem das Militär kostengünstig mit „Butter" versorgt werden.

Spezielle Fette

Frittierfette, Fritterfette 	■ Zusatzstoffe verhindern das Spritzen und Schäumen ■ Nicht überhitzen ■ Bei Nichtverwendung Hitze reduzieren und nach Gebrauch filtern ■ Kein Einbringen von Eischnee (bei Tiefkühlprodukten), Wasser und Salz	Für schwimmendes Ausbacken bei Temperaturen bis 180 °C
Konvektomatenfette 	Die enthaltenen Bräunungsstoffe helfen, beim Garen im niederen Temperaturbereich die gewünschte Farbe zu erzielen	Zum Braten und Grillen im Kombidämpfer oder Konvektomaten

Backen von Berlinern

Beachten Sie, dass Sinnesproben (neutraler Geruch, helle Farbe) zur Kontrolle von Frittierfetten gemacht werden müssen. Chemische Frittertester werden zur Hygienekontrolle verwendet. Bei zu starkem Erhitzen kann es zur Zersetzung der Fettsäuren kommen. Das Fett wird gesundheitsschädlich.

Einkauf und Lagerung

Beim Einkauf von Fetten ist auf die Verwendungsmöglichkeit Rücksicht zu nehmen:
- Bevorzugen Sie Fette und Öle von hoher Qualität – sie schmecken besser und der gesundheitliche Wert ist höher.
- Nehmen Sie biologische und kalt gepresste Salatöle.
- Kaufen Sie Brat-, Back- und Frittierfette, die genau für die jeweilige Zubereitung bestimmt sind.

Eine Präsentation zum Thema „Fette in der Ernährung“ der Fa. Walter Rau finden Sie unter www.trauner.at/systemgastronomie.aspx.

Fette und Öle sollen kühl bzw. gekühlt, dunkel, geruchs- und luftgeschützt im Originalgebinde gelagert werden.
- Industriell hergestellte Öle haben ein Mindesthaltbarkeitsdatum von rund zehn Monaten.
- Kalt gepresste Öle sollen in dunklen Flaschen gelagert werden und haben ein MHD von ca. drei Monaten.
- Angebrochene Ölflaschen sollen innerhalb von acht Wochen verbraucht werden.
- Butter ist bei 6–9 °C fünf Wochen lagerfähig. Sie lässt sich auch tiefkühlen. Man muss allerdings mit einem Qualitätsverlust rechnen.
- Margarine ist zwölf Wochen haltbar.
- Butterschmalz ist gekühlt bis zu zwölf Monate lagerfähig.

Frittierfette müssen regelmäßig ausgetauscht werden. Ein System der Aufbereitung gebrauchter Öle und Fette heißt zum Beispiel „Fatback“. Eine Beschreibung finden Sie unter www.trauner.at/systemgastronomie.aspx.

Aufgabenstellung

- Sehen Sie in Ihrem Betrieb oder im Lager Ihrer Schule nach, welche Fette vorhanden sind. Teilen Sie diese in pflanzliche und tierische Fette bzw. in Öle und Fette ein und nennen Sie die Verwendungsmöglichkeiten.

Diese Übung finden Sie auch unter www.trauner.at/systemgastronomie.aspx.

Verwenden Sie Würzmittel nur sparsam, um den Eigengeschmack der Speisen nicht zu überdecken!

Überlegungen zur hygienischen Aufbewahrung von Gewürzen finden Sie auf Seite 28.

4 Gewürze und Würzmittel

Neulich fragte mich mein Chef, ob ich das teuerste Gewürz der Welt kenne. Ich dachte im ersten Moment an Salz, da ich vor Kurzem eine Sendung über ein besonders teures Meersalz aus Frankreich gesehen hatte. Doch mein Chef sagte: „Es ist Safran. Bis zu 60 Euro kostet ein Gramm."

In einer abwechslungsreichen und schmackhaften Küche kann auf Würzmittel nicht verzichtet werden. Ungewürzte Speisen schmecken fade. Zum Würzen werden frische Kräuter, getrocknete Gewürze und Gewürzmischungen, Salz, Essig, Senf, bestimmte Gemüse, Stoffe mit Süßgeschmack und industriell hergestellte Würzen und Würzsaucen verwendet.

Gewürze sind frische oder getrocknete Pflanzenteile. Durch ihre Aroma-, Bitter- und Scharfstoffe machen sie das Essen abwechslungsreicher, appetitlicher, bekömmlicher und schmackhafter.

4.1 Blattgewürze bzw. Küchenkräuter

Die Gewürze aus Blättern sind die sogenannten Küchenkräuter. Sie kommen frisch oder getrocknet und tiefgekühlt in den Handel. Um den Geschmack der Küchenkräuter zu erhalten, gibt man sie zum Schluss der Garzeit oder als Dekoration zur Speise (Ausnahme: Lorbeerblätter werden mitgegart).

Ein typisches Pizzagewürz ist Oregano

4.2 Blütengewürze

Die Blüten sind die Gewürze.

Kapern

Nelken

Macis (Muskatblüte)

Safran

Safran macht nicht nur den Kuchen gehl (gelb) – recherchieren Sie das Kinderlied „Backe, backe Kuchen“ und Sie werden auf diese Redewendung stoßen

4.3 Früchte und Samen

Geruch und Geschmack dieser Gewürze sind auf die ätherischen Öle, den Ölanteil und den teilweise enthaltenen Zucker zurückzuführen. Diese Gewürze gibt es auch in gemahlenem Zustand.

Anis | Fenchel | Kardamom | Koriander

Kümmel | Wacholder | Muskatnuss | Paprika, edelsüß und scharf

Piment, Neugewürz | Senfkörner | Vanille | Chili (scharf)

Pfeffer, schwarz | Pfeffer, weiß | Pfeffer, bunt

Die Vanilleschoten enthalten ein Mark, das ausgekratzt wird

Einen Artikel zur Unterscheidung zwischen Vanillezucker und Vanillinzucker finden Sie unter www.trauner.at/systemgastronomie.aspx.

4.4 Rinden und Wurzeln

Zimtstange (Zimtrinde) und Zimtpulver

Ingwer

Kurkuma (Gelbwurz)

Kurkuma ist der farbgebende Bestandteil im Curry.

Hühnchencurry

4.5 Gewürzmischungen

Gewürzmischungen sind Mischungen aus verschiedenen gemahlenen Gewürzen oder gerebelten Kräutern. Zu den Gewürzmischungen zählen u. a. der **Curry** (v. a. aus Kurkuma, Ingwer, Koriander, Kreuzkümmel, Bockshornkleesamen, Pfeffer), Fines herbes (französische Kräutermischung), Kräuter der Provence, Lebkuchengewürz und Grillgewürz.

Aufgabenstellungen

1. Kardamom ist ein typisches Gewürz im Weihnachtsstollen. Welche Gewürze würden Sie noch in einen Weihnachtsstollen geben?

2. Welche Getränke werden mit Kräutern und Gewürzen verfeinert?

   Zum Beispiel: Mojito mit Minze

Diese Übung finden Sie auch unter www.trauner.at/systemgastronomie.aspx.

4.6 Gewürzsaucen

Gewürzsaucen werden dem Gast häufig in Flaschen auf dem Tisch angeboten, damit er Gerichte nachwürzen kann.

Pesto

Sojasauce

Tomatenketchup

Gewürzsaucen	
Ajvar	Paprikamus; zu Grillgerichten
Pesto	Paste aus frischem Basilikum, Knoblauch, Olivenöl, Salz, evtl. Pinienkernen, evtl. Parmesan; für Nudelgerichte
Tabasco	Chilisauce; für Grillgerichte; sehr scharf
Salsa	Würzsauce auf Chilibasis; für mexikanische Gerichte
Tomatenketchup	Aus Tomaten, Zwiebeln, Salz, Zucker und Essig
Sambal Oelek	Paste auf Chilibasis; für die asiatische Küche
Sojasauce	Den Sojabohnen und dem Weizen werden Mikroorganismen beigefügt, die einen Fermentationsprozess einleiten
Worcestershire-sauce	Englische Würzsauce; zum Würzen von Grillgerichten, Mayonnaisen und Cocktails
Fertigsaucen	Grillsaucen, Barbecuesaucen und Chutneys

Die Aussprache von Worcestershiresauce ist ungefähr [wustershersoß]. Hören Sie die korrekte Aussprache unter www.bildwoerterbuch.pons.eu.

4.7 Speisesalz (Kochsalz)

Speisesalz besteht zu 98 Prozent aus Natriumchlorid (NaCl). Kochsalz wird vorwiegend als Geschmacksverstärker verwendet. In den Grundnahrungsmitteln ist relativ wenig Natrium und Chlorid enthalten. Einen hohen Gehalt an Kochsalz haben zubereitete Lebensmittel, wie z. B. Fleisch- und Wurstwaren, Hartkäse, Dosengemüse, Suppen, Saucen, Brot und Fertiggerichte. Salz wird auch zum Konservieren von Nahrungsmitteln wie Käse, Fleisch und Sauerkraut verwendet. Bekanntestes Produkt ist das Nitritpökelsalz, das für die Fleischkonservierung und Umrötung eingesetzt wird.

„Hall“ ist das keltische Wort für Salz, das „heil“, „heilig“ bedeutet. Kennen Sie Orte, in denen der Wortbestandteil „hall“ vorkommt? Haben diese Orte etwas mit Salz zu tun?

Salzarten

Steinsalz

Steinsalz wird aus unterirdischen Salzlagern (eingetrockneten Salzseen) gewonnen. Es wird zerkleinert und gesiebt, dabei werden Verunreinigungen entfernt.

Siedesalz

Siedesalz wird aus Sole durch Verdampfen gewonnen. Sole ist Wasser mit einem sehr hohen Salzgehalt.

Meersalz

Meerwasser wird in große Becken geleitet. Das Wasser verdunstet durch die Sonneneinstrahlung und das auskristallisierte Salz wird abgeschöpft.

Himalajasalz

Speisesalz im Handel

Vollsalz	Wird jodiert.
Spezialsalze und Gewürzsalze	Jodiertem Salz werden Mineralstoffe wie Kalium, Kalzium, Magnesium, Eisen oder Gewürze zugesetzt.
Jodiertes Speisesalz mit Fluor	Mit Fluor angereichertes Salz dient der Kariesvorbeugung und macht die Zähne widerstandsfähiger.
Diätsalz, natriumfreies bzw. natriumarmes Salz	Anstelle von NaCl werden Kalium-, Kalzium- und Magnesiumchlorid verwendet. Diätsalze werden im Rahmen einer natriumarmen Diät eingesetzt, z. B. zur Senkung des Blutdrucks. Der Geschmack von Kochsalzersatzmitteln ist häufig etwas bitter.
Meersalz oder Reformsalz	Enthält geringere Mengen Jod. Mittlerweile gibt es aber auch schon Meersalz, das mit Jod angereichert ist.

Fleur de Sel („Salzblume“) ist ein besonders teures Meersalz. Es entsteht als hauchdünne Schicht, die in Handarbeit abgeschöpft wird. Bekannte Erzeugnisse stammen aus der Bretagne, aus Mallorca und Slowenien.

Aufgabenstellung

- Nennen Sie typische Gewürze zu folgenden Speisen!

  Mozzarella mit Tomaten ______

  Paella ______

  Weißkohlgemüse ______

  Königsberger Klöpse ______

Diese Übung finden Sie auch unter www.trauner.at/systemgastronomie.aspx.

4.8 Essig

Essig ist ein wichtiger Bestandteil von Salatmarinaden.

- **Gärungsessig:** Zucker wird zuerst durch Hefen zu Alkohol und anschließend durch Essigsäurebakterien zu Essigsäure vergoren. Gärungsessig kann auch in Holzfässern gelagert werden; er wird wegen seiner charakteristischen Geruchs- und Geschmackseigenschaften geschätzt. Reine Gärungsessigsorten sind Weinessig (Rot- und Weißweinessig), Apfelessig, Birnenessig sowie Sherryessig.
- **Säureessig:** wird durch trockene Destillation von Zellulose meist aus Holz gewonnen. Man erhält hochprozentige Essigsäure, die mit Trinkwasser verdünnt wird.
- **Balsamessig, Aceto balsamico:** ist ein bis zu 25 Jahre lang oder noch länger gereifter Weinessig aus Italien. Er kann nur als junger Essig zum Marinieren von Salaten verwendet werden. Weil er süß schmeckt, kann er mit anderen Weinessigen gemischt werden. Balsamessig passt zu Antipasti (italienische Vorspeisen in Marinade) genauso wie zu Desserts (z. B. Erdbeeren).

Trockene Destillation: Feste Stoffe werden unter völligem Luftabschluss erhitzt und die flüchtigen Zersetzungsprodukte aufgefangen.

Der reine Gärungsessig und die daraus angesetzten Essigarten wie Kräuter-, Himbeer-, Knoblauch-, Estragonessig usw. sind dem Säureessig und dem Essigverschnitt (Tafelessig) vorzuziehen.

4.9 Senf

Der original bayerische Weißwurstsenf ist der perfekte Begleiter zu einer Weißwurst

Senf wird aus Senfpulver (aus Senfkörnern) unter Zugabe von Essig, Wein, Salz, Zucker und Aromastoffen hergestellt.

- Englischer Senf: würzig-scharf, als Senfpulver zum Marinieren von Fleisch.
- Dijonsenf: würzig-pikanter, hellgelber französischer Senf.
- Estragonsenf: würziger Senf.
- Kremser Senf: süßlicher Senf mit braunen Senfkörnern.
- Senfspezialitäten: Honig-, Kräuter-, Pfeffer-, Zwiebel-, Kümmel-, Orangen- und Krensenf und süßer bayerischer Weißwurstsenf.

4.10 Würzen

Würzen sind eiweißreiche Präparate mit einem Kochsalzanteil von bis zu 20 Prozent. Der am häufigsten verwendete Geschmacksverstärker ist das Natriumglutamat. Es hat selbst keinen Geschmack, verstärkt aber das vorhandene Aroma, vor allem in salzigen Speisen. Würzen sind flüssig, als Pulver, Würfel oder Paste erhältlich, werden vorrangig für Suppen und Saucen verwendet und sind in vielen Fertiggerichten enthalten.

Der Genuss von Natriumglutamat kann zu allergischen Reaktionen führen!

5 Functional Food

Sind Functional Food und Nahrungsergänzungsmittel das Gleiche?

Ballaststoffangereicherter Müsliriegel

Funktionelle Lebensmittel sind Lebensmittel, die mit bestimmten Stoffen angereichert werden und dadurch zusätzlich zu ihrem Nährwert eine positive Wirkung auf die Gesundheit, die Leistungsfähigkeit oder das Wohlbefinden haben.

Lebensmittel mit gesundheitlichem Zusatznutzen liegen im Trend.

Functional Food wird z. B. mit Ballaststoffen, Aminosäuren, Vitaminen, Mineralstoffen, Omega-3-Fettsäuren, Milchsäurebakterien, sekundären Pflanzenstoffen angereichert.

Nahrungsergänzungsmittel werden in dosierter Form, d. h. als Tabletten, Kapseln oder Pastillen, angeboten, z. B. Vitamin- oder Mineralstoffpräparate, Spargelkapseln, Knoblauchdragees.

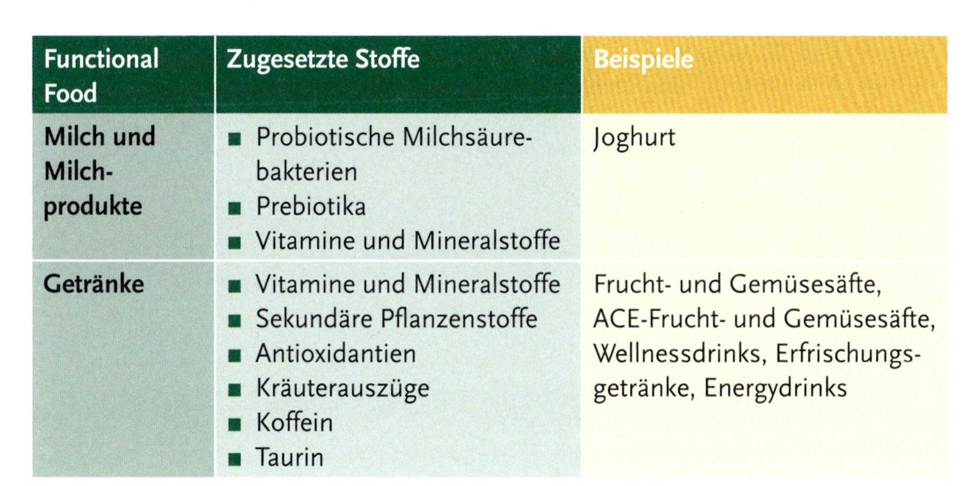

Functional Food	Zugesetzte Stoffe	Beispiele
Milch und Milchprodukte	■ Probiotische Milchsäurebakterien ■ Prebiotika ■ Vitamine und Mineralstoffe	Joghurt
Getränke	■ Vitamine und Mineralstoffe ■ Sekundäre Pflanzenstoffe ■ Antioxidantien ■ Kräuterauszüge ■ Koffein ■ Taurin	Frucht- und Gemüsesäfte, ACE-Frucht- und Gemüsesäfte, Wellnessdrinks, Erfrischungsgetränke, Energydrinks

Kennen Sie Mood-Food? Lesen Sie einen Artikel über Essen, das glücklich macht unter www.trauner.at/systemgastronomie.aspx.

Folgende Wirkungen sollen von diesen Lebensmitteln ausgehen:
- Stärkung des Immunsystems
- Senkung des Risikos von Herz-Kreislauf-Erkrankungen und des Krebsrisikos
- Förderung der Knochengesundheit
- Positive Beeinflussung der Verdauung
- Steigerung der körperlichen und geistigen Leistungsfähigkeit

Probiotische Lebensmittel sind bei den Konsumenten besonders beliebt. Das sind Lebensmittel mit lebenden Mikroorganismen, z. B. Milchsäurebakterien. Die bekanntesten probiotischen Lebensmittel sind fermentierte Milchprodukte. Probiotische Milchprodukte können bei regelmäßigem Verzehr das Immunsystem stärken und Durchfallerkrankungen positiv beeinflussen.

Weitere Erklärungen sowie Aufgaben zum Thema Functional Food finden Sie unter www.trauner.at/systemgastronomie.aspx.

Prebiotische Lebensmittel sind Lebensmittel mit nicht verdaulichen Kohlenhydraten (siehe Ballaststoffe, Seite 94). Prebiotika fördern das Wachstum von bestimmten Bifidobakterien im Dickdarm. Bifidobakterien hemmen das Wachstum gesundheitsschädigender Keime im Darm und können so die Gesundheit des Menschen verbessern.

Synbiotische Lebensmittel sind Kombinationen von probiotischen und prebiotischen Lebensmitteln.

Ziele erreicht? – Lebensmittelkunde

Diese Übungen finden Sie auch unter www.trauner.at/systemgastronomie.aspx.

Übungen und Fragen zum Kapitel pflanzliche Lebensmittel

1. Welche Reissorte verwenden Sie für folgende Gerichte?

   Milchreis mit Kirschen ______ Asiatisches Wokgericht ______

   Risotto ______ Königsberger Klopse ______

   Indisches Curry ______ Gedünstetes Fischfilet in Dillsauce ______

   Sushi ______

2. Beschreiben Sie die Getreideprodukte Grütze, Schrot, Kleie, Grieß und Flocken! Nennen Sie jeweils eine Verwendungsmöglichkeit in der Küche!
3. Was besagt die Mehltype?
4. Was versteht man unter Wildreis?
5. Erläutern Sie einem Gast den Unterschied zwischen Vollkornbrot und Mischbrot.
6. Erklären Sie die Begriffe Vollkornmehl und Auszugsmehl.
7. Wie lagern Sie Brot fachgerecht?
8. Wie süßen Sie folgende Produkte?

   Tee ______ Obstsalat ______

   Mixgetränke ______ Kaffee ______

   Desserts ______ Waffeln ______

9. Was ist Nugat?
10. Wie lange kann Honig gelagert werden?
11. Nennen Sie fünf Blattgemüse, die zur Salatherstellung geeignet sind.
12. Welche Gemüse sind nicht zum Rohverzehr geeignet?
13. Welche Früchte eignen sich für einen Fruchtsalat? Unterscheiden Sie Winter, Sommer und Herbst.
14. Kann man das Braunwerden von aufgeschnittenem Kernobst verhindern? Wenn ja, wie?
15. Kreuzen Sie die richtige Antwort an!

    a) Welche Mehle verwenden Sie üblicherweise für helle Brötchen?

    ☐ Weizenmehl, Type 405 ☐ Weizenmehl, Type 550 ☐ Roggenmehl, Type 1150
    ☐ Roggenmehl, Type 1370

    b) Bei welchen der folgenden Backwaren handelt es sich um Kleingebäck?

    ☐ Laugenbrezen ☐ Lebkuchen ☐ Apfeltasche ☐ Mohnbrötchen ☐ Kopenhagener

    c) Welche der angeführten Produkte sind glutenfrei?

    ☐ Weizen ☐ Reis ☐ Hafer ☐ Quinoa ☐ Roggen ☐ Dinkel ☐ Hirse

    d) Bei welchen der angeführten Produkte handelt es sich nicht um Gemüse?

    ☐ Rhabarber ☐ Zucchini ☐ Melone ☐ Avocado ☐ Kumquat ☐ Schalotten

Übungen und Fragen zum Kapitel tierische Lebensmittel

16. Welche Nährstoffe enthält Fleisch hauptsächlich?
17. Was ist Gefrierbrand und wie entsteht er?

18. Bei welcher Temperatur lagern Sie das Fleisch von Kleinwild?

19. Empfehlen Sie zu den typischen Wildgerichten von Seite 166 passende Sättigungs- und Gemüsebeilagen.

20. Sie bekommen eine Lieferung Fleisch. Folgendes wird angeliefert:

- ☐ Hackfleisch, TK ______
- ☐ Hackfleisch, frisch ______
- ☐ Rumpsteak, frisch ______
- ☐ Roastbeef im Ganzen, frisch ______
- ☐ Putenschnitzel, frisch ______
- ☐ Rehrücken, ganz frisch ______
- ☐ Ganze Hähnchen, TK ______
- ☐ Schweineschnitzel, frisch ______
- ☐ Schinkenspeck ______
- ☐ Wiener Würstchen ______

In welcher Reihenfolge verräumen Sie die Waren? Nummerieren Sie diese von eins bis zehn! Diskutieren Sie das Ergebnis in der Klasse! Notieren Sie die korrekte Lagertemperatur neben jeder Ware!

21. Nennen Sie fünf Salzwasserfische und fünf Süßwasserfische!

22. Was ist Kaviar?

23. In Ihrem Betrieb wird frischer Fisch geliefert. Worauf achten Sie bei der Wareneingangskontrolle?

24. Worauf achten Sie beim Wareneingang von tiefgekühltem Fisch?

25. Wann werden Garnelen, Krebse und Hummer rot?

26. Ist die Nordseekrabbe ein Krebs?

27. Wo leben Hummer?

28. Welche Muscheln isst man vorzugsweise roh?

29. Woran erkennen Sie, ob Muscheln frisch sind?

30. Welche Bedeutung haben Krusten-, Schalen- und Weichtiere für die menschliche Ernährung?

31. Wie lagern Sie Krustentiere und Muscheln?

32. Was verstehen Sie unter dem Begriff Meeresfrüchte?

33. Diskutieren Sie, ob sich Wild und Wildgeflügel als Kernprodukte für eine systemgastronomische Kette eignen.

34. Kreuzen Sie die richtige Antwort an!

a) Bei welchen der unten genannten Wildarten handelt es sich um Kleinwild?

☐ Hase ☐ Reh ☐ Hirsch ☐ Elch ☐ Kaninchen

b) Bei welchen dieser Fische handelt es sich um Plattfische?

☐ Zander ☐ Scholle ☐ Lachs ☐ Aal ☐ Flunder ☐ Steinbutt ☐ Rotzunge

Übungen und Fragen zu allen anderen Lebensmitteln

35. Mit welchen Kräutern vollenden Sie folgende Speisen?

- Klare Suppe ______
- Gebundene Suppe ______
- Fischgericht ______
- Pizza ______
- Zitroneneis ______
- Lammgericht ______

36. Bei einigen Gewürzen ist Vorsicht geboten! Welche Gewürze sind besonders scharf?

37. Für welche Gerichte verwenden Sie Senf?

38. Welche Nachteile von Würzen sind Ihnen bekannt?

39. Welche Essigsorten verwenden Sie in Ihrem Betrieb und wofür?

40. Nehmen Sie kritisch zu Functional Food Stellung und diskutieren Sie mit Ihren Klassenkolleginnen und -kollegen.

Grundzubereitungsarten

Als Zubereitungsarten werden alle Arbeitsschritte bezeichnet, die zumindest eines der folgenden Ergebnisse erreichen:

- Veränderung der Haltbarkeitszeit, z. B. durch Konservierungsarten wie Marinieren (Einlegen in Essig) oder Kühlen
- Veränderung der Struktur eines Rohstoffes, z. B. Denaturieren von Eiweiß oder Aufbrechen von Stärke zu Zucker
- Veränderung des Geschmacks, z. B. durch Rösten (Röststoffe) oder durch Überbrühen (Blanchieren), um die Bitterstoffe zu entfernen
- Veränderung der Textur (Mundgefühl), z. B. Binden von Suppen, bis sie sämig sind, oder Spicken mit Speck (Lardieren), um das Austrocknen beim Garen zu verhindern
- Veränderung des Aussehens, z. B. Rotfärbung durch Kochen bei Krustentieren

Meine Ziele

Nach Bearbeitung dieses Kapitels kann ich

- die Verfahren des Garens mit trockener und feuchter Hitze sowie deren Kombination nennen;
- die einzelnen Garmethoden mit deren physikalischen Reaktionen beschreiben;
- die zu verwendenden Geräte und die Temperaturbereiche zu den verschiedenen Methoden nennen;
- typische Garmethoden für verschiedene Lebensmittel erläutern;
- Speisenbeispiele den Grundzubereitungsarten zuordnen.

Arbeitsvorgänge, die weder zum Garen noch zum Konservieren gehören, sind z. B. Dressieren, Flambieren und Passieren. Sie beeinflussen die Qualität der Speisen in Form von Aussehen, Geruch, Geschmack und Textur.

Textur = Gefühl der Speise am Gaumen.

Notieren Sie für jede Form der Hitzeübertragung eine Küchenmaschine bzw. ein Küchengerät und ordnen Sie ein Garverfahren zu.

- Wärmeströmung:
- Wärmeleitung:
- Wärmestrahlung:

Diese Übung finden Sie auch unter www.trauner.at/sytemgastronomie.aspx.

Garverfahren mit Hitze werden als **Grundzubereitungsarten** bezeichnet, da sie durch Erhitzen mehrere Ergebnisse zugleich erreichen, also grundlegende Veränderungen hervorrufen.

Die Grundzubereitungsarten werden in drei Gruppen eingeteilt:

- Garen mit **trockener** Hitze, also ohne Wasser
- Garen mit **feuchter** Hitze, also mit Wasser
- Garen mit **Kombination** von feuchter und trockener Hitze

Die Hitzeübertragung kann dabei in drei Formen erfolgen:

- Wärmeströmung (Wasser, Dampf, Fett, Luft)
- Wärmeleitung (Kontakt mit Pfanne, Grill etc.)
- Wärmestrahlung (infrarot, elektromagnetisch)

In der Küchenliteratur werden manchmal auch Kaltgarverfahren, wie zum Beispiel das **Marinieren**, zu den Grundzubereitungsarten gezählt. Auch hier ändert sich die Struktur eines Lebensmittels (Eiweißdenaturierung).

Die Maillard-Reaktion (Bräunung)

Die Aromen der Maillard-Reaktion können im Labor hergestellt werden und finden somit Verwendung bei allerlei industriell hergestellten Produkten, z. B. bei Röstzwiebeln.

Die Maillard-Reaktion ist der Grund für die Regel, Lebensmittel nur in heißes Fett zu legen, nicht das immer wieder erwähnte „Schließen der Poren“. Letzteres passiert nämlich nicht, wie die Osmose beweist. Das Austreten von Wasser beim Braten hat mehr mit dem richtigen Abhängen bzw. Reifen von Fleisch zu tun.

Was Osmose bedeutet und wie wir ihr im alltäglichen Leben begegnen, lesen Sie unter www.trauner.at/systemgastronomie.aspx.

Die Maillard-Reaktion ist nach dem französischen Naturwissenschaftler Louis Camille Maillard benannt.

1 Garen mit trockener Hitze

Ich habe kürzlich ein Kochbuch meiner Kochlehrerin durchgeblättert. „Garen mit trockener Hitze" ist da aber nicht vorgekommen. Was bedeutet das bloß? Was muss ich wissen?

Wird zu lange und/oder zu heiß gegart, entsteht ein stechender Geschmack und schwarze Farbe. Das Gargut ist verbrannt und meist nicht mehr genießbar.

„Trocken" bezieht sich auf das Fehlen von Wasser bei dieser Zubereitungsart, andere Flüssigkeiten wie z. B. Fette und Öle werden jedoch verwendet.

Beim Garen mit trockener Hitze kommt es zur sogenannten nicht-enzymatischen Bräunungsreaktion, genannt Maillard-Reaktion. Ab 100 °C, besser noch zwischen 150 und 180 °C, kommt es zu einer Verbindung zwischen Zuckermolekülen und den Aminosäuren der Eiweißmoleküle.

Es entstehen Farbmoleküle (Brauntöne), Geschmackstoffe (z. B. Röststoffe) und schnell flüchtige Aromastoffe (Bratengeruch). Diese Reaktion beschleunigt sich mit wachsender Temperatur und so entstehen unterschiedliche Farbintensitäten, Gerüche und Geschmackskomponenten.

Die Maillard-Reaktion sollte sofort mit dem Einlegen des Gargutes in das Bratgefäß beginnen. Dies setzt voraus, dass das Öl (Fett) gleichmäßig heiß ist. Solang beim Öl noch Temperaturunterschiede vorhanden sind, entstehen an der Oberfläche durch das vom Pfannenboden aus aufsteigende heiße Öl fünf- bzw. sechseckige Muster (Polyeder). Diese Strömung (Konvektionsströmung) entsteht durch den Temperaturunterschied zwischen unten und oben. Wenn die Strömung endet, also die Muster verschwinden, ist das Öl gleichmäßig heiß.

Was ist zu beachten?

- **Beim Würzen:** Alle Lebensmittel, die mit trockener Hitze gegart werden, sollte man erst am Ende des Garprozesses würzen. Salz würde durch Osmose dem Gargut Wasser entziehen; es wird trocken. Andere Gewürze, wie z. B. Pfeffer, verbrennen.
- **Ruhezeit einhalten:** Bei stark eiweißhaltigen Lebensmitteln (z. B. Fleisch, Geflügel) sollte nach dem Garen eine Ruhezeit eingehalten werden, bevor das Gargut angeschnitten wird. Nur so verhindert man, dass Fleischsaft austritt. In der Ruhephase werden die Temperaturunterschiede zwischen äußerer Kruste und innerem Kern ausgeglichen und die Fleischsäfte können sich wieder gleichmäßig verteilen. Sie werden von den „wasserliebenden" Aminosäuren gebunden.
- **Temperatur:** Beim Garprozess entfalten sich die Proteine zu Fäden und verhaken sich zu einem Netzwerk. Je heißer die Temperatur, desto schneller entsteht das Netzwerk und umso fester (langkettiger) wird es. Die Folge ist ein zähes Produkt. Daher gilt: je höher die Hitze, desto öfter wenden bzw. desto früher von der Hitze wegnehmen. Bei sehr hohen Temperaturen, z. B. beim Grillen, empfiehlt es sich, ein fein mit Fett durchwachsenes Gargut zu verwenden, z. B. ein marmoriertes Steak. Das Fett schützt die Proteine vor rascher Überhitzung und somit vor zu starker Vernetzung.

Das Zubereiten von Speisen braucht mehr als Können – Kochen erfordert die Auseinandersetzung mit den Lebensmitteln bis ins kleinste Detail

1.1 Sautieren

Sautieren bedeutet, dass das Gargut in wenig Fett bei ca. 160 °C unter Schwenken in einer Sauteuse erhitzt wird. Die Garzeit ist relativ kurz. Dieses Garverfahren wird bei klein geschnittenen Lebensmitteln verwendet.

Sauteuse = Bratpfanne mit einem höheren Rand. Sie ist einem kleinen Topf ähnlich, jedoch ist der Übergang vom Boden zum Rand stark abgerundet. Das Gargut rollt so besser beim Schwenken.
Der Begriff Sautieren kommt von der französischen Bezeichnung „faire sauter" = braten.

1.2 Grillen

Gegrillt wird bei Temperaturen ab 200 °C.

- Portionierte Stücke: direkt auf dem Rost oder der Grillplatte garen; auch im Clamshell Grill (Kontaktgrill)
- Im Ganzen: am Drehspieß grillen, z. B. Grillhähnchen

Dieses Garverfahren eignet sich für Fleisch, Geflügel, Fisch und Gemüse.

Clamshell Grill

1.3 Braten

Braten bedeutet, mit wenig Fett in einem offenen Bräter bei ca. 180 °C zu garen:

- Portionierte Stücke: in der Pfanne mit Unterhitze (z. B. Steaks, Geflügelteile, Gemüse)
- Im Ganzen: im Backrohr mit Raumhitze (z. B. Bratenstücke, ganze Geflügel)

Ein Sonderfall ist das **Niedrigtemperaturgaren (Niedrigtemperaturbraten)** von Fleisch bei 65–80 °C, manchmal noch weniger. Je nach Gargut dauert der Bratvorgang drei bis fünf Stunden. Hierbei entsteht ein lockeres Netzwerk der Proteine und außerdem verdampft bei 80 °C nicht so viel Fleischsaft. Das Endprodukt bleibt zart und saftig, der Bratverlust ist geringer. Will man eine braune Kruste, muss vor dem Braten bei mindestens 120 °C angebraten werden.

Beim Niedrigtemperaturgaren sind die Hygienevorschriften besonders zu beachten, da nicht alle Mikroorganismen bei 80 °C abgetötet werden.

Obwohl in den meisten Küchen die Bratröhre durch den Konvektomaten (Kombidämpfer) ersetzt wurde, schwören viele Köche noch auf die Bratröhre. Sie sind der Meinung, das Ergebnis sei besser.

Nach unserer Einschätzung könnte der Unterschied durch die verschiedenen Arten der Hitzezuführung entstehen. Beim Konvektomaten erfolgt sie durch Heißluft, bei der Röhre durch Heizschlangen oder direkt durch Gasflammen. Bei beiden Geräten wird jedoch letztendlich durch Raumhitze gegart.

Raumhitze = Umlufthitze im Garraum, z. B. in der Röhre.

1.4 Backen im Ofen

Im Ofen gebacken wird ohne Fett und ohne Flüssigkeit mit Raumhitze ab 160 °C, und zwar z. B. Teigstücke und Massen. Der Ofen darf während der Garzeit nicht frühzeitig geöffnet werden, da durch den Hitzeverlust (ca. 20 %) das Gargut zusammenfallen kann. Die Stabilisierung des Netzwerks wird unterbrochen. Man spricht vom sogenannten „klitschig werden" des Kuchens. Durch geschickte Steuerung der Hitze – sie fällt ein wenig mit dem Öffnen des sogenannten Zugs – wird bei der Ausdehnung des Backgutes dessen Oberfläche nicht rissig. Dies wird erreicht, da keine zu heftige Dampfentwicklung im Inneren erfolgt.

1.5 Gratinieren (Überbacken mit Oberhitze)

Gratinieren heißt, mit Strahlungshitze bei Temperaturen von 220 bis 250 °C im Salamander garen.

- Bereits gegarte Stücke werden mit Käse, Buttersoße o. Ä. zur geschmacklichen Abrundung überbacken, also nur kurzfristig der Hitze ausgesetzt, z. B. überbackene Toasts.
- Der Balanceakt bei einem echten durchgegarten Gratin zwischen goldgelber bis brauner Kruste und Verbrennen kann umgangen werden, indem wie bei Aufläufen durch Raumhitze (in der Röhre) gegart und anschließend mit starker Oberhitze die Kruste fertig gebräunt wird.

Will man eine Kruste aus Käse, muss dieser fettreich und nicht zu alt (jüngerer Käse hat einen höheren Wassergehalt!) sein. Da Sahne und Butter auch Wasser enthalten, sinkt beim langsamen Verdampfen die Oberflächenhitze und verhindert das zu schnelle Bräunen.

Überbackener Toast

Blumenkohl und Brokkoligratin

Aufgabenstellung

- Nennen Sie Gerichte, die durch eine der folgenden Garverfahren hergestellt werden!

Sautieren: ....

Grillen: ....

Niedrigtemperaturgaren: ....

Gratinieren: ....

Diese Übung finden Sie auch unter www.trauner.at/systemgastronomie.aspx.

1.6 Rösten

Das Rösten erfolgt mit Temperaturen um 300 °C. Zum Beispiel werden Brotwürfel in der Pfanne zu Croûtons oder Pinienkerne (ohne Fettzugabe) in der Pfanne oder im Backofen geröstet.

2 Garen mit feuchter Hitze

Auch das „Garen mit feuchter Hitze“ kenne ich nicht. Ich kann mir aber vorstellen, dass da Dampf im Spiel ist.

Wasser siedet im Normalfall je nach Druck bei 90 bis 100 °C. Je höher der Druck, desto höher der Siedepunkt, also der Übergang von flüssig zu Dampf.

Wird Gargut direkt in Flüssigkeit (z. B. Wasser) gegart, muss die Osmose berücksichtigt werden. Daher ist zu unterscheiden:

- Soll das Gargut geschmacklich erhalten bleiben (z. B. beim Tafelspitz), so ist die Flüssigkeit zu salzen.
- Soll die Flüssigkeit mit dem Geschmack aus dem Gargut angereichert werden, so ist die Flüssigkeit nicht zu salzen, z. B. für eine schmackhafte Fleischsuppe.

Weiter ist zu berücksichtigen, dass

- sich bei hoher Hitze das Salz schneller löst,
- die Osmose bei steigender Hitze schneller verläuft,
- nur bei genügend Flüssigkeit die Maillard-Reaktion nicht bis zur Bräunung fortschreitet. Die Temperatur steigt nicht so hoch an und somit entstehen auch die Röststoffe nicht.

⚠ Im Dampfdrucktopf ist die Siedetemperatur höher; sie liegt hier bei ca. 120 °C. Daher ist das Kochgut schneller gar.

Gekochte Eier lassen sich leichter schälen, wenn sie mit kaltem Wasser abgeschreckt wurden – stimmt das?
Nein! Leichter zu schälen sind Eier, die schon etwas älter sind. Durch die Lagerung steigt nämlich ihr pH-Wert.

2.1 Kochen

Die Zubereitungsart Kochen bedeutet, dass z. B. Fleisch, Geflügel oder Gemüse in viel siedender Flüssigkeit (Wasser, Fond) gegart wird.
Kollagenhaltiges (durchwachsenes) Fleisch in leichter Brühe gekocht erhält einen zusätzlichen Geschmack, da sich das Kollagen zu Gelatine wandelt und das Wasser die darin gelösten Geschmacksstoffe aufnimmt (es quillt).

Soll eine Suppe, ein Fond oder eine Sauce möglichst klar bleiben, muss diese unbedeckt köcheln.

mit Speisenkunde, Klären von Suppe, Band 2.

Köcheln = langsam am Siedepunkt, also nicht wallend, kochen.

Mit oder ohne Deckel kochen – was ist der Unterschied?

- Kocht man Suppe in einem Topf mit Deckel (die Flüssigkeit kocht wallend), wird sie trüb. Die gelösten Proteinteilchen werden auf- und umhergewirbelt.
- Ohne Deckel bleibt die Oberfläche etwas kühler und es entsteht eine Konvektionsströmung. Dabei schweben die Teilchen langsam nach oben und können so mit anderen Teilchen einen Cluster bilden. Wird der Cluster größer, sinkt er auf den Topfboden und die Flüssigkeit bleibt klar.
- Beim Erhitzen ohne Deckel wird etwa die vierfache Menge an Energie verbraucht wie mit Deckel.

Ein **Soufflé** ist ein kleiner Auflauf

Das Kochwasser vom Kochen und Pochieren enthält zahlreiche wertvolle Inhaltsstoffe und kann bei vielen Lebensmitteln (z. B. Spargel, Sellerie, Lauch) weiterverwendet werden, sei es als Fond (Aufgussmittel) oder einreduziert als Grundlage für Saucen.

Aber Achtung: Blanchierwasser von Spinat, Mangold und grünen Bohnen entsorgen!
Es enthält Oxalsäure, die in größeren Mengen gesundheitsgefährdend ist.

Ist die Ceranplatte am Ceranfeld bzw. die Elektroplatte nur um zirka einen Zentimeter größer als der Topf- bzw. Pfannenboden, gehen rund 30 Prozent an Energie verloren

2.2 Pochieren

Pochieren bedeutet, unter dem Siedepunkt bei ca. 70 bis 80 °C zu garen:

- Direkt, d. h. in einer Flüssigkeit, z. B. Eier ohne Schale oder Fisch. Die Flüssigkeit wird gewürzt, bei Fisch mit Wurzelwerk, bei Eiern mit etwas Essig.
- Indirekt, in einem Förmchen, von Wasser umgeben. Soufflés werden im Rohr, im Konvektomat oder auf der Herdplatte pochiert.

Fisch wird pochiert. Da Fisch wenig Bindegewebe hat, bricht er leicht (je stärker die Vernetzung der Proteine, desto leichter).
Die niedrigere Temperatur beim Pochieren trägt auch dazu bei, dass das Eiweiß im Fisch nicht zu rasch bzw. stark abstockt. Das Fleisch bleibt zart und saftig.

2.3 Blanchieren

Beim Blanchieren wird das Gargut kurz überkocht bzw. aufgekocht und dann sofort abgeschreckt (in Eiswasser stark gekühlt). Dadurch wird ein unerwünschtes Weitergaren verhindert. Beim Blanchieren werden die Rohstoffe für eine Weiterverarbeitung vorbereitet. Das Fertiggaren erfolgt dann durch eine zusätzliche Zubereitungsart.

Warum wird blanchiert?

- Zur Farberhaltung, z. B. bei Gemüse – die Hitze zerstört die Enzyme
- Zum Entfernen von Bitter- und Giftstoffen, z. B. bei grünen Bohnen und Spinat
- Zur Oberflächenreinigung, z. B. bei Suppenknochen
- Um das Tiefkühlen, z. B. bei Gemüse, zu „ermöglichen", d. h., eigentlich das Auftauen zu ermöglichen, denn die meisten Veränderungen (wie z. B. Farbveränderungen durch Oxidation oder Austreten von Flüssigkeit) treten hierbei auf
- Um die Bissfestigkeit zu erhalten, z. B. bei dünnen Gemüsestreifen (Lauch, Karotten); diese würden bei langem Kochen „matschig" werden

Aufgabenstellung

- Nennen Sie Gerichte, die durch eine der folgenden Garverfahren hergestellt werden!

Pochieren: ______________________

Blanchieren: ______________________

Dämpfen: ______________________

Dünsten: ______________________

Diese Übung finden Sie auch unter www.trauner.at/systemgastronomie.aspx.

2.4 Dämpfen

In der Gastronomie sind Kombidämpfer im Einsatz. Sie erzeugen den Dampf direkt im Gerät. Auf den gelochten Blechen werden hauptsächlich Gemüse und Kartoffeln gedämpft. Das Kelomatsystem (Druckkochtopf) bzw. ein Drucksteamer bietet einen Vorteil in der Verkürzung der Garzeit. Beim Dämpfen hingegen gehen weniger wasserlösliche Vitamine verloren. Die Garzeiten sind beim Kochen und Dämpfen fast gleich, da bei beiden Verfahren die Temperaturen ähnlich hoch sind.

Dämpfen bei Temperaturen unter 100 °C heißt **Vario-Dämpfen**, das ähnliche Ergebnisse wie das Pochieren liefert. Besonders geeignet ist es für Fisch.

Kombidämpfer

2.5 Dünsten

Dünsten ist Garen in wenig Flüssigkeit (z. B. Brühe) oder im eigenen Saft bei zugedecktem Kochgefäß und bei gleichmäßiger Siedetemperatur. Das Gargut kann kurz in Fett angeschwitzt, aber nicht gebraten werden. Das Fett wirkt als Geschmacksträger und ist wegen der fettlöslichen Vitamine notwendig. Am besten eignen sich Gemüse und Fisch zum Dünsten.

3 Kombination von feuchter und trockener Hitze

Feuchte und trockene Hitze können kombiniert werden – klar! Doch wie wirkt sich die Reihenfolge aus, wenn zuerst feuchte und dann trockene Hitze bzw. zuerst trockene und dann feuchte Hitze zur Anwendung kommt?

3.1 Poelieren

Beim Poelieren wird das Gargut zuerst hell angebraten, dann zugedeckt mit feuchter Hitze (aus Fond oder Wein) weitergegart und gegen Ende des Garvorgangs aufgedeckt fertig gegart.

Übrigens ...
Poelieren ist eine Garmethode der klassischen französischen Küche. Der zarte Eigengeschmack bleibt vor allem deshalb so gut erhalten, weil das Gargut weder durch zu viel Fond ausgelaugt noch durch trockene Hitze beeinträchtigt wird. Es eignet sich für Geflügel und Kalbfleisch.

Poeliertes Hähnchen

Glasierte Karotten und gelbe Rüben

3.2 Glasieren

Beim Glasieren wird zuerst in Flüssigkeit (zugedeckt) vorgegart. Anschließend wird bei offenem Deckel fertig gegart. Die Flüssigkeit verdampft.
Werden der Flüssigkeit etwas Fett/Butter und Zucker zugesetzt, erhält das Gargut eine glänzende Oberfläche.

Brauner Fond dient als Aufgussmittel; dafür werden Knochen und Wurzelwerk braun angebraten, mit Wasser abgelöscht und anschließend im Ofen gegart, zuletzt passiert.

Schmoren eignet sich für durchwachsenes (kollagenreiches) Fleisch, hier ein Rinderbraten

3.3 Schmoren

Das Fleisch in Fett bis zur gewünschten Bräunung anbraten und danach zugedeckt mit Flüssigkeit (Marinade, braunem Fond) im Ofen fertig garen. Gulasch und Ragoutgerichte werden evtl. auch auf dem Herd im Topf geschmort.

Bei ca. 70 °C denaturiert das Eiweiß und etwas Fleischsaft kann austreten. Bei ca. 80 °C wandelt sich das Bindegewebe zu Gelatine und diese quillt, da sie Wasser und die darin gelösten Geschmacksstoffe aufnimmt. Das eingelagerte Fett verhindert, dass die Hitze im Gargut zu sehr steigt. Das Schmorergebnis ist ein saftiges Stück Fleisch, das sofort serviert werden sollte.

Ein Schmorbraten, der erkaltet, gibt Wasser ab, da die Gelatine „entquillt", das Fleisch wird trocken. Daher ist es wichtig, dass ein Wiedererwärmen eines Schmorbratens immer in gewürzter Flüssigkeit erfolgt.

Kennen Sie Tempura?

Mit einem Teigmantel aus Reismehl, eiskaltem Wasser, Olivenöl und Salz werden in der japanischen Küche diverse Gemüse, Pilze und Fische bzw. vorzugsweise Garnelen in heißem Öl frittiert.

3.4 Frittieren

Frittiert, also schwimmend in Fett gebacken, wird bei Temperaturen zwischen 140 und 180 °C.

Pommes frites

Schnitzel

Beim Frittieren ist es wichtig, dass genügend Fett verwendet wird. Wird das Gargut komplett in Öl eingetaucht, entstehen keine Temperaturunterschiede an der Oberfläche – die Maillard-Reaktion tritt überall gleichzeitig und vor allem schnell auf.
Wird nur wenig Gargut pro Frittiergang eingesetzt, fällt die Hitze nicht so stark. So ist auch gewährleistet, dass kein Fett in das Gargut eindringt – die Maillard-Reaktion bildet eine fettabstoßende Hülle (Kruste).

Das Frittierfett muss regelmäßig auf seine Brauchbarkeit überprüft werden, damit keine Schadstoffe oder schlechter Geschmack entstehen, siehe Kapitel Öle und Fette, Seite 175.

Aufgabenstellung

- Was wird frittiert?
  - Kartoffeln: Pommes frites
  - Paniertes Fleisch: Schnitzel

Überlegen Sie! Welche Speisen werden sonst noch frittiert?

Diese Übung finden Sie auch unter www.trauner.at/systemgastronomie.aspx.

Im Inneren des Gargutes herrschen niedrigere Temperaturen von ca. 100 °C und das im Gargut gebundene Wasser verdampft. Frittieren wird deshalb zu den Kombinationsverfahren (aus feuchter und trockener Hitze) gezählt, da das Gargut im Inneren gedämpft und außen in Fett gebraten wird.

3.5 Hochfrequenzgaren (Garen in der Mikrowelle)

Bei den herkömmlichen Garverfahren wird von außen nach innen erwärmt, beim Hochfrequenzgaren von innen nach außen. Eine Bräunungsreaktion und somit das Entstehen von Röst- und Geschmacksstoffen findet nicht statt, außer das Gargut wurde mit Zusatzstoffen versehen. Aus diesem Grund hat sich auch das Garen in der Mikrowelle nicht durchgesetzt. Die Mikrowelle wird hauptsächlich zum Regenerieren von Speisen verwendet.

Die Vitamine werden, wie bei allen Garmethoden, auch hier beeinträchtigt. Ebenso ist eine absolute Keimabtötung nicht immer gegeben.

Durch Bestrahlung mit elektromagnetischen Wellen, die die Wasser- und Fettmoleküle zum Schwingen bringen, entsteht Reibungswärme

Rentabilitätsvergleich zwischen

Kochplatte	Mikrowelle

▪ Verbrauch von 150 Wattstunden, um einen halben Liter Wasser zum Sieden zu bringen ▪ Niedrigerer Energieverbrauch ab zwei Portionen ▪ Kein Zeitverlust ab vier Portionen	▪ Verbrauch von 165 Wattstunden, um einen halben Liter Wasser zum Sieden zu bringen ▪ Energiegewinn nur beim Garen einer Portion ▪ Zeitgewinn beim Auftauen und Erwärmen von weniger als vier Portionen

Weshalb kann in einem Mikrowellengerät kein Steak „medium gebraten" werden?

Ziele erreicht? – Grundzubereitungsarten

Diese Übungen finden Sie auch unter www.trauner.at/systemgastronomie.aspx.

1. Beschreiben Sie den Unterschied zwischen Dünsten, Schmoren und Dämpfen.

2. Beschreiben Sie die Unterschiede zwischen Blanchieren, Kochen und Pochieren.

3. Nennen Sie typische Zubereitungsarten, die in Ihrem Ausbildungsbetrieb angewendet werden. Wählen Sie eine aus und beschreiben Sie diese in einzelnen Arbeitsschritten.

4. Suchen Sie zu fünf verschiedenen Grundzubereitungsarten je zwei Speisen.

5. Welche Garmethoden verwenden Sie für folgende Speisen? Nennen Sie auch die Namen der Gerichte!

Lebensmittel	Garmethode	Fertige Speise
Scampi		
Kalbsschnitzel		
Hamburgerpattie		
Gulaschfleisch		
Grüne Bohnen		
Kartoffelstäbchen		
Karotten		
Schollenfilets		
Hefeteig		
Kotelett		
Gekochter Blumenkohl		

6. Verwenden Sie in ihrem Betrieb eine Mikrowelle? Wenn ja, wofür?

II Arbeiten im Service

Ziel eines gastronomischen Betriebes ist ein zufriedener, gesunder Gast.

Die Schülerinnen und Schüler übernehmen die Funktion des Gastgebers, sie arbeiten im Team und erkennen die Vorteile dieser Arbeitsorganisation. Sie führen geplante Arbeiten im Office, im Restaurant und am Buffet durch. Dazu gehört es, dass sie die Gästeräume sowie den Getränkeausschank vorbereiten, die Gäste beraten, Heißgetränke zubereiten und einfache Speisen und Getränke servieren können.

Sie kennen die fachspezifischen Vorschriften im Service und handeln danach.

Arbeitsmittel und Mitarbeiter/innen im Restaurant

Eine gute Vorbereitung ist die halbe Arbeit – eine gute Vorbereitung, eine gute Mise en Place, wie der Fachmann bzw. die Fachfrau sagt, ist die Voraussetzung für einen reibungslosen Serviceablauf und trägt somit dazu bei, dass die Gäste sich im Restaurant wohlfühlen.

Zu den Vorbereitungsarbeiten gehört das Herrichten der Gasträume, das mit Lüften und Reinigungsarbeiten beginnt. Dann müssen Tische angeordnet und eventuell eingedeckt werden. Der Tresen muss für den Service der Getränke vorbereitet werden. Für die Mitarbeiterinnen und Mitarbeiter im Restaurant ist es notwendig zu wissen, zu welchen Anlässen und für welche Verwendung man welches Geschirr, welche Gläser und welches Besteck in welcher Anzahl benötigt. Dazu müssen auch die Reservierungen beachtet werden. Ist dies alles geklärt, beginnt man mit dem Zusammensuchen aller benötigten Teile: Tischwäsche, Bestecke, Gläser und Dekoration. Dann müssen Besteck und Gläser poliert und Getränke bereitgestellt werden. Die Kaffeemaschine ist einzuschalten und mit Milch und Kaffeebohnen zu befüllen. Zum Schluss kommt noch ein prüfender Blick auf die Berufskleidung und das Restaurant im Gesamten.

Meine Ziele

Nach Bearbeitung dieses Kapitels kann ich

- die Tätigkeiten im Restaurant benennen;
- die Ausrüstungsgegenstände fachgerecht bezeichnen und ihre Funktion erklären;
- die verschiedenen Positionen innerhalb des Servierpersonals erklären;
- verschiedene Tafelformen im Restaurant aufstellen;
- einfache Serviettenformen brechen.

1 Tischwäsche

In einer Broschüre habe ich von einem Flecken abweisenden Tischtuch gelesen. Eine spezielle Oberflächenbehandlung bewirkt, dass Flüssigkeiten nicht in das Gewebe eindringen, sondern abperlen. Die Perlen kann man dann ganz einfach aufwischen – eine großartige Erfindung!

Eine schöne Tischwäsche trägt zum positiven Gesamteindruck eines Restaurants wesentlich bei. Natürlich ist es eine Preis- und Stilfrage, ob Tischwäsche verwendet wird und vor allem auch aus welchem Material sie besteht. In der Systemgastronomie sind häufig Tischläufer und Sets in Verwendung.

Die gebräuchlichsten Materialien sind Baumwolle oder Mischgewebe (Baumwolle und Kunstfaser).

Bezeichnung	Größe	Verwendung
Molton meist aus aufgerauter Baumwolle mit Gummispannband	Je nach Tischgröße	Schützt die Tischoberfläche, dämpft Geräusche, verhindert das Rutschen der Tischdecke
Tafeltuch, Tafeldecke	Je nach Tafelgröße, bis zu 10 Meter lang	Für große Festtafeln oder Buffets
Tischdecke, Tischtuch Beim Bügeln ist darauf zu achten, dass die Decke zuerst in drei Längsbrüche gefaltet wird und dann in die Querbrüche	Je nach Tischgröße, zuzüglich ca. 20 cm; Überhang auf jeder Seite Beispiel: Tisch 180 x 90 cm Tischdecke 220 x 130 cm	Für einzelne Tische, aber auch für Tafeln und Buffets
Deckserviette (Napperon)	Normgrößen: 80 x 80 cm 100 x 100 cm	Zum Abdecken von Flecken oder zur Dekoration
Mundserviette	35 x 35 bis 55 x 55 cm	Mittags und abends
Frühstücksserviette	20 x 20 bis 35 x 35 cm	Zum Frühstück und mittags; in der Regel aus Zellstoff
Set	Passend für ein Gedeck z. B. 45 x 70 cm	Schützt die Tischoberfläche, wenn kein Tischtuch verwendet wird, oder zur Dekoration
Tischläufer	Schmal und entsprechend der Tischlänge lang	Zur Dekoration, liegt auf dem Mittelbruch des Tischtuchs oder bei schönen Tischoberflächen auch ohne Tischtuch am Tisch
Handserviette	Ca. 50 x 50 cm	Schützt die Tragehand des/der Servierenden

Aufziehen eines Moltons

Stehtisch mit Husse

Darüber hinaus gibt es eine Reihe von Wäschestücken, wie z. B. sogenannte Hussen (Überzüge) für Stühle und Stehtische, die bei besonderen Anlässen verwendet werden.

Zum Verblenden von Buffettischen (von der Tischoberkante bis zum Boden) können Skirtings (Buffetschürzen) verwendet werden. Die Befestigung erfolgt mit Klettverschlüssen oder Klipps. Alternativ können auch mehrere Tischdecken so aufgelegt werden, dass die freie Fläche bis zum Boden verdeckt ist.

Aufgabenstellungen

1. Verwenden Sie in Ihrem Ausbildungsbetrieb Tischwäsche? Wenn ja, welche?

2. Recherchieren Sie weitere Funktionen eines Moltons. Welche „Annehmlichkeiten" bietet es?

Diese Übung finden Sie auch unter www.trauner.at/systemgastronomie.aspx.

1.1 Brechen von Servietten

Stoffservietten in einer geeigneten Form vervollkommnen das Bild eines stilvoll gedeckten Tisches

Die Mundservietten werden in besondere Serviettenformen gefaltet – in der Fachsprache heißt das gebrochen – bevor sie zum Gedeck gegeben werden. Man sollte nur „hygienische" Formen verwenden, d. h., die Serviette beim Brechen so wenig wie möglich berühren. Alternativ können beim Brechen weiße Handschuhe getragen werden.

Man unterscheidet flache und hohe Formen. Flache Formen, z. B. die einfache Welle, verwendet man beim Frühstück und beim Mittagessen, hohe Formen, z. B. den Tafelspitz, beim Mittagessen, Abendessen oder bei festlichen Banketts.

Einfache Welle

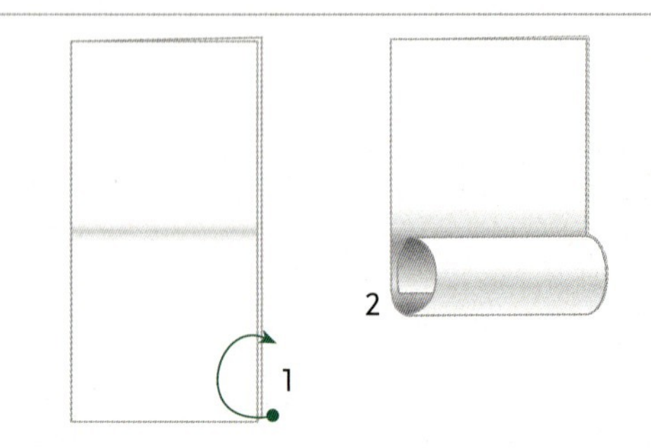

1 Ausgangsform
2 Serviette von unten zur Mitte hin einschlagen

Einfacher Tafelspitz

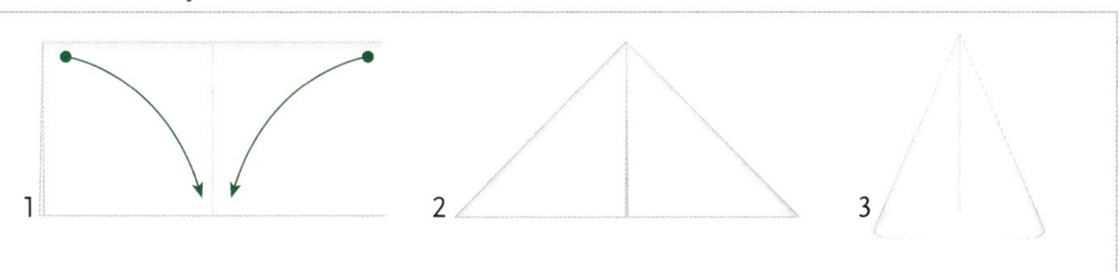

1 Ausgangsform
2 Obere Ecken nach unten einschlagen, die Kanten dabei nicht knicken
3 Leicht nach innen falten und aufstellen

Eine Anleitung zum Brechen der Serviettenformen
- Zweifache Welle,
- Doppelter Tafelspitz,
- Stehender Fächer,
- Asiatischer Fächer,
- Artischocke

finden Sie unter www.trauner.at/systemgastronomie.aspx.

Säule

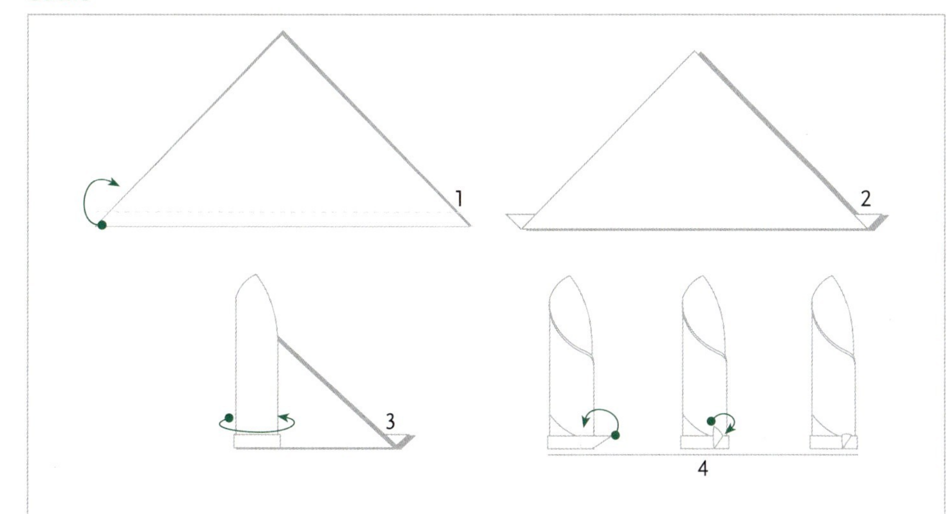

1 Ausgangsform
2 Von der Grundlinie einen zwei bis drei Zentimeter breiten Rand nach oben falten
3 Serviette wenden und von der rechten Seite her schmal aufrollen
4 Das überstehende Ende in den unteren Rand stecken

2 Tafelformen

„Ein wichtiger Punkt bei der Planung einer Veranstaltung ist die Tafelform", philosophierte kürzlich mein Chef, ohne näher darauf einzugehen. Ich bin gespannt, was er damit gemeint hat.

Bei besonderen Anlässen oder wenn mehrere Gäste an einem Tisch sitzen wollen, kann es notwendig sein, zwei oder mehrere Tische zusammenzustellen. Man spricht dann von einer Tafel. Je mehr Gäste erwartet werden, desto mehr Tische werden benötigt.

Festliche lange Tafel

Die Länge bzw. Größe einer Tafel wird einerseits durch die Raumgröße begrenzt, andererseits wäre es nicht höflich, die Tafel so lang zu machen, dass man die Gäste am anderen Ende nicht mehr erkennen kann. Daher werden je nach Gästeanzahl mit den Tischen verschiedene Formen gestellt.

Für die Anordnung im Raum sind folgende Grundsätze zu beachten:

- Der Abstand von der Wand sollte mindestens einen Meter betragen, damit die Gäste und das Servicepersonal ausreichend Platz haben.
- Kein Gast darf vor einem Tischbein sitzen.
- Kein Gast sollte direkt mit dem Rücken zur Tür sitzen.
- Ehrengäste sollten freien Blick zum Eingang haben.
- Wege, vor allem Fluchtwege, sind freizuhalten.
- Die Gedeckbreite sollte zwischen 70 und 90 Zentimeter betragen.

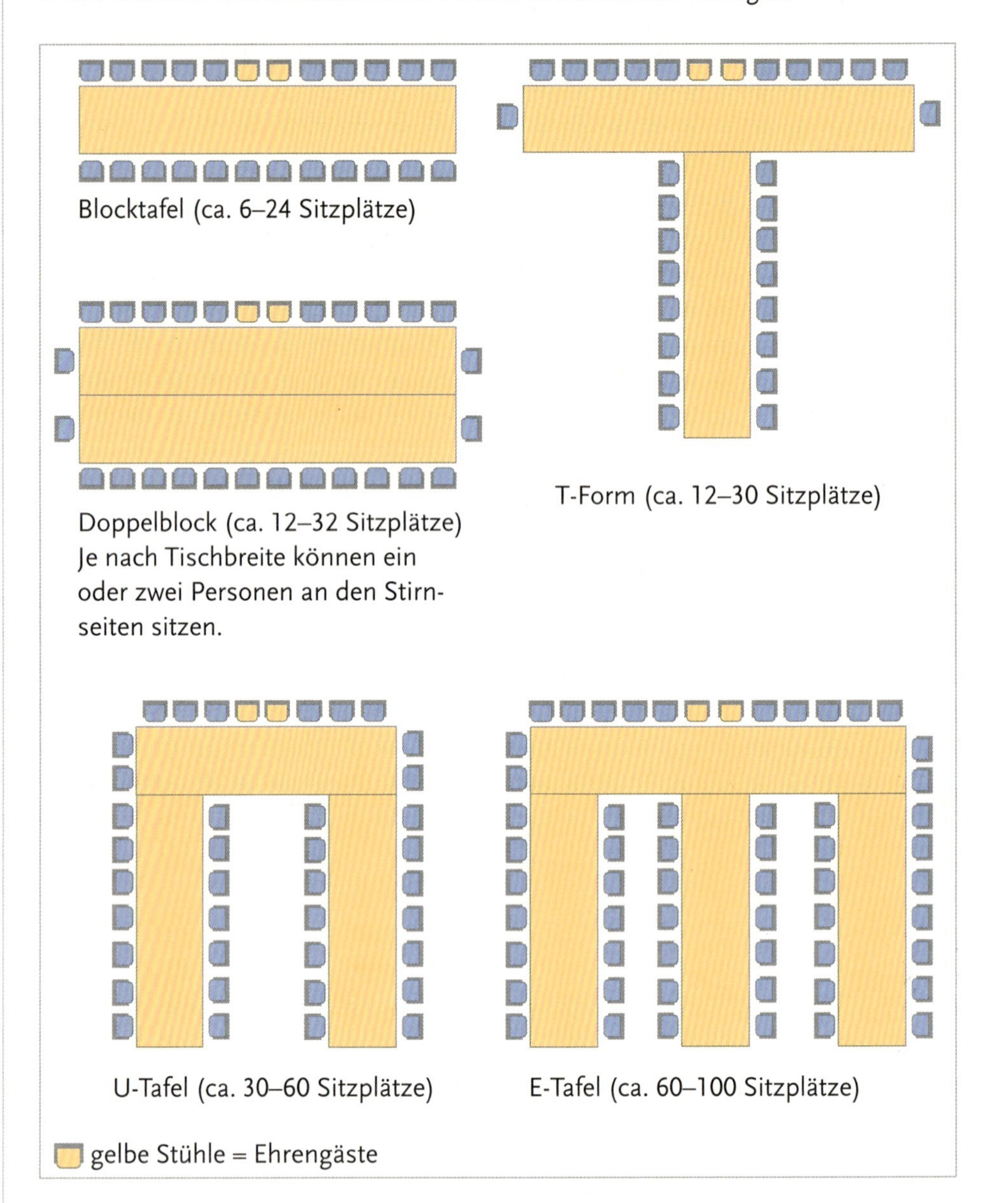

Weitere Formen sind:

- Kammform (für mehr als 100 Personen)
- Runder Tisch (für 4–12 Personen)
- Kombinierte Formen

3 Besteck, Geschirr und Gläser

Bei Besteck, Geschirr und Gläsern gibt es eine riesengroße Auswahl. Nicht alles ist auch wirklich praktisch, manches ist nur schön anzusehen und sehr teuer. Ich möchte wissen, was man wirklich braucht.

Gleich vorweg: Das geeignete Besteck richtet sich nach der Betriebsart. Von vielen möglichen Besteckmaterialien ist heute Edelstahl am weitesten verbreitet.

Was fällt Ihnen bei diesem Bild auf?

Auch Besteck aus versilbertem Edelstahl ist gängig – Silberbesteck aus reinem Silber wäre zu weich und zu teuer. Die Dicke der Silberauflage wird durch eine Zahl ausgewiesen. So bedeutet z. B. die Zahl 100, dass für 24 dm² Besteckoberfläche 100 Gramm Silber verwendet wurden. Da Silber bei Berührung mit Schwefelverbindungen schwarz anläuft, muss es von Zeit zu Zeit mit speziellem Putzmittel gereinigt werden. Dies ist sehr zeitaufwendig.

Die Edelstahlbestecke bestehen meist aus einer Chrom-Nickel-Legierung. Sie sind rostfrei (stainless) und säurebeständig. Die eingeprägten Zahlen weisen auf den Chrom- und Nickelgehalt hin. Die Prägung 18/10 bedeutet beispielsweise, dass das Besteck einen Anteil von 18 % Chrom und 10 % Nickel aufweist. Edelstahlbestecke sind preisgünstig, pflegeleicht und robust.

Nach dem Reinigen in der Geschirrspülmaschine muss Besteck poliert werden

Besteck-Grundausstattung für ein Restaurant

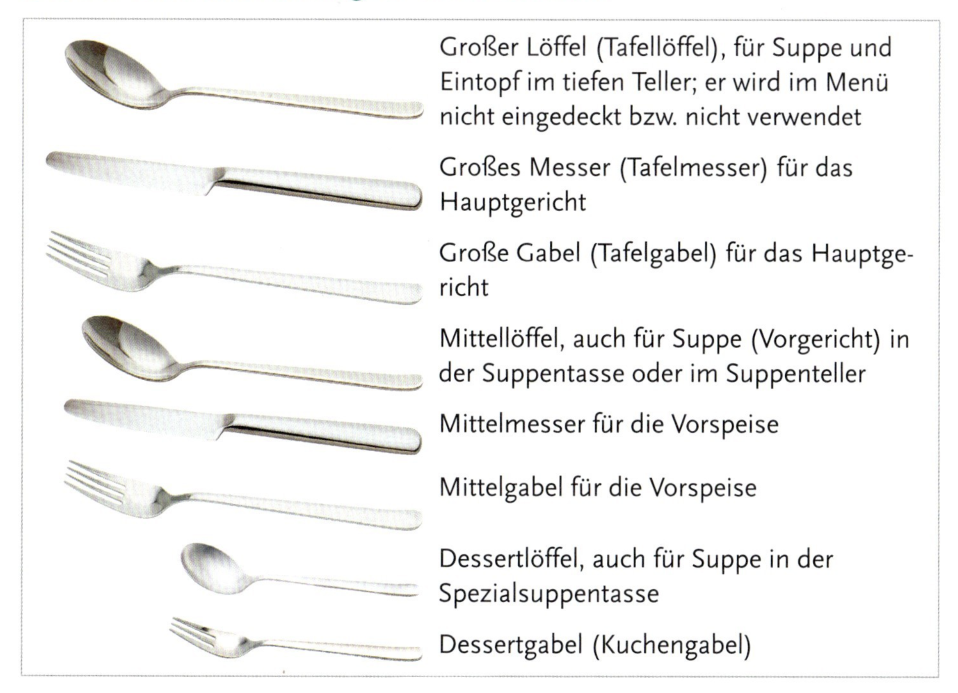

- Großer Löffel (Tafellöffel), für Suppe und Eintopf im tiefen Teller; er wird im Menü nicht eingedeckt bzw. nicht verwendet
- Großes Messer (Tafelmesser) für das Hauptgericht
- Große Gabel (Tafelgabel) für das Hauptgericht
- Mittellöffel, auch für Suppe (Vorgericht) in der Suppentasse oder im Suppenteller
- Mittelmesser für die Vorspeise
- Mittelgabel für die Vorspeise
- Dessertlöffel, auch für Suppe in der Spezialsuppentasse
- Dessertgabel (Kuchengabel)

Großes Besteck (Tafelbesteck) wird bei Hauptgerichten verwendet.
Mittelbesteck wird für Vorspeisen, Nachspeisen und zum Frühstück eingedeckt.

Weitere Bestecke

Fischgabel	Fischmesser	Couvertmesser (Buttermesser)	Bouillonlöffel (Consommélöffel)
Kaffeelöffel	Mokkalöffel	Gourmetlöffel	Limonadenlöffel
Gebäckzange	Salatzange	Tortenheber	Grapefruitlöffel

Spezialbestecke, wie u. a. eine Schnecken- und eine Hummerzange, finden Sie unter www.trauner.at/systemgastronomie.aspx.

Restaurantgeschirr

Teller, Tassen und Schüsseln sind meist aus Porzellan, Platzteller und Anrichteplatten meist aus Edelstahl. Auflaufformen sind aus Steingut.

Cromargan® ist eine geschützte Warenmarke für Edelstahl (rostfreien Chrom-Nickel-Stahl) der Firma WMF.

Ob weißes Porzellan in klassischer Form oder farbiges Porzellan in unterschiedlichsten Formen verwendet wird, ist von verschiedenen Faktoren abhängig, wie z. B. dem Einrichtungsstil oder ob es sich um ein Tages- oder Abendrestaurant handelt.

Ob für jede Beilagenvariante eine eigene Schüsselform angeschafft wird oder ob man Einheitsgeschirr verwendet, ist eine Frage der Wirtschaftlichkeit und des Marketinggedankens.

Bei bemaltem oder mit einer Vignette (einem Logo) versehenem Porzellan ist darauf zu achten, dass diese Dekoration unter der Glasur angebracht ist. Nur so kann das Geschirr in der Spülmaschine gereinigt werden, ohne dass der Aufdruck verblasst.

Teller, der Größe nach geordnet (von unten nach oben): Platzteller, Menüteller, Vorspeisenteller, Dessertteller, Couvertteller

Tellerbezeichnung	Durchmesser	Mögliche Verwendung
Couvertteller Brotteller, Beiteller	ca. 16 cm	Steht links neben dem Menügedeck und dient zur Ablage von Brot
Mittelteller, Dessertteller Frühstücksteller, Kuchenteller	ca. 18–20 cm	Für Frühstück, Jause; auch als weiterer Unterteller, z. B. beim Suppentassengedeck
Vorspeisenteller	ca. 22 cm	Für kalte und warme Vorspeisen, für kalte Tellergerichte
Menüteller, Speiseteller Großer Teller	ca. 24 cm	Für Hauptgerichte oder garnierte Nachspeisen
Grillteller	ca. 30 cm	Für reichhaltige Hauptgerichte
Platzteller, Standteller	ca. 32 cm	Grundteller (mit Doily), auf den der Speiseteller gestellt wird; nach dem Hauptgang wird der Platzteller abserviert

Doily = Deckchen, Spitzenpapier.

Gedeck mit Suppentasse.
Wie viele Gänge bekommt der Gast serviert?

Frühstücks- und Kaffeegeschirr

Portionskännchen für Tee	Portionskännchen für Kaffee	Kaffeetasse mit Untertasse	Mokkatasse mit Untertasse
Teetasse	Teeglas	Pharisäer-Tasse	Milchkännchen

Latte-Macchiato-Glas	Milchkaffeetasse	Französische Milchkaffeeschale	Kaffeebecher, Haferl

Kaffee aus dem Pappbecher (Coffee to go) für unterwegs

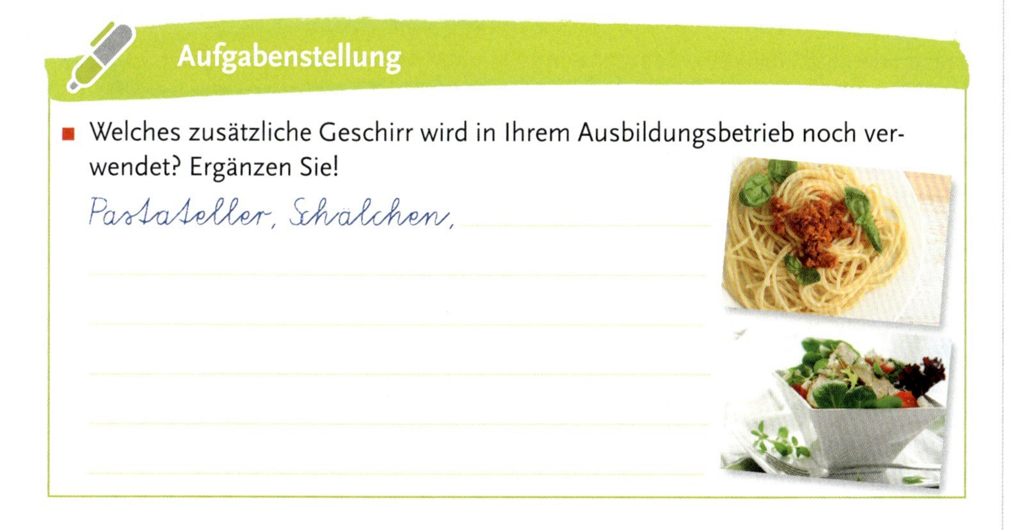

Aufgabenstellung

- Welches zusätzliche Geschirr wird in Ihrem Ausbildungsbetrieb noch verwendet? Ergänzen Sie!

Pastateller, Schalchen,

Restaurantgläser

Die Gläserindustrie hat für fast jedes Getränk ein eigenes Glas entwickelt. Jedoch greifen viele auf sogenannte Normgläser zurück, da diese für verschiedene Getränke verwendet werden können und damit Gläserkosten und Lagerplatz gespart werden können.

Je gehobener das Restaurant, desto edler werden die Gläser und desto größer wird die Auswahl an Gläsern sein.

Aus Hygienegründen dürfen Gläser nur in der Gläserspülmaschine gereinigt werden. Die gereinigten Gläser müssen poliert werden und sind möglichst staubfrei aufzubewahren.

Gläser müssen immer mit einem Tablett getragen werden!

Wasserglas	Weißweinglas	Rotweinglas	Sektglas
Limonadenglas	**Biertulpe**	**Bierstange**	**Weizenbierglas**

Eine Zusammenstellung weiterer Gläser in der Gastronomie finden Sie unter www.trauner.at/systemgastronomie.aspx.

Farbige Wassergläser sind äußerst beliebt

4 Mitarbeiterinnen und Mitarbeiter im Restaurant

Eine Freundin von mir arbeitet in einem großen Hotel in Hamburg im Restaurant. „Ich bin Teil der Servierbrigade", sagte sie kürzlich und ich musste lachen – bei Brigade denke ich erst mal an die Bundeswehr.

Neben den qualifizierten Mitarbeiterinnen und Mitarbeitern ist im Service vor allem eine gute Organisation des Arbeitsablaufs und der Zusammenarbeit wichtig. Die Arbeiten werden an die Servierkräfte verteilt und müssen genau definiert sein. Das Restaurant wird in mehrere Stationen unterteilt. Jede Station besteht aus mehreren Tischen. Die Gesamtheit der Servierkräfte heißt **Brigade** (Servierbrigade).

Brigade = Bezeichnung für einen Truppenverband. Da eine Truppe ganz klar hierarchisch strukturiert ist, wurde dieser Begriff für die klassisch strukturierte Gastronomie aus der Militärsprache übernommen.

Aufbau einer Brigade

Deutsch	Französisch	Englisch, Amerikanisch
Restaurantdirektor/in	Directeur de Restaurant	Restaurant Manager
Oberkellner/in	Maître d'Hôtel	Headwaiter/ Headwaitress
Stationskellner/in	Chef de Rang	Captain
Stellvertretende/r Stationskellner/in	Demi-Chef de Rang	Frontwaiter
Jungkellner/in	Commis de Rang	Backwaiter, Busboy
Auszubildende/r	Apprenti	Apprentice, Trainee

Beim Arbeiten in der Brigade wird der Gast

- vom Restaurantdirektor bzw. der Restaurantdirektorin empfangen und platziert; häufig übernimmt auch eine Hostess den Gästeempfang,
- von dem Oberkellner bzw. der Oberkellnerin beraten; er/sie nimmt die Bestellung entgegen und kassiert,
- von einem Stationskellner bzw. einer Stationskellnerin betreut; er/sie übernimmt mithilfe der weiteren Kellner und Kellnerinnen das Servieren der Speisen und Getränke,
- durch einen speziellen Weinkellner (Sommelier bzw. Sommelière) beraten; er/sie erledigt das Weinservice.

Arbeitet man ohne Brigade muss der Stationskellner bzw. die Stationskellnerin die Beratung, das Aufnehmen der Bestellung und das Kassieren zusätzlich zum Speisen- und Getränkeservice übernehmen. In der Praxis findet man vielfältige Mischformen.

Über die Organisation von Betrieben der Systemgastronomie lernen Sie im Lernfeld Systemorganisation in Band 3.

Servicearten im Restaurant

Der Begriff Service hat verschiedene Bedeutungen. Ganz allgemein versteht man darunter eine Dienstleistung. Im Restaurant kann es die Station sein, also der Gästebereich, den eine Servicekraft bedient. In diesem Kapitel beschäftigen wir uns jedoch mit der Art und Weise, wie die Gäste mit Speisen und Getränken versorgt werden.

Servicemitarbeiterinnen und -mitarbeiter müssen stets:
- freundlich,
- kompetent,
- aufmerksam und
- flink sein.

Das englische Wort „to serve" bedeutet dienen, und das muss man gern tun

Meine Ziele

Nach Bearbeitung dieses Kapitels kann ich
- die Servicearten erklären;
- die Vor- und Nachteile der einzelnen Servicearten nennen;
- die Bedeutung des Service für die Gäste (die Zielgruppe) erläutern;
- die Bedeutung des Service für die betrieblichen Ziele nennen;
- Analysen erstellen, welche Serviceform zu welchem gastronomischen Konzept passt.

1 Selbstbedienung

Ich lese in einer Gastrozeitschrift: „Ein Selbstbedienungsrestaurant ist sozusagen ein Schnellrestaurant, denn die Selbstbedienung der Gäste dient in erster Linie der Verkürzung des Aufenthalts." Aber ist das wirklich alles, was man darüber wissen muss?

Bei Fastfood-Anbietern ist das Konzept der Selbstbedienung häufig anzutreffen. Organisatorisch wird zwischen Counterservice, Onlineservice und Free-flow-Service unterschieden. Von Take-away spricht man, wenn der Gast an einer zentralen Verkaufstheke mit Kasse bedient wird.

Die Selbstbedienung kann sich auf Speisen und Getränke oder nur auf eines beziehen. So erledigt der Gast sozusagen die Dienstleistung zum größten Teil selbst.

Going international

Aus dem Englischen stammende Begriffe zum Thema Selbstbedienung:

Selfservice = Selbstbedienung
Counter = Verkaufstisch, Tresen, Theke
Trolley = Servierwagen
Lobby = Eingangshalle; in der Systemgastronomie ist Lobby die Bezeichnung für den gesamten Gästebereich
Lobbykraft = räumt den Gästebereich auf, sorgt für Sauberkeit und Ordnung
Onlineservice = on (auf) + line (Linie), also in einer Warteschlange stehen
Freelineservice = bei größerer Gästezahl ist es sinnvoll, mehrere identische Buffets zu haben; die Linie („line") ist frei wählbar
Free-flow-Service = free (frei) + flow (fließen), also frei zugänglich; die Speisen sind fertig zubereitet; Fresh flow heißt es, wenn ein Koch bzw. eine Köchin auf Wunsch die Speisen zubereitet
Fullservice = der Gast wird bedient, also Service ohne Selbstbedienung

1.1 Counterservice

Die Gäste stehen in einer Schlange vor der Kasse an. Dort wählen, erhalten und zahlen sie ihre gewünschten Produkte. Die Servicekraft (Verkaufskraft, Kassenkraft) und der Gast stehen sich gegenüber. Sie sind nur durch den Counter getrennt.

In der Regel informiert sich der Gast vor seiner Bestellung über Translites (Kurzform von Translights). Diese beleuchteten Schilder hängen z. B. über den Kassen. Die Mitarbeiterin bzw. der Mitarbeiter kann Zusatzverkäufe tätigen, indem sie/er Empfehlungen abgibt. Dadurch wird der Umsatz gesteigert.

Am Counter werden die Produkte auf einem Tablett zur Mitnahme für den Gast bereitgestellt. Der Gast geht mit dem Tablett zu einem Tisch und verzehrt dort seine Speisen und Getränke. Oft wird er gebeten, nach dem Verzehr sein Tablett in einen dafür vorgesehenen Trolley zurückzubringen. In einigen Restaurants übernimmt das eine sogenannte Lobbykraft.

Möchte der Gast die Ware außer Haus mitnehmen, werden die Produkte in eine Tüte gepackt. Hierbei sollten warme Speisen und kalte Getränke getrennt verpackt werden.

Free-Refill-Anlage

Drive-in

Beachten Sie:
- Da beim Mitnehmen von Speisen außer Haus der verringerte Umsatzsteuersatz von sieben Prozent anfällt, muss die Kassenkraft vor dem Kassieren fragen, ob der Gast im Restaurant isst oder nicht.
- Wenn sehr viele Gäste anstehen, sollten weitere Kassen geöffnet werden, um die Wartezeiten zu verringern.
- Unter Berücksichtigung der Haltezeiten müssen für einen schnellen Service genügend teilfertige oder vollfertige Produkte vorrätig sein.

Eine Sonderform des Counterservice ist der **Drive-in**. Hierbei fährt der Gast mit seinem Auto auf einem restauranteigenen Zufahrtsweg an ein Straßenverkaufsfenster, wird dort bedient und fährt danach weiter. Er muss dazu nicht aussteigen. Der Verzehr findet also nicht im Restaurant statt.

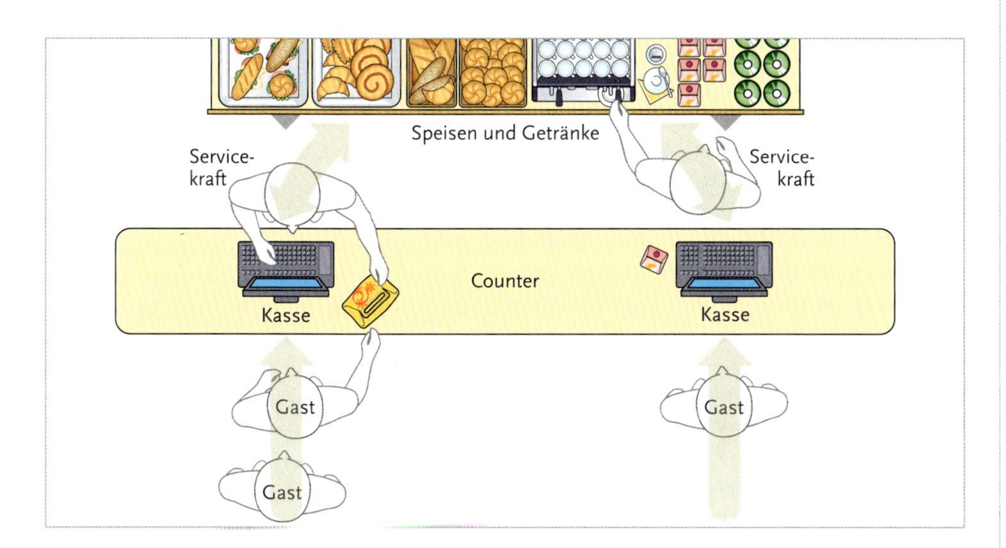

Um eine schnellere Durchlaufzeit zu erzielen, können für Warenbestellung, Warenempfang und Zahlung verschiedene Fenster vorhanden sein; darüber hinaus können die Bereiche für die Bestellung und für die Ausgabe auch räumlich getrennt sein.

Diskutieren Sie, für welche Speisen und Getränke sich der Counterservice eignet.

Going international
"In Europe approximately three billion cars visit our drive-thru lanes every year. We continually seek to develop and up-grade our drive-thru business in Europe to make our service easier, more accurate and more friendly for our customers," says the speaker of McDonald's Europe.

Aufgabenstellung

- What do you think about drive-thru lanes?

Diese Übung finden Sie auch unter www.trauner.at/systemgastronomie.aspx.

1.2 Onlineservice

Der Gast wird an einer langen Theke entlang geführt

Beim Onlineservice sind Schauvitrinen und Entnahmestellen für kalte Speisen und Getränke entlang einer Theke aufgereiht. Für warme Speisen gibt es meist eine Ausgabestelle mit Service. Je nach betrieblicher Abrechnungsvariante befindet sich die Kasse am Anfang oder am Ende der Theke.

Abrechnung

Bonsystem	Cashsystem
▪ Kasse am Beginn der Theke ▪ Gast kauft am Beginn Wertscheine (Bons) und gibt diese an der Ausgabestelle der Servicekraft	▪ Kasse am Ende der Theke ▪ Gast zahlt am Ende mit Bargeld oder Karte

Onlineservice ist häufig in der Gemeinschaftsverpflegung, z. B. in Betriebskantinen, üblich.

Tabletts, Besteck und Servietten werden für den Gast am Beginn der Theke bereitgehalten. Er/sie entnimmt die Angebote aus den Vitrinen oder wird an der Ausgabestelle bedient. Der Gast geht mit dem bestückten Tablett zu einem freien Tisch und verzehrt dort seine gewählten Produkte. Auch hier stehen Trolleys für die Tabletts bereit.

Beachten Sie:
- Diese Serviceart bedingt eine Beschränkung des Produktangebots.
- Um die Wartezeiten erträglich zu halten, werden überwiegend vorgefertigte Gerichte angeboten.
- Aus Gründen der Produktsicherheit werden hier häufig Produkte mit längeren Haltezeiten bevorzugt.

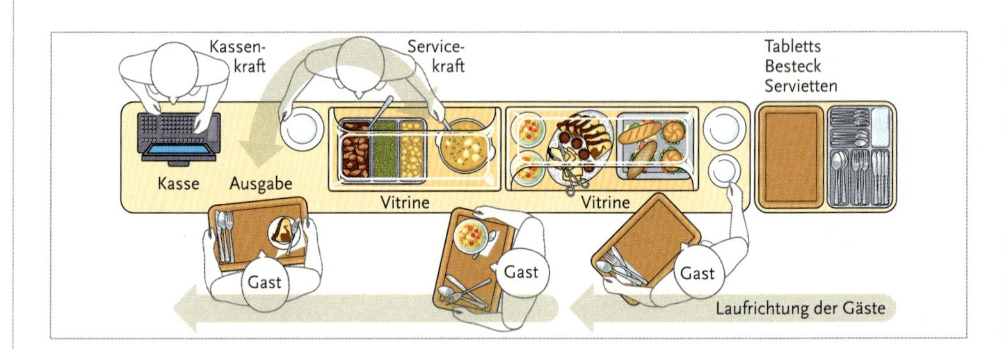

Bei Großveranstaltungen können durch ein Freeline-System unnötige Wartezeiten vermieden werden.

1.3 Freelineservice

Um den Gästeandrang auf mehrere Stellen zu verteilen, kann der Freelineservice eingesetzt werden, d. h., es gibt zwei oder mehrere identische Theken bzw. Buffets. Die Verteilung der Hauptgerichte gemäß den Zielgruppen (Vegetarier, Schweinefleischliebhaber usw.) auf die verschiedenen Theken beeinflusst den Gästefluss zusätzlich. Nach dem Kosten-Nutzen-Verhältnis und der Gästeanzahl entscheidet sich der Betrieb für die Anzahl der Lines bzw. Kassen.

1.4 Free-flow-Service und Fresh-flow-Service

Ähnlich einem Wochenmarkt gibt es beim Free-flow-Service im Restaurant mehrere Verkaufsstellen, die nach Produktgruppen geordnet sind. Daran schließt sich der Sitz- bzw. Verzehrbereich an. An den Verkaufsstellen werden fertige Produkte angeboten (Free-flow) oder sie werden von einem Fachmann bzw. einer Fachfrau für Systemgastronomie auf Bestellung des Gastes individuell zubereitet (Fresh-flow).

Die Kasse befindet sich entweder am Restaurantausgang oder am Ausgang vom Marktbereich. Im Sitz- bzw. Verzehrbereich sollten die Tische mit einem Grundgedeck (Serviette, Besteck, eventuell auch Trinkglas) ausgestattet sein.

Fresh-flow-Restaurant

Beispiel für eine Anordnung

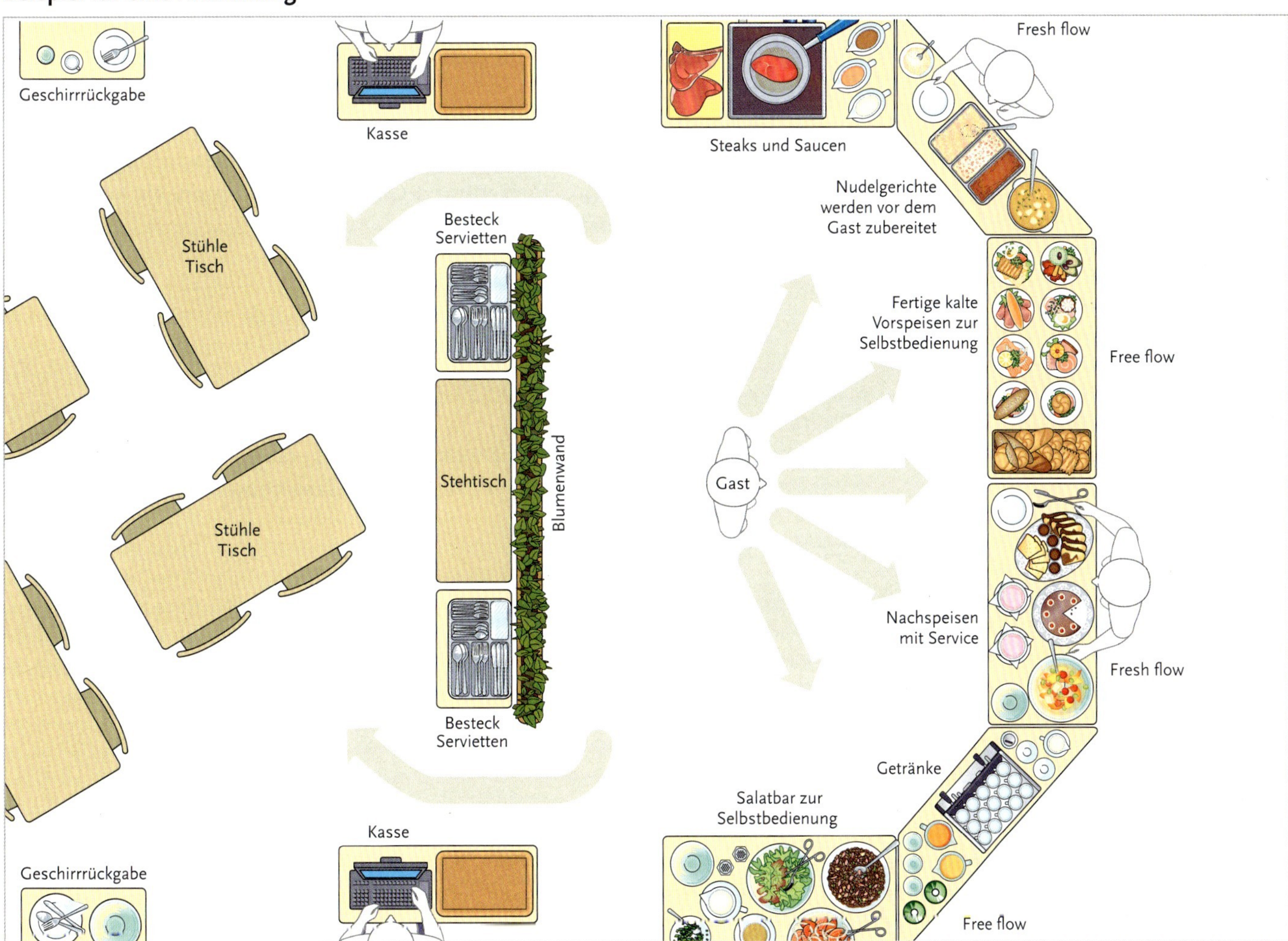

Von der großen Vielfalt an Sinneseindrücken angeregt, wählt der Gast wie bei einem Einkaufsbummel die gewünschten Produkte aus. Er kann sich ein Menü zusammenstellen und die einzelnen Gänge nach und nach an den jeweiligen Marktständen holen. Die Position der Marktstände ist frei wählbar.

Ob der Gast die Teller einzeln trägt oder ein Tablett benutzt, bleibt ihm überlassen. Das Abräumen im Verzehrbereich erfolgt in den meisten Betrieben durch das Personal.

Für die Abrechnung gibt es verschiedene Möglichkeiten:

- Beim Betreten des Restaurants erhält der Gast eine Chipkarte; darauf speichert die Servicekraft am jeweiligen Verkaufsstand den Verzehr; beim Verlassen des Restaurants zahlt der Gast an der zentralen Kasse.
- Der Gast geht mit seinen gewählten Produkten an die Kasse am Marktausgang; dort wird abgerechnet (nach Gewicht oder Tellergröße).
- Der Gast bezahlt beim Betreten des Restaurants einen fixen Preis (all you can eat); danach kann er essen, so viel er will. Diese Art der Abrechnung kommt häufig bei einem Brunch zur Anwendung.

Brunch = Breakfast + lunch.

2 Service mit Bedienung

„Ich liebe es, mich gemütlich in ein Restaurant zu setzen und mich bedienen zu lassen", schwärmt Rosa. Ihre Freundin Miriam ist voll auf ihrer Linie. Aber was muss eine Restaurantkraft alles bedenken?

Hierbei werden alle Dienstleistungen im Restaurant durch das Bedienungspersonal erfüllt und ausgeführt. In der klassischen Gastronomie spricht man vom Service. Der zeitgemäße Begriff, auch zur besseren Unterscheidung, ist jedoch Vollservice. Er drückt aus, dass alle Dienstleistungen von den Mitarbeiterinnen und Mitarbeitern erledigt werden. Die Selbstbedienung ist ja meist keine reine Selbstbedienung, da ein Teil des Service durch das Personal erfüllt wird.

Prinzipieller Ablauf

- Gast wird begrüßt und zu einem Tisch geführt, die Garderobe wird abgenommen
- Servicepersonal reicht die Speisen- und Getränkekarte, empfiehlt Aperitif und Speisen mit den passenden Getränken
- Bestellung wird aufgenommen und boniert
- Getränke werden serviert
- Gedeck wird erweitert bzw. reduziert (je nach Bestellung)
- Speisen werden in der Küche à la minute zubereitet
- Speisen werden serviert (nach den Regeln der Serviceart)
- Leere Teller werden abserviert
- Zusatzverkäufe, z. B. Kaffee und Digestif, werden getätigt
- Kassieren, Danken und Verabschieden; mit der Garderobe behilflich sein

Boniert = die Bestellung wird in das Kassensystem eingegeben und an die Küche (meist elektronisch) weitergeleitet.

À la minute = auf Bestellung zubereiten.

Mögliche Anordnung des Gedecks für ein 5-Gänge-Menü:
Besteckteile werden je nach Speise aus den gezeichneten Möglichkeiten gewählt.

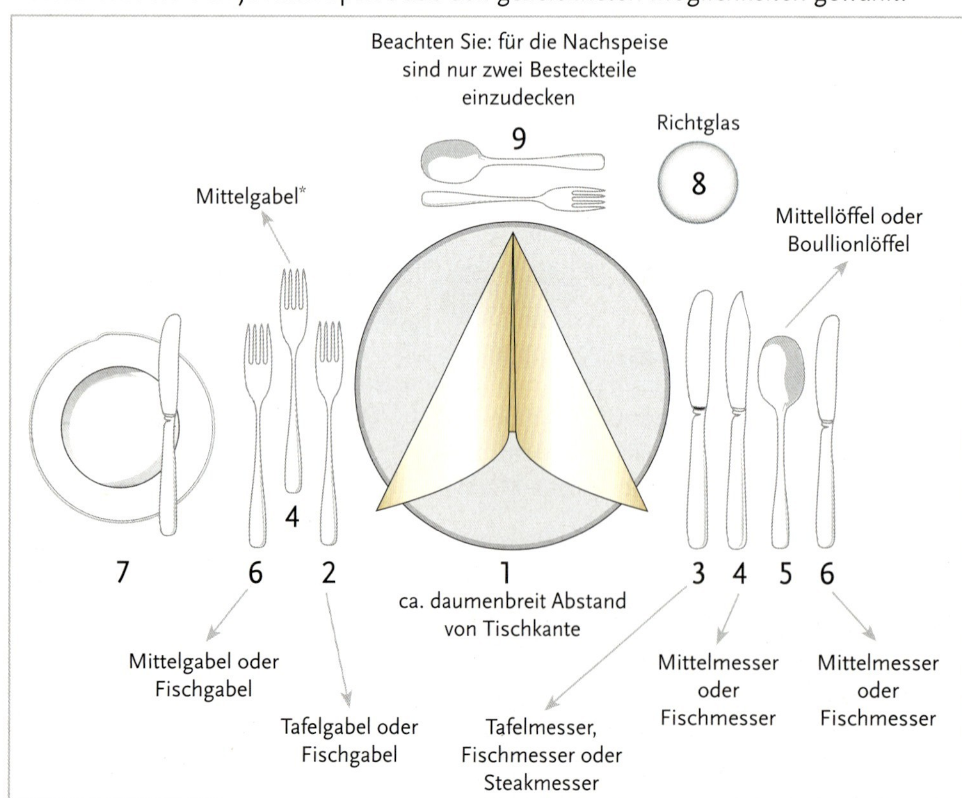

1 Platzteller mit Deckchen und Serviette oder nur Serviette
2 Hauptganggabel
3 Hauptgangmesser
4 Zwischengerichtbesteck
5 Suppe
6 Besteck für kalte Vorspeisen
7 Couvertteller mit Couvertmesser
8 Richtglas
9 Dessertlöffel und Dessertgabel oder Dessertgabel und Dessertmesser

* wenn als Zwischengericht ein Fischfilet ohne Sättigungsbeilage, z. B. auf Gemüsebett mit Sauce, serviert wird, dann kann statt dem Fischmesser auch ein Gourmetlöffel (siehe Seite 205) eingedeckt werden.

Je nach Land bzw. Betrieb werden die **Besteckteile** unterschiedlich benannt.

Zu verwendende Besteckteile

Hauptgang (Fleisch)	Zwischengericht bzw. die Vorspeise	Nachspeise
■ Tafelmesser, Tafelgabel ■ Großes Messer, große Gabel ■ Menümesser, Menügabel ■ Fleischmesser, Fleischgabel	■ Mittelmesser, Mittelgabel ■ Kleines Messer, kleine Gabel	■ Dessertmesser, Dessertgabel ■ Dessertlöffel, Dessertgabel

Als **Richtglas** für die Anordnung der übrigen Gläser dient stets das Glas für das Getränk des Hauptganges. Es muss immer eingedeckt sein, alle anderen Gläser können auch nachgedeckt werden. Insgesamt dürfen maximal vier Gläser eingedeckt werden, weitere sind nachzudecken.

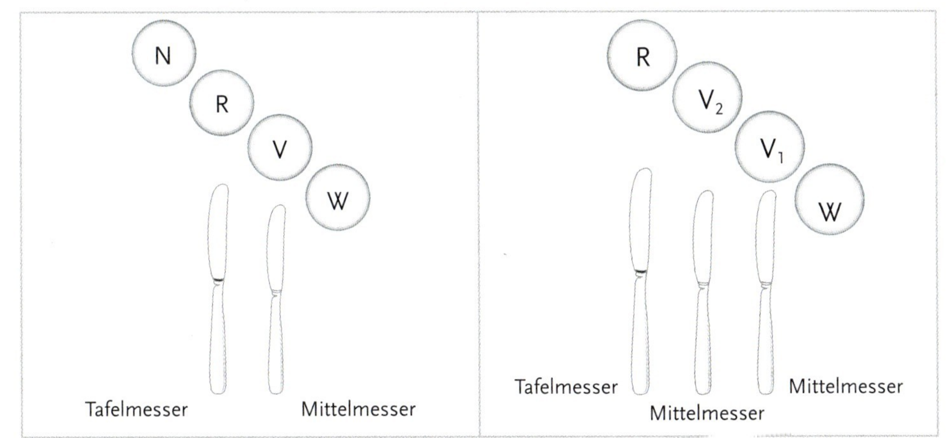

R = Richtglas, V, V_1, V_2 = Glas für Getränk zur Vorspeise, N = Glas für Getränk zur Nachspeise, W = Wasserglas

Schreiben Sie eine Menüreihenfolge. Benennen Sie auch die Gänge!

Darüber hinaus besteht die Möglichkeit, die Gläser in Dreiecksform oder in Vierecksform (Blockform) aufzustellen.

Gläser in einer Reihe

Gläser in Dreiecksform

Diese Übung finden Sie auch unter www.trauner.at/systemgastronomie.aspx.

Aufgabenstellung

- Zeichnen Sie die zu den Menüs passenden Besteckteile und Gläser ein und beschriften Sie diese!

Diese Übung finden Sie auch unter www.trauner.at/systemgastronomie.aspx.

Menü 1
Spargel-Erdbeer-Salat
Pochiertes Lachsfilet, Weißweinsauce, Gemüsebett
Geschmorter Rinderbraten mit gratiniertem Blumenkohl und Kartoffelpüree
Vanillemousse mit Aprikosenragout

Menü 2
Selleriesalat mit Nüssen
Klare Bouillon mit Gemüsestreifen
Würziger Pilzauflauf mit Kräutersauce
Gebratenes Zanderfilet mit Petersilienkartoffeln und kleinem Blattsalat
Pfannkuchen mit Sauerkirschfüllung

Pfannkuchen = Eierkuchen.

Menü 3
Selleriecremesuppe
Schollenfilet in Weißweinsauce mit Blattspinat
Gegrilltes Schweinekotelett mit Knoblauchbutter, Kräuterbohnen und Bratkartoffeln
Käseteller mit Trauben
Gemischtes Eis mit Beerensauce

2.1 Amerikanischer Service (Tellerservice)

In den 1970er-Jahren entstand der Begriff Nouvelle Cuisine, und zwar für eine neue Ära der Kochkunst. Man ging von den schweren und gehaltvollen Gerichten zu einer leichten Ernährungsweise über. Kleine Portionen äußerst schmackhaft und frisch zubereitet und in der Küche kunstvoll auf dem Teller angerichtet, lautete die neue Devise. Hierfür war ein Tellerservice nötig – eine einfache und schnelle Servierart, die bald in vielen gehobenen Restaurants eingesetzt wurde.

Nouvelle Cuisine = neue Küche.

Cloche

Wie wird der amerikanische Service durchgeführt?

- Der kunstvoll angerichtete Teller wird mit einer Cloche abgedeckt. Die Servicekraft serviert maximal zwei Teller mit dem sogenannten Obergriff. Sie setzt die Teller von rechts bei den Gästen ein, stellt sich zwischen die Gäste und hebt die Clochen mit der linken und rechten Hand zur gleichen Zeit ab.
- Werden die Teller nicht abgedeckt, serviert die Servicemitarbeiterin bzw. der Servicemitarbeiter maximal drei Teller auf einmal.

Für den Tellerservice ist es notwendig, die Teller sicher tragen zu können, was einiger Übung bedarf. Getragen wird grundsätzlich mit der linken Hand. Die rechte Hand serviert, setzt also den Teller ein.

Für das richtige Tellertragen gibt es den Untergriff und den Obergriff.

Grundsätzliche Servierregeln finden Sie unter www.trauner.at/systemgastronomie.aspx.

Untergriff

Aufnehmen des ersten Tellers

Untergriff mit zwei Tellern

Untergriff mit drittem Teller

Untergriff: Ansicht von unten

Obergriff

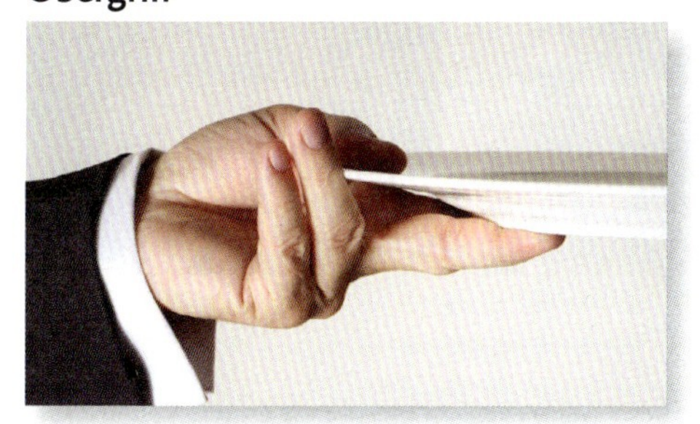

Aufnehmen des ersten Tellers

Aufnehmen des zweiten Tellers

Der **Guéridon** ist ein Beistelltisch

Vorleger = großer Löffel und große Gabel.

⚠ Für das Arbeiten am Guéridon muss stets das notwendige **Mise en Place** bereitgestellt sein, d. h., es müssen alle Arbeitsgeräte und Arbeitsmaterialien vorbereitet sein.

2.2 Englischer Service (Guéridon-Service)

Um einen Guéridon-Service durchführen zu können, sind folgende Voraussetzungen zu erfüllen:

- Die Speisen werden in der Küche auf Platten oder in Schüsseln angerichtet.
- Auf dem Guéridon sind bei warmen Speisen Warmhalteplatten (Rechauds), Vorleger und warme Teller, bei kalten Speisen nur Vorleger und kalte Teller vorbereitet.

Wie wird der englische Service durchgeführt?

Der Restaurantfachmann bzw. die Restaurantfachfrau

- präsentiert den Gästen die Hauptplatte,
- stellt die Speisen am Guéridon ab,
- richtet mit dem Vorleger von jedem Gerichtbestandteil einen Teil auf dem Teller an und
- serviert dem Gast den Teller von rechts.

Achtung: Nachservice nicht vergessen!

Ob für den Nachservice frische Teller und frisches Besteck verwendet werden, entscheidet der Betriebsinhaber. Werden frische Teller eingedeckt, fallen höhere Kosten an.

Für die Anrichteweise auf den Tellern gibt es bezüglich der Platzierung von Sättigungs- und Gemüsebeilagen keine fixe Regel. Wichtig ist, dass eine farbliche Abstimmung gegeben ist und alle Teller gleich aussehen.

Vorschlag einer Anrichteweise

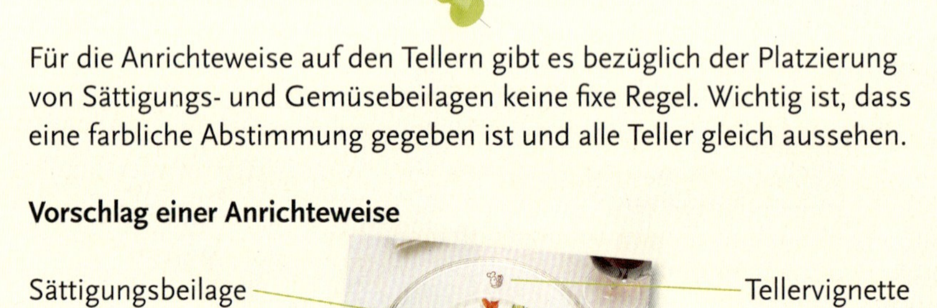

Welche Varianten gibt es?

- Das portionsgerechte Zerlegen von fertiggegarten Fleischstücken, Geflügel, Wildteilen oder Fischen erfolgt am Guéridon vor den Augen der Gäste. Man nennt dies **Tranchieren** bzw. bei Fischen **Filetieren**.
- Bestimmte Gerichte können am Guéridon vor dem Gast frisch zubereitet werden. Ein besonderes Erlebnis ist das **Flambieren**.

Flambierte Erdbeeren

Das Zubereiten von flambierten Nachspeisen oder von Irish Coffee am Guéridon ist bei den Gästen ein beliebter Showeffekt.

Recherchieren Sie die Bedeutung des Begriffs Flambieren. Suchen Sie die Zubereitung von flambiertem Irish Coffee. Eine gängige Variante finden Sie auch unter www.trauner.at/systemgastronomie.aspx.

2.3 Französischer Service (Plattenservice)

Diese Servierart wird vorwiegend bei Sonderveranstaltungen (Banketten) eingesetzt. Dafür muss man das sogenannte Vorlegen beherrschen.

Der Restaurantfachmann bzw. die Restaurantfachfrau
- setzt zuerst die leeren Teller ein,
- präsentiert dem Gast auf seiner linken Seite die auf Platten oder in Schüsseln angerichteten Speisen und
- legt dann die Gerichtbestandteile direkt beim Gast von der linken Seite auf den Teller vor.

Beim Vorlegen fixiert der Restaurantfachmann bzw. die Restaurantfachfrau mit einem großen Löffel und einer großen Gabel die Fleischstücke von der Platte und legt sie auf den Teller des Gastes, danach folgt die Sättigungsbeilage und zuletzt die Gemüsebeilage. Lernen Sie diese Technik unter www.trauner.at/systemgastronomie.aspx.

2.4 Russischer Service (Schüsselservice)

Der Gast bekommt alle Speisen, in Schüsseln und auf Platten angerichtet, auf den Tisch gestellt. Und er bedient sich selbst.

Asiatische Küche

Grillsaucen am Tisch

2.5 Deutscher Service

Dies ist eine Mischform aus französischem, englischem und russischem Service.

Es gibt verschiedene Varianten:
- Das Fleisch ist auf Platten angerichtet und wird vorgelegt (französischer Service), die Beilagen stehen zur Selbstbedienung in Schüsseln auf dem Tisch.
- Das Fleisch wird am Guéridon tranchiert und auf Tellern angerichtet. Der Servicemitarbeiter bzw. die Servicemitarbeiterin setzt den Teller ein (englischer Service), die Beilagen stehen zur Selbstbedienung in Schüsseln auf dem Tisch.
- Das Fleisch wird in der Küche auf Tellern angerichtet (amerikanischer Service), die Beilagen stehen zur Selbstbedienung in Schüsseln auf dem Tisch.

Bilden Sie Kleingruppen und diskutieren Sie über den Zusammenhang zwischen Servierarten und Zielgruppen eines Restaurants.
- Welche Zielgruppen bevorzugen welche Servierart?
- Welche Vor- und Nachteile haben die Servierarten?

Präsentieren Sie anschließend Ihre Ergebnisse vor der Klasse.

Aufgabenstellung

- Überlegen Sie, welche Gerichte tranchiert, filetiert und flambiert werden können. Wenn in Ihrer Klasse Restaurantfachmänner und -frauen sind, dann erkundigen Sie sich bei ihnen, welche Gerichte in deren Betrieben beim Tisch des Gastes tranchiert, filetiert und flambiert werden.

Diese Übung finden Sie auch unter www.trauner.at/systemgastronomie.aspx.

Eine komplexe Aufgabe zum Thema Service finden Sie unter www.trauner.at/systemgastronomie.aspx.

2.6 Buffetservice

Diese Servierart wird bei großen Banketten und z. B. bei Hochzeiten gern angewendet.

Ein Menügang, meist die Suppe, wird im amerikanischen Service serviert. Die anderen Gänge sind vom Buffet zu holen. Das Abräumen der Tische und der Getränkeservice sowie das notwendige Nachdecken erfolgt durch das Restaurantpersonal.

Welche Varianten gibt es?

- Alle Menügänge sind vom Gast am Buffet zu holen.
- Frühstücksservice: Wird beim Frühstück ein Buffet angeboten, erstellt das Servierpersonal das Grundgedeck und übernimmt den Getränkeservice sowie das Abräumen.

 Aus Gründen des Umweltschutzes sollte auf Portionsverpackungen verzichtet werden!

Frühstücksgrundgedeck bei Buffetangebot
Mittelteller und Serviette
Mittelbesteck
Kaffeeuntertasse mit Kaffeelöffel
Weiteres Geschirr und Besteck, wie Müslischalen oder Eierlöffel befinden sich am Buffet

Aufgabenstellung

- Erläutern Sie die Vor- und Nachteile eines Buffets anhand folgender Gesichtspunkte:
  - Wareneinsatz- und Personalkosten
  - Gästewünsche
  - Frische der Speisen
  - Hygiene
  - Lebensmittelabfälle (Stichwort: Food waste).

Viele Gäste bevorzugen Buffets, da sie aus einem großen Speisen- und Getränkeangebot auswählen können. Sehr wichtig ist es, das Angebotene gut lesbar zu kennzeichnen. Vor allem besondere Produkte, z. B. laktosefreie Milch, müssen erkennbar sein.

Prinzipieller Aufbau eines Buffets

Die Form eines Buffets ist rund, quadratisch, rechteckig, in L-Form oder in U-Form. Es kann auch mit mehreren Ebenen aufgebaut oder in mehrere Teile aufgegliedert werden.

Für den Aufbau sind folgende Regeln einzuhalten:

- Bei der Dekoration müssen die Hygienevorschriften beachtet werden, z. B. dürfen keine Blumentöpfe mit Erde verwendet werden
- Laufrichtung der Gäste beachten
- Teller am Buffetbeginn aufstellen
- Weiteres Geschirr dort, wo es benötigt wird, platzieren
- Gast muss die Platten gut erreichen können
- Farbliche Abwechslung beim Anordnen der Platten
- Speisen nach fachlichen Richtlinien anordnen, z. B. zuerst Vorspeisen, dann Hauptgerichte, danach Süßspeisen
- Stets für Sauberkeit und Ordnung am Buffet sorgen, z. B. leere Platten entfernen und durch neue ersetzen
- Vorleger anlegen
- Haltezeiten beachten
- Wege, vor allem Fluchtwege, freihalten

Frühstücksbuffet

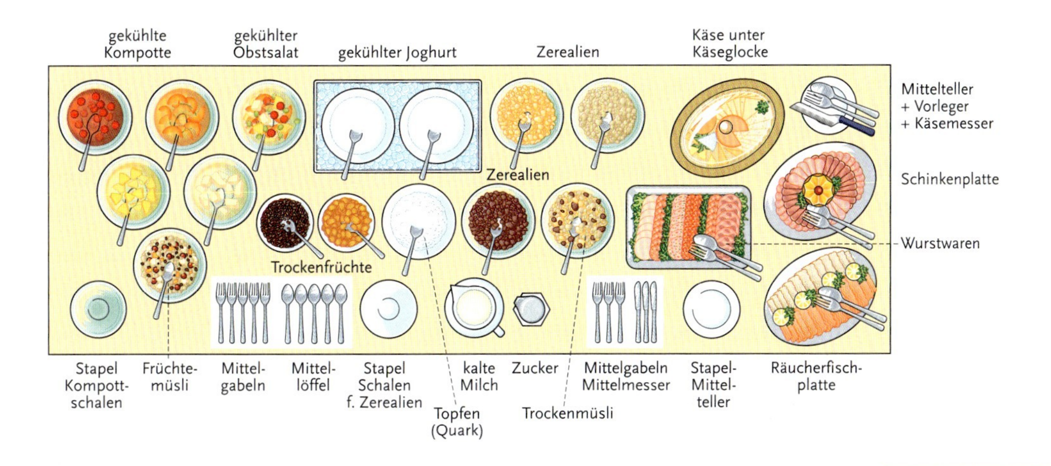

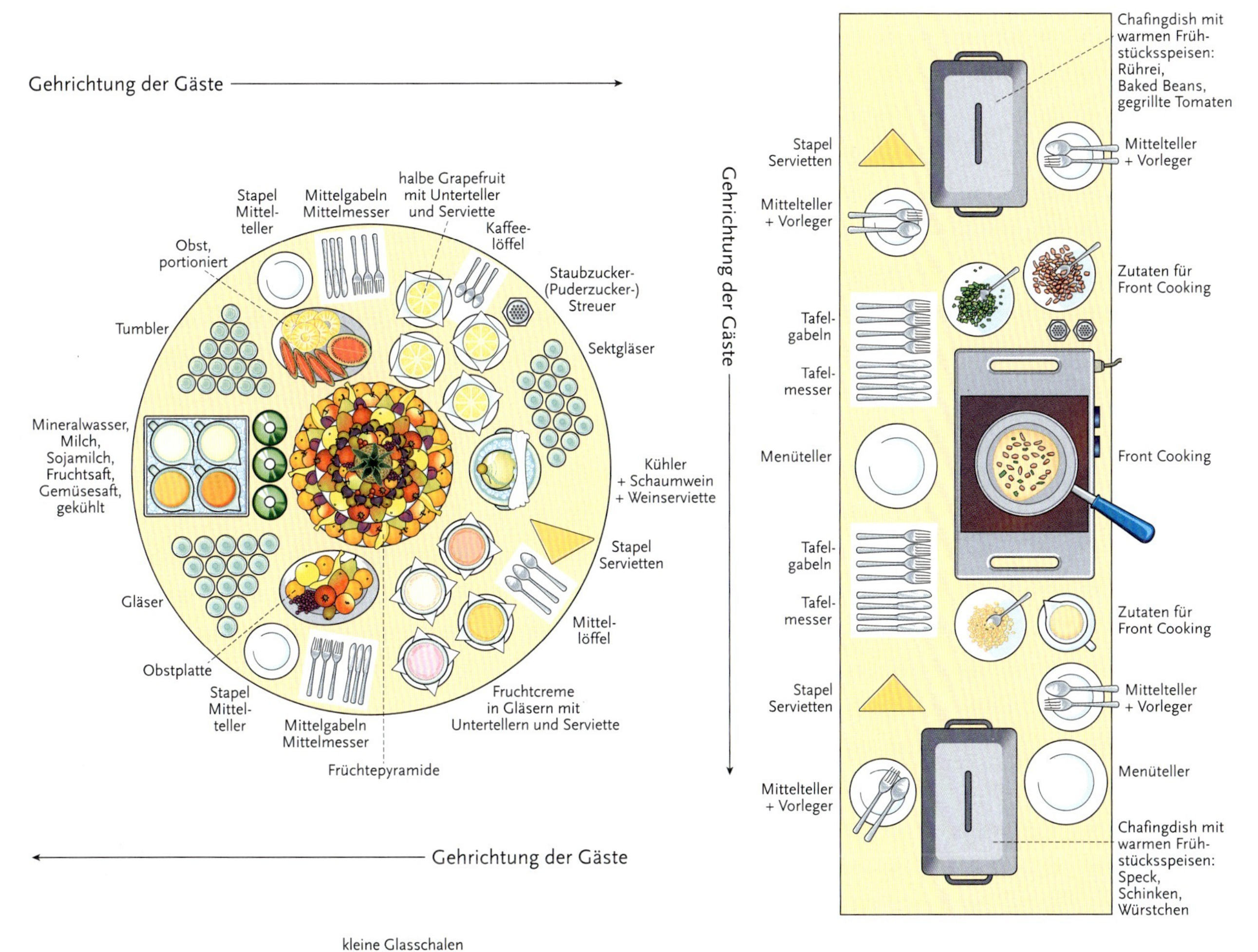

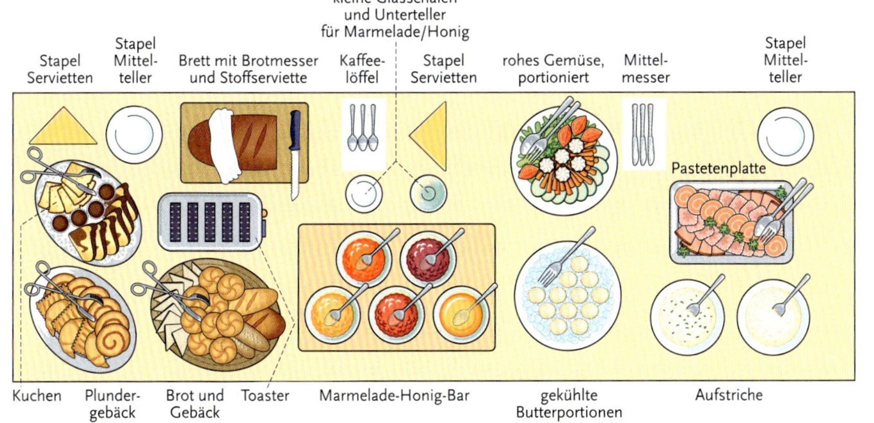

Eine Arbeitsaufgabe zum Frühstücksbuffet finden Sie unter www.trauner.at/systemgastronomie.aspx.

2.7 Frühstücksservice

À la carte = Bestellung nach der Karte, d. h., der Gast wählt die Speisen aus der Speisenkarte, in diesem Fall aus der Frühstückskarte.

Wird das Frühstück à la carte angeboten, sind auf den Tischen Frühstücksgedecke vorzubereiten.

Einfaches Frühstücksgedeck

- Mittelteller und Serviette
- Mittelmesser
- Untertasse mit Kaffeelöffel

Erweitertes Frühstücksgedeck

- Mittelgabel
- Mittelteller und Serviette
- Mittelmesser
- Untertasse mit Kaffeelöffel

Die Tassen sollten vorgewärmt sein und mit dem Frühstücksgetränk eingesetzt werden. Dies ermöglicht es auch andere Heißgetränke zu servieren. Wählen die Gäste aus der Frühstückskarte weitere Gerichte aus, muss entsprechend nachgedeckt werden.

Ob ein Betrieb mit oder ohne Selbstbedienung arbeitet, ist abhängig von
- seiner Zielgruppe (Gästekreis),
- seinem Preisniveau,
- seinem Personalbedarf bzw. seinem Gästeandrang oder der Veranstaltungsart,
- seinem Produktangebot und
- seiner Kosten-Nutzen-Rechnung.

Somit sind die Vor- und Nachteile einer Serviceform immer in Zusammenhang mit den genannten Punkten festzulegen.

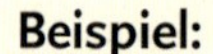

Beispiel:
Die Gäste lieben den englischen Service im Restaurant, da sie rundum bedient werden und z. B. das Schauspiel des Flambierens genießen. Führt nun das Restaurant aus Gründen der Personalkosteneinsparung den Selbstservice ein, wird dies einen Wechsel des Gästekreises nach sich ziehen und somit auch eine Veränderung der Umsatzgrößen herbeiführen. Ob in diesem Fall die Personalkosteneinsparung ein betriebswirtschaftlicher Vorteil ist, muss der Betrieb analysieren.

Mögliche Kriterien für das Bevorzugen einer Servierart (aus der Sicht der Gäste):
- Der Gast möchte vor der Bestellung visuelle Eindrücke von den Speisen erhalten und wählt dann vielleicht ein Free-flow-Restaurant.
- Der Gast hat wenig Zeit. Aufgrund der Zeiteinsparung wählt er ein Counter-Restaurant.
- Der Gast möchte sich erholen und nichts arbeiten müssen. Er wählt dann ein sehr gehobenes Restaurant mit englischer Servierart.
- Der Gast will visuelle Eindrücke von den Speisen erhalten, liebt aber auch eine gewisse Bequemlichkeit. Er wählt ein Restaurant mit Buffet-Service.

Alkoholfreie Getränke im Restaurant

Wässer, Frucht- und Heißgetränke erfreuen sich in der Gastronomie zunehmender Beliebtheit. Nahezu jedes systemgastronomische Unternehmen bietet inzwischen ein umfangreiches Sortiment an Heißgetränken an. Fruchtgetränke, vor allem in Form von Limonaden, gehören meist zum Standardsortiment. In letzter Zeit wird aber auch in der Systemgastronomie immer mehr Wasser verkauft.

Pro Jahr trinkt jeder Bundesbürger bzw. jede Bundesbürgerin im Durchschnitt

- 150 Liter Kaffee
- 137 Liter Mineralwasser
- 33 Liter Fruchtsaft, Fruchtnektar oder Schorle
- 25 Liter Tee

Alkoholische Getränke sind definiert als Getränke, die mehr als 5 ml Alkohol pro Liter enthalten. Es sind dies Bier, Wein, Schaum- und Likörwein sowie Spirituosen. Mehr darüber erfahren Sie im Lernfeld Beratung und Verkauf im Band 2.

Meine Ziele

Nach Bearbeitung dieses Kapitels kann ich

- die unterschiedlichen Wässer, Frucht- und Heißgetränke beschreiben;
- bekannte Marken dieser Getränkegruppen nennen;
- Kaltgetränke fachgerecht servieren;
- Heißgetränke fachgerecht zubereiten und servieren;
- die Unterschiede der einzelnen Getränkesorten und -arten erkennen und dem Gast beschreiben.

1 Kaltgetränke

Wasser ist nicht gleich Wasser. Manche Menschen bevorzugen ein stilles oder mildes Wasser, manche ein kohlensäurereiches. Die Palette an Fruchtsäften und Erfrischungsgetränken ist sehr groß – ein wesentliches Unterscheidungsmerkmal ist der Fruchtgehalt. Es existiert also eine große Anzahl an Getränken, über die ich Bescheid wissen muss, um die Gäste richtig beraten zu können.

Kaltgetränke werden in der Gastronomie gekühlt serviert, außer der Gast wünscht das Getränk ungekühlt. Eine Ausnahme bildet Heilwasser, das immer ungekühlt serviert wird.

1.1 Wässer

In der Mineralwasser- und Tafelwasserverordnung werden Mineralwasser, Quellwasser und Tafelwasser unterschieden.
Ein **natürliches Mineralwasser** entstammt einer unterirdischen Quelle, ist von ursprünglicher Reinheit und durch seinen Gehalt an Mineralstoffen gekennzeichnet. Die genaue Zusammensetzung unterliegt, wie bei jedem natürlichen Lebensmittel, natürlichen Schwankungen.

Das Wasser muss frei von Krankheitserregern sein und es dürfen ihm keine weiteren Stoffe entzogen oder zugesetzt werden. Ausgenommen ist der Entzug von Eisen, Mangan und Kohlensäure. Letztere kann auch wieder zugefügt werden. Mineralwasser darf nur verkauft werden, wenn es eine amtliche Anerkennung hat.

Kennzeichnung von Mineralwässern	
Natürliches kohlensäurehaltiges Mineralwasser	Die bei der Gewinnung entwichene natureigene Kohlensäure setzt man dem Wasser beim Abfüllen wieder in gleicher Menge zu.
Natürliches Mineralwasser mit eigener Quellkohlensäure versetzt	Dem Wasser wird zwar wieder die natürliche Kohlensäure zugegeben, doch eine größere Menge als das Wasser vorher enthielt.
Natürliches Mineralwasser mit Kohlensäure versetzt	Das Wasser wird mit Kohlensäure versetzt, die nicht aus der Quelle stammt.
Medium	Mit weniger als vier Gramm Kohlensäure pro Liter versetzt. Auch als Stilles Wasser oder Stille Quelle bezeichnet.
Geeignet für natriumarme Ernährung	Wasser mit weniger als 20 mg Natrium pro Liter.
Sodawasser	Tafelwasser mit mindestens 570 mg Natron und Kohlensäure. Beliebter Zusatz zu Whisky und Longdrinks.

Eine Liste mit weiteren Kennzeichnungen für Mineralwasser finden Sie unter www.trauner.at/systemgastronomie.aspx.

Näheres zum Wasser als Inhaltsstoff unserer Nahrung finden Sie im Abschnitt Ernährungslehre auf Seite 101.

Mineralwasser wird häufig regional vertrieben, jedoch gibt es zunehmend Brunnen, die ihre Produkte überregional verkaufen. Auch ausländische Wässer sind in Deutschland beliebt.

Mineralwasser muss am Quellort direkt in Flaschen abgefüllt werden und darf in der Gastronomie nur in dieser Flasche serviert werden.

Bekannte Marken

Deutschland: Apollinaris, Selters, Fürst Bismarck, Gerolsteiner, Adelholzener, Arienheller, Magnus Quelle, Christinen Brunnen, Franken Brunnen, Rhön Sprudel, Hella Mineralbrunnen

Frankreich: Evian, Volvic, Perrier

Italien: San Pellegrino, Acqua Panna

Österreich: Vöslauer, Römerquelle

Ein **Wasser mit Glamoureffekt** kann man zum Beispiel in der ultrahippen Colette Water Bar in Paris bestellen. Dort findet man internationale Marken wie das englische Hildon, das dänische Krusmølle Kilde oder das norwegische Voss. Auch Hollywood hat seine Kultmarke – so mancher Star wurde schon mit einer Flasche Bling h_2O fotografiert.

Notieren Sie bekannte Mineralwassermarken aus Ihrer Region!

Diese Übung finden Sie auch unter www.trauner.at/systemgastronomie.aspx.

Quellwasser

Quellwasser kommt wie Mineralwasser aus einer unterirdischen Quelle und darf genauso wie dieses behandelt werden, benötigt aber keine amtliche Anerkennung.

Tafelwasser

Ein als Tafelwasser deklariertes Wasser darf mehrere Zutaten enthalten. Es sind dies Trinkwasser, Natursole, mit Salzen angereichertes Mineralwasser, Meerwasser, Natriumchlorid sowie Zusatzstoffe (z. B. Kohlendioxid oder Mineralsalze) gemäß der Zusatzstoffzulassungsverordnung.

Im Gegensatz zu Mineralwasser darf Tafelwasser offen ausgeschenkt werden und kann daher auch aus Premixanlagen gezapft dem Gast im Becher oder Glas serviert werden. Bei einer Premixanlage werden Tafelwässer (aber auch Limonaden) in Getränkecontainern angeliefert und beim Zapfen mit Kohlensäure versetzt.

Getränkecontainer (Figale) für Premixanlagen

Die bekannteste Tafelwassermarke ist Bonaqua.

Heilwässer wie Staatl. Fachingen oder Heppinger unterliegen dem Arzneimittelgesetz. Auf den Flaschenetiketten dürfen die arzneilichen Wirkungen ausgewiesen werden. Heilwässer sind nicht rezept- und apothekenpflichtig und daher in jedem Getränkemarkt erhältlich. Sie werden mit Zimmertemperatur ausgeschenkt und müssen in der verschlossenen Originalflasche serviert werden.

Kennen Sie Flavoured Water?

Es handelt sich um Wasser mit Fruchtgeschmack oder Kräuterauszügen. Es enthält neben den meist künstlichen Aromen, daher auch der Name aromatisiertes Wasser, häufig viel Zucker und Süßstoffe. Um diese Getränke trotzdem als kalorienarm ausloben zu können, dürfen sie laut EU-Verordnung nicht mehr als 20 kcal pro 100 ml enthalten.

Schon in den 1990er-Jahren gab es von der Marke Volvic die ersten beiden Sorten, nämlich Orange und Zitrone, damals nahezu kalorienfrei. Heute verkauft beinahe jeder Mineralwasserhersteller auch aromatisierte Wässer. Sie zählen zur Gruppe der Erfrischungsgetränke und werden immer beliebter.

Bekannte Marken: Apollinaris Lemon, Hella Erdbeere, Vitrex Apfel.

Going international
Flavoured waters are just that: flavour and water. There are 2 types:
unsweetened and sweetened. The sweetened waters contain various natural and artificial sweeteners.

Grundsätzliches zum Service von Wasser

- Fragen Sie Ihren Gast, ob er ein Mineralwasser mit oder ohne Kohlensäure möchte.
- Fragen Sie nach der gewünschten Menge. Mineralwasser wird in folgenden Flaschengrößen angeboten: 0,25 l, 0,33 l, 0,5 l und 0,75 l.
- Beim Verkauf von großen Flaschen ermitteln Sie, wie viele Gläser gewünscht sind.
- Denken Sie daran, dass Mineralwasser und Heilwasser nur in der Flasche serviert werden dürfen. Karaffen sind folglich nur bei Tafelwasser möglich.
- Eiswürfel und Zitrone servieren Sie bitte nur auf Wunsch des Gastes.

Traditionell wird zum Kaffee ein Glas Wasser serviert

Gläser für den Ausschank von Wasser

Mit Wasser können Sie wichtige Zusatzverkäufe anregen, da es häufig als Zweitgetränk konsumiert wird. Bieten Sie Wasser an zu Kaffeegetränken, als Begleiter zu Weinen bzw. als alkoholfreier Begleiter zu sämtlichen Speisen.

1.2 Fruchtsäfte und Erfrischungsgetränke

Zu den Fruchtgetränken zählen Fruchtsäfte, Fruchtnektare, Fruchtsaftgetränke, Fruchtschorlen und Brausen. Sie unterscheiden sich im Wesentlichen durch den Fruchtgehalt, den Anteil an zugesetztem Zucker und durch eventuell zugesetzte Zusatzstoffe.

Arten von Fruchtgetränken	
Fruchtsaft – Direktsaft 100 %	■ 100 % Saftanteil ■ Definition: ist das gärfähige, jedoch nicht gegorene, aus gesunden und reifen Früchten einer oder mehrerer Fruchtarten gewonnene Erzeugnis; Farbe, Aroma und Geschmack müssen die für die verwendete Fruchtart charakteristischen Eigenschaften aufweisen.
Fruchtsaft aus Fruchtsaftkonzentrat – 100 %	■ 100 % Saftanteil ■ Im Gegensatz zum Direktsaft wird er zunächst eingedickt; vor der Abfüllung wird das entzogene Wasser wieder zugefügt ■ Spart Transportkosten
Fruchtnektar 25–50 %	■ Aus Wasser, Fruchtsaft oder Fruchtmark, Zucker oder Honig ■ Der Mindestanteil an Fruchtsaft ist für jede Fruchtart gesetzlich vorgeschrieben; mindestens aber 25 %, meist viel höher ■ Der Fruchtnektar darf mit bis zu 5 % anderem Fruchtsaft versetzt werden
Fruchtsaftgetränk 6–30 %	■ Fruchtsaftanteil von mindestens 6 % bei Zitrusfrüchten, mindestens 30 % bei Kernobst oder Trauben ■ Weitere Zutaten: Wasser, Zucker, Süßstoffe, Lebensmittelzusatzstoffe, wie Aromastoffe und Säuerungsmittel
Fruchtschorle 20–50 %	■ Aus 20–50 % Fruchtsaft, Wasser, Kohlensäure; bei sauren Früchten auch gesüßt ■ Bei PET-Flaschen kann der Konservierungsstoff E 242 eingesetzt werden ■ Apfelschorle ist die beliebteste Schorle ■ Ihr Vorteil gegenüber Säften ist, dass sie erfrischender und nicht so kalorienreich ist

Die meisten Orangen für Orangensaft kommen aus Brasilien, und zwar als Konzentrat. Zum Ausgleich schlechter Ernten dürfen ohne Kennzeichnung 15 Gramm Zucker pro Liter zugefügt werden.

E 242 = Dimethylcarbonat; verhindert das Entstehen von Gärhefen bei der Getränkeabfüllung

Die Bezeichnung **Süßmost** darf nur in Verbindung mit den Verkehrsbezeichnungen Fruchtsaft und Fruchtnektar verwendet werden, und zwar für Fruchtsaft aus Birnen (ggf. mit Äpfeln) ohne Zuckerzusatz oder für Fruchtnektar, der nur aus Fruchtsäften hergestellt wurde, die zu sauer sind, um sie pur zu trinken.

Aufgabenstellung

- Welches der abgebildeten Getränke ist ein Fruchtsaft, ein Fruchtnektar bzw. ein Fruchtsaftgetränk? Nennen Sie die Inhaltsstoffe aus obiger Tabelle.

Diese Übung finden Sie auch unter www.trauner.at/systemgastronomie.aspx.

Natürliche Aromastoffe: ohne aus der namengebenden Frucht (z. B. Apfel) zu sein, handelt es sich zwar um Aromen, die aus natürlichen Ausgangsstoffen produziert werden, diese müssen aber mit der Frucht, nach der sie schmecken, nichts zu tun haben; so wird Erdbeeraroma aus Holzspänen hergestellt. Näheres zur Aromastoffkennzeichnung finden Sie unter www.trauner.at/systemgastronomie.aspx.

E 150 a–d = Zuckercouleur oder gebrannter Zucker (Karamell); wird als bräunender Farbstoff eingesetzt.

E 160 a = Beta-Carotin, gelboranger Farbstoff (Pro-Vitamin A), natürlich oder künstlich hergestellt.

E 101 = Riboflavin (Vitamin B2), gelber Farbstoff.

Limonaden sind Erfrischungsgetränke. Sie enthalten Aromaextrakte und/oder natürliche Aromastoffe, Zitronensäure, Wasser, Zucker, Süßstoffe und Fruchtanteile. Bei koffeinhaltigen Limonaden (Colalimonaden) kommt E 150 a–d, bei Molkenerzeugnissen E 160 a und E 101 hinzu. Färbende Lebensmittel, wie Spinat oder rote Beete, können ebenfalls zugesetzt sein. Limonade wird meist mit Kohlensäure versetzt.

Aufgabenstellung

- Es gibt Fruchtsaftlimonaden (1), Kräuterlimonaden (2), Colalimonaden (3), Ingwerlimonaden (4), Bitterlimonaden (5), Malzlimonaden (6) und Molkelimonaden (7). Nennen Sie zu den verschiedenen Gruppen je zwei Marken!

1 ______________________________

2 ______________________________

3 ______________________________

4 ______________________________

5 ______________________________

6 ______________________________

7 ______________________________

Brausen sind kohlensäurehaltige Erfrischungsgetränke, die im Unterschied zu Fruchtsaftgetränken, Fruchtschorlen und Limonaden künstliche Aromen und/oder Farbstoffe enthalten. Ein blaues oder grünes Erfrischungsgetränk ist also immer eine Brause, da in der Natur weder ein blauer noch ein grüner Farbstoff in Früchten vorkommt.

Der Limonadensirup wird in Bag-in-Boxes (BIBs) geliefert und in einer Postmixanlage beim Zapfen mit Leitungswasser und Kohlensäure vermischt

Grundsätzliches zum Service von Fruchtgetränken

- Fruchtsäfte und Limonaden dürfen offen serviert werden, z. B. in einer Karaffe oder in einem Glas.
- Sie sind eine beliebte Zutat vieler Mixgetränke, z. B. bei Longdrinks oder Cocktails.
- Sie müssen kühl gelagert werden, vor allem angebrochene Flaschen.
- Durch den hohen Gehalt an fruchteigenem Zucker gehören Fruchtsäfte zu den kalorienreichen Getränken mit ca. 40 kcal pro 100 ml (je nach Fruchtart).
- Verlangt der Gast eine Schorle, fragen Sie ihn nach seinem bevorzugten Mischungsverhältnis.

Gläser und Karaffen für den Ausschank von Fruchtgetränken

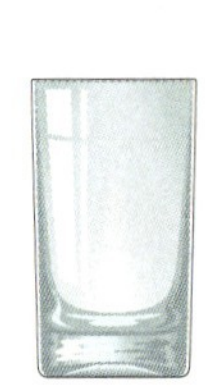

Tumbler

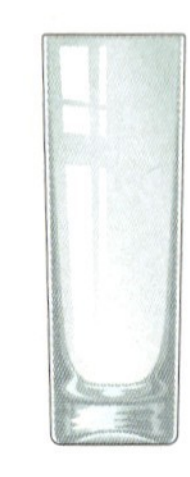

Limonadenglas

Portionskaraffe (0,2 l)

Große Karaffe (1 l)

Bieten Sie Fruchtsäfte an:
- Als Ergänzung zu einem Heißgetränk beim Frühstück
- Als alkoholfreien Aperitif; hier eignen sich vor allem säurehaltige Säfte wie Orangensaft, Grapefruitsaft und Johannisbeernektar
- Als Essensbegleiter zu Vollwertgerichten

Beim Ausschank von alkoholfreien Getränken mit Premix- und Postmixanlagen ist auf die Einhaltung der Hygienevorschriften, besonders auf die Sauberkeit der Zapfhähne, zu achten.

Eine schematische Darstellung einer Premix- sowie einer Postmixanlage finden Sie unter www.trauner.at/getraenkekunde.aspx.

2 Heißgetränke

Eine perfekte Crema beim Espresso und ein ordentlicher Milchschaum beim Latte macchiato, die unterschiedlichen Ziehzeiten bei der Teezubereitung oder die Herstellung einer echten Trinkschokolade, alles Themen, über die ich mehr erfahren möchte.

Ein Arbeitsblatt zur selbstständigen Erarbeitung des Kapitels Kaffee finden Sie unter www.trauner.at/systemgastronomie.aspx.

2.1 Kaffee

Die Kaffeekirschen sind dunkelrot und gelb

Der Kaffeebaum ist eine tropische Pflanze, die in Gebieten nördlich und südlich des Äquators bis jeweils zum 25. Breitengrad wächst.

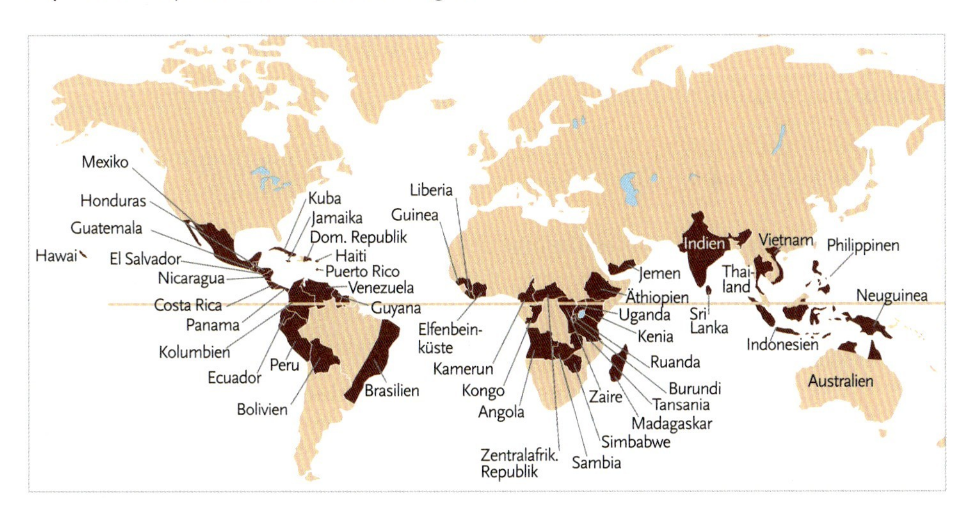

Arabica-Bohnen sind länglich

Robusta-Bohnen sind eher rundlich

Weltweit sind zwei Sorten des Kaffeebaums Coffea von Bedeutung, nämlich Coffea arabica (ca. 75 % der weltweiten Kaffeeproduktion) und Coffea robusta (ca. 25 %).

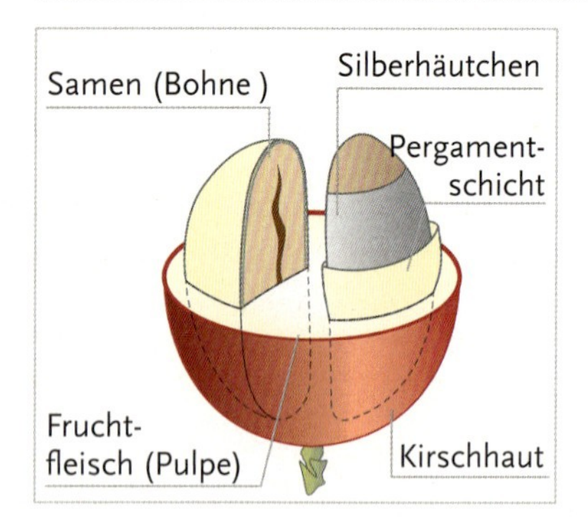

Die Früchte des Kaffeebaumes heißen Kaffeekirschen. In ihnen befinden sich jeweils zwei Samen, die Kaffeebohnen. Man unterscheidet zwischen Hochland- und Tieflandkaffee. Die Arabica-Bohnen werden vor allem im Hochland ab 1 000 Metern angebaut. Durch ihre feine Säure haben sie ein edles Aroma. Arabica-Bohnen sind nicht so ertragreich wie Robusta-Bohnen, die vor allem im Tiefland angebaut werden. Robusta-Bohnen wachsen auch in Regionen unter 1 000 Metern und sind gegenüber Pflanzenkrankheiten weitgehend resistent.

In Europa wird vor allem Markenkaffee getrunken. Um eine standardisierte Qualität zu erhalten, werden Robustas und Arabicas aus unterschiedlichen Anbauregionen zusammengemischt. Es gibt aber auch Plantagenkaffees, das heißt, die Kaffeebohnen sind nur in einer Plantage gewachsen, z. B. Jamaika Blue Mountain. Diese Kaffees sind sehr teuer.

Wussten Sie, dass manchmal in der Kaffeekirsche auch nur ein rundlicher Einzelsamen enthalten ist? Dies ist sehr selten. Der Kaffee kommt als Perlkaffee in den Handel.

Die Aufbereitung von Kaffee

Die reifen Kaffeefrüchte werden geerntet und zu Rohkaffee aufbereitet. Dieser Teil der Herstellung findet im Erzeugerland statt. Erst im Verbraucherland wird der Rohkaffee geröstet.

Es gibt zwei Verfahren der Kaffeeaufbereitung.

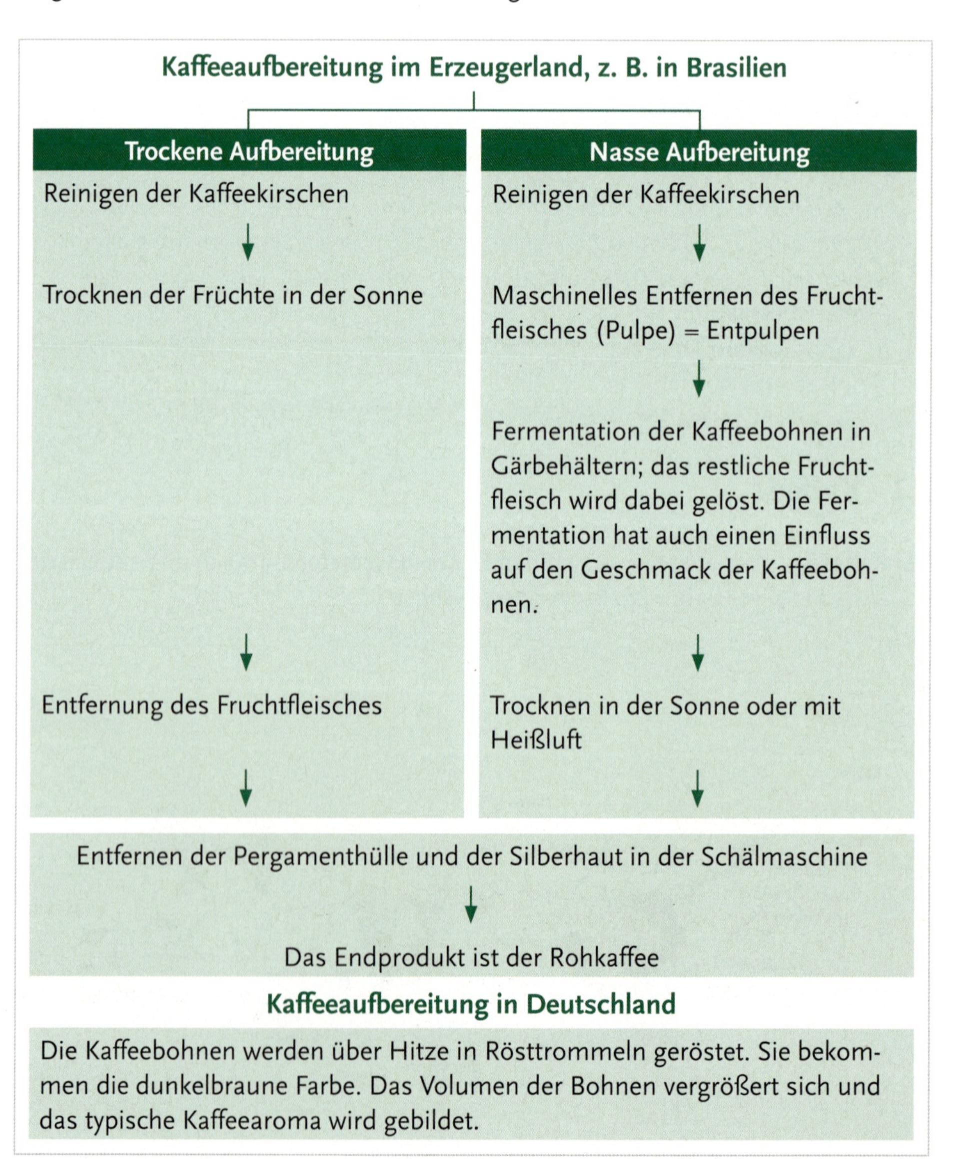

Die gerösteten Bohnen werden abgekühlt

Rohkaffee

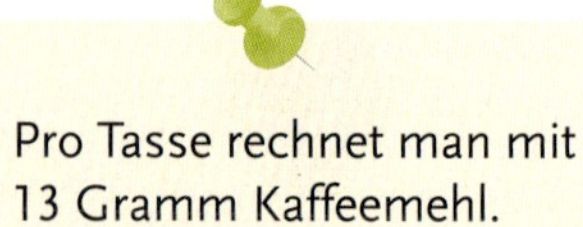

Die Qualität des Kaffees

Die Qualität des Kaffees hängt von vielen Faktoren ab.

- Röstgrad
- Aufbereitungsverfahren
- Mahlgrad
- Lagerung
- Sorte
- Zubereitungsverfahren
- Anbaugebiet
- Boden
- Niederschlagsmenge
- Wasserqualität
- Kaffeemenge

Die Inhaltsstoffe von Kaffee sind Kohlenhydrate, Eiweiß, Fette, Koffein (0,9–2,6 %), Gerbstoffe, Chlorogensäuren und Mineralstoffe (Kalium, Calcium, Magnesium, Phosphat, Sulfat).

Der Gehalt an Gerbstoffen sinkt mit zunehmender Röstung. Bei der Herstellung von Schonkaffee wird den Kaffeebohnen ein Teil der Gerbsäure entzogen. Aus diesem Grund ist er magenschonend.

Sogenannter Ersatzkaffee wird nicht aus Kaffeebohnen hergestellt, sondern zum Beispiel aus Roggen, Gerste, Zichorien und Feigen. Diese Getränke enthalten kein Koffein.

Chlorogensäure = Ester der Kaffee- und Chinasäure; wird bei dem als mild deklarierten Kaffee entfernt.

Die Lagerung und die Zubereitung von Kaffee

Kaffee soll trocken, dunkel bzw. lichtgeschützt, luftdicht, kühl und in gemahlenem Zustand nicht zu lange gelagert werden.

Es gibt verschiedene Methoden der Kaffeezubereitung. In der Gastronomie spielen besonders der Filterkaffee und der Kaffee nach der Espressomethode eine Rolle.

Kaffeezubereitung

Filtermethode	Siebträgermaschine	Vollautomat

In einen Metall- oder Papierfilter wird mittelfein gemahlener Kaffee gegeben, der mit heißem Wasser (88–95 °C) aufgegossen wird. Der Kaffee sollte stets frisch zubereitet werden, steht er zu lange, leidet die Qualität. Muss er warm gehalten werden, dann sollte das nie länger als 30 Minuten (möglichst in einer Warmhaltekanne) sein.	Zur Herstellung von Espresso oder Schümli (Café crème) wird das Wasser mit einem Druck von ca. 9 bar bei einer Wassertemperatur von ca. 92 °C durch das sehr fein gemahlene Kaffeemehl gepresst. So entsteht auch die Crema.	Bei einem Vollautomaten muss nur eine Taste gedrückt werden und das fertige Getränk kommt aus der Maschine. Viele Coffee-Shops arbeiten jedoch mit Halbautomaten. Hier muss das Kaffeemehl eingefüllt und der Milchschaum separat mit einer Milchdüse erzeugt werden. Dann muss der/die Barista (Fachmann bzw. -frau für die professionelle Kaffeezubereitung) das Getränk zusammensetzen.

Gut zubereiteten Espresso erkennt man an der feinporigen, haselnussbraunen Crema. Diese Schicht hält den Zucker einige Sekunden an der Oberfläche, bevor er versinkt.

Kaffee aus Pressstempelkannen ist kräftig und aromatisch

Latte macchiato

Welcher Löffel gehört zu welchem Kaffeegetränk?

- Espresso, Mokka = Mokkalöffel
- Latte macchiato = Limonadenlöffel

Für alle anderen Kaffeegetränke verwendet man den Kaffeelöffel, außer bei einer Sockeltasse. Hier wird ein Limonadenlöffel verwendet.

Bei der Herstellung von **koffeinfreiem Kaffee** wird mittels Wasserdampf oder Lösungsmitteln das Koffein aus den Kaffeebohnen herausgelöst. Koffeinfreier Kaffee eignet sich für Herzkranke und für Personen mit Kreislaufbeschwerden oder Schlafstörungen.

Kaffeegetränk	Herstellung
Kaffee komplett	■ Ist ein Filterkaffee; dazu reicht man Kaffeesahne und Zucker ■ Man rechnet einen Kaffeelöffel Kaffeepulver pro Tasse Kaffee
Deutscher Mokka	■ Ist ein Filterkaffee aus stärker gerösteten Mokkabohnen; bei gleicher Menge Kaffeepulver wird nur halb so viel Wasser verwendet ■ Es entsteht ein kleiner, sehr starker Kaffee
Cappuccino	■ Klassisch (italienisch): besteht aus einem Espresso mit Milchschaum ■ Variante: statt Milchschaum Schlagsahne verwenden
Latte macchiato	■ Besteht aus heißer Milch, Milchschaum und einem Espresso, der sich in der Mitte des Getränks absetzt; dadurch entstehen die drei Schichten ■ Das Getränk besteht zu ca. zwei Dritteln aus Milch
Espresso macchiato	■ Ist ein Espresso mit einem Esslöffel Milchschaum
Schümli, Café crème	■ Wird in der Espressomaschine hergestellt ■ Hat die typische Crema an der Oberfläche ■ Milch kann separat serviert werden
Milchkaffee	■ Klassisch: halb Filterkaffee und halb heiße Milch; in der französischen Tasse serviert ■ Heute oft auch ein Schümli mit Milchschaum

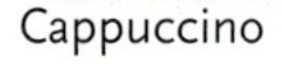

Cappuccino

Espresso macchiato

Milchkaffee

Alle Kaffeegetränke können auf Wunsch des Gastes auch aromatisiert werden. In erster Linie wird dafür Sirup verwendet, z. B. Karamell- oder Vanillesirup.

Auch mit Spirituosen und Likören können Kaffeegetränke aromatisiert werden. Beliebte Alkoholika hierfür sind Rum, Cognac oder Weinbrand sowie Baileys (Schokoladelikör mit Sahne und irischem Whiskey), Amaretto (Mandellikör) und Eierlikör. Die alkoholischen Varianten finden Sie in Band 2.

Eine kurze Einführung in die Kunstfertigkeit der Latte Art (Verzierungen auf dem Milchschaum) finden Sie unter www.trauner.at/systemgastronomie.aspx.

Wussten Sie, dass zur Herstellung von löslichem Kaffee dieser aufgebrüht wird und dem Getränk dann mithilfe der Gefrier- oder Sprühtrocknung das Wasser entzogen wird? Übrig bleibt das in Wasser lösliche Pulver. Gefriertrocknen siehe Seite 39.

2.2 Tee und teeähnliche Getränke

In diesem Kapitel werden Schwarztee und grüner Tee genauso beschrieben wie die breite Palette der Früchte- und Kräutertees.

2.2.1 Tee

Als Tee bezeichnet man die jungen Triebe, die jungen Blätter und die Blattknospen des Teestrauches Thea. Es gibt zwei Sorten von Teepflanzen, nämlich Thea assamica (bis zu 30 Meter hoch) und Thea sinensis (ein bis vier Meter hoch).

Die wichtigsten Teeanbauländer sind Indien (mit Darjeeling und Assam), Sri Lanka (Ceylon), China, Taiwan, Japan und Kenia.

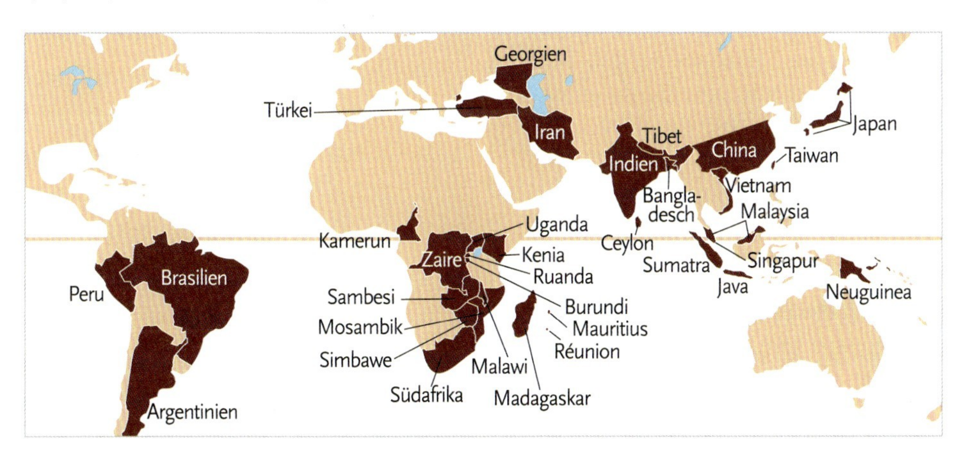

In Kenia, auf Sri Lanka sowie auf Java und Sumatra wird das ganze Jahr über geerntet, in Nordindien nur dreimal im Jahr – und zwar von Frühjahr bis Herbst, im Winter gibt es keine Ernte. Dieser indische Tee aus der ersten Ernte ist von besonderer Qualität und wird als First Flush bezeichnet (erste Ernte im Frühjahr). Die zweite Ernte im Sommer heißt Second Flush, die im Herbst geernteten Tees bezeichnet man als Autumnals oder Third Flush.

Die Verarbeitung von Tee

Tee wird direkt im Anbauland verarbeitet, da die frischen Blätter nicht transportfähig sind. Der fertige Tee wird dann in die ganze Welt geliefert.

Blattgrade von Schwarztee

Whole leaf (Blatt-Tee)

Broken tea

Fannings

Dust

Die Antwort der Teeindustrie auf den Caffè Latte ist der **Chai Latte.** Es handelt sich um eine Gewürzteemischung – schwarzer Tee mit Gewürzen wie Zimt, Ingwer, Kardamom und Gewürznelken (meist ein Instantpulver). Er wird mit geschäumter Milch serviert.

Übrigens: Das Wort Chai steht in vielen Teilen der Welt einfach für Tee.

In den Teegärten wird fast ausschließlich mit der Hand gepflückt

Qualitätspflückungen beschränken sich auf die Blattknospen und die zwei jüngsten Blätter (two leaves and the bud)

Ein Arbeitsblatt zur selbstständigen Erarbeitung des Kapitels Tee finden Sie unter www.trauner.at/systemgastronomie.aspx.

Going international
Tea is sorted to determine its size: Whole leaf is large and intact. Broken tea (small leaf tea) may be either a smaller grade or slightly torn. Fannings are even smaller fragments of leaf. The name dust is used for the smallest leafparticle. Whatever is left over from processing is called fluff.

Eine sehr anschauliche Grafik zur Teeherstellung finden Sie unter www.trauner.at/systemgastronomie.aspx.

Das Koffein wird zum Teil erst durch die Fermentation freigesetzt. Schwarzer Tee enthält ca. 3–3,5 % Koffein.

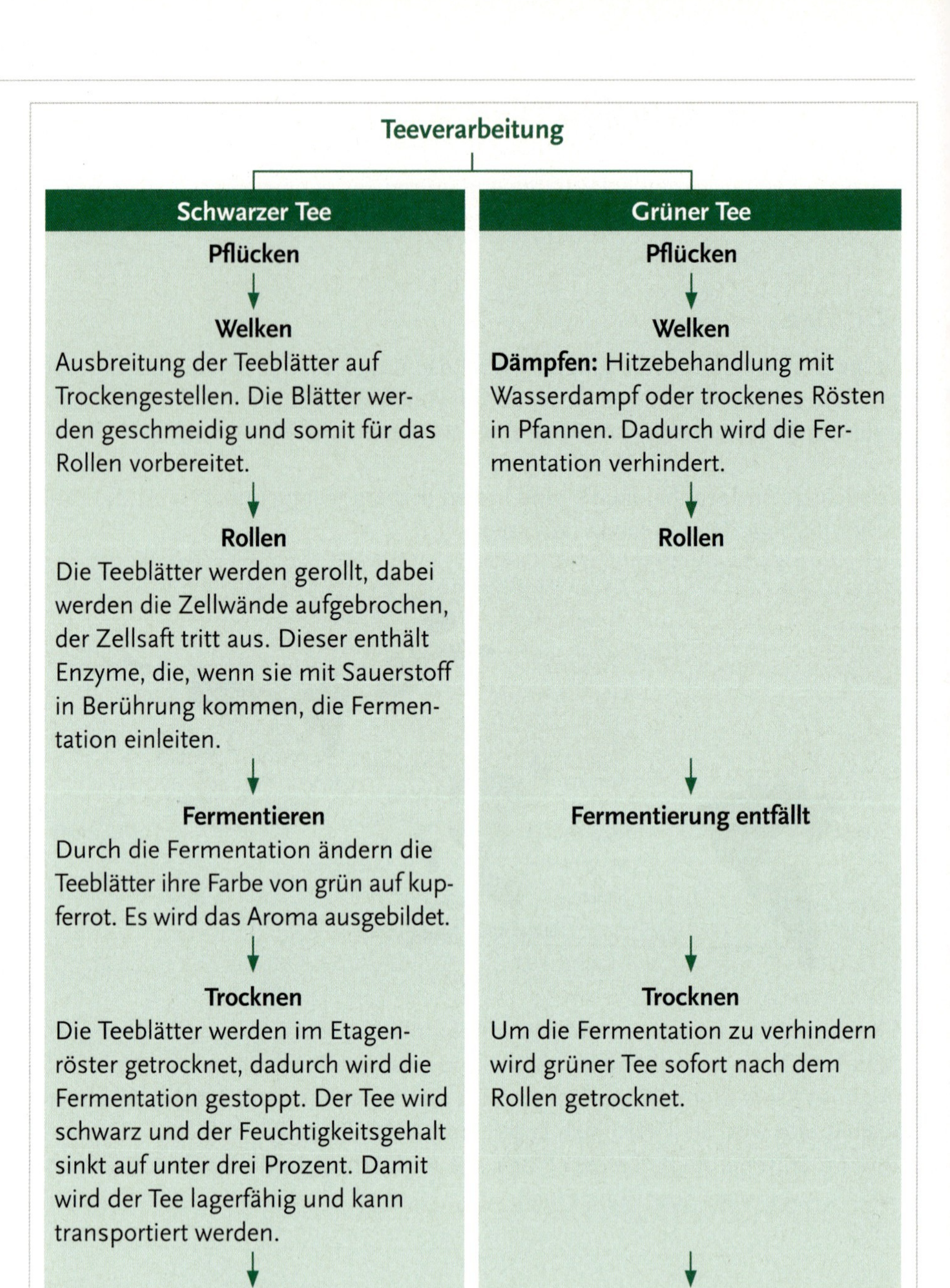

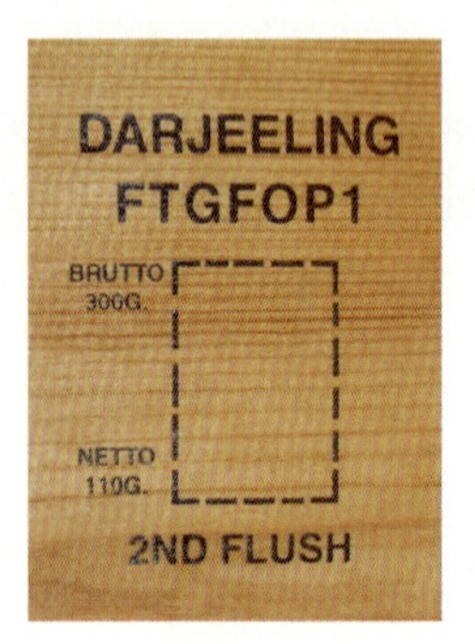

Die Teequalität

Sie wird bestimmt durch

- den Blattgrad,
- den Erntezeitpunkt,
- das Anbaugebiet,
- den Boden,
- das Klima,
- die Verarbeitung,
- den Aufguss und
- die Wasserqualität

Während Blatt-Tees und Broken teas vor allem als lose Tees angeboten werden, sind Fannings und Dust in erster Linie für die Produktion von preisgünstigen Teebeuteln vorgesehen. Diese Teebeutel sollten nicht zu lange ziehen, da der Tee schnell bitter wird.

Da viele gastronomische Betriebe die Verwendung von losem Tee scheuen, auf eine gute Qualität aber nicht verzichten wollen, gibt es inzwischen viele Teemarken, die speziell für den gastronomischen Bedarf hochwertige Tees in Teebeuteln anbieten.

Qualitätsbezeichnungen	Bedeutung
FOP (Flowery Orange Pekoe)	Flowery = blumiges Aroma, blumiger Duft; Orange = Tee von besonderer Güte; Pekoe = junge, zarte Blätter mit feinen Härchen
GFOP (Golden Flowery Orange Pekoe)	Golden = im Tee sind goldbraune Blätter enthalten
TGFOP (Tippy Golden Flowery Orange Pekoe)	Tippy steht für Tipps und bezeichnet die Spitzen der jungen Blätter und Knospen, die bei der Fermentation hell bleiben, da sie wenig Zellsaft enthalten

Tee ist ein kalorienfreies Getränk, wenn man es ohne Zugabe von Milch bzw. Sahne und Zucker genießt.

Die Inhaltsstoffe von Tee

Je nach Verarbeitung und Zubereitung des Tees variieren die Inhaltsstoffe:

- 1,5–4 % Koffein,
- 8–30 % Gerbstoffe,
- Fluor, Mangan, Kalium und Magnesium.

Gunpowder: die Teeblätter werden in Handarbeit zu kleinen Kügelchen geformt, manchmal auch zu Rosen oder Kegeln. Beim Aufbrühen gehen sie auf, was einen interessanten Effekt ergibt.

Schwarztee

- Sortenbezeichnung nach dem Anbaugebiet, z. B. Darjeeling, Ceylon, Assam
- Um eine standardisierte Qualität zu erreichen werden auch Mischungen (Blends) aus verschiedenen Anbaugebieten zusammengestellt, z. B. Ostfriesen-Mischung, Englische Mischung

Grüntee

- Sortenbezeichnung in China: Chun Mee, Gunpowder
- Sortenbezeichnung in Japan: Sencha, Matcha

Matcha ist ein pulverisierter Grüntee, der für die japanische Teezeremonie verwendet wird. Er ist sehr belebend.

Weißer Tee

- Nur die jüngsten Teeblätter und noch geschlossene Knospen werden verwendet
- An der Luft getrocknet und nur leicht anfermentiert

Oolongtee

- Kräftige, halbfermentierte Teeblätter
- Malzig-brotiger bis fruchtig-duftiger Geschmack

Pu-Erh-Tee

- Stammt von einer speziellen Unterart des Teestrauchs
- Unterscheidet sich von grünem und schwarzem Tee durch ein besonderes Fermentationsverfahren, das ihm den erdigen Geschmack verleiht

Aromatisierte Schwarz- und Grüntees

- Mit natürlichen oder naturidentischen Aromastoffen aromatisiert, z. B. mit Orangenaroma, Zimt, Vanille, Schokolade, Kirsche
- Der bekannteste aromatisierte Schwarztee ist der Earl Grey, der mit Bergamottöl (gewonnen aus einer Zitrusfrucht) aromatisiert wird.

Rauchtee

- Tee mit rauchigem Geschmack

Die ideale Teetasse ist dünnwandig

Das Servieren von Tee

Tee ist ein Aufgussgetränk und sollte dem Gast bereits aufgegossen serviert werden. Wichtig ist es, den Gast zu informieren, wie lange der Tee schon gezogen hat und wie lange er noch ziehen sollte. Eine sogenannte Teeuhr kann dabei nützlich sein.

Tee wird im Teeglas oder im Kännchen mit Teetasse angeboten. Zur Ablage des Teebeutels bzw. Teesiebs benötigt man eine Teevase.

Manche Gäste genießen ihren schwarzen Tee gerne mit Milch bzw. Sahne oder auch mit Zitrone und Kandiszucker, Süßstoff bzw. Teezucker. Sprechen Sie mit Ihren Gästen und ermitteln Sie deren individuelle Wünsche!

Die Ostfriesen genießen ihren Tee immer mit einem Kluntje (siehe Seite 124) und einem Wölkchen. Die Sahne wird vorsichtig in den Tee gegeben, der danach nicht umgerührt wird.

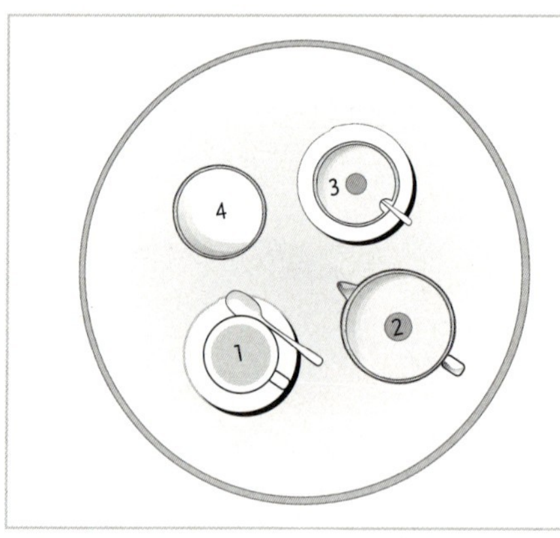

Aufbau eines Teetabletts

1 Teetasse mit Untertasse und Kaffeelöffel
2 Teekännchen
3 Kandiszucker
4 Teevase

Tipps für die Zubereitung von Tee finden Sie auch unter www.trauner.at/systemgastronomie.aspx.

2.2.2 Teeähnliche Getränke

Auch aus Teilen anderer Pflanzen (aus Blättern, Früchten, Wurzeln und Samen) lassen sich Aufgussgetränke herstellen. Sie werden als teeähnliche Getränke bezeichnet und haben vor dem Wort Tee immer den Namen der Pflanze, z. B. Hagebuttentee oder Pfefferminztee. Sie enthalten kein Koffein und sind daher auch für Kinder und Menschen, die keine aufputschenden Wirkstoffe zu sich nehmen dürfen oder wollen, geeignet. Hier müssen Sie Ihre Gäste fachlich korrekt beraten.

Teeähnliche Getränke werden auch als Instanttees angeboten, z. B. Zitronentee. Sie enthalten sehr viel Zucker und sind daher als Dauergetränk nicht geeignet.

Fenchel

Hagebutte

Malve

Teeähnliche Getränke		
Früchtetee	**Kräutertee**	**Rooibostee**

Früchtetees gibt es in vielen verschiedenen Sorten. In den meisten Fällen werden getrocknete Früchte mit naturidentischen Aromen stark aromatisiert, damit der Tee einen intensiven Geschmack bekommt. Sie sind sehr bekömmlich und haben einen hohen Vitamingehalt.	Kräutertees werden aus einzelnen Kräutern hergestellt, z. B. Pfefferminztee und Brennnesseltee, oder in Mischungen, z. B. Schietwettertee, angeboten. Alle Teekräuter haben auch eine heilende Wirkung und werden daher seit alters als Arzneimittel geschätzt. Kräutertees enthalten mit Ausnahme von Matetee allesamt kein Koffein.	Rooibostee, auch Rotbusch-, Massai- oder Roter-Busch-Tee genannt, besteht aus Blättern und Zweigspitzen des Strauches Aspalathus linearis, einem gisterartigen Gewächs, das in Südafrika beheimatet ist. Rooibos ist frei von Koffein und enthält nur wenige Gerbstoffe. Er wird auch mit verschiedensten Aromen (Karamell, Vanille) angeboten und kann auch mit Milch genossen werden.

Eistee ist ein kaltes Erfrischungsgetränk auf Teebasis mit Zusätzen von Fruchtsäften, Fruchtauszügen, Zucker oder Süßungsmitteln. Er ist oft sehr energiereich.

Weitere Informationen zum Kräutertee sowie zu den teeähnlichen Getränken, wie Yogitee, Chai und Lapachotee finden Sie unter www.trauner.at/systemgastronomie.aspx.

2.3 Kakao und Schokoladengetränke

Als Kakao bezeichnet man ein Aufgussgetränk, das aus den vermahlenen Kakaobohnen hergestellt wird. Bereitet man **heißen Kakao** zu, so verwendet man Kakaopulver und Zucker, vermischt es und gießt mit heißer Milch auf. Der Vorteil dieser Zubereitung besteht darin, dass man die Süße und damit auch den Kaloriengehalt des Getränks individuell bestimmen kann, indem man mehr oder weniger Zucker zugibt. Auch die Verwendung von anderen Süßungsmitteln ist möglich.

Heiße Schokolade kann auf mehrere Arten hergestellt werden.

Heiße Schokolade	
Aus Schokolade	■ Blockschokolade wird in erhitzter Milch aufgelöst ■ Fein geriebene Schokoladenraspel werden in heißer Milch aufgelöst ■ Schokolade wird geschmolzen und dann mit der heißen Milch aufgegossen ■ In Konditoreien steht i. d. R. flüssige Schokolade (Kuvertüre) jederzeit zur Verfügung; je nachdem, wie süß die Schokolade ist, kann zusätzlich Zucker zugegeben werden, was jedoch meist nicht nötig ist

Ein Arbeitsblatt zur selbstständigen Erarbeitung des Kapitels Kakao finden Sie unter www.trauner.at/systemgastronomie.aspx.

Aus Trinkschokoladenpulver	▪ Viele Schokoladenmarken stellen für die Gastronomie fertiges Trinkschokoladenpulver her (häufig sogar als Einzelportionen), das nur noch mit heißer Milch aufgegossen werden muss ▪ Es gibt auch Trinkschokoladenpulver, das mit Milchpulver versetzt ist und nur noch mit Wasser aufgegossen werden muss; dies ist jedoch keine optimale Lösung

Wie stellen Sie in Ihrem Betrieb heiße Milch her?

Das Servieren von Kakao

Sämtliche Kakao- und Schokoladengetränke können auf Wunsch mit einer Haube aus Schlagsahne serviert werden. Durch das Anbieten von aromatisierten Schokoladengetränken können Zusatzverkäufe getätigt werden. Zum Aromatisieren eignen sich Sirupe in verschiedenen Geschmacksrichtungen. Werden diese verwendet, kann eventuell auf einen Zuckerzusatz verzichtet werden. Bei heißer Schokolade sollte man nicht zu viel Sirup verwenden, da das Getränk sonst leicht als zu süß empfunden wird, 2–4 cl sind optimal.

Wird die Milch für das Getränk im Topf erhitzt, kann man für die Aromatisierung auch mit Gewürzen im Ganzen arbeiten, z. B. mit Zimtstange.

Serviert wird Kakao oder Schokolade in einer Bechertasse (mit Kaffeelöffel), einer Sockeltasse (mit Limonadenlöffel) oder auch im Kännchen.

Ziele erreicht? – Arbeiten im Service

Diese Übungen finden Sie auch unter www.trauner.at/systemgastronomie.aspx.

1. Aus welchen Gründen verwendet man einen Molton?
2. Worauf ist beim Kauf von Tischwäsche für ein Restaurant zu achten?
3. Welche Anforderungen stellen Sie aus hygienischer Sicht an eine Mundserviette?
4. Nennen Sie drei Serviettenformen, die sich für das Brechen von Mundservietten eignen.
5. Welche Tafelform wählen Sie für folgende Veranstaltungen:

   Silberne Hochzeit (30 Personen) ____________

   Meeting von Franchisenehmern (100 Personen) ____________

   Restaurantleitertreffen (6 Personen) ____________

   Diavortrag (50 Personen) ____________

   Geburtstagsessen von Oma Helga (25 Personen) ____________
6. Wozu verwenden Sie eine Gebäckzange?
7. Warum decken Sie zum Frühstück nur eine Untertasse ein, keine Kaffeeobertasse?
8. Wann verwenden Sie eine Fischgabel? Kreuzen Sie an!

   ☐ beim Fischhauptgang
   ☐ bei Räucherfisch als Vorspeise
   ☐ bei Matjestartar als Vorspeise
   ☐ bei Räucherlachs auf Toast als Vorspeise
   ☐ bei gedünstetem Fischfilet auf Gemüsebett in Weißweinsauce als Zwischengericht
   ☐ bei gedünstetem Fischfilet an Marktgemüse mit Butterreis als Zwischengericht oder Hauptgang

9. Wann verwenden Sie einen Gourmetlöffel?

10. Zu welchen der unten genannten Verwendungen decken Sie eine Dessertgabel ein? Kreuzen Sie an!

- ☐ Schwarzwälder Kirschtorte
- ☐ Crème brûlée
- ☐ Schokoladenmousse
- ☐ Vanilleeis mit frischen Früchten
- ☐ Butterkuchen
- ☐ Grießflammeri auf Fruchtspiegel

11. Welchen Löffel verwenden Sie zu folgenden Getränken? Bezeichnen Sie den Löffel!

Espresso ______

Cappuccino ______

Latte macchiato ______

Tee ______

Heiße Schokolade (in einer Sockeltasse) ______

12. Nennen Sie je drei Vor- und Nachteile für den Gast sowie zwei Vor- und Nachteile für das Unternehmen zu folgenden Servicearten: Free-flow-Service, Onlineservice, Freelineservice, Counterservice.

13. Sie arbeiten in dem Fullservice-Restaurant Steakpalast. Ein Gast möchte in Ihrem Restaurant seinen Geburtstag mit 80 Personen feiern. Er schwankt, ob er seinen Gästen ein Buffet oder ein Menü, das am Tisch serviert wird, anbieten soll. Welche Argumente sprechen

aus Sicht des Restaurants ______

______

aus Sicht des Gastes ______

______

für ein Buffet oder ein Menü. Diskutieren Sie!

14. Beschreiben Sie Unterschiede und Gemeinsamkeiten von Mineralwasser, Heilwasser und Tafelwasser sowie von Fruchtsaft, Fruchtnektar und Fruchtsaftgetränk.

15. Ein Gast möchte ein erfrischendes Wasser. Welches empfehlen Sie ihm? Wie servieren Sie ihm dieses?

16. Ein Gast bestellt zum Essen einen Weißwein. Welche Zusatzverkäufe können Sie in puncto Getränke anregen?

17. Ein Gast möchte eine Fruchtschorle. Werden Sie kreativ und bieten Sie ihm eine Auswahl von fünf verschiedenen an!

18. Aus welchen Früchten werden problemlos Fruchtsäfte hergestellt? Kreuzen Sie an!

☐ ☐ ☐ ☐ ☐ ☐ ☐

Gibt es noch weitere Früchte, die sich für die Herstellung von Fruchtsäften eignen?

______

______

19. Analysieren Sie die Inhaltsstoffe Ihres Pausengetränks. Achten Sie vor allem auf den Brennwert und die Zusatzstoffe.

20. Erläutern Sie den Unterschied zwischen Espresso, Cappuccino und Latte macchiato?

21. Welcher Kaffee enthält pro 100ml fertigem Getränk am meisten Koffein? Machen Sie eine Reihung (1–4).

- [ ] Filterkaffee
- [ ] Espresso
- [ ] Latte macchiato
- [ ] Cappuccino

22. Welche Kaffeegetränke werden in der Espressomaschine zubereitet? Kreuzen Sie an!

- [ ] Mokka
- [ ] Espresso
- [ ] Filterkaffee
- [ ] Café crème
- [ ] Latte macchiato

23. Wie bauen Sie ein Tablett für den Teeservice auf? Zeichnen Sie folgendes ein: Teekännchen, Teevase, Teetasse, Kandiszucker.

24. Welche Süßungsmittel servieren Sie zu den folgenden Getränken?

Darjeeling ______________________________

Filterkaffee ______________________________

Früchtetee ______________________________

Klassischer Ostfriesentee ______________________________

25. Bilden Sie Gruppen zu je vier Schülerinnen und Schülern. Erfinden Sie gemeinsam Rezepte für schmackhafte Trinkschokoladen, z. B. Kakao verfeinert mit Ingwer. Präsentieren Sie Ihre Ergebnisse vor der Klasse. Wählen Sie ein Siegerrezept aus und begründen Sie die Wahl.

III Arbeiten im Magazin

Die Schülerinnen und Schüler sind in der Lage die Aufgaben eines Magazins für gastronomische Betriebe zu beschreiben und die Arbeitsabläufe zu erklären. Sie können Waren annehmen, eine Wareneingangskontrolle durchführen, Waren ins richtige Lager einordnen, Lagerbestandslisten führen und Warenanforderungen bearbeiten.

Des Weiteren sind sie in der Lage, die unterschiedlichen Bedingungen in den verschiedenen Lagern zu kontrollieren und einfache arbeitsplatzbezogene Arbeiten in schriftlicher Form auszuführen.

Darüber hinaus kennen die Schülerinnen und Schüler die rechtlichen Grundlagen eines Kaufvertrags.

Warenannahme, Warenlagerung und Warenausgabe

Magazin ist die Bezeichnung für alle Lagerräume in einem gastronomischen Betrieb. Je nach Größe des Betriebes, der Produktpalette, dem Anteil an Convenience-Produkten und den räumlichen Gegebenheiten gibt es unterschiedliche Warenlagerräume.

In einem Magazin sind verschiedene Aufgaben zu erledigen, wie die
- Warenannahme,
- Einlagerung der Waren,
- Lagerpflege,
- Lagerordnung,
- Warenentnahme und
- Warenausgabe.

Meine Ziele

Nach Bearbeitung dieses Kapitels kann ich
- die Funktionen eines Magazins und die Aufgaben im Magazin erklären;
- eine Wareneingangskontrolle und die Warenentnahme aus dem Lager durchführen;
- die Lagerarten nennen und die Waren fachgerecht einlagern;
- alle anderen Aufgaben in den verschiedenen Lägern durchführen.

Um zu zeigen, welche Aufgabe ein Magazin in einem gastronomischen Betrieb erfüllt, haben wir den Weg einer Ware vom Einkauf bis zum Verkauf stichwortartig beschrieben.

1# = eine Einheit.

Einfache Schritte eines Bestellvorgangs

1. Schritt: Bedarfserhebung

- Täglich wird im **Tageslager** und in der Küche kontrolliert.
- Mittels **Materialbedarfslisten** wird der Warenbedarf festgelegt (Soll-Ist-Vergleich im Tageslager) und der Bedarf notiert, z. B. 1 Karton Pommes frites TK, 5 kg

↓

2. Schritt: Bestellung

- Im **Hauptlager** wird der Lagerstand geprüft (mittels EDV).
- Mittels **Bestellliste** wird beim Lieferanten bestellt:
  1# = 5 kg Pommes frites TK

↓

3. Schritt: Wareneingangskontrolle (nach Anlieferung)

- **Überprüfung** mittels **Lieferschein**, **Bestellliste** und **Checkliste**
- Der Lieferschein für 1# = 5 kg Pommes frites TK wird kontrolliert und abgeheftet

↓

4. Schritt: Lagerung

- Eintrag in die **Lagerfachkarte** (EDV)
- 1# = 5 kg Pommes frites TK wird als **Zugang** auf der Lagerfachkarte gebucht

↓

5. Schritt: Warenentnahme

- Ein **Warenentnahmeschein** zur Abholung der Materialien vom Hauptlager ins Tageslager wird geschrieben, und zwar für einen Karton Pommes frites TK, 5 kg (lt. Materialbedarfsliste)

↓

6. Schritt: Verwendung in der Küche

- Kontrolle der Mengen und Zutaten gemäß Rezept
- Eine Portion Pommes frites sind 100 g, daher 1# = 50 Portionen

↓

7. Schritt: Abgabe bzw. Verkauf

- An der Kasse wird eine Portion Pommes frites á 2,00 EUR verkauft.
- Aus dem bestellten Karton Pommes frites muss 100,00 EUR Umsatz erzielt werden.

1 Warenannahme

In der Ausbildungsordnung steht, dass ich auch im Magazin arbeiten soll. Mein Chef sagt, ich muss morgen um 8.00 Uhr zur Warenannahme im Lager erscheinen. Was erwartet mich dort? Keine Ahnung. Ich bin ja mal gespannt!

Die Einlagerung der Waren beginnt mit der Anlieferung. Beim zweiseitigen Handelskauf schreibt das HGB (Handelsgesetzbuch) in § 377 die sofortige Prüfungspflicht (Wareneingangskontrolle) der Ware vor. Wird hierbei ein offener Sachmangel festgestellt, muss dieser unverzüglich gerügt werden.

Zweiseitiger Handelskauf = Kaufvertrag zwischen zwei Unternehmern.

Offener Sachmangel = ein Mangel, der sofort bei der Anlieferung erkannt wird; ein versteckter Sachmangel wäre z. B. eine Lage roter statt blauer Servietten unten im Karton.

Folgende Sachmängel sind möglich:

- Mangel in der Art der Ware: Es wurde eine falsche Ware geliefert, z. B. Bananen statt Tomaten, Lollo rosso statt Eisbergsalat.
- Mangel in der Güte der Ware: Die Ware entspricht nicht der vereinbarten Qualität, z. B. die Brötchen sind zu groß, die Kartoffeln zu klein oder die Geschirrtücher in Baumwolle statt in Halbleinen.
- Mangel an der Menge der Ware: Die Anzahl stimmt nicht, z. B. statt 100 Kartons wurden nur 50 geliefert oder statt 20 Flaschen 40.

Selbstverständlich wird nicht jeder einzelne gelieferte Pappbecher geprüft, sondern es wird eine Stichprobe genommen. Eine Faustregel besagt, dass fünf Prozent der Ware geprüft werden müssen. Zunächst ist eine Wareneingangskontrolle durchzuführen.

Aufgabenstellungen

1. Sehen Sie sich auf der folgenden Seite das Schema zur Warenannahme an und erstellen Sie ein Formblatt für eine Checkliste zur Wareneingangskontrolle. Ein Muster finden Sie unter www.trauner.at/systemgastronomie.aspx.
2. Eine Lieferung ist gekommen: Vor Ihnen stehen 5 Kartons Pappbecher zu 0,3 Liter, 4 Kartons Ketchup à 8 Flaschen zu je 500 ml sowie 6 kg frisches Hackfleisch. Führen Sie anhand der Checkliste eine Wareneingangskontrolle durch.

Bestellung	**Lieferschein**
5 Kartons Pappbecher 0,4 l	5 Kartons Pappbecher 0,3 l
32 Flaschen Ketchup 500 ml	5 Kartons Ketchup 500 ml
5 kg frisches Hackfleisch	6 kg Hackfleisch

3. Wie gehen Sie vor? Wo heften Sie den Lieferschein ab? War die Checkliste praktisch? Haben Sie Verbesserungsvorschläge? Welche?

Diese Übung finden Sie auch unter www.trauner.at/systemgastronomie.aspx.

Eine weitere Aufgabe zur Warenannahme finden Sie unter www.trauner.at/systemgastronomie.aspx.

Blättern Sie zum Kapitel Lebensmittelkunde zurück, denn eine effiziente Eingangskontrolle erfordert genaue Sachkenntnisse der Produktqualitäten der verschiedenen Lebensmittel.

Die Warenannahme im Überblick

Die einzelnen Schritte der Warenannahme sind als Fließdiagramm dargestellt.

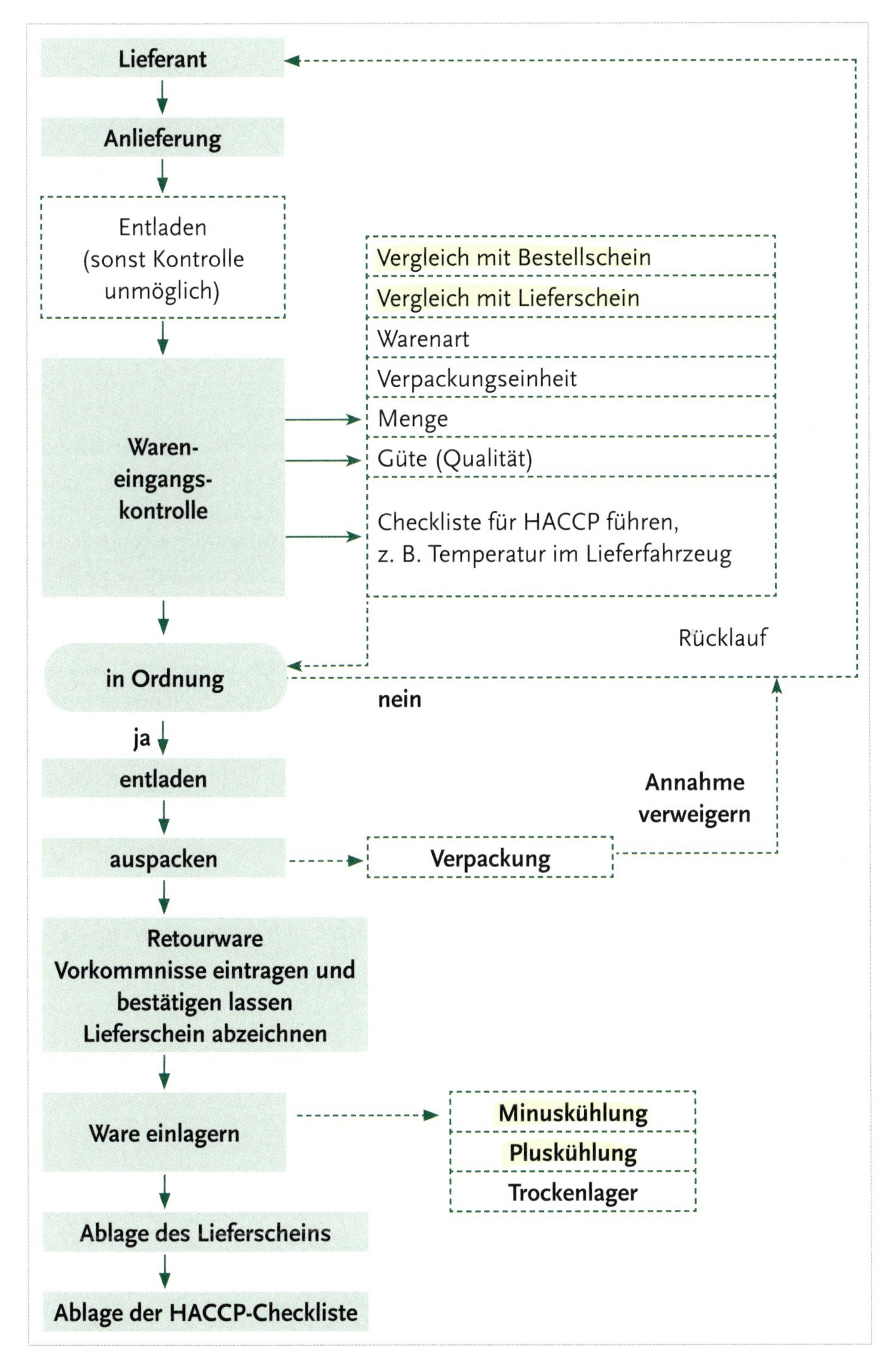

Vergleich mit Bestellschein: Ware, die nicht bestellt wurde, wird auch nicht angenommen.

Lieferscheinkontrolle: Jeder Mangel muss sofort auf dem Lieferschein vermerkt werden. Der Lieferant muss den Mangel durch seine Unterschrift auf dem Lieferschein bestätigen.

Diese Erdbeeren gehen retour – sie sind nicht frisch

Minuskühlung = im Tiefkühlhaus oder Tiefkühlschrank.

Pluskühlung = im Kühlhaus oder Kühlschrank.

2 Warenlagerung

Kühllager

Markus ist verwundert, dass es in seinem Betrieb so viele Kühlräume gibt und dass fast alle halbleer sind. Warum nur kann man nicht alle Lebensmittel in ein Lager packen?

Es gibt verschiedene Lagerarten, die alle eine andere Aufgabe erfüllen.

Lagerarten

Das Ziel einer optimalen Lagerhaltung ist es, die Ware möglichst lange in ordnungsgemäßem Zustand lagern zu können. Ob die Lagerbedingungen wirklich optimal sind, kann immer nur im Einzelfall entscheiden werden.

Trockenlager

Aus der Produktpalette selbst ergibt sich, welche Lagerarten für einen Betrieb notwendig sind.

- Wenn keine TK-Ware verarbeitet wird, dann benötigt man auch kein Tiefkühlhaus.
- Wenn aus unterschiedlichen Lebensmittelbereichen Frischware verwendet wird, dann sind mehrere Pluskühlhäuser mit verschiedenen Temperaturzonen nötig.
- Wenn viele Weine verkauft werden, dann ist ein Weinklimaschrank oder Weinkeller sinnvoll.
- Wenn nahezu alle Lebensmittel als Convenience-Produkte vorgefertigt und verpackt angeliefert werden und im Pluskühlhaus keine offene Frischware lagert, dann reicht auch ein Kühlhaus aus.

Aufgabenstellung

- Notieren Sie die Lagertemperaturen für folgende Lebensmittel! Blättern Sie zum Kapitel Lebensmittelkunde zurück!

Rindfleisch ______ Schweinefleisch ______

Hackfleisch ______ Geflügel ______

Kleinwild ______ Milchprodukte ______

Bananen ______ Salat ______

Diese Übung finden Sie auch unter www.trauner.at/systemgastronomie.aspx.

In jedem Fall sind bei der Planung der Läger folgende Aspekte zu bedenken:

- Einhaltung rechtlicher Aspekte der Lagerhaltung (LMHV oder Tier-LMHV, LFGB)
- Einhaltung rechtlicher Aspekte zur Arbeitssicherheit (UVV)
- Einhaltung optimaler Lagerbedingungen für die Produkte
- Einhaltung der betrieblichen Vorgaben

So benötigt man z. B.:

- Non-Food-Läger (für Papierservietten, Einweggeschirr, Büromaterial)
- Trockenläger (für Dosenware, Nudelpackungen, Mehl, Kaffee)
- Kühlhäuser mit verschiedenen Temperaturen (für Fleisch, Gemüse)
- Tiefkühlhäuser
- Getränkeläger mit und ohne Kühlung (für Weine, Biere, Säfte)
- Gefahrenstofflager (für Putzmittel, Insektenvernichtungsmittel, Kohlensäureflaschen)
- Tageslager (Lagerplatz direkt an der Station, z. B. am Grill mit dem Tagesbedarf an Fleisch, oder in der Abteilung, z. B. im Café)

Gerade im Sommer ist ein Kühlhaus für Speiseabfälle zur Vermeidung von Geruchsbelästigung und Schädlingsbefall sinnvoll.

Hauptlager nach der Warenanlieferung

Küche (Lebensmittel)	Service (Getränke)	Non-Food-Lager	Müllager
■ **Trockenlager** Teigwaren, Convenienceprodukte, Öle, Gewürze, Kaffee, Tee, Konserven ■ **Kühlhaus (Pluskühler)** mit Klimazonen Fisch, Fleisch, Gemüse, Milchprodukte ■ **Tiefkühlzelle (Minuskühler)** Kartoffelprodukte, Gemüse, Fleisch, Fisch	■ **Flaschenlager** Glas- und Plastikgebinde, Tetra Paks ■ **Fass- und Containerlager** Bierfässer, Sirupcontainer, BIBs ■ **Weinlager** Rot-, Weiß- und Roséweinflaschen	■ **Gastrobedarf** Servietten, Einwegboxen, Verpackungsmaterial ■ **Büromaterial** Papier, Ordner ■ **Sanitärmaterial** Seifen, Toilettartikel ■ **Putzmittelmagazin** Reinigungsmittel, Reinigungsgeräte ■ **Geschirrmagazin** Reservegeschirr, Besteck	■ **Ungekühlt und getrennt** Wert- und Sperrmüll, Restmüll ■ **Gekühlt** Speisereste, Küchenabfälle (die Kühlung kann bei speziellen Behältern und oftmaliger Entsorgung entfallen)

↓

Tageslager Küche und Servicebereich (evtl. Etagenlager im Hotelbereich)

Küche am Produktionsplatz	Service (Getränke)	Non-Food-Lager	Müllager
■ **Schränke für Trockenprodukte** Schlichtung wie oben ■ **Kühlschränke und Kühlschubladen** zum Beispiel neben dem Grillplatz Schlichtung wie oben ■ **Tiefkühlzelle (Minuskühler)** zum Beispiel neben der Fritteuse Schlichtung wie oben	■ **Getränkeabgabe bei der Kasse** Kühlschubladen für alle Getränke ■ **Weinklimaschrank im Restaurant** mit diversen Klimazonen ■ **Zapfanlage** Postmix- oder Premixanlage	■ **Zwischenlager in den einzelnen Abteilungen** Küche, Serviceoffice, Reinigungsmitteloffice	■ **Kleinmüllsammelstellen** vor der Küche (Spülbecken), im Serviceoffice

Aufgaben des Lagers

Nicht nur für die laufende Versorgung der Produktion, sondern auch für das Auffangen eventueller Rückläufe (nicht verkaufte, aber vorgefertigte Ware) muss das Lager sorgen. Somit ist ein kontinuierlicher Geschäftsablauf gesichert. Man spricht in diesem Zusammenhang auch von der **Sicherungsfunktion** des Lagers.

Ob die Magazinverwaltung auch für die Warenentsorgung zuständig ist, kann je nach Betrieb unterschiedlich geregelt sein.

Beispiel zur Ausgleichsfunktion
Grillfleisch wird im Sommer bei größerer Nachfrage meist teurer. Sind Tiefkühlräume vorhanden, kann schon vor der Sommersaison Fleisch günstiger gekauft und als Tiefkühlware eingelagert werden.

Firmen wie z. B. LSG Sky Chefs benutzen ein Förderband für das Zusammenstellen von Warenpaketen und Tabletts

Lagerordnung

Zur optimalen kosten- und raumsparenden Einrichtung der einzelnen Läger ist zu überlegen, welche verschiedenen Regale verwendet werden sollen.

- Hochregale (ein Gabelstapler wird benötigt)
- Durchlaufregale (von beiden Seiten zugänglich)
- Kompaktregale (können bei Bedarf ausgezogen werden)
- Fachregale
- Palettenregale

Weiters ist zu klären, welche Packmittel (Container, Kisten, Behälter) man benötigt, um Originalverpackungen sofort an den Lieferanten zurückgeben zu können bzw. um den internen und eventuell auch externen Transport zu bewältigen.

Durchlaufregale unterstützen das FIFO-Prinzip (First in – First out). Auf der einen Seite wird die neue Ware einsortiert und auf der anderen Seite die ältere Ware entnommen.

Darüber hinaus ist zu bedenken, ob Beförderungsmittel wie Gabelstapler oder Sackkarren zum Einsatz kommen sollen. Ebenso kann es notwendig sein, Lagerhilfsgeräte, wie Waagen zum Nachwiegen der Einkäufe, anzuschaffen. Auch das Vorhandensein von Vakuumiergeräten kann sinnvoll sein.

Vakuumiergeräte entziehen dem Lebensmittel Sauerstoff, was seine Haltbarkeit verlängert und vor Kreuzkontamination schützt.

Aus Gründen einer optimalen Waren- und Raumpflege sowie einer problemlosen Bestückung und Entnahme sollte die Platzierung der jeweiligen Läger im Betrieb überdacht werden. Jedenfalls muss genügend Raum vorhanden sein und es sollen gute interne Transportwege entstehen.

Die Lagereinrichtung muss pflegeleicht und bedienungsfreundlich sowie stabil und langlebig sein.

Aufgabenstellung

- Je nach Betriebsgröße und Kosten wird man sich entweder für ein Zentrallager oder für dezentrale Lager entscheiden. Schreiben Sie drei Gründe auf, die für ein Zentrallager sprechen.

Diese Übung finden Sie auch unter www.trauner.at/systemgastronomie.aspx.

Sehr große systemgastronomische Betriebe sparen Lagerplatz durch eine sogenannte chaotische Lagerung (Lokalisierprinzip bzw. Freiplatzsystem). Im Unterschied zu herkömmlichen Lagerverfahren (Magazinierprinzip bzw. Festplatzsystem), bei denen jeder Artikel seinen festgelegten Platz hat, wird beim „Chaoslager" die Ware auf den nächsten freien Platz eingelagert. Um zu wissen, wo sich welcher Artikel befindet, bedarf es eines guten EDV-Systems.

Lagerpflege

Auch ein Lagerraum muss gepflegt werden, was bedeutet, dass er regelmäßig gereinigt werden muss. Im Hygieneplan nach dem HACCP-Konzept ist verzeichnet, in welchen Abständen der Lagerraum zu reinigen ist.

Jeder Lagerraum ist regelmäßig hinsichtlich folgender Kriterien zu kontrollieren:

- Schmutz,
- eventuelle Vorratsschädlinge,
- verdorbene Lebensmittel,
- defekte Verpackungen und
- unbrauchbare Waren.

Verpackte Lebensmittel sind zusätzlich auf ihr MHD zu prüfen (Einhaltung des FIFO-Prinzips). Alle Missstände sind umgehend zu beseitigen.

Im Kapitel Betriebshygiene erfahren Sie alles zum Thema Reinigen und Desinfizieren.

Aufgabenstellung

- Was tun Sie, wenn Sie Folgendes im Lager entdecken?

Unordnung ________

Gefrierbrand bei Rindfleisch ________

Nicht verschlossene GN-Behälter mit Kartoffelbrei ________

Salatköpfe direkt neben dem frisch gekochten Pudding ________

Zerbrochene, ausgelaufene Weinflasche ________

Einweggeschirr im TK-Lager ________

Frischmilch im Trockenlager ________

Rotwein im Pluskühlhaus ________

Spinnweben an den Tüten mit losem Früchtetee ________

Diese Übung finden Sie auch unter www.trauner.at/systemgastronomie.aspx.

Pudding wird in der Gastronomie als Flammeri bezeichnet.

Einlagerung der Waren

Die Reihenfolge, in der eine Lieferung ins Lager eingeräumt wird, ist wichtig, um die Qualität der Ware nicht negativ zu beeinflussen.

Aufgabenstellung

- Erinnern Sie sich an die Aufgabe zur Warenannahme (Seite 24). Überlegen Sie nun, in welcher Reihenfolge Sie die Waren in welche Läger verräumen?

____

____

____

Diese Übung finden Sie auch unter www.trauner.at/systemgastronomie.aspx.

Beachten Sie:

- Bei Kühl- und Tiefkühlware darf die Kühlkette nicht unterbrochen werden.
- Gefahrenstoffe müssen schnell gesichert werden.
- Das FIFO-Prinzip muss eingehalten werden, was bedeutet, dass neue Ware hinter die alte zu räumen ist; richtigerweise ist auch auf das MHD zu achten, denn nicht immer muss die neu gelieferte Ware die frischeste sein.
- Wenn Sie beim Einlagern verdorbene Ware finden, dann ist diese umgehend fachgerecht zu entsorgen.

3 Warenausgabe

Ich gehe mal kurz ins Lager, ich brauche noch einen Becher Joghurt. Oh, da sind ja auch noch Tomaten, die nehme ich auch gleich mit. Sind zwar die letzten hier im Lager, aber ich brauche sie ja und der Chef wird schon neue bestellen.

Auch die Warenausgabe muss standardisiert ablaufen. Einfach die Ware aus dem Lager zu entnehmen, ohne dies irgendwo zu vermerken, ist nicht sinnvoll. Zudem sollte nur jene Ware entnommen werden, die tatsächlich benötigt wird. Denken Sie an Kühl- und Tiefkühlwaren – verkaufen Sie entnommene Waren nicht, müssen die Überbestände entsorgt werden.

Um die Warenentnahme zu planen, ist es nötig, eine Warenanforderung zu verfassen. Das heißt, aus der geplanten Anzahl des Artikels und der Rezeptur ist genau zu ermitteln, wie viel Ware entnommen werden sollte.

Rezeptur für ein Schinken-Käse-Sandwich
2 Scheiben Toast
1 Scheibe Schinken
1 Scheibe Gouda
30 Gramm Remoulade
2 Gurkenscheiben
2 Tomatenscheiben

Aufgabenstellung

- Erstellen Sie eine Wareanforderung für 120 Schinken-Käse-Sandwiches nach der nebenstehenden Rezeptur!

  Den Schinken und den Käse bekommen Sie geschnitten geliefert, 60 Scheiben pro Packung. Gurken und Tomaten schneiden Sie selbst, Sie rechnen mit 40 Scheiben pro Gurke und 5 Scheiben pro Tomate. Die Remoulade kommt in Flaschen à 500 ml.

  Diese Übung finden Sie auch unter www.trauner.at/systemgastronomie.aspx.

Weitere Aufgaben zur Warenanforderung finden Sie auf www.trauner.at/systemgastronomie.aspx.

Es gibt verschiedene Möglichkeiten die Warenentnahme zu vermerken:
- entweder auf der Lagerfachkarte direkt am Regal in Papierform oder digital
- oder per Scanner, damit die Entnahme direkt ins Warenwirtschaftssystem einfließt.

Das **Warenwirtschaftssystem** sowie die **Lagerfachkarte** müssen die Eingänge und Abgänge im Lager erfassen. Dies ermöglicht eine ständige Übersicht über den Bestand.

Die Mengenangaben in einem Warenerfassungsschein müssen den üblichen Losgrößen entsprechen, so wie sie von den Lieferanten benützt werden.

Der **Sollbestand** gibt den rechnerischen Wert an, der im Lager vorhanden sein soll. Er errechnet sich folgendermaßen:

Sollbestand = Warenbestand laut Inventur + Zugänge – Abgänge

Der **Istbestand** wird durch die Inventur (Zählen, Messen bzw. Wiegen der Ware) ermittelt. Gibt es eine Differenz zwischen Soll- und Istbestand, dann spricht man von einem **Fehlbestand.**

Ein Fehlbestand kann unterschiedliche Gründe haben, z. B.:
- Verderb der Ware
- Diebstahl
- Datenerfassung wurde vergessen

Viele systemgastronomische Betriebe führen täglich eine Inventur der wichtigsten Artikel durch, um den Istbestand permanent im Auge zu behalten. Bevor die Waren aus dem Lager entnommen werden, sind Warenerfassungsscheine zu erstellen. Die Warenanforderung ergibt sich aus den Rezepturen. Sie muss konkrete Mengenangaben und Artikelbezeichnungen enthalten.

Ziele erreicht? – Warenannahme, Warenlagerung und Warenausgabe

Diese Übungen finden Sie auch unter www.trauner.at/systemgastronomie.aspx.

1. Warum ist die Reihenfolge der Einlagerung der Waren wichtig?
2. In welcher Reihenfolge verräumen Sie die unten stehenden Waren? Nummerieren Sie (1–10)!

☐ Äpfel	☐ TK-Hackfleisch
☐ Salat	☐ H-Milch
☐ Kaffee	☐ Desinfektionsmittel
☐ Kohlensäureflasche	☐ Getränkesirup (BIB)
☐ Putenbrust, frisch	☐ Vanilleeis

3. Stellen Sie ganz allgemein fünf Regeln auf, die Ihre Mitarbeiterinnen und Mitarbeiter bei der Einlagerung beachten müssen.
4. Warum muss eine Wareneingangskontrolle durchgeführt werden?
5. Welche drei Arten von Sachmängeln gibt es?
6. Was ist ein Rechtsmangel? Recherchieren Sie!
7. Welche rechtlichen Aspekte sind bei der Einrichtung eines Lagers zu beachten?
8. Welche Vorteile hat das FIFO-Prinzip für einen Betrieb?
9. Welche Aufgaben bzw. Funktionen hat ein Lager?
10. Sie bekommen eine Lieferung mit Kartoffeln. Welche Mängel könnten dabei vorliegen?
11. Heute führen Sie einen Kontrollgang durch die Läger durch. Worauf achten Sie?
12. Folgende Waren liegen vor Ihnen: 3 Beutel Zwiebeln; 5 Kisten Orangensaft; 4 Kartons Chicken Wings, TK; 1 Flasche Geschirrspülmittel; 1 Karton Müllbeutel; 25 Becher Joghurt, 1,5 % Fett. Machen Sie eine Wareneingangskontrolle, indem Sie kontrollieren, ob der Lieferschein mit der Warenlieferung übereinstimmt!

Lieferschein
3 Beutel Zwiebeln
6 Kisten O-Saft
3 Kartons Chicken W.
25 x Joghurt, 3,5 % Fett
2 Kartons Müllbeutel
1 x Geschirrspülm.

Was müssen Sie bei einer Wareneingangskontrolle noch tun?

13. Welche Ware gehört in welches Lager? Ordnen Sie zu!

Ware	Lager
Scheuermilch	Pluskühllager mit 2 °C
Tragetaschen	Pluskühllager mit 8 °C
Schweineschnitzel	TK-Lager mit –20 °C
TK-Bohnen	Trockenlager Food
Kaffeebohnen	Trockenlager Non-Food
Äpfel	Gefahrenstofflager
Bananen	
Käse	
Geschnittener Eisbergsalat	

14. Folgendes Gemüse wird geliefert:

Brokkoli

Rosenkohl

Lollo rosso

Salatgurken

Tomaten

Spargel

Eisbergsalat

Woran erkennen Sie, ob das Gemüse frisch ist?

15. Nennen Sie je zwei Vor- und Nachteile des Festplatz- und des Freiplatzsystems. Überlegen Sie, für welches Lagerprinzip Sie persönlich sich entscheiden würden und begründen Sie Ihre Entscheidung.

16. Nächste Woche kommen 45 Personen zu Ihnen in den Betrieb. Sie möchten bei Ihnen Kaffee trinken und Kuchen essen. Erstellen Sie für diese Veranstaltung eine Warenanforderung.

Verwaltungstätigkeiten im Magazin

Auch im Magazin sind diverse Schriftstücke zu verwalten, wie Bestellscheine, Lieferscheine, Warenanforderungsscheine, Gutschriften für Retouren oder Checklisten der Warenannahme. Die Lieferantenkarteien sind zu pflegen. Für die benötigten Waren ist ein Mindestbestand zu berechnen und die Bestellrhythmen sind festzulegen. Zu klären ist, ob man sich dabei nach dem Meldebestand richtet, fixe Liefertermine festlegt oder einfach nach Bedarf ordert. Zusätzlich sind bei der Bestellung Erfahrungswerte, erwartete Umsätze, Veranstaltungen etc. zu den Überlegungen hinzuzuziehen.

Meine Ziele

Nach Bearbeitung dieses Kapitels kann ich

- verschiedene Ordnungssysteme in der Lagerverwaltung nennen;
- die Bedeutung einfacher Lagerkennzahlen erläutern;
- einfache Lagerkennzahlen berechnen und sie als Grundlage für meine Arbeit im Magazin verwenden;
- analysieren, welche Bestellrhythmen sinnvoll sind;
- Rückschlüsse auf die Lagerkapazität und die Kapitalbildung ziehen, nachdem ich die Lagerkennzahlen im Zeitablauf bewertet habe.

1 Verwaltung von Schriftstücken im Magazin

Gerade kommt eine Lieferung mit 30 Kartons Pommes frites. Ob das wohl stimmt? Auf dem Lieferschein sind 30 Kartons angegeben, aber haben wir die auch bestellt? Ich war ja letzte Woche nicht da, mal sehen, wo die Kollegen die Bestellung hingelegt haben.

Damit die Schriftstücke schnell gefunden werden können, ist ein Ablagesystem nötig. In der Regel werden zur Ablage der Schriftstücke Ordner, Hängeregistraturen, Schnellhefter oder Ähnliches verwendet. Innerhalb dieser muss ein System vorhanden sein.

Die Ordner können nach bestimmten Vorgängen angelegt sein. Beispielsweise kann es einen Ordner für die Bestellungen, einen für die Lieferscheine, einen für die Gutschriften und einen für Warenanforderungen geben. Oder man sortiert die Lieferscheine gleich zu den Bestellungen dazu und hat pro Lieferant einen Ordner für die verschiedenen Schriftstücke.

Machen Sie drei Vorschläge zur Organisation der Schriftstücke im Lager!

Beispiel aus der Praxis: Sie arbeiten in einem systemgastronomischen Betrieb, der mehrere Großküchen im Umkreis von 100 Kilometern beliefert. Unter www.trauner.at/systemgastronomie.aspx finden Sie eine Liste der Lieferanten, deren Lieferrhythmen sowie die Warenanforderungen der verschiedenen Satellitenküchen.

Eine konsequente Verwaltung der Schriftstücke vermeidet Stress

Um die Schriftstücke in einem Ordner schnell finden zu können, müssen sie systematisch geordnet sein, z. B. sortiert
- nach dem Alphabet (Name des Lieferanten),
- nach dem Eingangsdatum oder
- nach der Lieferscheinnummer.

Viele systemgastronomische Betriebe arbeiten mit digitalen Ablage- bzw. Verwaltungssystemen.

Diese Übung finden Sie auch unter www.trauner.at/systemgastronomie.aspx.

Aufgabenstellung

- Halten Sie es für sinnvoll, innerhalb eines Unternehmens ein einheitliches (standardisiertes) Ablage- bzw. Ordnungssystem zu verwenden? Diskutieren Sie Vor- und Nachteile!

2 Einfache Lagerkennzahlen

„Verschiedene Kennzahlen sollen bedenkliche Soll-Ist-Abweichungen aufzeigen, damit der Betrieb gegensteuern kann“ – diesen Ausspruch sollen wir uns gut merken, hat unser Chef neulich gesagt. Ich habe auf seinem Schreibtisch so eine Liste mit komischen Zahlen gesehen, da ging es um Mindestbestand und Meldebestand. Ich glaube, das hat damit zu tun.

Grundsätzlich möchte man in der Systemgastronomie jedem Gast zu jeder Zeit die von ihm gewünschten Speisen und Getränke servieren können. Was ist aber, wenn sich die Lieferung verspätet oder ein unerwarteter Gästeansturm das Lager räumt? Für solche Notfälle plant man sinnvollerweise immer eine **eiserne Reserve** ein. Diese bezeichnet man auch als **Mindestbestand.**

Zur rechnerischen Ermittlung des Mindestbestands (eiserne Reserve = ER) multipliziert man den täglichen durchschnittlichen Verbrauch mit der Anzahl der Liefertage.

ER = Lieferzeit in Tagen x durchschnittlicher Verbrauch pro Tag

Beispiel:

Café Müslizeit

Ausgangssituation:

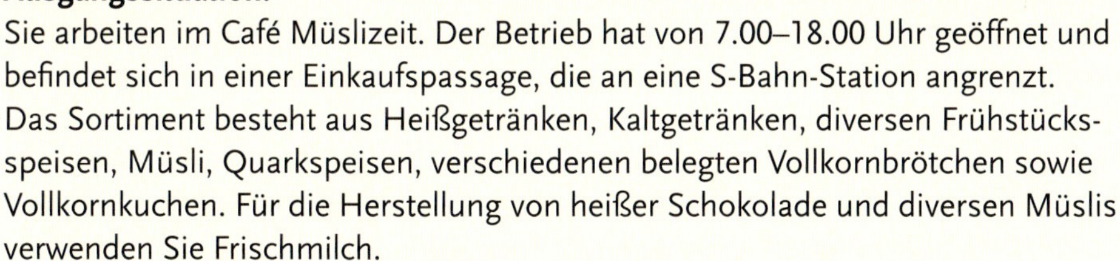
Sie arbeiten im Café Müslizeit. Der Betrieb hat von 7.00–18.00 Uhr geöffnet und befindet sich in einer Einkaufspassage, die an eine S-Bahn-Station angrenzt. Das Sortiment besteht aus Heißgetränken, Kaltgetränken, diversen Frühstücksspeisen, Müsli, Quarkspeisen, verschiedenen belegten Vollkornbrötchen sowie Vollkornkuchen. Für die Herstellung von heißer Schokolade und diversen Müslis verwenden Sie Frischmilch.

Die Lieferzeit für Frischmilch beträgt zwei Tage, der durchschnittliche Verbrauch pro Tag beträgt 10 Tüten Milch.
Berechnung: Mindestbestand (ER) = 2 x 10 = 20

Aufgabenstellung

- Ermitteln Sie den Mindestbestand!
  Pro Tag werden 20 Liter Apfelsaft verkauft. Die Lieferzeit beträgt drei Tage.

Diese Übung finden Sie auch unter www.trauner.at/systemgastronomie.aspx.

Manche Betriebe legen den Mindestbestand einfach fest. Das kann sinnvoll sein, wenn man jeweils eine ganze Verpackungseinheit im Lager behalten möchte. Wenn z. B. eine Palette Milch immer 12 Tüten umfasst, und nicht 10, könnte man eine volle Palette mit 12 Tüten als eiserne Reserve behalten.

Die Zeiteinheiten müssen stets gleich sein. Wird die Lieferzeit in Tagen angegeben, muss auch der Verbrauch pro Tag verwendet werden.

Damit der Mindestbestand immer vorhanden ist, muss man die Bestellungen unter Einberechnung der Lieferzeiten rechtzeitig absenden. Der **Meldebestand** gibt den optimalen Zeitpunkt für die Bestellung an. Er berechnet sich, indem der durchschnittliche Verbrauch mit der Lieferzeit multipliziert und die eiserne Reserve hinzugerechnet wird.

Meldebestand = (durchschnittlicher Verbrauch x Lieferzeit) + ER

Beispiel:
Die Lieferzeit für Frischmilch beträgt 2 Tage, der durchschnittliche Verbrauch pro Tag 10 Tüten Milch
Berechnung: Meldebestand = (2 x 10) + (2 x 10) = 40

Aufgabenstellungen

1. Ergänzen Sie den Text anhand der Tabelle!

	2. März	3. März	4. März	5. März	6. März	7. März	8. März	9. März	10. März	11. März
Bestand abends	40 Bestellung von 20	30	40 neue Bestellung von 20	30	20	30 neue Bestellung von 30	20	40 Bestellung von 20	30	40 Bestellung von 20
	2. März	**3. März**	**4. März**	**5. März**	**6. März**	**7. März**	**8. März**	**9. März**	**10. März**	**11. März**
Bestand morgens	30 + 20 = 50 Lieferung kommt	40	30 + 20 = 50 Lieferung kommt	40	30 Lieferung kommt nicht	20 + 20 = 40 Lieferung kommt	30	20 + 30 = 50 Lieferung kommt	40	30 + 30 = 50 Lieferung kommt

Am 2. März werden 10 Tüten Frischmilch verbraucht. Damit erreicht man am Abend den Meldebestand von ______ Tüten Frischmilch. Daraufhin werden ______ Tüten Milch bestellt. Am 3. März werden ______ Tüten Milch verbraucht, am 4. März ______ Tüten, am 5. März ______ Tüten. Am 6. März kommt die Lieferung ______ . Es werden 10 Tüten verbraucht, deshalb erreichen Sie abends den M ______________ . Der Lieferant verspricht die Lieferung für den 7. März. Um den Mindestbestand wieder aufzufüllen, bestellen Sie am 7. März ______ Tüten Milch.

2. Die Lieferzeit für Kaffeebohnen beim Händler X beträgt 7 Tage. Pro Tag benötigen Sie im Café „Müslizeit" 8 kg Kaffeebohnen. Berechnen Sie

- den Mindestbestand ______________________________
- den Meldebestand ______________________________

3. Welche Gründe kann es dafür geben, dass eine Lieferung einen Tag später kommt?

____

Diese Übungen finden Sie auch unter www.trauner.at/systemgastronomie.aspx.

Wird der Mindestbestand (ER) **nicht** errechnet, sondern einfach mit 10 Tüten festgelegt, ergibt sich folgendes Beispiel:

Beispiel:
Die Lieferzeit beträgt 2 Tage, der durchschnittliche Verbrauch pro Tag beträgt 10 Tüten Milch.
Meldebestand = (2 x 10) + 10 = 30

	2. März	3. März	4. März	5. März	6. März	7. März	8. März	9. März	10. März	11. März
Bestand abends	30 Ø Bestellung von 20	20	30 neue Bestellung von 20	20	10	20 neue Bestellung von 30	10	30 Bestellung von 20	20	30 Bestellung von 20

	2. März	3. März	4. März	5. März	6. März	7. März	8. März	9. März	10. März	11. März
Bestand morgens	40 Lieferung kommt	30	20 + 20 = 40 Lieferung kommt	30	20 Lieferung kommt nicht	10 + 20 = 30 Lieferung kommt	20	10 + 30 = 40 Lieferung kommt	30	20 + 20 = 40 Lieferung kommt

Neben der Bestellung nach Meldebeständen kann auch nach **Lieferrhythmen** bestellt werden. Denken Sie an folgende Situation: Jeden Montagabend nach Geschäftsschluss wird Milch bestellt. Die Lieferung erfolgt am Freitagmorgen vor Geschäftsbeginn. Als Mindestbestand sind 10 Tüten Milch festgelegt.

Mindestbestellung = Ø Tagesverbrauch x Verbrauchstage = 10 x 7 = 70

Um bis zur Lieferung genügend Milch zu haben, sollte abends folgender Lagerbestand vorhanden sein:
Bestand abends zum Bestellzeitpunkt = (Tage bis zur Lieferung x Ø Tagesverbrauch) + Reserve = (4 x 10) + 10 = 50

1. Fall: Lieferung kommt pünktlich

	2. März	3. März	4. März	5. März	6. März	7. März	8. März	9. März	10. März	11. März
Bestand abends	50 Bestellung von 70	40	30	20	10	70	60	50 Bestellung von 70	40	30

	2. März	3. März	4. März	5. März	6. März	7. März	8. März	9. März	10. März	11. März
Bestand morgens	60	50	40	30	20 + 70 = 90 Lieferung kommt	80	70	60	50	40

2. Fall: Lieferung kommt zu spät

	2. März	3. März	4. März	5. März	6. März	7. März	8. März	9. März	10. März	11. März
Bestand abends	50	40	30	20	10	0 + 70 = 70	60	50	40	30
	Bestellung von 70				Lieferung anmahnen	Lieferung kommt abends, Reserve ist verbraucht		Bestellung von 70		

	2. März	3. März	4. März	5. März	6. März	7. März	8. März	9. März	10. März	11. März
Bestand morgens	60	50	40	30	20	10	70	60	50	40

Der durchschnittliche Bestand wird einerseits durch den festgelegten statt berechneten Mindestbestand verringert, andererseits durch das Bestellrhythmusverfahren erhöht. Jedoch werden zwei Lieferungen gespart. Ob nun die eingesparten Lagerkosten höher sind als die Kosten der erhöhten Kapitalbindung, muss analysiert werden. Die Sinnhaftigkeit dieses Verfahrens hängt bei Lebensmitteln natürlich auch von deren Haltbarkeit ab. Da pasteurisierte Frischmilch sieben Tage haltbar ist, sind Lieferrhythmen bis zu einer Woche akzeptabel. Bei vielen anderen Lebensmitteln mit kürzerer Haltbarkeit ist eine solche Vorgehensweise schwierig.

Aufgabenstellungen

1. Welche Bestellrhythmen würden Sie für folgende Lebensmittel festlegen? Begründen Sie!

   Frischer Fisch

   Geschnittener Salat

   Kartoffeln

   Frischer Schnittlauch

   Frische Äpfel (Holsteiner)

   Joghurt

   Käse

   Salamiaufschnitt

   Frische Erdbeeren

   Frische Austern

2. Weshalb erhöht sich beim Beispiel „Meldebestand“ die Bestellmenge und beim Beispiel „Lieferrhythmus“ nicht, obwohl bei beiden Fällen die Lieferung verspätet kam und die Reserve angegriffen wurde?

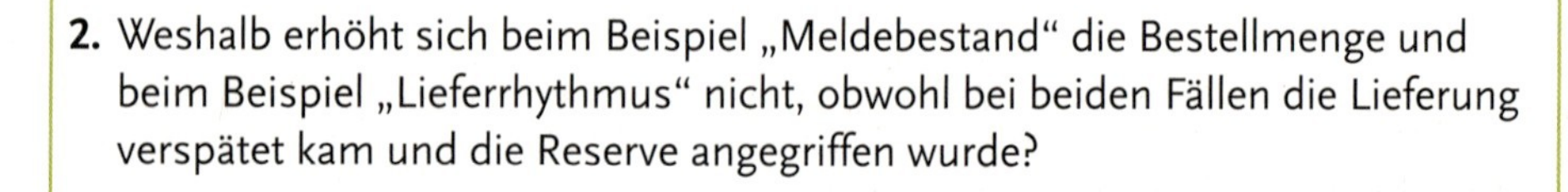

Diese Übungen und die Lösung zu den Bestellrhythmen finden Sie auch unter www.trauner.at/systemgastronomie.aspx.

Je mehr und je länger Ware im Lager liegt, desto länger ist wertvolles Kapital gebunden. Es steht nicht zur Verfügung, um zum Beispiel offene Rechnungen zu begleichen. Um die Kapitalbindung zu berechnen, benötigt man zunächst die Kennzahl **„durchschnittlicher Lagerbestand“.**

$$\textbf{Durchschnittlicher Lagerbestand (Ø LB)} = \frac{\text{Anfangsbestand + Endbestand}}{2}$$

$$\textbf{Ø LB mit Monatsendbeständen} = \frac{\text{Anfangsbestand + 12 Monats}\textbf{end}\text{bestände}}{13}$$

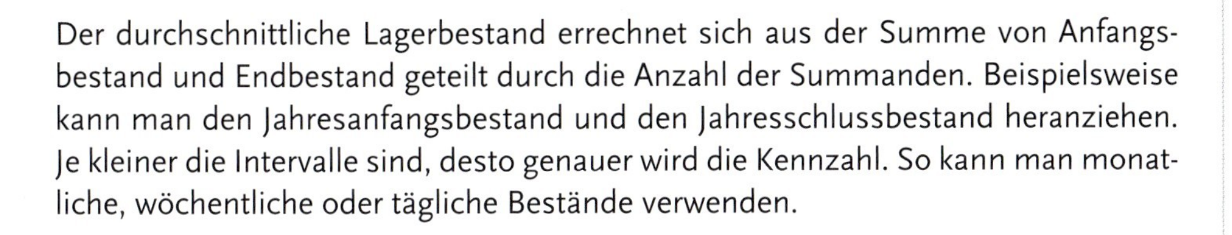

Der durchschnittliche Lagerbestand errechnet sich aus der Summe von Anfangsbestand und Endbestand geteilt durch die Anzahl der Summanden. Beispielsweise kann man den Jahresanfangsbestand und den Jahresschlussbestand heranziehen. Je kleiner die Intervalle sind, desto genauer wird die Kennzahl. So kann man monatliche, wöchentliche oder tägliche Bestände verwenden.

Beispiel 1:
Der durchschnittliche Lagerbestand des Zeitraums 2.–8. März mit den Zahlen aus der oberen Tabelle von Seite 257 zur Berechnung des Meldebestands:

$$\textbf{Berechnung: Ø LB} = \frac{30 + 20 + 30 + 20 + 10 + 20 + 10}{7} = \frac{140}{7} = 20$$

Beispiel 2:
Der durchschnittliche Lagerbestand für den Zeitraum 2.–8. März mit den Zahlen aus der unteren Tabelle von Seite 257 zur Berechnung des Lieferrhythmus:

$$\textbf{Berechnung: Ø LB} = \frac{50 + 40 + 30 + 20 + 10 + 70 + 60}{7} = \frac{280}{7} = 40$$

Aufgabenstellungen

1. Vervollständigen Sie den Antwortsatz zu den obenstehenden Rechnungen! Im Durchschnitt waren in Beispiel 1 ______ Tüten Frischmilch im Lager vorhanden, in Beispiel 2 ______ Tüten.
2. Berechnen Sie den durchschnittlichen Lagerbestand! Folgende Lagerbestände wurden in der letzten Woche ausgewiesen:

Anfangsbestand	Endbestände						
Montag	Montag	Di	Mi	Do	Fr	Sa	So
40	60	30	90	60	40	80	60

Die Auswahl des Bestellverfahrens hat Auswirkungen auf den durchschnittlichen Lagerbestand. Was bedeutet das für das Café „Müslizeit“? Diskutieren Sie die Vor- und Nachteile eines hohen bzw. eines niedrigen Lagerbestands.

In der Praxis wird die durchschnittliche Lagerdauer meist für ein Jahr oder ein Quartal berechnet, da sie dann eine genauere Aussage zulässt.

Werden zur Berechnung nur der Anfangs- und der Jahresendbestand verwendet, wäre das Ergebnis verfälscht: (40 + 20) / 2 = 30

Anfangsbestand	Endbestände											
Jan	Jan	Feb	Mär	Apr	Mai	Jun	Jul	Aug	Sep	Okt	Nov	Dez
40	60	30	90	60	40	93	60	70	40	30	30	20

$$\textbf{Ø LB} = \frac{40 + 60 + 30 + 90 + 60 + 40 + 93 + 60 + 70 + 40 + 30 + 30 + 20}{13} = \frac{633}{13} = 51$$

Liegen die Bestandswerte in Euro vor, erhalten wir auch den durchschnittlichen Lagerbestand in Euro. Der Wert des durchschnittlichen Lagerbestands kann auch durch die Multiplikation des durchschnittlichen Lagerbestands in Stück mit dem Einstandspreis pro Stück errechnet werden.

Die **Umschlagshäufigkeit** ist das Verhältnis zwischen Gesamtverbrauch einer Ware (Umsatz) und durchschnittlichem Lagerbestand. Die Zahl gibt an, wie oft der durchschnittliche Lagerbestand in einer Periode verbraucht wurde. Je größer die Zahl ist, desto häufiger hat sich das Lager gedreht und desto geringer sind die Kosten der Kapitalbindung.

$$\textbf{Umschlagshäufigkeit} = \frac{\text{Wareneinsatz gesamt in einer Periode}}{\text{durchschnittlicher Warenbestand dieser Periode}}$$

Beispiel:
Der jährliche Warenverbrauch beträgt 3 060 Milchtüten und der durchschnittliche Warenbestand 51 Tüten.

$$\textbf{Berechnung der Umschlagshäufigkeit} = \frac{3\,060}{51} = 60$$

Der durchschnittliche Warenbestand wurde demnach in einem Kalenderjahr 60 Mal verbraucht.

Die **durchschnittliche Lagerdauer** in Tagen ist der Quotient aus der Anzahl der Tage der betrachteten Periode und der entsprechenden Umschlagshäufigkeit einer Ware.
Diese Kennzahl wird benötigt, um den Lagerzinssatz berechnen zu können.

$$\textbf{Durchschnittliche Lagerdauer} \text{ in Tagen} = \frac{\text{Anzahl Tage einer Periode}}{\text{Umschlagshäufigkeit in der Periode}}$$

Beispiel:
Gemäß der oben berechneten Umschlagshäufigkeit beträgt die durchschnittliche Lagerdauer der Milchtüten:

$$\textbf{Durchschnittliche Lagerdauer in Tagen} = \frac{360}{60} = 6 \textbf{ Tage}$$

Café Müslizeit

Aufgabenstellung

- Im Café Müslizeit werden jährlich 3 800 kg Kaffeebohnen verbraucht. Durchschnittlich sind 73 kg im Lager. Berechnen Sie die Umschlagshäufigkeit und die durchschnittliche Lagerdauer in Tagen und analysieren Sie die Ergebnisse.

Diese Übung und die Lösung finden Sie auch unter www.trauner.at/systemgastronomie.aspx.

Ziele erreicht? – Verwaltungstätigkeiten im Magazin

Diese Übungen finden Sie auch unter www.trauner.at/systemgastronomie.aspx.

1. Beschreiben Sie die Funktion des Mindestbestands!

2. Bestellungen können aufgrund des Meldebestands oder nach festen Lieferrhythmen vorgenommen werden. Beschreiben Sie Vor- und Nachteile dieser beiden Verfahren!

3. Tee wird im Café Müslizeit vergleichsweise wenig verkauft. Sie bestellen den Tee direkt beim Hersteller, der die Ware per Post schickt. Die Versandkosten pro Lieferung betragen 12,00 EUR. Von der Durchgabe der Bestellung bis zur Lieferung vergehen i. d. R. sechs Werktage. Täglich verbrauchen Sie durchschnittlich eine 200-Gramm-Tüte Tee. Berechnen Sie den Mindestbestand und den Meldebestand!

4. Analysieren Sie die Ergebnisse aus Aufgabe 3. Welche Gründe könnten Sie dazu bewegen, den Lieferrhythmus zu verringern?

5. Vorgaben für Ware A: Anfangsbestand 30, Zugang 30, Abgang 20, Inventurbestand 10

- Berechnen Sie die Umschlagshäufigkeit für Ware A.
- Berechnen Sie den Verbrauch der Ware A.
- Welche Unstimmigkeit liegt vor und wie könnte diese entstanden sein?

6. Sie erhalten folgende Zahlen aus der Buchhaltung. Berechnen Sie die Umschlagshäufigkeit!

Anfangsbestand	**Endbestände**								
Januar	Jan	Feb	Mär	Apr	Mai	Jun	Jul	Aug	Sep
80	60	68	90	40	30	70	50	60	80

Rechtliche Grundlagen zum Kaufvertrag

Ein Kaufvertrag kommt durch eine zweiseitige Willenserklärung zustande. Die wesentlichen Bestimmungen eines Kaufvertrags sind im BGB (Bürgerliches Gesetzbuch) im zweiten Buch und im HGB (Handelsgesetzbuch) im vierten Buch nachzulesen. Im Internet sind folgende Seiten hilfreich:
http://www.gesetze-im-internet.de/bgb/
http://www.gesetze-im-internet.de/hgb/

Meine Ziele

Nach Bearbeitung dieses Kapitels kann ich

- den Ablauf eines Kaufvertrags und Störungen in einem Kaufvertrag verstehen;
- die Rechte des Käufers und die Rechte des Verkäufers im Kaufvertrag anwenden, z. B. im Umgang mit Lieferanten.

1 Der Kaufvertrag

Kommt da ein Vertrag zustande?
Servicepersonal: Herzlich willkommen. Was darf ich Ihnen bringen?
Gast: Haben Sie einen frisch gepressten Orangensaft?
Servicepersonal: Ja, den habe ich heute sogar im Angebot. Für nur 3,80 bekommen Sie ein großes Glas mit 0,4 l Saft.
Gast: Das möchte ich gerne.
Servicepersonal: Sehr gerne. Bitte schön (serviert)!
Gast: Danke schön (schiebt das Geld über den Tresen).

Bei der zweiseitigen Willenserklärung entstehen sowohl beim Käufer als auch beim Verkäufer Pflichten. Der Käufer ist verpflichtet, die Ware abzunehmen und zu bezahlen. Der Verkäufer verpflichtet sich, die Ware frei von Mängeln zu übergeben – § 433 BGB.

1.1 Ablauf des Kaufvertrages

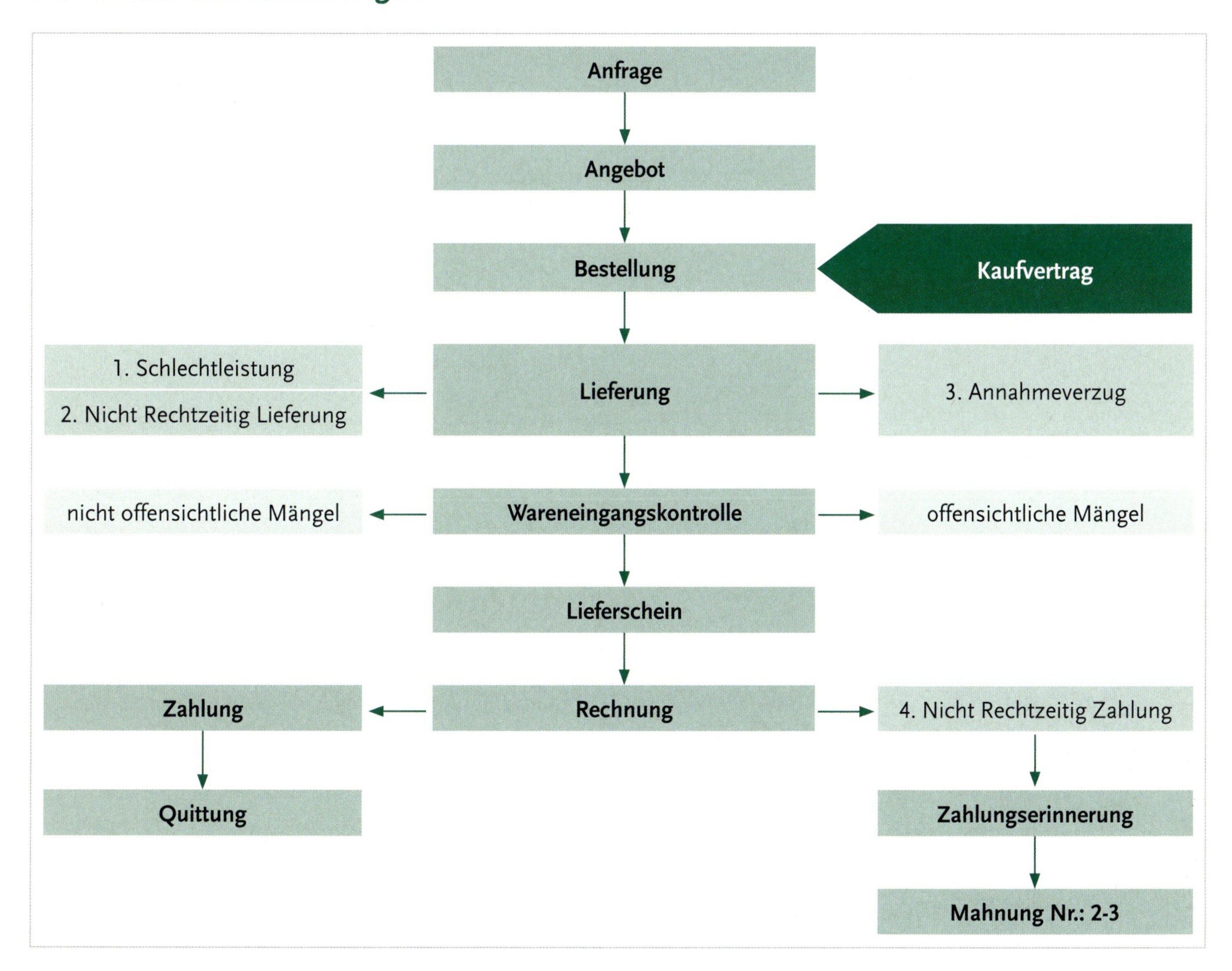

1.2 Störungen im Kaufvertrag

Durch verschiedenste Umstände können beim Zustandekommen eines Kaufvertrags Störungen entstehen.

Rechte des Käufers bei Schlechtleistung

Zuerst hat der Käufer das Recht auf Nacherfüllung. Dabei kann er zwischen einer Neulieferung und einer Nachbesserung wählen. Der Verkäufer trägt die Transport-, Wege-, Arbeits- und Materialkosten, die zur Nacherfüllung nötig sind – § 439 BGB.

Neulieferung: Der Kunde erhält ein komplettes Ersatzgerät, z. B. eine neue Geschirrspülmaschine.

Nachbesserung = Reparatur des Gerätes, Austausch eines Ersatzteils, z. B. wird die Dichtung bei der Geschirrspülmaschine ausgetauscht.

Die Nacherfüllung gilt als gescheitert, wenn

- der Verkäufer die Lieferung verweigert,
- zwei Nachbesserungsversuche erfolglos waren oder
- die Nacherfüllung für den Verkäufer unmöglich oder unzumutbar ist – § 440 BGB.

Wenn der Käufer dem Verkäufer zwei Mal eine angemessene Nachfrist zur Nacherfüllung gesetzt hat und diese nicht eingehalten wurde, darf der Käufer bestimmte Rechte in Anspruch nehmen:

Fixkauf = Kauf, der zu einem festgesetzten Termin (z. B. Montag, 13. April, 12.00 Uhr) getätigt werden soll. Der Fixkauf erlaubt es dem Käufer, bei einem Mangel unverzüglich vom Vertrag zurückzutreten oder Schadensersatz in Anspruch zu nehmen. Eine Fristsetzung ist nicht nötig – § 376 HGB.

Nachrangige Rechte des Käufers	
Rücktritt vom Vertrag	Das Setzen einer Nachfrist erübrigt sich, wenn ■ der Verkäufer die Leistung endgültig verweigert, ■ ein Fixkauf (Zweckkauf) vorliegt oder ■ besondere Umstände vorhanden sind, die einen sofortigen Rücktritt bedingen.
Preisminderung	■ Der Käufer kann den Kaufpreis um einen dem Schaden angemessenen Betrag vermindern. ■ Hat der Käufer den vollen Preis schon bezahlt, muss ihm der Verkäufer den Mehrbetrag zurückerstatten – § 441 BGB.
Schadensersatz statt Leistung	■ Erbringt der Verkäufer die fällige Leistung nicht und ist dem Käufer dadurch ein Schaden entstanden, kann der Käufer statt der Leistung Schadensersatz verlangen, aber nur bei erheblichen Mängeln. ■ Mit der Forderung des Käufers nach Schadensersatz erlischt sein Anspruch auf die Leistung; der Verkäufer hat dann Anspruch auf den mangelhaften Gegenstand – § 281–283 BGB. ■ Schadensersatz kann nur einfordern, wer bei Vertragsabschluss nichts von dem Mangel wusste. Diese Unkenntnis darf nicht eigenes Verschulden sein – § 311a BGB. Dieser Fall liegt vor, wenn der Verkäufer vom Hersteller getäuscht wurde.
Ersatz vergeblicher Aufwendungen **§ 437 BGB**	■ Anstelle von Schadensersatz kann der Käufer einen Ersatz für Aufwendungen erhalten, die er in Erwartung der Leistung getätigt hat – § 284 BGB. ■ Beispiel: Ein gastronomischer Betrieb hat für ein Straßenfest eine Popcornmaschine bestellt. Sie wurde in letzter Minute defekt geliefert. Der Händler kann keinen Ersatz beschaffen. Der Käufer hat aber bereits Popcornmais gekauft, der nun nicht verwendet werden kann. Dieser darf dem Händler in Rechnung gestellt werden.

Schadensersatz kann grundsätzlich auch neben der Leistung und neben dem Rücktritt vom Vertrag in Anspruch genommen werden – § 325 BGB

Verjährungsfristen

Die Verjährungsfrist für Mängelansprüche liegt bei zwei Jahren (fünf Jahre bei Bauwerken und 30 Jahre bei Grundstücken). Hat der Käufer eine Preisminderung akzeptiert, so hat er damit später keinen Anspruch auf Rücktritt oder Schadensersatz.

1.3 Kaufvertragsarten

Man unterscheidet den Verbrauchsgüterkauf (einseitiger Handelskauf), den zweiseitigen Handelskauf (siehe auch Seite 244) und den Privatkauf.

Beim **Verbrauchsgüterkauf** kauft ein Verbraucher von einem Unternehmer eine bewegliche Sache. Die zweijährige gesetzliche Gewährleistungsfrist (ein Jahr bei gebrauchten Gütern) kann durch Vertragsvereinbarung nicht gekürzt werden, verlängert aber schon – § 475 Abs. 2 BGB.

Es gilt die **Beweislastumkehr**, die Folgendes besagt: Wenn in den ersten sechs Monaten nach dem Kauf ein Sachmangel auftritt, dann wird vermutet, dass dieser Mangel schon bei der Übergabe der Sache vorhanden war. Der Verkäufer ist also in der Beweispflicht. Er muss beweisen, dass er nicht an dem Mangel schuld ist. Erst nach den sechs Monaten liegt die Beweislast beim Käufer.

Bei einem **Privatkauf**, also bei einem Kaufvertragsabschluss zwischen zwei Privatleuten, kann die Gewährleistungsfrist durch einen Vertrag vollständig ausgeschlossen werden. Dies empfiehlt sich zum Beispiel, wenn man sein Auto an einen Freund bzw. eine Freundin verkauft.

Bei einem **zweiseitigen Handelskauf** (Käufer und Verkäufer sind Unternehmer) hat der Käufer die Ware unverzüglich zu prüfen und dem Verkäufer einen Mangel sofort mitzuteilen. Entdeckt er den Mangel erst später, muss dieser unverzüglich angezeigt werden. Bei arglistig verschwiegenen Mängeln kann sich der Verkäufer aber nicht auf diese Vorschriften berufen – § 377 HGB. Es gilt die zweijährige Gewährleistungsfrist.

Gesetzliche Gewährleistungsfrist versus Garantie
Gibt der Verkäufer oder der Hersteller eine Garantie, dass die Sache für eine bestimmte Dauer eine bestimmte Beschaffenheit (z. B. Haltbarkeit) behält, dann hat der Käufer unabhängig von der gesetzlichen Gewährleistungsfrist Anspruch auf diese Garantie.

Schadensersatz

- Schadensersatz kann auch neben der Lieferung verlangt werden – § 325 BGB.
- Selbst bei Rücktritt vom Vertrag bleibt das Recht auf Schadensersatz bestehen – § 325 BGB.
- Schadensersatz kann auch in der Wiederherstellung des Originalzustands bestehen bzw. in der entsprechenden Geldleistung. Der zu ersetzende Schaden umfasst ebenfalls den entgangenen Gewinn – § 249–253 BGB.

Rechte des Käufers bei nicht rechtzeitiger Lieferung

Liefert der Verkäufer nicht rechtzeitig, dann hat der Käufer verschiedene Rechte.

Rechte des Käufers	
Lieferung verlangen	■ Die Lieferung kann verlangt werden, wenn Fälligkeit und ein Verschulden des Lieferanten vorliegen. ■ Eine Mahnung ist entbehrlich, wenn es sich um einen Fixkauf oder Zweckkauf handelt, wenn der Verkäufer die Lieferung ausdrücklich verweigert oder wenn besondere Umstände vorliegen – § 286 BGB.
Rücktritt vom Vertrag	■ Der Käufer kann bereits bei Fälligkeit vom Vertrag zurücktreten, ohne dass ein Verschulden des Verkäufers vorliegen muss. ■ Eine angemessene Nachfrist ist entbehrlich, wenn es sich um einen Fixkauf oder Zweckkauf handelt, wenn der Verkäufer die Lieferung ausdrücklich verweigert oder wenn besondere Umstände vorliegen – § 323 BGB.
Schadensersatz statt Leistung	■ Ist ein Schaden entstanden, dann kann statt der Leistung auch Schadensersatz verlangt werden. Fälligkeit und Verschulden sind zwingende Voraussetzungen für die Inanspruchnahme dieses Rechts. ■ Eine angemessene Nachfrist entfällt, wenn besondere Umstände eingetreten sind oder der Verkäufer die Lieferung verweigert – § 281 BGB.
Ersatz vergeblicher Aufwendungen	■ Anstelle von Schadensersatz kann der Käufer auch Ersatz für Aufwendungen erhalten, die er in Erwartung der Leistung getätigt hat – § 284 BGB. Es gelten dieselben Voraussetzungen wie für den Schadensersatz statt Leistung. ■ Beispiel: Ein Gastronom hat für ein Sommerfest ein Zelt bestellt. Er hat bereits Eintrittskarten verkauft und Lebensmittel eingekauft. Nun teilt ihm der Zeltbetreiber einen Tag vor dem vereinbarten Liefertermin mit, dass er das Zelt nicht liefern kann. Die Veranstaltung muss abgesagt werden. Der Gastronom kann alle Aufwendungen, die im Zusammenhang mit diesem Fest stehen, als Ersatz vergeblicher Aufwendungen beim Zeltbetreiber geltend machen, inklusive des Verdienstausfalls.

Rechte des Verkäufers bei nicht rechtzeitiger Zahlung

Nicht rechtzeitig zu bezahlen bedeutet nach § 286 Abs. 3 BGB, dass 30 Tage nach Rechnungseingang noch immer nicht bezahlt worden ist. Dies gilt, sofern in der Rechnung kein anderes Zahlungsziel vereinbart wurde. Außerdem gilt hier die Regel, dass der Schuldner (Käufer) dann im Verzug ist, sobald eine Mahnung eintrifft.

Eine Powerpoint-Präsentation zum Kaufvertrag finden Sie unter www.trauner.at/systemgastronomie.aspx.

Bezahlt der Käufer nicht rechtzeitig, so hat der Verkäufer verschiedene Rechte.

Rechte des Verkäufers	
Zahlung verlangen	■ Der Verkäufer kann die Zahlung verlangen, wenn sie fällig ist und ein Verschulden des Käufers vorliegt. ■ Leistet der Käufer auch auf Mahnung des Verkäufers die Zahlung nicht, dann ist er in Zahlungsverzug und der Verkäufer ist berechtigt, durch Klage auf die Leistung und Zustellung eines Mahnbescheides die Zahlung zu verlangen. ■ Neben der Zahlung kann der Verkäufer zusätzlich auch Schadensersatz verlangen.
Rücktritt vom Vertrag	■ Der Verkäufer kann bei Fälligkeit der Zahlung vom Vertrag zurücktreten. ■ Er kann auf eine angemessene Nachfrist verzichten, wenn der Käufer die Zahlung verweigert, der Zahlungstermin kalendermäßig bestimmt war oder wenn besondere Umstände eingetreten sind – § 323 BGB.
Schadensersatz statt Leistung und **Ersatz vergeblicher Aufwendungen**	■ Dies kann der Verkäufer verlangen, wenn Fälligkeit und Verschulden vorliegen. ■ Die angemessene Nachfrist ist entbehrlich, wenn der Käufer die Zahlung verweigert oder besondere Umstände vorliegen – § 281 BGB.

Rechte des Verkäufers bei Annahmeverzug

Ein Annahmeverzug besteht dann, wenn der Käufer die Ware, die er bestellt hat, nicht annimmt – § 293 BGB.

Gründe hierfür sind z. B.:
- Der Käufer ist zum vereinbarten Zeitpunkt nicht anwesend.
- Der Käufer verweigert die Annahme.
- Der Käufer holt das Paket nicht rechtzeitig von der Post ab.
- Eine sofortige Bezahlung war vereinbart, aber der Käufer will nicht bezahlen.

Voraussetzung für den Annahmeverzug des Käufers ist, dass der Verkäufer die Ware tatsächlich zum fälligen Zeitpunkt geliefert hat. Mit diesem Zeitpunkt geht die Haftung für die Ware auf den Käufer über. Der Lieferant haftet während des Verzugs nur bei grober Fahrlässigkeit und Vorsatz.

Nicht in Annahmeverzug kommt der Käufer, wenn
- der Zeitpunkt der Lieferung nicht bestimmt ist,
- der Verkäufer zu früh liefert oder
- er zum Lieferzeitpunkt nicht imstande ist, die Lieferung anzunehmen.

Der Verkäufer kann im Falle eines Annahmeverzugs zusätzliche Kosten für Transport und Lagerung beim Käufer in Rechnung stellen und auf Abnahme der Ware klagen. Er kann auch vom Vertrag zurücktreten und die Ware anderweitig verkaufen.

Wurde die Ware individuell für den Käufer angefertigt, so gibt es oft nur die Möglichkeit, die Ware zu versteigern. Dies muss dem Käufer vorher angedroht werden – § 384 BGB.

Eine Mahnung ist entbehrlich, wenn
- für die Leistung eine Zeit „nach dem Kalender“ bestimmt ist (z. B. 15.00 Uhr am 13. November),
- 30 Tage nach Rechnungseingang vergangen sind,
- der Käufer die Leistung endgültig verweigert,
- besondere Gründe vorliegen und unter Abwägung der beiderseitigen Interessen der Eintritt des Vollzugs gerechtfertigt ist – § 286 BGB.

Grobe Fahrlässigkeit = zum Beispiel, wenn der Verkäufer die Ware dem Kunden einfach vor die Tür stellt und diese dabei beschädigt oder entwendet wird.

Vorsatz = zum Beispiel, wenn der Verkäufer die Ware dem Kunden vor die Tür stellt, obwohl er genau weiß, dass das Geschäft montags geschlossen ist, und diese dabei beschädigt oder entwendet wird.

Ziele erreicht? – Rechtliche Grundlagen zum Kaufvertrag

Diese Übungen finden Sie auch unter www.trauner.at/systemgastronomie.aspx.

1. Erläutern Sie den Ablauf eines Kaufvertrages von der Anfrage bis zur Zahlung.
2. Welche vier Störungen kann es im Kaufvertrag geben?
3. Erläutern Sie folgende Begriffe: zweiseitiger Handelskauf, einseitiger Handelskauf und Privatkauf.
4. Welche Rechte haben Sie als Käufer bei einer Schlechtleistung?
5. Herr Meier besitzt eine kleine Imbisskette und hat für seine Geschäfte drei neue Fritteusen gekauft. Nach drei Wochen stellt er fest, dass sich der Plastikgriff am Frittierkorb löst. Welche rechtlichen Möglichkeiten hat Herr Meier?
6. Zum 18. Geburtstag haben Sie sich für den Kauf eines neuen Fernsehers Geld gewünscht. Gleich nach dem Geburtstag haben Sie den Fernseher gekauft. Aber bereits ein Jahr später stellen Sie Bildstörungen fest. Welche rechtlichen Möglichkeiten haben Sie nach dem Kaufvertragsrecht?
7. Sie bestellen für die Geburtstagsfeier eines Gastes, die in Ihrem Restaurant stattfindet, bei Bäcker Klingel 100 Stück Obstkuchen und sechs Torten, die am Samstag um 12.00 Uhr geliefert werden sollen. Um 13.00 Uhr sind die Kuchen noch nicht da.
   - Um welche Art der Kaufvertragsstörung handelt es sich?
   - Welche rechtlichen Möglichkeiten haben Sie?
   - Wie viele Nachfristen müssen Sie der Bäckerei setzen, damit Sie Ihre nachrangigen Rechte als Käufer in Anspruch nehmen können?
   - Welche nachrangigen Rechte können Sie bei diesem geringfügigen Mangel in Anspruch nehmen?
8. Sie bekommen von einem Händler ein neues Lieferfahrzeug angeboten. Im Nachhinein stellen Sie fest, dass dieses Fahrzeug dem Händler gar nicht gehörte. Um welche Art von Mangel handelt es sich?
9. Die neue Tischwäsche für Ihr Restaurant ist in einer mangelhaften Qualität geliefert worden.
   - Um welche Mängel handelt es sich?
   - Welche Rechte können Sie nach dem Kaufvertragsrecht geltend machen?
10. Sie haben ein gebrauchtes Auto gekauft. Nach sechs Monaten stellen Sie fest, dass das Reserverad beschädigt ist. Welche rechtlichen Möglichkeiten haben Sie nach dem Kaufvertragsrecht,
    a) wenn Sie als Privatperson das Auto von Privat gekauft haben.
    b) wenn Sie als Privatperson das Auto bei einem Gebrauchtwagenhändler gekauft haben.
    c) wenn Sie als Unternehmer für Ihren Geschäftsbetrieb das Auto bei einem Gebrauchtwagenhändler gekauft haben.
11. Ein Gast sollte eine Rechnung für eine Veranstaltung bis gestern überwiesen haben. Noch ist der Betrag nicht auf Ihrem Konto eingegangen.
    a) Wie heißt diese Störung des Kaufvertrages?
    b) Welche Rechte stehen Ihnen nach dem Kaufvertragsrecht zu?
12. Sie haben Möbel für Ihr Restaurant gekauft. An einem Tisch fehlt ein Stück Kantenleimer. Der Verkäufer reagiert nicht auf Ihre Aufforderung zur Nacherfüllung.
    a) Wie viele Nachfristen müssen Sie ihm insgesamt setzen, damit Sie Ihre nachrangigen Rechte als Käufer in Anspruch nehmen können?
    b) Welche nachrangigen Rechte können Sie bei diesem geringfügigen Mangel in Anspruch nehmen?
13. In Ihrem Restaurant ereignet sich folgendes Verkaufsgespräch:

    Gast: Haben Sie Coca Cola? ____________________

    Bedienung: Ja, Coca Cola normal und zero, jeweils in 0,3 l und 0,5 l. ____________________

    Gast: Dann nehme ich 0,5 l Coca Cola zero. ____________________

    Bedienung: (bringt die Cola) Bitte sehr, hier ist Ihre Coca Cola zero 0,5l. *Lieferung*

    Gast: Dankeschön. Hier ist das Geld! ____________________

    Bezeichnen Sie die oberen Zeilen mit dem korrekten Begriff aus dem Kaufvertragsrecht!

Nährwerttabelle

Lebensmittel	Energie	Eiweiß	Fett	Kohlenhydrate	Vitamine					Mineralstoffe		
Je 100 g essbarer Anteil	kcal	g	g	g	A µg	E µg	B_1 µg	B_6 µg	C µg	Calcium mg	Magnesium mg	Eisen mg
Getreideprodukte												
Weizenmehl (Type 405)	335	10,6	1	71	Spuren	0,3	0,06	0,18	0	15	20	1,5
Weizenvollkornmehl	302	12,1	2	59,7	Spuren	2,1	0,47	0,46	0	28	130	4,7
Haferflocken	348	12,5	7	58,7	0	1,2	0,55	0,16	0	57	140	5,1
Reis, parboiled, gekocht	106	2	0,2	24	0	0,1	0,11	0,2	0	10	10	0,9
Maisstärke	346	0,4	0,1	85,9	0	0	Spuren	Spuren	0	0	2	0,5
Backwaren												
Baguette	260	7,6	0,7	55,4	4	0,3	0,06	0,09	0	18	19	1,2
Knäckebrot	318	10	1,5	66	6	4	0,2	0,3	0	55	68	4,7
Roggenvollkornbrot	195	7,3	1,2	38,8	80	1,2	0,18	0,3	0	37	54	2
Nusskuchen	436	6,6	29,1	2,1	110	6,9	0,12	0,17	Spuren	254	47	1,4
Sahnetorte	365	5	25	30	110	Spuren	0,03	0,06	1	55	13	0,7
Obst												
Apfel	54	0,3	0,6	11,4	6	0,5	0,04	0,1	12	7	6	0,5
Avocado	221	1,9	23,5	0,4	12	1,3	0,08	0,5	13	10	29	0,6
Orange	42	1	0,2	8,3	13	0,3	0,09	0,1	50	42	14	0,4
Banane	88	1,2	0,2	20	8,5	0,3	0,05	0,37	11	8	31	0,3
Erdbeere	32	0,8	0,4	5,5	3	0,1	0,03	0,06	62	24	15	1
Gemüse												
Gurke	12	0,6	0,2	1,8	65	0,1	0,02	0,04	8	15	8	0,2
Eisbergsalat	13	0,7	0,3	1,9	73	0,6	0,11	0,03	15	19	5	0,4
Tomate	17	1	0,2	2,6	114	0,8	0,06	0,1	25	9	14	0,3
Weißkohl	25	1,4	0,2	4,2	12	1,7	0,05	0,19	47	45	14	0,5
Champignons	16	2,7	0,3	0,6	2	0,1	0,1	0,06	4	10	13	1,1
Milchprodukte												
Vollmilch, 3,5 % Fett	64	3,3	3,5	4,8	31	0,1	0,04	0,05	1	120	12	0,1
Joghurt, 1,5 % Fett	47	3,4	1,5	4,1	13	Spuren	0,03	0,05	1	123	14	0,1
Sahne	309	2,4	31,7	3,4	74	0,3	0,03	0,04	1	101	11	0,1
Gouda, 48 % F. i. T.	343	22,7	28	Spuren	310	0,8	0,04	0,06	0	750	28	0,5
Magerquark	72	13,5	0,3	3,2	2	Spuren	0,04	0,1	1	92	12	0,4
Fisch, Meerestiere												
Bismarckhering	210	16,5	16	Spuren	36	Spuren	0,05	0,15	Spuren	38	12	Spuren
Scholle	86	17,1	1,9	Spuren	3	0,8	0,21	0,22	2	61	22	0,9
Lachs	202	19,9	13,6	Spuren	15	0,9	0,18	0,98	1	13	29	1
Thunfisch in Öl	283	23,8	20,9	Spuren	370	Spuren	0,05	0,25	Spuren	7	28	1,2
Aal, geräuchert	329	17,9	28,6	Spuren	940	7,9	0,19	0,16	1	19	18	0,7

Lebensmittel	Energie	Eiweiß	Fett	Kohlenhydrate	Vitamine					Mineralstoffe		
Je 100 g essbarer Anteil	kcal	g	g	g	A µg	E µg	B_1 µg	B_6 µg	C µg	Calcium mg	Magnesium mg	Eisen mg
Fleisch												
Huhn (Brathuhn)	166	19,9	9,6	Spuren	10	0,1	0,08	0,5	3	12	37	1,8
Rinderhackfleisch	216	22,5	14	Spuren	0	0,4	0,09	0,16	Spuren	4	33	2,4
Schnitzel (Oberschale Schwein)	106	22,2	1,9	Spuren	6	0,7	0,8	0,39	0	2	–	0,3
Roastbeef	130	22,4	4,5	Spuren	15	1,1	0,09	–	–	3	23	2,5
Schweinebauch	261	17,8	21,1	Spuren	6	0,4	0,81	0,45	0	1	25	1,1
Wurstwaren												
Frankfurter	272	13,1	24,4	Spuren	3	0,6	0,18	0,14	0	8	11	1,8
Leberwurst, grob	326	15,9	29,2	Spuren	8300	0,3	0,2	–	–	41	–	5,3
Salami	371	18,5	33	Spuren	Spuren	0,1	0,18	0,33	0	35	11	2,1
Kochschinken	125	22,5	3,7	Spuren	0	0,3	0,61	0,36	–	15	24	2,5
Speck, durchwachsen	621	9,1	65	Spuren	0	0,4	0,43	0,35	0	9	15	0,8
Eiprodukte												
Hühnerei	156	12,8	11,3	0,7	272	2	0,13	0,08	0	54	12	2
Fette und Öle												
Butter	388	4	39,8	3,5	360	1,4	0,03	0,02	Spuren	115	14	Spuren
Schweineschmalz	898	0,1	99,7	0	0	1,5	0	–	0	Spuren	Spuren	0,1
Olivenöl	900	0	100	0	120	13,2	0	0	0	1	–	0,1
Weizenkeimöl	900	0	100	0	–	185	–	–	–	1	1	0,1
Mayonnaise (80 %)	727	1,1	78,9	3	84	15	0,02	0,01	0	18	23	1
Ölsaaten und Nüsse												
Erdnuss	564	25,3	48,1	7,5	0,3	10,3	0,9	0,44	0	40	163	1,8
Haselnuss	644	12	61,6	10,5	5	26,6	0,4	0,31	3	225	150	3,8
Sesamsamen	565	17,7	50,4	10,2	7	2,5	0,8	0,79	0	783	347	10
Sonnenblumenkerne	580	22,5	49	12,3	3	21,8	1,9	0,6	0	98	420	6,3
Kürbiskerne	565	24,4	45,6	14,2	38	4	0,22	0,9	Spuren	41	402	12,5
Süßwaren												
Honig	327	0,3	0	81	Spuren	–	0,03	0,16	1	5	3	1
Marzipan	493	8	25	59	0	9,5	0,1	0,06	2	43	120	2
Nugat	500	5	24	66	0	8,4	0,12	0,11	1	75	65	3
Konfitüre (Durchschnitt)	266	0,6	Spuren	66	2	0,1	Spuren	0,01	2	10	10	Spuren
Zucker	400	0	0	100	0	0	0	0	0	2	0	0
Getränke												
Limonade	49	Spuren	Spuren	12	0	0	0	0	0	1	1	2
Apfelsaft	57	0,1	Spuren	11,7	7	0,5	0,02	0,1	1	7	4	0,3
Pilsener	43	0,5	0	3,1	0	0	Spuren	0,06	0	4	10	Spuren
Tafelwein, weiß	65	0,1	–	2,5	Spuren	Spuren	Spuren	0,02	Spuren	6	8	0,5
Whiskey	247	–	–	Spuren	–	–	–	–	–	Spuren	Spuren	–

Quelle: Die große GU-Nährwert-Kalorien-Tabelle, 3. Auflage 2010.

Stichwortverzeichnis

D

E

F

G

L

M

N

O

P

Q

R

S

T

U

Bildnachweis

Seite 8: www.hardrock.com
Seite 9: Marché Restaurants, www.losteria.de, www.east-hotel.de
Seite 12: Verbotszeichen (Berufsgenossenschaft Nahrungsmittel und Gastgewerbe, www.bgn.de)
Seite 13: alle Warnzeichen (Berufsgenossenschaft Nahrungsmittel und Gastgewerbe, www.bgn.de), Dampfgarer (bgn Mannheim, www.bgn.de)
Seite 14: www.vbg.de, www.bgn.de
Seite 15: www.drk.de
Seite 17: McDonald's Deutschland Inc.
Seite 18: McDonald's Deutschland Inc.
Seite 19: Händehygiene (Hagleitner Hygiene)
Seite 22: Physikalische Gefahren (www.shopblogger.de, http://up.picr.de, www.testo.de)
Seite 28: Schnelltester (iul instruments), Abklatschprobe (STR. Friedrich Holtz Kaiserslautern), www.wiberg.eu
Seite 30: Pinselschimmel, Schwarzfäule (Claudia Letzner)
Seite 38: Urheber unbekannt
Seite 39: Milch (Milchindustrie-Verband, Berlin), Pasteur (Urheber unbekannt)
Seite 42: Räuchern von Fischen (Claudia Letzner)
Seite 43: Prusiner (Urheber unbekannt)
Seite 44: Rentokil Schädlingsbekämpfung, www.rentokil.de
Seite 47: Huhn (Claudia Letzner), Pommes frites (www.burgerking.de)
Seite 48: Farbsystem (Fa. Rist, Wien)
Seite 51: Gästeräume (McDonald's Deutschland Inc.), kombinierte Räume (www.culitec.ch), Speisenausgabe (www.burgerking.de)
Seite 56: Spuckschutz (Marché Restaurants)
Seite 58: Hagleitner Hygiene
Seite 60: Hagleitner Hygiene
Seite 61: Spiel (Peter Niemayer)
Seite 64: LBS Obertrum, Salzburg
Seite 69: www.hach-lange.de, www.sensorshop24.de
Seite 80: mittlere Bildreihe (www.ama-marketing.at)
Seite 84, 85, 86, 87: Deutsche Gesellschaft für Ernährung e.V., Bonn
Seite 89: www.ama-marketing.at
Seite 105: Apfelpause (Bio Obst OÖ)
Seite 108: Bildreihe (www.machmit–5amtag.de)
Seite 109: www.machmit–5amtag.de
Seite 113: Randspalte (www.bolerobar.de)
Seite 115: Frischezentrum Frankfurt (Randspalte)
Seite 117: aran Rosenheim (Randspalte oben)
Seite 119: handwerk_Junge_Die Bäckerei, Lübeck (Randspalte unten)
Seite 124: Zuckerrohr (fairtrade Austria)
Seite 126: Kakaobohnen (fairtrade Austria)
Seite 131: www.kartoffel.ch, Bataviasalat (fruits-friends.eshop.t-online.de), Eichblattsalat (www.leshop.ch)
Seite 132: Dinea Heilbronn (www.galeria-kaufhof.de), Grünkohl (www.marions-kochbuch.de)
Seite 134: Schwarzwurzeln (media.kuechengoetter.de), Pastinaken (www.paradisi.de)
Seite 135: Bambussprossen (www.besserhaushalten.de), Weizenkeimlinge (www.zentrum-der-gesundheit.de)
Seite 136: Rote Bohnen (www.garden-shopping.de), Marché Restaurants (Randspalte)
Seite 137: Jostabeeren (www.vital.de), Weiße Johannisbeeren (www.mein-suedzucker.de), Apfel (www.niederrhein.die-region-bringts.de)
Seite 139: Citrovin, Speyer & Grund GmbH & Co. KG (Randspalte)
Seite 140: fairtrade Austria
Seite 143: McDonald's Deutschland Inc.
Seite 144: Geruchsprobe (www.gutvonholstein.de)
Seite 148: Eifix von Eipro, Ei-Buffet von Eipro, Eirollen von Eipro; Trockenei (ovobest)
Seite 150: Stempel (Claudia Letzner)
Seite 152: Dry Aged Beef/Google Bilder/thumbs.ifood.tv, 100_beef (www.mcdpressoffice.eu)
Seite 153: Randspalte (Claudia Letzner)
Seite 156: Randspalte (Claudia Letzner)
Seite 157: Salzwiesenlämmer (Rechteinhaber unbekannt)
Seite 162: Hoons KG Franchisezentrale Deutschland (Oliver Blum), www.wienerwald.de (WiKiburger_Pressebenerwald Franchise GmbH), Bildreihe rechts (www.wiesenhof.de)
Seite 163: KFC, Kentucky Fried Chicken
Seite 165: McDonald's Deutschland Inc.
Seite 167: Schweinehälften (Claudia Letzner)
Seite 168 Viktoriabarsch (www.fjordkrone.de)
Seite 169: Sauerlappen (Claudia Letzner)
Seite 170: Heringsseiten (Claudia Letzner)
Seite 171: deutschesee Fischmanufaktur (Fischprüfung und Randspalte)
Seite 172: Hummer (Gosch Sylt), Nordseegarnelen (Claudia Letzner)
Seite 174: Bildreihe (www.nordsee.com)
Seite 177: www.mcdpressoffice.eu (Randspalte unten)
Seite 178: www.kerrygold.de (Randspalte unten), Mèges-Mouriès (Rechteinhaber unbekannt)
Seite 179: Frittierfett (Kanister und Foto Randspalte – Gerlicher Fette & Öle, Selm), Konvektomatenfett (Optima_Convect, www.walter–rau.de)
Seite 183: Siedesalz (Steffen Kohlert, Hallesches Salinemuseum e.V.)
Seite 191: www.garland-group.com
Seite 201: www.miko.it (Randspalte oben)
Seite 206: Pharisäer-Tasse (Büsumer Teehaus)
Seite 207: Randspalte oben (Starbucks Wieland)
Seite 209: www.azubi-magazin.com
Seite 210: www.culitec.ch (Randspalte oben), McDonald's Deutschland Inc.
Seite 211: McDonald's Deutschland Inc. (Randspalte unten)
Seite 212: IKEA
Seite 213: Marché Restaurants
Seite 224: www.apollinaris.de, www.fachingen.de
Seite 225: Figale (Claudia Letzner)
Seite 226: Bildreihe rechts (IDM, Informationszentrale Deutsches Mineralwasser)
Seite 227: Arten von Fruchtgetränken (Verband der Deutschen Fruchtsaft-Industrie, www.fruchtsaft.org)
Seite 228: Bag-in-Boxes (Claudia Letzner)
Seite 229: Kaffeekirschen (www.kaffeeverband.de)
Seite 231: Filtermethode (Rechteinhaber unbekannt), Siebträgermaschine (www.coffeeshopcompany.com), Vollautomat (www.wmf.at)
Seite 233: www.teeverband.de
Seite 236: Tee mit Kluntje (www.teeverband.de)
Seite 237: Eistee (www.liptontea.com)
Seite 241: McDonald's Deutschland Inc.
Seite 242: www.lsgskychefs.com
Seite 243: McDonald's Deutschland Inc.
Seite 245: Erdbeeren (Claudia Letzner)
Seite 246: Kühllager (Claudia Letzner)
Seite 248: www.lsgskychefs.com

Alle weiteren Bilder und Grafiken sind Eigentum der TRAUNER Verlag + Buchservice GmbH bzw. wurden von Bildagenturen zugekauft.

Literaturverzeichnis

W. Baltes, Lebensmittelchemie, Springer Verlag, Berlin 2007

H.-D. Belitz, W. Grosch, P. Schieberle, Lehrbuch der Lebensmittelchemie, Springer Verlag, Berlin 2007

Keweloh, Mikroorganismen in Lebensmitteln, Pfanneberg, Haan-Gruiten 2006

Johannes Krämer, Lebensmittel-Mikrobiologie, Verlag Eugen Ulmer, Stuttgart 2007

Heseker, Heseker, Die Nährwerttabelle, DGE, Umschau Verlag, Neustadt an der Weinstraße 2012

Nestle Deutschland AG, Kalorien mundgerecht, Umschau Verlag, Neustadt an der Weinstraße 2010

Prof. Dr. I Elmadfa et all, Die große GU Nährwert-Kalorien-Tabelle, Gräfe und Unzer, München 2010/2011

Der kleine Souci Fachmann Kraut, Lebensmitteltabelle für die Praxis, Wissenschaftliche Verlagsgesellschaft, Stuttgart 2011

Ernährungs Umschau, Heft 7/2011, Sonderbeilage Escherichia coli

Ernährungs Umschau, Heft 10/2010 Sonderbeilage Shigellen

Ernährungs Umschau, Heft 5/2010, Prof. Dr. Jörg Oehlenschläger, Fisch: Ein natürlich funktionelles Lebensmittel

Bundesinstitut für Risikobewertung:
- Verbrauchertipps: Schutz vor lebensmittelbedingten Infektionen mit Listerien, März 2008
- Schutz vor lebensmittelbedingten Infektionen mit Campylobacter, Berlin 2009
- Tagungsband, Zoonosen und Lebensmittelsicherheit, BfR-Symposium am 13. und 14. November 2012
- Domke, et all, Verwendung von Mineralstoffen in Lebensmitteln, Toxikologische und ernährungsphysiologische Aspekte, Teil II
- Domke, et all, Verwendung von Vitaminen in Lebensmitteln, Toxikologische und ernährungsphysiologische Aspekte, Teil I
- Stellungnahme Nr. 038/2012 vom 6. Oktober 2012
- Stellungnahme Nr. 002/2008 vom 20. Dezember 2007
- Stellungnahme Nr. 049/2011 vom 23. November 2011
- Verbrauchertipp Schutz vor lebensmittelbedingten Infektionen mit Campylobacter
- Verbrauchertipp Schutz vor lebensmittelbedingten Infektionen mit Listerien
- Verbrauchertipp Schutz vor Infektionen mit enterohämorrhagischen E.coli (EHEC)

DGE (www.dge.de), 10 Regeln für vollwertiges Essen und Trinken und Dreidimensionale Lebensmittelpyramide
www.lfe.bayern.de/lebensmittel/mykotox.html

VERORDNUNG (EG) Nr. 854/2004 DES EUROPÄISCHEN PARLAMENTS UND DES RATES vom 29. April 2004 mit besonderen Verfahrensvorschriften für die amtliche Überwachung von zum menschlichen Verzehr bestimmten Erzeugnissen tierischen Ursprungs

VERORDNUNG (EG) Nr. 852/2004 DES EUROPÄISCHEN PARLAMENTS UND DES RATES vom 29. April 2004 über Lebensmittelhygiene

Verordnung über natürliches Mineralwasser, Quellwasser und Tafelwasser (Mineral- und Tafelwasser-Verordnung) vom 1. 12. 2006

Verordnung über Fruchtsaft, einige ähnliche Erzeugnisse, Fruchtnektar und koffeinhaltige Erfrischungsgetränke (Fruchtsaft- und Erfrischungsgetränkeverordnung – FrSaftErfrischGetrV) vom 21. 5. 2012

Deutsches Lebensmittelbuch:
- Leitsätze für Erfrischungsgetränke, Neufassung vom 27. November 2002 (BAnz. Nr. 62 vom 29. März 2003, GMBl. Nr. 18 S. 383 vom 15. April 2003)
- Leitsätze für Fruchtsäfte, Neufassung vom 27. November 2002 (Beilage Nr. 46 b zum BAnz. vom 7. März 2003, GMBl. Nr. 8-10 S. 151 vom 20. Februar 2003)
- Leitsätze für Puddinge, andere süße Desserts und verwandte Erzeugnisse, Neufassung vom 2. 12. 1998 (BAnz. Nr. 66a vom 9. 4. 1999, GMBl. Nr. 11 S. 225 vom 26. 4. 1999)
- Leitsätze für Fleisch und Fleischerzeugnisse vom 27./28. 11. 1974 (Beilage zum BAnz. Nr. 134 vom 25. 7. 1975, GMBl Nr . 23 S. 489 vom 25. 7. 1975), zuletzt geändert am 8. 1. 2010 (BAnz.Nr. 16 vom 29. 1. 2010, GMBl Nr. 5/6 S. 120 ff vom 4. 2. 2010)
- Leitsätze für Fische, Krebs- und Weichtiere und Erzeugnisse daraus, Neufassung vom 27. November 2002 (Beilage Nr. 46 b zum BAnz. vom 7. März 2003, GMBl. Nr. 8–10 S. 157 vom 20. Februar 2003), zuletzt geändert durch Bekanntmachung vom 30. Mai 2011 (Beilage zum BAnz. Nr. 111a vom 27. 7. 2011, GMBl Nr. 2 4 S. 480 ff vom 27. 7. 2011)